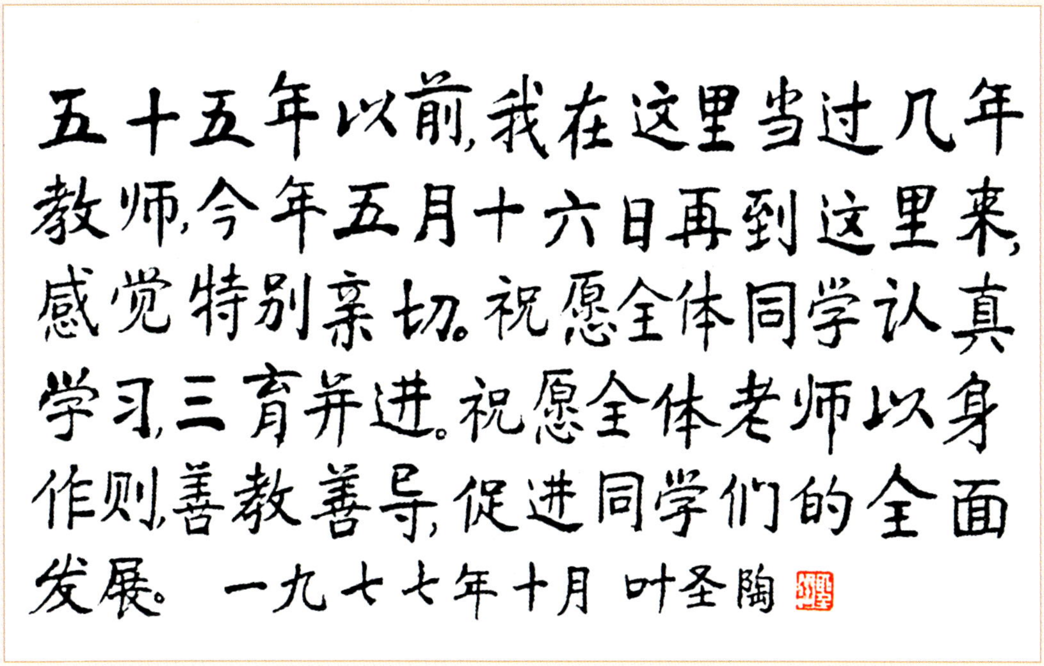

叶圣陶为甪直小学（前身为吴县第五高等小学，简称“五高”；今名苏州叶圣陶实验小学）题词

1|3
2|

1 “五高”全体教师合影（二排左二为叶圣陶）
2 叶圣陶、胡墨林夫妇在“五高”合影
3 胡墨林抱长子至善观“五高”同乐会

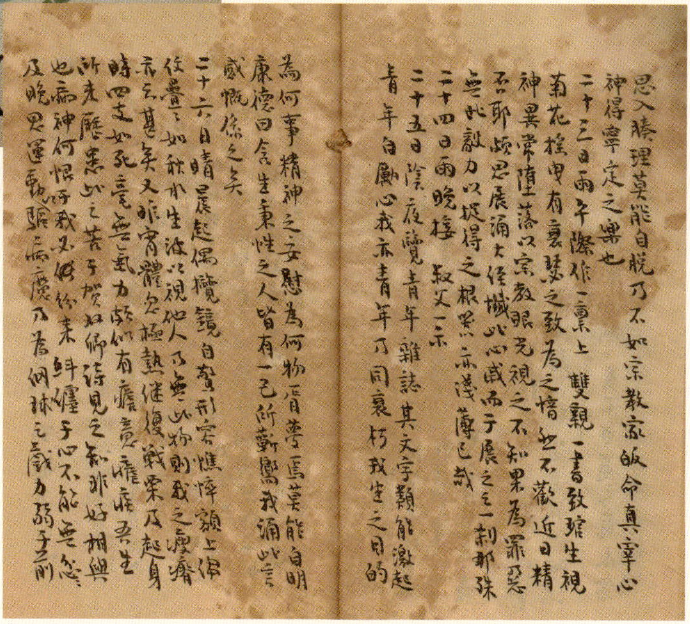

思入臻理莫能自脱乃不如宗教家皈命真宰心
神得寧定之樂也
二十三日雨午際作一稟上雙親一書致瑤生視
菊花枝皆有衰瑟之致為之愴然不歡近日精
神異常墮落以宗教眼光視之不知果為罪惡
否耶頗思展誦大經懺心心戒而于晨之一刹那殊
無此毅力以堅得之根器亦淺薄已哉
二十四日雨晚接　叔父一示
二十五日陰夜讀覽青年雜誌其文字頗能激起
青年自勵心我亦青年乃同衰朽我生之目的
為何事精神之安慰為何物屑屑焉莫能自明
康德曰含生秉性之人皆有一己所欽慕我誦此言
感慨係之矣
二十六日晴晨起偶攬鏡自覽形容憔悴額上縐
紋疊疊如秋水生波以視他人乃無此物則我之衰頹
亦云甚矣又昨宵體忽極熱繼復戰栗乃起身
時四支如死竟無氣力故似有瘧意瘧疾吾生
所未歷患此之苦于焚如鄉詩見之知非好相與
也病神何恨呼我必然你未糾纏于心不能無怨
及晚思運動驟然病魔乃為網球之戲力弱于前

叶圣陶的日记中多次提到《青年杂志》（自第二卷第一号起改名《新青年》）

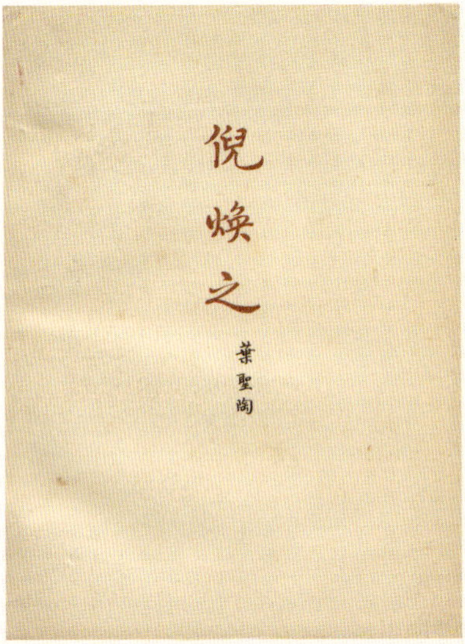

文藝談

聖陶

1|2
3

1 叶圣陶的长篇小说《倪焕之》封面

2 叶圣陶主编的《诗》月刊创刊号封面

3 叶圣陶的评论《文艺谈（一）》（刊1921年3月5日《晨报副刊》）

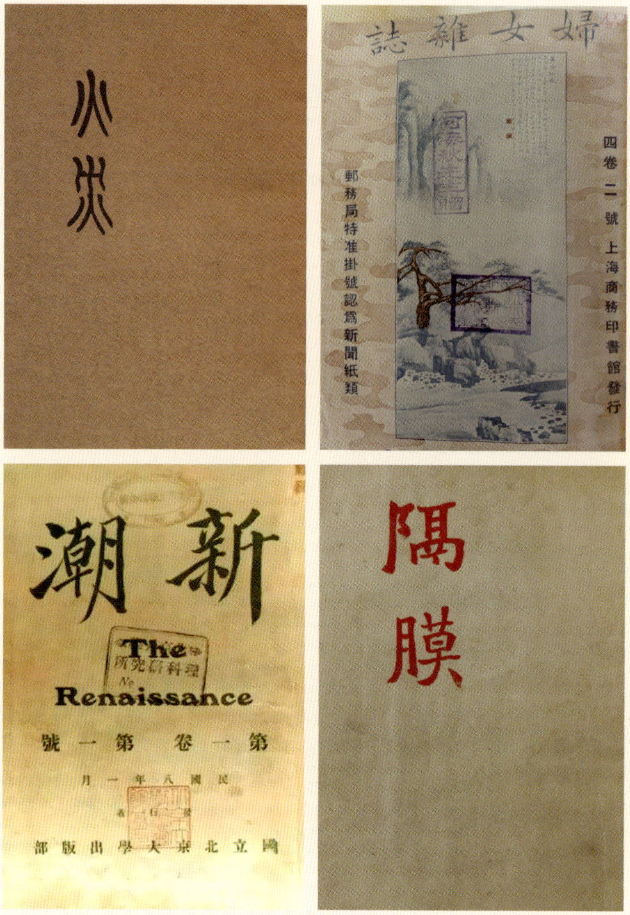

1 | 2
3 | 4

1 叶圣陶在甪直创作的小说集《火灾》封面

2 发表叶圣陶作品《春宴琐谈》的《妇女杂志》封面（第 4 卷第 2 号）

3 发表叶圣陶作品《对于小学作文教授之意见》的《新潮》创刊号封面

4 叶圣陶第一本小说集《隔膜》初版封面

1|2

1 叶圣陶童话集《稻草人》封面

2 发表叶圣陶作品《傻子》的《儿童世界》封面（第 1 卷第 11 期）

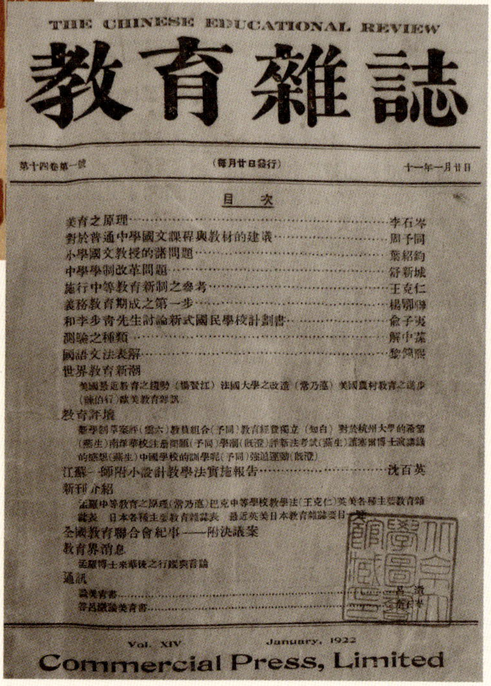
THE CHINESE EDUCATIONAL REVIEW

教育雜誌

第十四卷第一號　（每月廿日發行）　十一年一月廿日

目次

美育之原理……李石岑
對於普通中學國文課程與教材的建議……周予同
小學國文教授的諸問題……葉紹鈞
中學學制改革問題……舒新城
施行中等教育新制之參考……王克仁
義務教育期成之第一步……楊鄂聯
和李步青先生討論新式國民學校計劃書……俞子夷
測驗之種類……解中蒸
國語文法表解……黎錦熙
世界教育新潮
教育評壇
江蘇一師附小設計教學法實施報告……沈百英
新刊介紹
全國教育聯合會紀事——附決議案
教育界消息
通訊

Vol. XIV　January, 1922
Commercial Press, Limited

1 | 2

1　叶圣陶与俞平伯的散文合集《剑鞘》封面（书名由叶圣陶题写）
2　发表叶圣陶作品《小学国文教授的诸问题》的《教育杂志》封面（第 14 卷第 1 号）

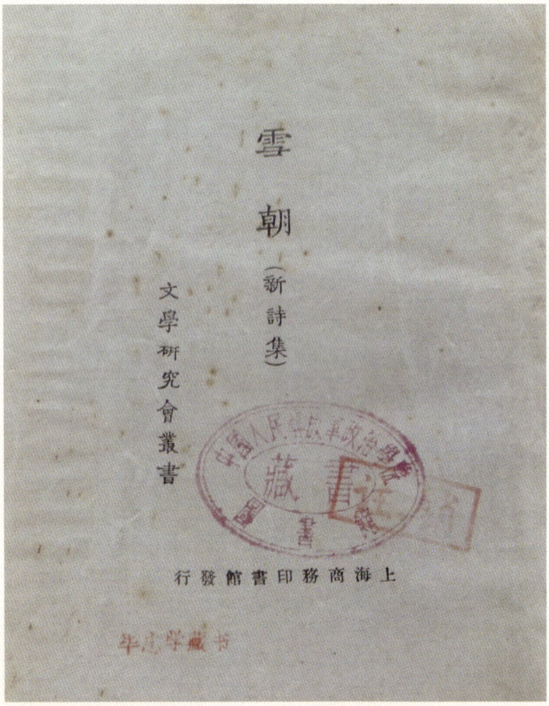

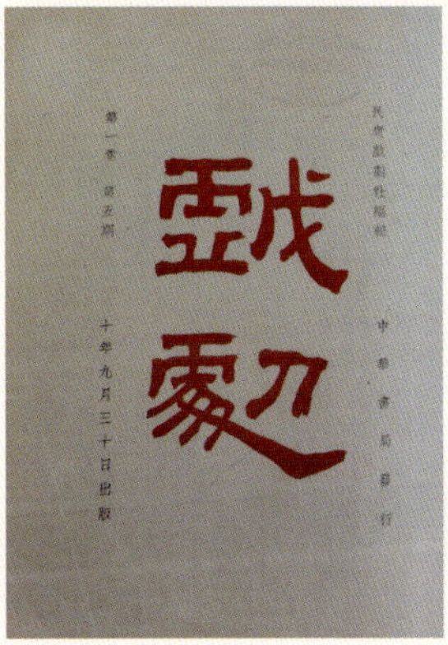

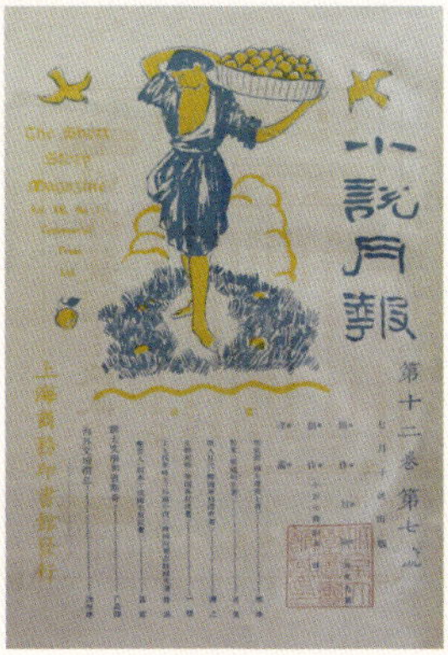

1
2|3

1 叶圣陶与周作人、朱自清、俞平伯等八人的新诗合集《雪朝》封面

2 发表叶圣陶作品《艺术的生活》的《戏剧》月刊封面（第 1 卷第 5 号）

3 发表叶圣陶作品《恳亲会》的《小说月报》封面（第 12 卷第 7 号）

叶圣陶在“五高”时的部分篆刻作品

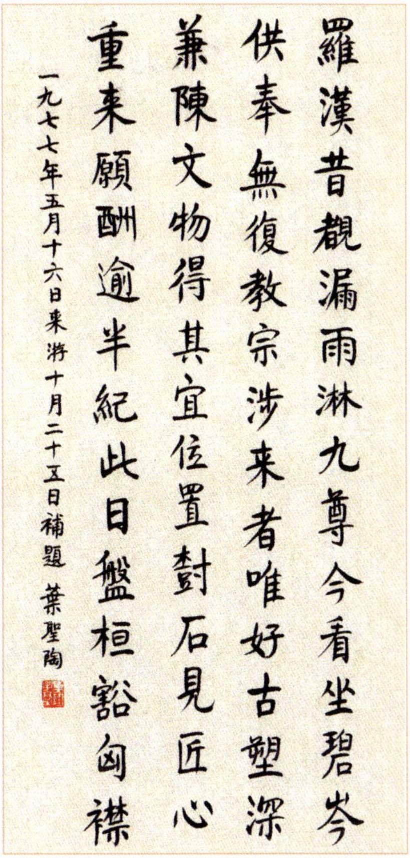

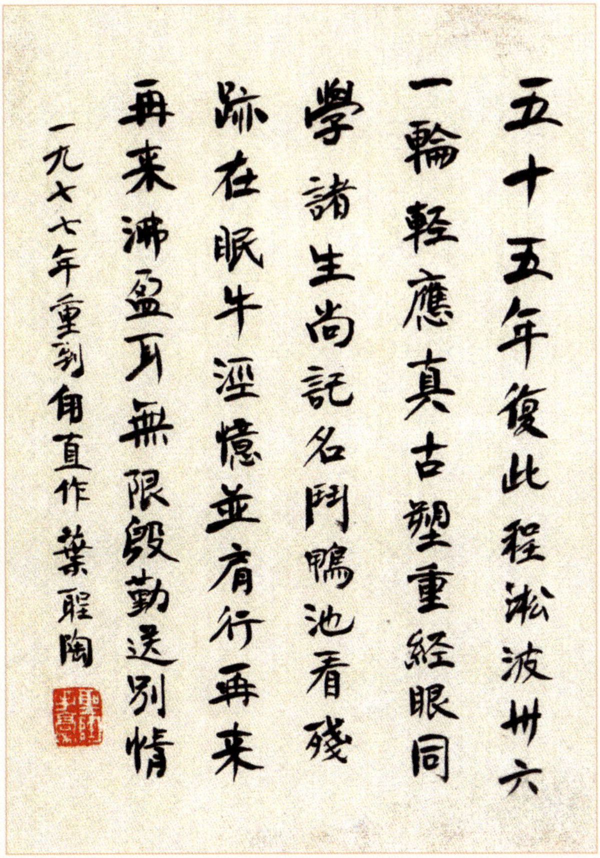

叶圣陶重访甪直时写的两首诗

善教善导

苏州叶圣陶实验小学

師表，
風範長存
有中华民族的传统美德，他爱国敬业，仗义守信，平易谦
敦厚，谨言慎行，表里一致，坚持真理，一丝不苟。他是
族知识分子的楷模，是中国人民的骄傲，在各方面都不愧为
表。
多活几年
多做些事
一九八零年秋
叶圣陶

甪直叶圣陶纪念馆

甪直叶圣陶墓园

谨以此书纪念

叶圣陶先生到甪直执教一百周年

《叶圣陶甪直文集》编辑出版委员会

叶圣陶用直文集

商金林　主编

人民教育出版社
PEOPLE'S EDUCATION PRESS

图书在版编目（CIP）数据

叶圣陶甪直文集 / 商金林主编 . — 北京 ：人民教育出版社，2017.3（2019.6 重印）
ISBN 978-7-107-23188-9

I. ①叶… Ⅱ . ①商… Ⅲ . ①叶圣陶（1894 — 1988）—文集 Ⅳ . ① C53

中国版本图书馆 CIP 数据核字（2017）第 062265 号

叶圣陶甪直文集

出版发行 人民教育出版社
（北京市海淀区中关村南大街 17 号院 1 号楼 邮编：100081）
网　址 http://www.pep.com.cn
经　销 全国新华书店经销
印　刷 北京盛通印刷股份有限公司
版　次 2017 年 3 月第 1 版
印　次 2019 年 6 月第 2 次印刷
开　本 787 毫米 ×1 092 毫米 1/16
印　张 34
字　数 474 千字
定　价 89.00 元

目　录

第二编　童话

第三编　散文随笔

第四编　诗歌

第五编　戏剧和文艺理论

第六编　附录

前　言

商金林

1917年，是我国现代文学史上最重要的一年。1月，胡适在《新青年》第二卷第五号发表《文学改良刍议》，拉开了我国新文化运动的帷幕。2月，陈独秀在《新青年》第二卷第六号发表《文学革命论》，旗帜鲜明地把文学革命作为“开发文明”、解放思想和改造国民性的“利器”，以一位老革命党的口吻，下达了向封建文学进攻的号令。在鲁迅、周作人、钱玄同、刘半农等新文化运动先驱者们的策应下，提倡白话文、反对文言文，提倡新文学、反对旧文学的革新浪潮风起云涌。

叶圣陶就是在这样一个大变革的氛围中，于1917年3月来到苏州的水乡古镇甪直，担任吴县第五高等小学（简称“五高”）教员。1919年7月，叶圣陶又把家从苏州搬到甪直，夫人胡墨林担任了“五高”女子部的级任教员。从此，一家人过上了极富水乡情调的乡村生活，成了地地道道的甪直人。1921年秋，叶圣陶应邀到上海吴淞中国公学执教，随后又到杭州浙江第一师范和北京大学中文系执教，但家仍在甪直，胡墨林仍在“五高”女子部任教，直到1922年秋才把家迁回苏州，叶圣陶在甪直生活了五年半。

甪直在苏州东南三十六里，曾经是吴中的一个大镇。它南连澄湖、万千湖，西靠独墅湖、金鸡湖，北邻阳澄湖，素有“五湖之厅”的美誉，历史上是个文化发达的地方。春秋时吴王阖闾在这里建过离宫。唐代诗人陆龟蒙在这里隐居，“多所论撰”。陆龟蒙，号甫里，又号天随子。甪直镇古名甫里，甪直镇外有甫里塘，均为纪念陆龟蒙而得名。镇上的保圣寺，是“南朝四百八十寺”之一，创建于梁天监二年（公元503年），以后经多次重修重建。最盛的时候，据说有殿产五千多间，僧侣千人。宋明两代，文人雅士常在保圣寺天王殿、莲花殿聚会。元代书法家赵孟頫曾隐迹于保圣寺。镇上小桥流水，黑瓦白墙，窄街深巷，房舍层叠，店铺栉连。全镇面积约一平方公里，原有石桥七十二座半（所谓“半座”，指一处架在小溪上仅有三四级石阶的小石板桥）。漫步于甪直街头，真有“市尘五步一顶桥”之感，相传唐代诗人杜荀鹤的诗句“人家尽枕河”“水港小桥多”，就是在这里写成的。经明清两代建筑所形成的“分署清泉”“西汇晓市”“鸭沼清风”“吴淞雪浪”“海藏钟声”“浮图夕照”“长虹漾月”“连阜渔灯”等甫里八景，也远近闻名，名人学者纷至沓来，赞誉甚多。1926年1月初，郭沫若与周全平、常云湄一同到甪直镇参加严良才的婚礼，事后在回忆中说：

> 甪直于我却有点像物外的桃源。……那境地有点像是在梦里的一样。空气是那样澄净，林木是那样青翠；田畴的平坦，居民的朴素，使人于不知不觉之间便撤尽了内外的藩篱，而感到了橄榄回味般的恬适。①

正是这个“有点像物外的桃源”、水美人美的江南古镇，像磁石般紧紧地吸引着叶圣陶，使他从事新文学创作和改革教育的热望得以实现，开启了由一个小学教员发展成为一个文学家、教育家、编辑出版家和社会活动家的崭新的历程。整整一百年过去了，我们追寻叶圣陶奋进的足迹，梳理他从都市来到水

① 郭沫若：《创造十年续篇》，《郭沫若全集》第12卷，人民文学出版社1992年版，第283页。

乡古镇的心路历程，不难看出叶圣陶的探索与思考对于解读“五四”以及“青年与时代”这个宏大命题有着无可替代的意义。

一

1912 年春，叶圣陶中学毕业后怀着“教育救国”的理想，担任苏州言子庙初等小学二年级级任教员。虽说工作非常勤勉，取得的成绩也很可喜，但因为没有后台，教了五个学期就受排挤于 1914 年 7 月失了业。1915 年春，经郭绍虞的介绍，叶圣陶到上海尚公学校担任高小一年级级任教员。

尚公学校是商务印书馆的实验小学，创办于 1906 年春，有初小四个年级、高小三个年级，学生大多是商务印书馆职工和工商业者的子弟，校长就是商务印书馆编辑所负责人之一的庄百俞。学校有宽敞的教室、新颖的标本、精密的仪器、全新的教育理念，在当时算得上是一所现代化的学校，令新来乍到的叶圣陶欣喜不已，且看他写的两则日记：

> 1915 年 4 月 9 日　　校舍之旁，学校五六比屋而居，对门则商务印书馆印刷所在焉。每当朝曦方上，夕照当墙，则见挟书之学子短衣之工人络绎而过，繁于星斗。余思中国之地而尽如此间者，则工业盛而教育备矣。惜乎！者般佳景象仅见于此也。
>
> 1915 年 4 月 23 日　　晚间偕品纯游对门商务书馆内之花园。碧草平铺，翠藤作障。绿荫之下位置凉椅，可憩可读也。园中亭舍均以未雕琢之树干为之，弥见萧疏逸景。课余无俚来此小坐，诚好去处也。

教员们都热心教育，他们“视校事如己事，视学生如己之子弟”，采用“实用主义”“勤劳主义”“自学辅导主义”的教育方法，“精进研求，交相奋勉”，这正契合了叶圣陶的教育理念。他和同事们一起创办“少年书报社”，指导学生阅读和写作；组织高年级学生到昆山“修学旅行”，到工厂和店家参观访问。尚公学校十周年纪念集《尚公记》① 中，汇集了叶圣陶撰写的《国文教授之商榷（一）》《我校之少年书报社》，以及《昆山》《美华利钟表制造厂》两篇校外教案，这也能从一个侧面看出叶圣陶在尚公学校的业绩。那时社会上“结社”的风气相当盛行，尚公学校有名为“东社”的诗社。叶圣陶善写诗，到校后自然成了“东社”主干，编撰《东社社集》，发起雅聚，谈诗论文，观剧听曲，虽说生活过得丰富多彩，但“民族国家”的大事又扰得他心绪不宁。

叶圣陶生于1894年。中学毕业前夕加入中国社会党，一度沉迷于“无政府主义”和“世界大同”。来到“十里洋场”上海，目睹了帝国主义的横行霸道，“世界大同”彻底幻灭了。1915年5月17日，叶圣陶带领学生到租界的“外国公园”观看远东运动会，途中遭到“警兵”的驱逐和殴打。他在当天的日记中写道：

> 饭后偕景岐、毅生、慕骞及高等级学生往观远东运动会。……会地在靶子场外国公园。此园向例不纳华人，今为破例，故趋之者益众。既抵门首，以买票纠葛，暂站路侧。警兵骤来，驱逐学生，有被击者。租界之中无是非可论，唯有忍心以受，然余怀如捣，余泪欲滴，而觉大同主义之不可倡，外人之深足排斥也。

“租界”是帝国主义在我国的“国中之国”，哪里会有“是非”“公理”；“警兵”为所欲为，残暴至极，这让叶圣陶心如刀捣、欲哭无泪，精神上的痛苦“有甚刑僇”。也就在1915年，袁世凯对外昧心卖国，与日本签订了“二十一条”，对内“妄自称帝”。袁世凯之所以敢冒天下之大不韪，断送民国，就是有日、美帝国主义在暗中作祟，“媚人和之，相与讴歌盛德”。“国几不国”的

① 商务印书馆1916年4月版。

现实使爱国心切的叶圣陶陷入了苦闷的深渊。

二

是《新青年》的创刊惊醒了整个知识界。1915年9月15日，陈独秀主编的《青年杂志》由上海群益书社出版（自第二卷第一号起改名《新青年》，为叙述的统一，以下均称为《新青年》），这是现代中国革命史上最重要的杂志之一，后来为数众多的文学史家都把《新青年》的创刊界定为“新文化运动”的“起点”。《新青年》第一卷第一号开篇的《青年杂志社告》，叙说的是办刊的缘起和构想，共有五条，依次为：

> 一、国势陵夷，道衰学弊。后来责任，端在青年。本志之作，盖欲与青年诸君商榷将来所以修身治国之道。
>
> 二、今后时会，一举一措，皆有世界关系。我国青年，虽处蛰伏研求之时，然不可不放眼以观世界。本志于各国事情、学术思潮尽心灌输，可备攻错。
>
> 三、本志以平易之文，说高尚之理。凡学术事情足以发扬青年志趣者，竭力阐述，冀青年诸君于研习科学之余，得精神上之援助。
>
> 四、本志执笔诸君，皆一时名彦，然不自拘限。社外撰述，尤极欢迎。海内鸿硕，倘有佳作见惠，无任期祷。
>
> 五、本志特辟通信一门，以为质析疑难发舒意见之用。凡青年诸君对于物情学理有所怀疑，或有所阐发，皆可直缄惠示，本志当尽其所知，用以奉答，庶可启发心思，增益神志。

这五条“社告”如闪电雷鸣，给叶圣陶以强烈的刺激。紧随《青年杂志社告》之后的是《新青年》发刊词《敬告青年》。陈独秀在《敬告青年》中激励青年说："青年如初春，如朝日，如百卉之萌动，如利刃之新发于硎"，是"人生最可宝贵之时期"。进而以进化的发展观阐释"青年之于社会"的关系，"犹如新鲜活泼细胞之在人身"，"陈腐朽败者无时不在天然淘汰之途"，"社会遵新陈代谢之道则隆盛，陈腐朽败之分子充塞社会则社会亡"。呼吁青年"自觉其新鲜活泼之价值与责任"，"奋其智能，力排陈腐朽败者以去"。并且明确地划出判断"孰为新鲜活泼而适于今世之争存"之思想、"孰为陈腐朽败而不容留置于脑里"之思想的"六项标准"：

（一）自主的而非奴隶的。

（二）进步的而非保守的。

（三）进取的而非退隐的。

（四）世界的而非锁国的。

（五）实利的而非虚文的。

（六）科学的而非想象的。

进而又郑重指出："近代欧洲之所以优越他族者，科学之兴，其功不在人权说下，若舟车之有两轮焉。""国人而欲脱蒙昧时代，羞为浅化之民也，则急起直追，当以科学与民权并重。"这里所说的科学，既包括自然科学，也包括哲学和社会科学，所强调的是科学精神、科学思想和科学规律。科学的对立面是主观臆断、盲从迷信、愚昧无知，也就是陈独秀一再抨击的"蒙昧"。《新青年》倡导的"民权"，即民主。民主的对立面是封建专制，"奴隶他人"或"以奴自处"。《敬告青年》高举起了"科学"与"民主"的旗帜，宣称科学与民主是检验一切政治、法律、伦理、学术以及社会风俗、人们日常生活一言一行的唯一准绳。凡违反科学与民主的，哪怕是"祖宗之所遗留，圣贤之所垂教，政府之所提倡，社会之所崇尚，皆一文不值"。话说得斩钉截铁！陈独秀显然是在为革命"造势"，《敬告青年》可以看作新文化运动开始的宣言。叶圣陶受《新青年》的感召始见于1915年11月25日的日记，他在日记中写道：

> 夜览《青年杂志》，其文字类能激起青年的自励心。我亦青年，乃同衰朽。我生之目的为何事，精神之安慰为何物，胥梦焉莫能自明。康德曰：“含生秉性之人，皆有一己所蕲向。”我诵此言，感慨系之矣。

这则日记可以解读为叶圣陶彻底否定“旧我”、重塑“新我”的誓言。《新青年》是月刊，叶圣陶写这则日记时，也才出版了三期。这三期的内容主要是：介绍欧洲文艺，“提倡新文学”；介绍欧洲和日本的教育理念，强调革新教育；批判“国民性”，把“吾国衰亡之现象”归咎于不知“国家为何物”“民权为何物”“自由为何物”，敦促国人尽快“觉醒”。这之后，《新青年》的锋芒越来越锐利，批“三纲五常”、批“复古思潮”、破除宗法制度、鼓吹“文学革命”，俨然成了新文化运动的指挥部。而叶圣陶对《新青年》也越来越倾慕。他生前多次谈到每逢《新青年》出版，“急购而读之”的心情，思想面貌从此焕然一新。

三

在从《新青年》创刊之日（1915 年 9 月 15 日），到 1917 年 3 月来甪直的这一年半的时间里，叶圣陶受《新青年》的感召和影响主要有以下三个方面：

一是清醒地意识到吸取西洋“科学”与“文明”的重要。《新青年》对“西洋文明”的礼赞，激励叶圣陶放眼世界，自觉地从“异域”吸取文化滋养。他在 1915 年 11 月 4 日日记中说：

> 傍晚与品纯、毅生闲谈，共谓吾人处此世界，非复可效井蛙之昧陋，而欲运我灵思与世界学术接触，舍通外文其涂莫由。余自十龄时便肄英吉利文，比今十稔，迄未通达，非不高尚其事，置常书而习文

> 学，但源流未清，漫衍终浊。苟欲旧业重提，则有二弊，深书既弗能贯彻，浅书复弗屑披读，抱此心理，焉有进益？夏间尚自为忖度，赴沪之后当就夜馆习德文或法文，由浅入深，肄业自便，而骤接异文，复易自为策励。特来沪之后，志气疲颓，财时两困，致所怀又成泡影。今日提及，雄心复作。念德法学术，世称深邃，习其文书，殊胜英吉利文字也。后此遇有机缘，便当努力，复悬一期以自约曰：最迟不得逾明岁一月。

“明岁一月”中的“明岁”，指的是乙卯年农历新年，即1916年2月2日。叶圣陶果真在“一月”之前购置了外文书籍，拟订了学习计划。他在1916年2月18日日记中写道：

> 前定今岁一月之前，必须肄习德法文中之一。十数日前曾购德文法程一册，将自为探索，疑则质诸颉刚。今既来校中，外缘差绝，当即开卷诵习。或两日一课，或三日一课，不求其多，但求熟谙而已。

“疑则质诸颉刚”，颉刚就是中学同学顾颉刚，时就读于北京大学文科中国哲学门。“今既来校中，外缘差绝，当即开卷诵习”，可见其用心之专。“念德法学术，世称深邃，习其文书，殊胜英吉利文字也”。“德”，是德文；“法”，是法文。叶圣陶重“德法”轻“英美”，这也是时代思潮影响所致。陈独秀在《新青年》第一卷第一号刊登的《法兰西人与近代文明》一文中说：近代有三大文明，“一曰人权说，一曰生物进化论，一曰社会主义”。这“三大文明，皆法兰西人之赐。世界而无法兰西，今日之黑暗不识仍居何等”。又说“德意志”因袭了法兰西之文明，但其“科学”，“为吾人所尊崇”。叶圣陶正是受了这些思想的影响，才把“国人要脱蒙，民族要腾飞”的希望寄托于“德法学术”和“欧洲文明”。为了接受“科学”和“文明”的洗礼，他舍弃了已经学了十年的“英吉利文”，改学德文，以顺应时代的潮流。

二是热切地企盼“新文学”的诞生。《新青年》对“新文学”的倡导不遗余力。陈独秀在发刊词《敬告青年》中说：“吾愿青年之为托尔斯泰与达噶尔”（达噶尔即印度诗人泰戈尔）。《新青年》创刊号刊登了陈嘏翻译的屠格涅甫（今译屠格涅夫）的短篇《春潮》。第一卷第二号上刊登了汝非翻译的《托尔斯泰之逃亡》，以及薛琪瑛女士翻译的王尔德的“爱情喜剧”《意中人》。陈独秀在为《意中人》加的“附语”中称薛女士是“吾国文艺复兴之嚆矢、女流作者之先河”。当时陈独秀最推崇的“世界三大文豪”是托尔斯泰、左拉、易卜生，又将易卜生、屠格涅甫、王尔德、梅特尔林克誉为“近代四大代表作家”。针对国内文坛的现状，陈独秀有选择地介绍了西方文艺思潮从古典主义、理想主义（浪漫主义）到写实主义、自然主义的变迁过程。在谈及文学革新的愿望时，陈独秀指出：“吾国文艺，犹在古典主义、理想主义时代，今后当趋向写实主义。文章以纪事为重，绘画以写生为重，庶足挽今日浮华颓败之恶风。”①

叶圣陶自幼酷爱文学，早在1911年苏州光复后写的《大汉天声•祝辞》中，就坚信文学有荡涤“人心种种恶魔障”“产英雄”“启民德”② 的伟力。受到《新青年》的影响，他把“新文学”认定为国人“洗心革面”的唯一利器，在1915年11月2日的日记中写道：

> 百事最贵朝气，而阴霾之天气、不堪之时事，胥欲寻我之朝气而挫之。是在自性心强，方克免于堕落。否则凄凉嗟叹时作，日暮途穷之况甚无谓已。年来国人朝气丧亡殆尽，牛马奴隶亦既准备为之，于是嬉游恣乐而外无复所事，人心欲死，是可叹也。某君谓欲挽人心当提倡新文学，的是探本之论。贤者为民之责，亦唯此一事而已。至于其他，匪此日所可言矣。

① 陈独秀：《答张永言信》，《青年杂志》第1卷第4号，1915年12月15日。
② 叶圣陶：《大汉天声•祝辞》，江苏《大汉报》第1号“祝辞”，1911年11月21日。

这里的“某君”是黄远庸（笔名远生），他在给《甲寅》杂志主笔章士钊的信中说：“愚见以为居今论政，实不知从何处说起。……至根本救济，远意当从提倡新文学入手。综之，当使吾辈思潮如何能与现代思潮相接触，而促其猛省。而其要义须与一般之人生出交涉。法须以浅近文艺普遍四周。史家以文艺复兴为中世改革之根本，足下当能语其消息盈虚之理也。”① 黄远庸看出由政治改造中国绝无希望。转过向来，走向文化和文学的道路，由文体解放到思想解放，由文学革命扩大到新文化运动，这与陈独秀的立场是相吻合的。胡适在《五十年来中国之文学》中说黄远庸的这封信“可算是中国文学革命的预言”，把黄远庸认定为新文学发先声的人物，这种评价为后来的新文学史家所认同。值得注意的是胡适的《五十年来中国之文学》写于1922年3月3日，叶圣陶的日记写于1915年11月2日，认为黄远庸“当从提倡新文学入手”是拯救“国人”的“探本之论”，可见他对“新文学”的理解之深和寄予的期望之高。

叶圣陶进而解释说“有美之真价”“摄人间之真影”的文学才是“新文学”。他在1916年1月2日日记中写道：

> 午后，偕建侯观剧笑舞台，剧名曰《新花田错》，胡闹杂糅，不成篇幅。夫戏剧要有美之价值，美不必求其滑稽可喜或华耀动目，唯有涉夫精神观感者足以当之。故假优孟之衣冠，摄人间之真影，戏剧乃为有价。若不此之务，第求博人欢笑，抑亦末已。但国人品性幼稚已极，与其谓之堕落，无宁谓之草昧。见无理取闹之戏，则鼓掌和之；其戏少有美之真价，则望望然去之，盖比比也。舞榭中欲维系其生业，不得不务求其次，遂呈今象。于此而叹：提倡新文学之不可缓也。

叶圣陶提倡的“有美之价值”“摄人间之真影”的“新文学”，与陈独秀在

① 黄远庸：《释言（致甲寅杂志记者）》，《甲寅》第1卷第10号，1915年10月10日。

《新青年》倡导的“以阐明美学真理为宗”“以纪事为重”的“写实主义”的文学主张相一致。他在 1916 年 4 月 16 日日记中写道：

> 午后，偕吉人、琅斋观剧天蟾舞台。忽思我国歌剧，音节优美宜于听。至伶人之举动、剧场之布置，则“蠢俗鄙陋”四字足以当之。非特起人美感，抑且使人厌恶也。所谓新剧，又唯有“浅俗”二字。余理想上之戏剧，国中殆无有此物，不知他国戏剧复何如也。

他总觉得艺术要给人以“美感”，批评“新剧”（文明戏）“蠢俗鄙陋”，希望能借鉴“他国”的经验，创造“理想上之戏剧”。所有这些也都烙上了《新青年》的印记。

三是革新教育有了新的探索。从踏上讲台的第一天开始，叶圣陶就怀有“使醇醇诸稚展发神辉”的宏愿。囿于时代和思想的局限，他想得最多的是学校环境的美化、教室的布置、如何让学生学会守纪律、怎样才能让全班学生的水平整齐划一，纠结于心的是教学“方式和方法”的改进。受到《新青年》的影响，叶圣陶对教育的理解有了新的飞跃。他在 1916 年 4 月 14 日日记中写道：

> 偶思教育之要点，当无逾养成儿童正确精新之思想能力。国人旧时思想陈腐已极，匪可应用于当世。而儿童之环境之遗传，均不出此陈腐之思想。言教育不探其本，何效可获？徒推求于学生课文如何能背诵默写，学校规则如何能强令恪守，抑亦枝叶之事耳。

叶圣陶彻底否定了“旧”的教育思想，反对照本宣科、死记硬背、强令学生恪守种种僵化的校规校纪的做法，把教育的“要点”归结为“养成儿童正确精新之思想能力”。这个“飞跃”同样可以从《新青年》上找到源头。

《新青年》第一卷第二号，刊有陈独秀的《今日之教育方针》，列举出“今日之教育”的四个要义：一是“现实主义”，二是“惟民主义”，三是“职业主义”，四是“兽性主义”。“现实主义”，强调教育必须关注“现实世界”，不能游离于“人生”的“真相”，要“尊现实”；“惟民主义”，强调“国家”“乃人民集合之团体”，“教育”要培养“人民”应有的“自觉自重之精神”；“职业主义”，强调“教育”应当“以尊重职业为方针”，使社会经济不至于陷入“不克自存之悲境”；“兽性主义”，强调“意志”“体魄”“率真”，培养出来的学生不懦弱、不作伪。

《新青年》第一卷第三号，刊有陈独秀的《抵抗力》一文。“抵抗力”，就是“避害御侮自我生存之意志”，即求“生存进化”的强悍、人格、智勇和热血。陈独秀批判“卑劣无耻退葸苟安诡易圆滑之国民性”，指出“亡国灭种之病根”就在“国人抵抗力薄弱”，呼唤“民德，民志，民气”，青年“当使身心悉如钢铁”，“一息尚存，决无逃遁苟安之余地”。不难看出，叶圣陶所说的“正确精新之思想能力”正是对陈独秀上述阐述“主义”和“方针”的归纳和总结。

四

在热切地呼唤“新文学”的同时，叶圣陶开始了创作“新文学”的尝试，留存下来的有“俗语小说”《春宴琐谈》①。小说的女主人公葆灵有学识，有魄力，有境界。葆灵的丈夫陈乾庵是“文学家”，在报馆当主笔，“一时舆论颇为所左右”。葆灵“性情温和，言辞诚挚”，“美学”修养好，家中的“一切布置都含有审美思想”。她又是一位很有魄力的实业家，办了鸡场，用科学方法养鸡，居然大有成效。还办了毛巾厂，“有数十架织毛巾的木机”，“织出毛巾，各处都来批发”，“是一宗极厚的出息”。工厂雇用的全是“贫苦人家女孩子”，

① 刊《妇女杂志》第4卷第2—3号，1918年2月5日、3月5日。

她们白天做工，晚上学习。葆灵亲自给她们讲授职业、卫生和公民课，“一年之间，那些女孩子居然粗知礼貌，懂得些常识”。葆灵举办“春宴”，应邀前来的也都是“极潇洒通达，不惯拘牵虚文俗礼”的新女性。为了办好这场“春宴”，她把客厅布置得格外“舒适”，极具“美感”。用餐前先上汤，采用“分餐”的方式。席间的“琐谈”涉及“男女平等”“餐事的从简”“讲卫生”等一系列改良“社会和家庭”的话题。餐后一起品尝咖啡，交流“练体操”“打网球”的经验，进而鉴赏西洋名画。叶圣陶笔下的新女性从厨房到客厅、从修身到实业，都“全方位”地趋附“西洋文明”，引领时代潮流。

小说写于1917年，创作的素材大概是在尚公学校执教期间积累的。打网球始见于叶圣陶1916年1月的日记。1月11日记：“阴。寒气骤烈，举动索瑟。课毕为网球，乃生奇温。”1月12日记：“夜间，至中国青年会游览。此会传自西方，……观其会员为各种运动，而以篮球、游泳二种为最可观。吾人曰：‘处户牖之下饱坐倦卧，间为网球，已为剧烈运动。观于此会，乃爽然自失矣。’”至于新女性的做派、庭院的布置，以及吃西餐、欣赏西洋名画之类的时髦，大多也是到了上海之后的见闻。虽说苏州与上海近在咫尺，但当时的苏州比较保守，女性很少有这么时尚的。至于为何只留下这一篇《春宴琐谈》，很有可能是与写“新小说”的素材匮乏有关，“巧媳妇难做无米之炊”；也可能是叶圣陶对这一类的“新小说”并不满意，稍一尝试就兴味索然，歇手打住了。

至于革新教育，叶圣陶在尚公学校也曾有过轰轰烈烈的壮举。他在1916年4月24日日记中写道：

> 昨夜与景岐、骏孙谈议，在校中办一极小之工厂，与学生共同作工。谈次兴发，既寝矣复起，燃烛写工艺部简章。今晨与诸同事言之，皆赞同，遂拟章招股本焉。
>
> 我近思，旧时生活甚恹恹无味，当谋一新生活，意想之中，以为作工必甚愉快。虽一书一架之微，而自手制成，善藏待沽。其精神之

爽快，将有难以言语形容者矣。

叶圣陶拟定的“工艺部简章”，得到同事们的一致赞同。于是就“招募资金”，风风火火地做起来。4月25日日记中说：“工艺部虽未成立，而琐事已多，吾只觉茫无头绪。百忙待理，因悟任事之才究竟浅薄，然当勉之耳。”5月4日日记中说：“晚际，工艺部开成立大会。基础立矣，当有以谋建设之巩固焉。”

“在校中办一极小之工厂”，显然是要践行陈独秀的“现实主义”“惟民主义”“职业主义”和“兽性主义”。遗憾的是叶圣陶早年的日记保留下来的只到1916年5月14日，“工艺部”进展的情况缺了下文。好在有顾颉刚的《〈隔膜〉序》①，让我们能揣摩到个大概。顾颉刚的《〈隔膜〉序》中说：

> 到民国五年，旧同学吴宾若君在苏州东南角直乡做高等小学校长，招圣陶担任教科。这时候，他在城里的许多痛苦受不到了，旧教育讨厌的地方也可商量改革了。回忆他做城里教师时，有一信给我道，
>
> > “惟念于教师职务得少尽精力，使醇醇诸稚展发神辉，亦此生一乐。虽今日所呈现象每不满昨日之所怀，所幸心存希望，即是一缕动机；此机勃发，或有美满光明之时也！”……
>
> 此种希望，在城里固因种种牵制不能达到，但到了乡下却很可自由措施了。

改革教育的希望，“在城里固因种种牵制不能达到”。这里所说的“城里”，毫无疑问，指的就是上海。很可能是叶圣陶要创办的“小工厂”因“种种牵制”落了空，再加上“新文学”创作一时找不到“源头活水”，让他滋生了

① 叶圣陶著：《隔膜》，商务印书馆1922年版。

“许多痛苦”。也就在这个时候，在甪直镇担任吴县第五高等小学校长的中学同学吴宾若，以及在五高执教的中学同学王伯祥，联名邀请他到甪直任教，这让叶圣陶的“许多痛苦”得到抚慰，怀了“柳暗花明又一村”的欣喜告别了上海。

五

叶圣陶撰写的很多关于甪直的回忆文章中，最值得关注的是《心是分不开的》（收入《叶圣陶集》时改名《好友宾若君》），文中写道：

> 宾若君在甪直当高小学校校长，先后邀伯祥与我去当教员。本来是同学，犹如亲兄弟一样，复为同事，真个手足似的无分彼此，只觉各是全体的一部分。我因年轻不谙世故，当了几年教师，只感到这一途的滋味是淡的，有时甚且是苦的；但自从到甪直以后，乃恍然有悟，原来这里头也颇有甜津津的味道。①

叶圣陶称赞吴宾若“是具真诚能实行的教育家”，“与他同事以后，只觉得他的诚恳远过于我，竟略带压迫的力量”。不过也不满意吴宾若“略带粘滞的性质”，凡事“总是‘三思而后行’”。可也正是吴宾若办事犹疑，使得叶圣陶成了学校的“主心骨”。顾颉刚与吴宾若和王伯祥也都是中学同学，彼此亲密无间，“犹如亲兄弟一样”，所以评说起来当然特别到位。他在《〈隔膜〉序》中谈及叶圣陶到甪直后大刀阔斧地实施教育改革的计划时说：

> 他在这几年里，胸中充满着希望，常常很快乐的告诉我他们学校

---

① 《叶圣陶集》第5卷，江苏教育出版社2004年版，第271页。

的改革情形。他们学校里，立农场，开商店，造戏台，设备博览馆，有几课不用书本，用语体文教授，……几年内一步步的做去，到如今都告成功了。这固是圣陶的一堂同事都有革新的倾向，所以进步如此其快，但圣陶是想象最锐敏的，他常常拿新的意见来提倡讨论，使全校感受到他的影响，这是无可疑的。

自五年到现在，六年之间，他没有离开过甪直。八年，又把全家搬了过去，从此他做了甪直人了。他每天所到的地方，只有家庭及学校，而这两处都充满了爱的精神，把他浸润在爱的空气里。于是，他把民国四年以前的悲观都丢掉了，从不再说短气的话。社会的黑暗，他住在乡间，看见的也较少了。于是他做的小说，渐渐把描写黑暗的移到描写光明上去了。

叶圣陶和同事们创办的农场，叫“生生农场”。“生生”两字指的是先生和学生，师生共同开荒种地，培植玉米小麦和瓜豆菜蔬，让学生在“学农”的过程中锻炼筋骨、磨炼意志，懂得“盘中餐”粒粒皆辛苦的道理。长篇小说《倪焕之》第一章写到的两棵高高的古银杏，就在“生生农场”的旧址上。开办的“商店”由学生经营，引导他们在做书籍、纸张、笔墨的买卖中学会算账和“做生意”。听说还办过“银行”，也是由学生来管理，把压岁钱和零花钱存起来，养成勤俭的好习惯。“博览馆”汇集当地的文物，激发学生热爱乡土的感情。“造戏台”当然是为了演戏，让学生通过排戏演戏，学会表演，懂得欣赏。据学生回忆，叶圣陶指导他们编演的戏剧有《最后一课》《荆轲刺秦》《完璧归赵》等剧目。学期中和学期末开“恳亲会”，学校把学生的习作、试卷、字画、雕刻，以及种植的瓜豆菜蔬陈列出来，请学生家长和社会贤达来校观赏，那情景比到乡下看草台戏还热闹。叶圣陶 1980 年 10 月 29 日在给姜德明的信中谈到在甪直开展戏剧活动时说：

大约隔一个星期演一回戏。戏由学生自选自编，教师给他们帮助。

记得曾经把胡适翻译的《二渔夫》改编成戏剧，大家看了颇为感动。

…………

我也演过一回戏。那是在学校开什么纪念会的时候。其时苏州城里有好些同行到角直来，参加我们的纪念。剧本叫《春雪》，是我跟校长沈伯安，还有老同学王伯祥三个人合编的。剧情记不得了，总之是把春雪比喻不适宜的教育对儿童的不良影响。伯祥扮演一位老妈妈，我扮演一个老头儿，鼻腔上夹着小胡子。其他角色由学生扮演。因为有苏州来的客人，又有当地的观众，室内的剧场容纳不下，戏台搭在操场上。……《春雪》的稿本没有保存，现在想想也有些可惜。①

至于“有几课不用书本，用语体文教授”，这在现代教育史上是具有划时代意义的。“不用书本”，侧重于“口说”和“田野调查”；“用语体文教授”就是“说”和“写”都用白话。综观叶圣陶在甪直推行的这一系列改革，其总的思路是注重培育学生自尊、自立、自强、自信的品质以及集体主义精神和协作的意识，把书本和实践结合起来，使学习变得更“实在”，原本单纯的学习“知识”转化成为对于潜能的激发以及“创造力”的提升。这一系列改革当然不会一帆风顺。长篇小说《倪焕之》和独幕剧《恳亲会》写到的“开辟农场”引发的风波，都是以创办“生生农场”的经过作为依据的。

在荒地上开辟农场须得“迁移”几穴“无主荒坟”。旧势力恶意煽动，说校长“贪图自己舒服，发掘了人家的祖坟，在学校里造起花园来，专供教员们享乐”，要状告校长“盗掘坟墓”“占夺地产”。还说什么“惊扰坟墓里的骸骨”，会“搅一个全镇瘟疫”。学生的家长也很反感，他们说：“我们只要子女读书，并不要他们种田。”“他们只须注重国文、英文、珠算三科”，“国文预备写信记账，英文预备发洋财，珠算预备习商”，将来就得靠这三科“吃饭”，

---

① 姜德明：《叶圣陶演戏》，《书廊小品》，学林出版社1990年版，第32—33页。

“什么体操，什么唱歌，什么手工图画”，非但不要，而且讨厌，“演戏，奏乐，农作”，尤其是农作，他们更深恶痛绝。迁荒坟、辟农场，在古镇上惹起轩然大波，教育改革霎时间竟成了众矢之的。是叶圣陶用他的人格魅力渐渐地感化了古镇四周的乡民。

叶圣陶把家迁到甪直后，赁居东市陈继昌家的怀仁堂走马楼。这里“距五高三里许，到校有两途可循，一沿河岸西行，复折而西，一则曲折循田塍行，出眠牛泾即为保圣寺天王殿之旷场，比较近捷”。叶圣陶和夫人胡墨林就是“曲折循田塍行”，每天往返四次，他真诚地认在田间劳作的农人做朋友。短篇《低能儿》（收入《叶圣陶文集》时改题《阿菊》）写镇上穷人家的孩子阿菊上学第一天的心理活动，他对学校里非常普通的事物、对老师的爱都觉得新奇。阿菊的原型就是住在保圣寺前面的阿虎，家境贫寒，父亲在外帮工，替人家操办红白喜事，瞎眼的母亲在家搓草绳。阿虎在“黑暗的墙角”里长大，成了不识数的“低能儿”。叶圣陶知道了，就出钱供阿虎上学。叶圣陶和胡墨林就是这样，以他们特有的谦诚可亲的品格、博学多艺的才能赢得了甪直人的敬重。那时，胡墨林在女子部除了教语文外，还兼教家庭生活课，她讲授的各种剪裁技艺很快在甪直镇传开了。晚间，常有三五成群的姑娘来串门，胡墨林热心地教她们学描剪花样、裁缝、针织等。叶圣陶在学校里开设篆刻课，课上课余，热心地教学生刻图章印记，刻竹板压书，刻诗文互赠，刻花鸟共娱，家长们知道后也纷纷登门求印。叶圣陶在《〈甪直闲吟图〉题记》中说：

> 余在中学时尝随同学刻印。以刀雕石，须留者留之，不须留者去之，是固人人所能为，无待求师。及抵甪直，睹某氏所藏之《文三桥印谱》，思欲仿效之，乃于业余时间复事奏刀，凡以印章石来嘱托者无不应。

“描剪花样”“篆刻图章”又使得叶圣陶的心和甪直人贴得更紧，教育改革也就水到渠成，一步步地取得成功。当年的“五高”，北依吴淞江，西枕甫里塘，校外小桥流水，张陵山清晰可见，校内花木扶疏，旱船假山，古柏参天，是孩子们学习和成长的乐园。甪直镇上最早参加革命的陈继昌烈士和戴宗盘烈士，都是叶圣陶的学生。他们念书原本是为了识字算账，长大了好做生意。是叶圣陶激励他们毕业后走上革命的道路，成了他们革命的启蒙老师。

六

叶圣陶曾经说过："我真正的教书生涯是自甪直开始的"。他在甪直编写过高年级国文教材，课文包括四个方面：一是翻译作品，如莫泊桑的《两个朋友》（即《二渔夫》）、《项链》，都德的《最后一课》《柏林之围》，易卜生的《娜拉》等；二是古典名作，如《王冕传》（宋濂），《与友人论学书》（顾炎武），《核舟记》（魏学洢），《兵车行》（杜甫），《折臂翁》（白居易），《史记·项羽本纪》（司马迁）等；三是根据名作改写的语体文，如根据《史记·刺客列传》改写的《荆轲刺秦王》，根据袁宏道的《虎丘记》改写的《苏州虎丘》，根据张溥的《五人墓碑记》改写的《苏州五人墓》，等等；四是新文学作品，如鲁迅的《孔乙己》《故乡》，胡适的《一颗星儿》，周作人的《小河》《生活之艺术》，沈尹默的《三弦》等。每篇选文的后面都附有题解、作者传略及语释。每隔两篇选文，就有叶圣陶写的一篇文话，用讲话的体裁，谈论文章的写作和欣赏等，内容充实，议论缜密，文笔活泼。叶圣陶认为"教材"是引导学生认识社会和人生的一种"适用的工具"，结合他当年发表的教育论文，可以看到他自编的教材"切合人生"，"务求活用"，"力戒板滞"，有益于学生"为学立行"，"把读书得来的经验，去体验四周的事物，来创造自己的新经验"，因而深受学生的喜爱和教育同仁的推崇，从而奠定了他在教育界的地位，被誉为现代语文教育的"先驱者"。

与此同时，水乡古镇也成了叶圣陶文学创作的摇篮，给了他取之不竭、用之不尽的创作素材。叶圣陶在《诗的泉源》中深有体会地说："生活是一切的泉源，也就是诗的泉源。”“一个耕田的农妇或是一个悲苦的矿工的生活，比一个绅士先生的或者充实得多，因而诗的泉源也比较的丰富。”他在《文艺谈·二十九》中说：

“……要想建立我国的新兴文学，尤须从我国全群人的心中去吸取材料，从我国全群人的前途着想而点起引路的灯来，……所以今天的作家应当多多旅行国内各处，无论穷乡僻壤，山村水集，都须印有作家的足迹；各种社会，各种生活，都该汇入作家的脑海。作家如果真有这样的热诚和兴致，我想我国有世界价值的文艺的产生决非渺茫的事。”……

不仅是旅行，文艺家还应当居住在乡僻之区，贫民之窟。愚昧和贫苦同样是不幸的事，我国全群人的绝大部分陷入其中，当然最先要帮助他们一跃而起，脱离这不幸的魔窟。试到小村落里或是都会的贫民区里去，你就可以听到一些鄙俗、惨苦，简直同于叫喊哭泣的歌声。他们虽然不幸，但是也有人类爱美赏美的根基——喜爱唱歌。这就是他们的一种表示：他们非常需要文艺家。文艺家领受了他们的期求，与他们一起居住，自己的心和他们的心同其呼吸。顺应他们的需求，指引他们的路径，创作很好的歌给他们唱，使他们的叫喊化为乐曲，哭泣转成笑声。这是何等有意义的事业啊！

1918年11月19日，北大学生傅斯年、罗家伦等发起成立新潮社，出版《新潮》杂志，专以介绍西洋近代思潮、批评中国现代学术及社会中各种问题为职司。第一批入社者绝大多数为北大文科学生，中国文学门有傅斯年、俞平伯，英国文学门有罗家伦、潘家洵，中国哲学门有顾颉刚、谭平山、陈家蔼、吴康等。以建设“新文学”为己任的叶圣陶不仅于1919年3月加入了新潮社，而且成了新潮社开创“新体小说创作风气”的拓荒者。顾颉刚在《〈隔膜〉序》中对叶圣陶作了精辟的论述：

> 民国七年间，《新青年》杂志提倡国语文学极有力量。但那时新体小说只有译文，没有创作。圣陶禁不住了，当《新潮》杂志出版时，他就草了《一生》一篇寄去，随后又陆续做了好几篇。可喜《新潮》里从事创作的，还有汪缉斋、俞平伯诸君，一期总有二三篇，和圣陶的文字，竟造成了创作的风气……

《一生》原来的题名为《这也是一个人!》（编入短篇集《隔膜》时改名为《一生》）。小说采用写实的手法，叙述了一个经历类似祥林嫂的农村妇女“伊”苦难的一生。“伊”幼小时“简直是很简单的动物”。十五岁那年出了嫁，婆家用“伊”来“抵半条耕牛”使唤。“伊”忍受不了丈夫和婆婆的虐待，逃到镇上当佣妇，还萌生过离婚的念头。而父亲却用“既做人家的媳妇，要打要骂，概由人家”的“理由”，强迫“伊”回到婆家。“伊”的丈夫死后，婆家就把她卖了，“把伊的身价充伊丈夫的殓费”。

“伊”是我国现代小说中“第一个”女性受难者的形象，她的悲惨命运将农村劳动妇女的解放问题提交到社会改革家的面前，向封建宗法社会发出了“这也是一个人?”的控诉。“伊”的一生，形象地说明我国农村劳动妇女非但没有得到做“人”的资格，就连“人”的意识也都没有。与前面提到的《春宴琐谈》相比较，不难看出《一生》是纯正的“新文学”，是“人的文学”；而《春宴琐谈》则是带有鲜明“改良色彩”的俗文学，是“贵族文学”。鲁迅1919年4月16日在《致傅斯年》的一信中说：“《新潮》里的《雪夜》，《这也是一个人》，《是爱情还是苦痛》（起首有点小毛病），都是好的。上海的小说家梦里也没有想到过。这样下去，创作很有点希望。”① 鲁迅在《〈中国新文学大系·小说二集〉导言》中谈到汪敬熙、罗家伦、杨振声、俞平伯、欧阳予倩、叶绍钧等新潮社一批作家时，认为这群作家中“叶绍钧却有更远大的发展”。②

---

① 《鲁迅全集》第7卷，人民文学出版社2005年版，第236页。

② 《鲁迅全集》第6卷，人民文学出版社2005年版，第248页。

鲁迅的赞誉对叶圣陶说来是莫大的鼓舞。从此，叶圣陶的创作一发而不可收。古镇特有的市街、石埠、田野、河流、丛树、屋舍、店铺、快船、殿宇，以及“卷舒自如的炊烟”“山水画样的白云”等可爱的景色给了叶圣陶以美的享受；古镇特有的茶馆、酒肆、集市、风情，以及“躯干高大且挺直”的农夫、“臂弯里挂着篮子”的农妇、“别有一种健美的风致”的村姑，乃至阶前的绿草、窗外的蝴蝶和秋虫凄凄切切的声息，都触发了叶圣陶创作的灵感。“做了甪直人”的叶圣陶怀着要“使‘五四’曙光更光明更普遍”的热忱，创作了短篇集《隔膜》《火灾》、童话集《稻草人》，以及一大批散文、新诗、评论和《恳亲会》《艺术的生活》两个剧本。长篇小说《倪焕之》的前十九章的素材大都也来自甪直。叶圣陶早期的作品讴歌“人的觉醒”，为被侮辱被损害的人寻求“光明”的、充满了“美与爱”的“别一世界”，虽说有的作品也富有浪漫色彩，但那的确是他在甪直期间真实的感悟。1930 年创作的短篇《多收了三五斗》中的“万盛米行”也是以甪直的万盛米行为原型的。

七

叶圣陶加入新潮社后，在甪直开设《新潮》杂志甪直“代办处”，销售《新潮》杂志，传播新文化、新思想。1919 年 5 月 5 日，叶圣陶从报纸上看到北京学界声讨卖国贼，要求“取消二十一条”“还我青岛”“保我主权”的报道，彻夜未眠。他觉得天地间最重要的是“民气”，就和王伯祥等人一起商讨唤起民众的计划。第二天，在“五高”操场召开“五四”宣讲会。会上，叶圣陶作了题为“独立与互助”的演讲。王伯祥作了题为“社会的国家和官僚的国家有什么分别”的演讲。顾颉刚认为他们的选题是在根本上立说，指明此次风潮之原因，较一般“上海罢市的情况”“北京学生受苦的情况”的演说所得的效果好得多。宣讲会结束时，叶圣陶高呼“外争国权，内惩国贼!”的口号，似乎要点燃每个听众的爱国热情。沉睡了千余年的古镇给喊醒了。从此，“自由”“自觉”“改造”“解放”等新词在古镇流传开来。

宣讲会刚刚开过，叶圣陶就从报纸上看到有关傅斯年、罗家伦等人亲近军阀和日本人，被同学逐出的传闻，立即给顾颉刚写了快信询问究竟，并限定顾颉刚接信次日即须将复信付邮，竭诚地希望有志之士不要“自杀文化发展力”。顾颉刚在5月9日的回信中，除了回答叶圣陶的提问，还敦促叶圣陶将风潮扩大。信中说：

将风潮扩大的原因，一则胶州仍然断送，曹、陆依然故我，……二则总要在大处着想，曹、陆即使罢诛，尚有同他们同罪的人握住政柄，尚有铸造他们这一辈人的社会时时处处的照式铸造，……万非几个起劲人爽快赶一回便可奏功；我们觉悟的自身责任是改造社会，这回的事真是极微小的一个起点，不过大家看得见罢了。①

叶圣陶也是这么想的。正是出自“改造社会”是“自身责任”的这个“觉悟”，叶圣陶在《时事新报》发表了《吾人近今的觉悟》。文章说：

现在世界各国的政府还是“强权称雄”的遗型，率了一种“强权欲”的冲动而前进，和“庶民主义”“社会主义”根本矛盾。中国政府毫没学识，所以做出罪恶来格外难看。他国政府将学识自文，所以坏得较为冠冕，其实是一个样子。

我们欲改造世界，第一步先要铲除强权欲的冲动。我们恃自觉的奋斗精神，凡是和“庶民主义”“社会主义”相背的，都要去反对他。我们不要怕强权，只要真能自觉，真能奋斗，最后胜利终属我们。我们如今应当认定，改造世界是我们的责任。无论什么难题，只有我们去解决——我们真欲解决，终能解决。

---

① 顾潮编著：《顾颉刚年谱》，中国社会科学出版社1993年版，第51页。

> 若是自居第三者地位，单说几句漂亮话，或是单能说不能行，或是深抱悲观，只会叹“国亡无日”，这都是懦夫的行径，我们绝对不应有这等态度。
>
> 我们要改造世界，只重在一个“我”——只重在我的“努力奋斗”——这是我们近今的觉悟。①

文章宣传“庶民主义”和“社会主义”；提出“凡是和‘庶民主义’‘社会主义’相背的，都要去反对他”；指明改造世界的第一步就是要推翻“强权称雄”的“中国政府”，铲除“他国政府”的“‘强权欲’的冲动”；激励人们以“改造世界”为己任，反对在反帝反封建运动中“自居第三者地位”；坚信只要我们不怕“强权”，“只要真能自觉，真能奋斗，最后胜利终属我们”，“我们要改造世界，只重在一个‘我’”，这些重要的见解与革命先驱者李大钊等人的思想十分相似，尤其“只重在一个‘我’”中的这掷地有声的一个“我”字，在当年可称得上是“人的觉醒”的象征，是时代的“惊雷”！

这之后，为了声援北京、上海等地青年学生的爱国运动，叶圣陶和同事们“停课”宣讲；还到甪直第一、第二国民学校串联，联名发表了《甪直高小国民学校宣言》，用“罢课”来声援北京大学学生爱国行动。长篇小说《倪焕之》中写到倪焕之与几个学校串联罢课，就是以这件事为背景的。《甪直高小国民学校宣言》说：

> 溯自现象混沌，外交屈辱，爰有“五四运动”。乃政府横肆摧残，务拂民情，吾三校感此潮流，五中愤结。初以群众既为正当之表示，当局或有悔祸之良心，果肯改图，宁非国利？顾倒行逆施，曾不少悛。吾三校忍无可忍，于六月十一日一致罢课，非特为对付日本之表示，作释放学生之要求，根本解决乃在满足民众之希望。标的既悬，

① 上海《时事新报》1919年5月15日第2张第1版，收入《叶圣陶集》第5卷。

誓必践之!①

从这份宣言中，可以看到叶圣陶“五四”时亢奋凌厉的风貌，同时也能看到“五四运动”的影响极其深远，已从城市波及偏僻的水乡古镇。与“五四”弄潮儿有所不同的是，叶圣陶既热血沸腾地关心“国运”，又深深扎根于水乡古镇，体恤民间的疾苦。且看他 1920 年 3 月 1 日在《民国日报·觉悟》上发表的新诗《地主》：

无休无歇，连朝还暮，
　梅子黄时雨，
早恼了地主的心绪。
“他们——佃户，
　不知好歹，只想便宜。
有了这场雨，怎不借端生事!”
　他自言自语。

雨只是不停，
　佃户来报荒：
“田里早已一片汪洋!
透土四五寸的新苗
　像水草般在水底荡漾。
眼见今年是全白了，怎样?”

“你们晓得官府的告示煌煌：
‘粮从租出，租由田完’，谁能更张!

① 上海《时事新报》1919 年 6 月 16 日第 3 张第 4 版，收入《叶圣陶集》第 5 卷。

你们敢抗租么？
　　那可不敢抗粮！”
这几句话，
　　他真想了半晌。

秋季的一天，
　　他去察看田亩。
是他第一回认阡陌、辨禾黍的时候。
归来高谈阔论道：
　　“一切都已看透。
吾走遍田野，十足收成的尽有。
　　那全荒了的，实因佃户懒惰的狗！
倘若剔荒征熟，未免便宜了他们；
只有通盘筹算，打个九五折头。”①

这首诗并不长，可地主阶级的狡黠凶残被刻画得入木三分，呼之欲出。在我国现代文学史上，类似《地主》这样描写阶级压迫，带有强烈“革命色彩”的文学作品，大多出现在1928年“革命文学”论争之后。叶圣陶的这首《地主》是“超前”的。这固然与他的同情心有关，可更重要的在于他“生活”的扎实，是古镇甪直使他对中国乡村有了更直接、更真切的认知，从而使他在新文化运动初期就写出了像《地主》这样的“血泪文学”，为随后兴起的“乡土文学”起到示范和引领作用。

---

① 编入《叶圣陶集》第8卷时，文句上略有改动。

八

1921年1月4日，由周作人、朱希祖、耿济之、郑振铎、瞿世英、王统照、沈雁冰、蒋百里、叶圣陶、郭绍虞、孙伏园、许地山等十二人发起的文学研究会在北京中央公园来今雨轩正式成立，这是新文学史上的一件大事，标志着新文学运动已经从一般的新文化运动中分离出来，形成了一支独立的队伍。文学研究会的成立，预示着“一个普遍的全国的文学活动开始到来”，现代文学进入了各种流派竞相发展的新时期。1921年3月底，因郑振铎的南下及文学研究会的好多位作家聚集到上海，文学研究会的重心也由北京南移到上海，并由沈雁冰、郑振铎、叶圣陶等形成了新的领导核心。当时，叶圣陶虽说还在甪直执教，但与上海靠得很近，来往方便。1921年4月上旬，叶圣陶到上海鸿兴坊沈雁冰的寓所，与沈雁冰、郑振铎、沈泽民会晤。他后来在1945年写的《略谈雁冰兄的文学工作》一文中谈及这次会晤时说：

> 到了上海，就到他鸿兴坊的寓所去访问他。第一个印象是他的精密和广博，我自己与他比，太粗略了，太狭窄了。直到现在，每次与他晤面，仍然觉得如此。那时还遇见他的弟弟泽民，一位强毅英挺的青年。振铎兄已经从北京到上海来了。我们同游半淞园，照了相片。后来商量印行“文学研究会丛书”，拟订译本目录，各国的文学名著由他们几位提出来，这也要翻，那也要翻，我才知道那些名著的名称。①

“文学研究会丛书”包括《文学研究会丛书缘起》《文学研究会丛书编例》《文学研究会丛书目录》，是一份宏大的出版规划。这“文学研究会丛书”连同他

① 《叶圣陶集》第9卷，江苏教育出版社2004年版，第128页。

们四人同游半淞园拍摄的照片，都是文学研究会极其珍贵的史料，也是叶圣陶参与文学研究会领导工作的见证。这之后，文学研究会会刊《文学周报》的创刊、文学研究会代理会刊《小说月报》的改进和发展，也都凝聚了叶圣陶的热忱和辛劳，叶圣陶与沈雁冰和郑振铎也成了一辈子心心相印的挚友。

1921 年 9 月，叶圣陶应上海中国公学代理校长张东荪和中学部主任舒新城的邀请，到中国公学中学部教国文，同时受邀的还有刘延陵和朱自清。他们三人都写新诗，于是就有了创办《诗》月刊的动意。1921 年 10 月 18、19、20 日连续三天，上海《时事新报》副刊《学灯》刊登了叶圣陶写的《〈诗〉底出版底预告》，形式很特别，是用一首短诗写成的：

旧诗的骸骨已被人扛着向张着口的坟墓去了，
产生了三年的新诗还未曾能向人们说话呢。
但是有指导人们的潜力的，谁能如这个可爱的婴儿呀？
奉着安慰人生的使命的，谁又能如这个婴儿的美丽呀？
我们拟造这个名为《诗》的小乐园做他的歌舞养育之场，
疼他爱他的人们快尽他们的力来捐些糖食花果呀！

“产生了三年的新诗还未曾能向人们说话呢”，说的是新文学运动初期新诗的成绩不尽如人意，还没有专门的新诗刊物，用叶圣陶的话说是缺少个培育新诗的“歌舞养育之场”。遗憾的是由于中国公学闹风潮，叶圣陶、刘延陵和朱自清等“新教员”受到打压和排挤，《诗》月刊被迫拖延至 1922 年 1 月 1 日才创刊，1923 年 5 月 15 日停刊，在将近一年半的时间里共出了两卷七期（第一卷五期，第二卷两期），名为“月刊”，因种种原因未能按时出版。

这一年半，叶圣陶“东奔西跑”。1921 年 10 月，中国公学风潮结束后，叶圣陶应邀到杭州第一师范任教，与朱自清“击桨联床共曦月”，度过了“两个月”美好的时光。1922 年 2 月，他应北京大学校长蔡元培和中文系主任马裕藻的聘请，到北大任教。可只教了一个多月就回苏州了，因为要陪夫人胡墨林到医院分娩。1922年秋，叶圣陶把家从甪直搬回苏州。1923年春，到上海商务印书馆国文部当编辑，把家搬到上海。《诗》月刊的“投稿地点”随着叶圣陶的履迹而迁徙。

《诗》月刊第一卷第三号的《投稿诸君鉴》中说：“今请以后诸君惠稿，都寄苏州甪直叶圣陶收”。《诗》月刊第一卷第四号卷首《一个启事》中说：“叶圣陶收移处改为苏州大太平巷五十号”。叶圣陶在甪直主编过我国新诗史上第一个新诗刊物《诗》月刊。从此，处在“筚路蓝缕”时代的新诗有了真正属于自己的刊物，新诗发展史揭开了新的一页。

从上海来到古镇甪直，又从古镇甪直回到上海，叶圣陶的这个“回归”带有某种“传奇”色彩。前面已经说过，叶圣陶从上海来到古镇甪直是为了寻找教育改革的基地和新文学创作的源泉。而在甪直教育改革的成功和新文学创作的丰硕，不仅使得叶圣陶誉满全国，也使得时代对他发出了新的召唤，希望他来到更广阔的天地中开拓奋进，引领未来。古镇甪直造就了叶圣陶的这个“传奇”。叶圣陶说甪直是他的“第二个故乡”，说他的教育生涯是“从甪直开始的”，以及甪直人所说的“甪直是叶圣陶的摇篮”，都极形象而又生动地讲述着古镇甪直对叶圣陶的意义。可见，把叶圣陶在甪直写的作品汇集起来，编成这本厚厚的《叶圣陶甪直文集》，无论是作为甪直人民对于“乡贤”叶圣陶的纪念和缅怀，还是作为现代著名文学家、教育家、编辑出版家和社会活动家叶圣陶对于甪直的记忆，都显得格外珍贵，值得我们好好研读和传承。

叶圣陶离开甪直后写的回忆文章，以及以甪直景观为原型的创作，作为“附录”，一并收入《叶圣陶甪直文集》。谨以此书隆重纪念叶圣陶先生到甪直执教一百周年。

叶圣陶先生在甪直的业绩将永垂史册！

2017年2月9日于北京大学畅春园寓所

第一编　小说

春宴琐谈

时方初春，晓寒犹峭，阳光射窗棂，烂如黄金。葆灵推枕起身，披了皮袄，开窗吸一回新鲜空气。刚出栉具，自理其云发，已听小姑碧儿在门外笑道："昨嫂约我比赛谁早起，今朝竟被我占了先。"葆灵启户，见碧儿拈一枝半开白梅花，肩头还带着融霜的水滴，随说道："破晓便到园里，防着了寒。"碧儿只顾相他手里的花，还相桌上一个霁红色胆瓶，自语道：插这瓶中，配色殊不俗。随即插下。回头见嫂梳栉，便道："今朝不是嫂请客么？我替你梳个堆云髻可好？"言未毕，早抢栉具在手。葆灵道："随便你梳吧。梅花可惜没盛开，不然，倒是客堂里绝妙点缀。"碧儿指瓶中那枝梅花道："我折得这一枝，足足寻了十五分钟。满树蓓蕾，他偏隐在深处，仿佛含羞的模样。我恨天公还不放些暖意，催他满树齐开。独有那一大盆水仙，我天天搬就阳光，已开得香浓玉笑，煞是可爱。若把它供在客堂正中桌上，殊足冠冕一室。"葆灵道："便是你绣的几幅花鸟，也可张挂起来，使堂中生色不少。"碧儿微笑道："客人看见这样粗针线，怕不笑痛了肚皮？"时手中已毕事。葆灵就菱镜照她小姑的成绩，见随意卷舒，天然风致，颇自得意。也为碧儿梳了两股连理辫。两人便到屋后鸡场视察一回。

原来这鸡场是葆灵去年春间所辟，她研究外国养鸡学，先养五十头来试验，却不拘泥成法，但采取其中精义。不上数月，居然见有成效。便陆续添养母鸡，此刻已有了五百多头。生下鸡卵，自有常主顾贩去，利息颇为不薄。鸡场一切，佣一个老妪照料。老妪虽不甚懂得，经主妇一番指导，便也驾轻就熟。葆灵自己只消随时督察罢了。

此外还有数十架织毛巾的木机，也是葆灵生利的事业。雇佣的都是附近贫苦人家女孩子。那些女孩子的父母，自己衣食还不甚周给，膝下有了儿女，益发照顾不到。休说替她们入学，便是一日三餐，也有一顿没一顿。自从葆灵收她们去做工，赚下工资，可以贴补她们父母。每天晚上，葆灵还教她们一点钟功课。并不划定什么国文算术等科目，只拣女孩子身心日用上有用的教授。一年之间，那些女孩子居然粗知礼貌，懂得些常识。她们父母自然感激到十二分。在葆灵方面，却并不费甚心力。织出毛巾，各处都来批发，还是一宗极厚的出息，人我两利，这真是个最妙方法。此刻正届旧历新年，葆灵从俗例，停工半月，让那些女孩子轻轻松松快活几天，却不扣算她们工资。因此，葆灵的宽容大度，益发受一般贫民称颂不置。

且说这天她同碧儿视察过鸡场，便回到客堂里陈设一切。她嫌平常人家客堂里，不是枯寂无味，便整整齐齐像木器店，简直没甚美感。客人到了，只觉坐又不舒服，立又不雅观。这岂是款客之道？因此她那客堂，一切布置都含着审美思想。看似不甚整齐，其实极有丘壑。无论墙隅一椅，坐了也觉竟体舒适，顾盼咸宜。有时沿窗供了几盆花，阳光射入，花光灿灿耀目，使人心旷神怡，叹为不可更动。便是挂几幅字画，也煞费苦心，相位置，配修短，务使色色妥帖。她又以为一种陈设虽好，历时过久，便觉陈旧无味。所以她又时常变换客堂里的布置。今天请客，自然要变动一番。这时碧儿早把一大盆水仙供在正中桌上。丛叶镂碧，繁花琢玉，一堂春意都簇聚在这盆花儿上了。碧儿几幅绣画，已被葆灵取出，不问情由，张挂在左首素壁上。碧儿知拗她嫂子不过，只牵着她嫂子的袖央告道："别挂这显露的地方，替我藏些拙吧。"葆灵道："今日来客，都是初见，谁会笑你？况且你那针线，确是不差。"碧儿辩道："今天瑶琴随她嫂子同来，难道她也是初见么？"葆灵道："同学姊妹，彼此相知，她不是画过一幅弹琴图送你么？偏是你有这等羞态。”碧儿无话，只得憨笑。恰一狸奴走来，雪白可爱，向碧儿低叫几声，含着无限亲密的意思。碧儿便抱起来，同它亲了几下，还唧唧哝哝温存它一番。随说道：“雪狮的瞳子，渐渐收缩，将成一线，客人快要来了。嫂嫂还不去吩咐徐妈弄什么菜?”葆灵凝睇端相着刚挂的几幅画，答道：“昨夜吾已吩咐过，此刻只等客来了。”

原来今天来客，都是葆灵丈夫几位朋友的夫人。葆灵的丈夫陈乾庵，是个文学家，现在在别地报馆里当主笔，一时舆论颇为所左右。他们夫妇，情好极笃。乾庵乞假归来，葆灵常到车站去迎接。两个绿窗闲话的当儿，乾庵自数知交，道谁某谁某，都是肝胆之交。葆灵便道：“既如此，他们的夫人，吾也当结识结识。彼此投契之后，君同君友的交谊岂不更深么?”乾庵深以为然，便发信与他几位朋友，说明葆灵的意思，请他们夫人如期来家一叙，万勿推却。

不多几天，朋友处回信都来了。在别地的，说舟车跋涉，殊嫌累事，改日聚首罢。在本地的，也有害羞或怕事，不肯出门的，便诿说新年里家里走不开。答应来的，只有李汪程陆七八位夫人，同李夫人的小姑瑶琴。那瑶琴是碧儿同级的同学，最是个天真烂漫活泼泼地的女郎，脑筋里头简直装满了快乐，所以她那笑靥，睡梦里也不曾敛得。她家庭里，又没一个不有说有笑。每晚团坐闲话，老的少的，时常前仰后合，大笑起来。瑶琴说：“我们这样痴笑，倒像个疯人院。祖母年高德劭，还当推她做个院长。”这一语说得大家大笑起来。她祖母房间里，堆满着旧式器具，还是老人家嫁时的东西，从不肯轻易甩掉或送掉。瑶琴又说：“北京的古物陈列所搬到我们家里来了，祖母又兼个所长职务，不嫌繁剧么?”她趣语解人颐，诸如此类。今天要和嫂子赴会，也同碧儿一般，分外早起。梳洗既毕，弹了一回琴。看看将近十点钟，便催嫂子动身。两人遂围了领巾，加上手衣，一路行来。遇见一个花佣，瑶琴买了两朵白山茶。到得陈家，见碧儿姑嫂两个已在客堂里。便笑嘻嘻走进去道：“我们可是来迟了么?”葆碧望见，一齐迎将上来。瑶琴牵了碧儿手道：“你我嫂嫂，初次见面，我们替她们介绍罢。”说时，却把一朵白山茶插在碧儿襟角上，自己也插了一朵。葆灵和李夫人早已互鞠了个躬，随即让坐。不上五分钟，两人已稔熟如旧识。原来李夫人也是极潇洒通达，不惯拘牵虚文俗礼，她以为那些都是交际没诚意的标记，谁愿去学它？今见葆灵性情温和，言辞诚挚，心想一定是个良友，便娓娓深谈起来。

瑶琴和碧儿两个说笑了一回，看了一回壁上的绣画。碧儿道："这有甚细看？我们久不拍网球，今天晴和，何不到后园去温习一番？"瑶琴拍手道："正合吾意。"言未毕，已牵着手翩然而去。李夫人笑道："她们两个，孩气未除，煞是有趣。"葆灵道："那一天瑶琴要抱我们雪狮，雪狮呢就碧儿，不让她抱，她狠命追去，不料雪狮已避到碧儿后面，她扑一个空，跌倒于地，这已引得人发笑；后来她说碧儿庇护雪狮，应该代替雪狮让她抱一抱，且学猫叫三声。碧儿拗她不过，便让她抱了，伏在她肩上，呜呜的叫三声，简直同雪狮声音丝毫无异。这一回直笑得我十分钟合不拢口来。你想这不是更孩气可笑么？"

这时汪程陆六七位夫人已陆续而来。也有步行的，也有乘轿的。葆灵一一迎入客堂，并将来客互相介绍。一时鬓影钗光，欢声笑语，充满一堂。葆灵亲斟了碧螺春茶奉客。更端几张藤制小茶儿，就客人坐处摆下，以便安放茶杯。自己也就坐下，笑向众客道："新年多暇，想来诸位也无事。彼此会见，一来好成熟识，二来也得个消遣。今日屈驾，便是这个意思。倘不嫌简慢，以后还请时常光临。"陆夫人捧着茶杯接言道："有了小孩，身体便不自由。吾是极情愿常来领教，但被孩子一牵缠，恐又不能如愿。"汪夫人坐在正中桌旁的椅上，相着水仙花出神，闻言回顾陆夫人道："原来陆家姊已有了小孩，不知是男是女，今年几岁。"陆夫人道："一个三岁的女孩子罢了，其实也没甚稀罕。"葆灵摇着手微笑道："陆家姊切莫作这样想。生男便喜欢，生女不稀罕，原是吾国的大弊。不稀罕便不留心去教养她。将来长大了，倒叫她去治家，岂不糟了么？况且聚家成国，国政不治，还要归咎到家政不修。所以女孩子应当特别看重她才是。"陆夫人便道："姊所说的，确是不差。但吾就自身立论。像吾这样女子，终究没甚稀罕。"众人齐笑道："陆家姊也太谦了。"

这时忽听碧儿和瑶琴嘻嘻哈哈笑将进来。众人看时，见她两个珠汗涔涔，娇吁浅浅，两颊红霞，艳如金山苹果，觉得映丽非常。一时语声都寂，她两个被人看得不好意思，只举手自理微乱的云发。葆灵便为她两个介绍，见了众客。程夫人对李夫人道："你们两位妹妹，打扮得这样精神，令人羡煞。"李夫人笑道："她两个在学堂里很留心体操，故而觉得比人挺拔些。"葆灵不等说完，续言道："便是她们两条极低的衣领，也振作精神不少。有一般人装束起来，不肯自己到镜子里照照，一条衣领直遮到颊上，远远从背后望去，一个人宛如墨水瓶，还有甚精神？"这一语说得大家笑起来。瑶琴抿着嘴指她嫂子道："快些！快些！"众忍笑问什么。她却慢慢地说道："你那领巾，还不除去？遮到颊上，快变个墨水瓶了。吾为怕变墨水瓶，所以早已除掉。"众又笑了一回。

那时已交午正，徐妈进来说午餐已准备好，即请就餐。葆灵便开了右面一扇小门，让众客进去。原来这一间是同客堂联络的，一切陈设，朴而不陋。中间放一张大餐台，铺了雪白的桌衣，台上中间有三个长颈玻璃花瓶，插着入腊红和水仙花，轻红淡素，娇艳欲滴。花瓶侧边放着许多同样的酒瓶，红的是玫瑰酒，黄的是木樨酒，绿的是薄荷酒，黑的是枣子酒，色泽不一，摆在一起，分外好看。又按着座位摆了一色的筷匙酒杯，却不见有一样菜。靠墙设下许多极适意的椅子，墙上只挂几张西洋名画，并不多事铺张，却也自然幽雅。当时众客进了这餐室，葆灵便道："我们不拘俗例，随便坐吧。"众客到此，自没客气余地，各就近坐了。葆灵自己坐了主位，指着酒瓶笑向众人道："我不会喝这东西，也不肯勉强人喝这东西。但诸位能喝的，还请拣所爱畅饮一回。"瑶琴抢着说道："我们嫂嫂爱喝木樨酒，她的量很好，不要被她躲过。"李夫人看了瑶琴一眼道："谁来信你？"便环问众人，爱喝什么酒。问过后，有五位夫人喝酒。碧儿一一替她们斟了。葆灵更说道："我们今天聚餐，换一点新鲜法儿。因为我们平日聚餐方法，颇有不妥之处。当刚摆席时候，山珍海错，陈列满台，固是整齐好看，但已嫌品色太多，吃了有伤肠胃。及到众人入席，人人在一器里下箸投匙，声音杂作，窥伺纷呈，这岂能登大雅之堂？末后酒阑人散，台上唯见残羹淋漓，骨壳狼藉，这真是生番吃野兽的写真了。我们今朝，避却这旧习，吃的东西，人各一器，诸位以为可好么？"众人齐声道："姊姊确想得周到。我们平日聚餐法，定然要改革。今天我们先来试试新法，煞是有趣。"

葆灵又道："我那厨娘，手段虽平常，今天食品的搭配，却是吾所吩咐。诸位吃了，还请批评一声，大家共同研究，方好渐渐把一切家庭杂务改良起来。"众人又说："姊姊弄的食品，定然不差，我们吃了，便同餍了天厨一般，更有甚话说?"

这时候，徐妈早端进菜来，依次摆在众人面前。众看时，是一盆笋蛤汤。葆灵举起空杯向众客道："用酒的请干一杯。"不一刻，众人把汤吃了，徐妈将空盆收去。又端进多盆荠菜炒冬笋，照前在众人面前摆下。众各举箸，细细咀嚼。李夫人吃了几块冬笋，停箸说道："陈家姊要改良聚餐方法，确有见地。吾以为即平常居家的一日三餐，也有应改良之处。普通人家，朝晨起来，便急急弄早餐。早餐完毕，又要买肉买鱼，预备饭菜。各家有各家惯例，什么三荤两素，四荤一素，是不可更改的。一样一样烹调起来，怕不费却半天功夫？吃饱过后，收拾停当，不上三两点钟，便要弄点心。到夜又要弄晚餐。一天到晚只做了口腹之事，哪还有功夫去做别事？这就是家政不理一个大原因。据我想来，餐事尽可简单。这样菜果是可口，我一天就单吃这样。或是今天想吃馒头，便馒头也可一饱。其他充饥的东西，可口的也不少，不必定要天天吃饭。果能这样，既省时间，又节经济，倒是家庭进步一个大关键。"陈夫人也停箸道："李家姊所说，确是不差。吾在家里，单弄那些口腹之事，真厌烦欲死，最好便照李家姊所说办去。但家里旧法相传，一时难即办到。"李夫人道："无论何事，总宜渐渐改良。立时变更，原是不妥当的。吾姊以愚见为不差，还请采取其大旨吧。"葆灵点头道："这真是扼要之谈。我们想把旧时家庭习惯改良，总要不背习俗，只从习俗上加些精密修改的功夫，使它渐渐接近我们的理想。否则削足适履，非但一事无成，还要别生障碍。"众人都连声称是。

碧儿见大家酒杯将空，便起来斟酒。大家说酒味很浓，尽杯为止吧。醉了反而寡趣。瑶琴笑道："这怕什么，醉了向陈家嫂嫂讨些药水，一吃就好。你们可知她还是个内外方脉的医生，她里边满橱装着药瓶，宛如药房一般。"陆夫人听说，现出很钦佩的态度道："陈家姊多能，原来还擅岐黄之术。"碧儿拍手道："真当我们嫂嫂是医生，怕外边就有人来挂号医病了。"葆灵接着对众人道："这是瑶琴妹妹的戏言。我何尝懂得医术？不过看过几部卫生书籍，识得几种药名罢了。我想三病六痛，人生难免。一染了病，心慌意乱，手足无措，往往把病耽搁下来。懂得一点，一来好定心，二来好先自医治，把病势阻一阻，再请医生。至于伤风咳嗽，皮肤微创，若都请救医生，经济方面未免不合算。自己一治，也就好了。吾略备些药品在家里，就是这个意思。"说罢，对碧儿道："替诸位斟了半杯罢。"众人不再推辞。

迭连吃了五香鸽子、炸鳜鱼、虾仁、鸡蛋卷。有一位夫人道："今年鸡子，分外昂贵，而且买不到。听说有人到乡间收了，专销到外洋去。"瑶琴抢着说道："陈家嫂嫂便是个养鸡专家，这做菜的鸡子便是她鸡场的出产。平日里商人贩她鸡子，大约也销到外洋。将来她鸡场推广开来，把全国业养鸡的一齐收买了来，成个托辣司，她就是个养鸡大王，同美国钢铁大王煤油大王并驾齐驱了。"李夫人笑道："这虽是戏言，其实今日但怕没这样有魄力的人。即就养鸡而论，倘大家同陈家姊一般，吸收外资也就不少。"汪夫人接着说："久闻陈家姊办的鸡场和毛巾厂，今天倒要观光观光。"碧儿擎起酒杯道："少停原要请诸位赐教。此刻还请喝酒。"众把酒干了，又吃了两样菜和鸡饭，便散了席。都称赞这餐法甚好，菜色色可口，而且适可而止，不过求丰富，最合卫生之道。

葆灵让众客回到客堂里。正中桌上，早摆着几大盆鲜果，无非是蜜橘、金柑、青果、甘蔗、山楂果等物，搭配在一起却非常好看。众人随便坐下。葆灵便把几张小藤儿搬近客前，更捧了果盆，请拣中意的自取。这时徐妈端进多杯咖啡茶来，一一摆在几上。众于是啜茗清谈，剥果轻含。忽窗外一蜂飞来，作声嗡嗡，飞到水仙花旁，便踩定吸取花蜜。李夫人道："听这蜂声，仿佛已到了三春时候。便欲结伴春游，寻芳拾翠。"葆灵道："等到三月里，我们同到浣纱路看桃花可好？"众都说有兴，碧儿却轻轻唱春之花道："云霞灿烂如堆锦，桃花兼红杏。……"瑶琴也和着她曼声缓歌。两阕唱完，众人听得出神，一堂寂静，唯闻鼻息。瑶琴拍掌大笑道："你们受了我们催眠了，为何一个都不开口？"众人被她说破，也不禁好笑。瑶琴又凑近碧儿耳边，轻轻说了几句。碧儿微笑。只听瑶琴道："碧姊！我们拍网球去罢。"说时，牵了碧儿手，转身就走。李夫人道："我们不妨去作壁上观。"于是众人立了起来，瑶碧两个又相视大笑。众莫名所以，问是何故。碧儿忍着笑道："你们又受瑶姊催眠了。她说要你们跟她走，如今果然，岂不好笑？"李夫人笑道："妹妹只顾把人开顽笑，休笑痛了自己肚皮。"说时，众人齐跟她两个到后园。

这园里三面种冬青，郁郁葱葱，生意盎然。靠冬青摆着许多凉椅。一面编竹为篱，篱门过去，便是鸡场。这里花树很多，此刻方沉沉睡着，花事犹迟。独有白梅和玉兰，已是蓓蕾满树。正中一方草地，宿草未芽，不燥不滑，正好拍球。上午瑶碧两个刚拍过球，界线和界网并未收去，两个网拍也还搁在凉椅上。这时便又各取一柄在手，两个送如脱兔，迎如弋隼，对手起来。徐妈早把绒毯铺在凉椅上，请众人坐了看。拍了两刻钟功夫，瑶琴输三个"该姆"，便奔到凉椅前坐下，把素巾揩汗道："今天我输了。"李夫人道："别拍吧，我们还要看鸡场和毛巾厂去。"葆灵道："毛巾厂正值停工。请到鸡场赐教吧。"说时，导众人走进篱门。

原来这面也是好大一片场地。靠北那面，造着一排一人高的竹屋，竹屋左旁另有小屋一间。众人走近，看竹屋里，离地一尺多高，钉着一楞一楞的竹爿，上面还铺着稻草。粥粥群雌，一齐跺在上面。葆灵便唤墙角一个切菜叶的老妪道："来把门开了。"老妪过来，摸出钥匙，把锁除去，推开门，嘴里吁的一声，数百头鸡顿时争先恐后冲了出来，跑的，踱的，搜食的，但觉眼花缭乱，仿佛地皮也在那里动。众客左顾右盼，头只顾乱转，说真是奇观。那老妪握了一把菜叶屑，望空抛去。群鸡一齐飞奔过来，等到菜屑堕地，大家想抢着吃，却聚成了几大簇。挤不进的，便飞了起来，也有跨在他鸡背上。看得众人呆了半晌，还是葆灵开口道："诸位请这里来。"便领了众人，走进竹屋，过了几间鸡舍，到一间里。葆灵道："这是暖室，孵卵时用的。"众人看时，室内绝不透风，但装弯曲通气管。正中壁上，挂一个极精密的寒暑表。此刻并不孵卵，所以他种器具还藏着。走出这一间，便是场的东北角，地上铺着一丈多见方三寸多厚黄沙。李夫人道："这想是备鸡沙浴之用。"葆灵道："正是。吾的养鸡，并没新巧方法。外国养鸡学所讲的，也有烦琐难行之处。吾只在清洁二字上分外注意，还时时留心鸡的生活罢了。到今习惯成自然，觉这事简单非常，竟可谓行所无事。然而成绩倒还不差。”众都道：“吾姊灵心妙手，自然到处成功。”

这时，徐妈来请进点心，便一同回到餐室。食罢，有几位夫人说时光不早，便欲兴辞。葆灵留不住，送到门首，说以后请时来叙谈。几位夫人也谢款待盛情，道感而去。独有李夫人和瑶琴被碧儿留住，便遣人到家关照，说今夕不归了。时暮色渐合，太阳余光反照云际，红鲜如玫瑰。转眼间，大地沉沉，入黑暗的暮里休息去了。客堂里点上明灯，钗光鬓影映上窗纱。但闻一派歌声从里边透出，娇婉乃如莺簧，隐约是“……红是桃花骢，青是莫邪锋，谁云巾帼不英雄?”

1917 年作。

刊《妇女杂志》第 4 卷第 2—3 号（1918 年 2 月 5 日、3 月 5 日），署名叶圣陶。

这也是一个人！

伊生在农家，没有享过“呼婢唤女”“傅粉施朱”的福气，也没有受过“三从四德”“自由平等”的教训，简直是很简单的一个动物。伊自出母胎，生长到会说话会行动的时候，就帮着父母拾些稻稿，挑些野菜。到了十五岁，伊父母便把伊嫁了。因为伊早晚总是别人家的人，多留一年，便多破费一年的穿吃零用，倒不如早早把伊嫁了，免得白掷了自己的心思财力，替人家长财产。伊夫家呢，本来田务忙碌，要雇人帮助，如今把伊娶了，即不能省一个帮佣，也抵得半条耕牛。伊嫁了不上一年，就生了个孩子，伊也莫名其妙，只觉得自己睡在母亲怀里还是昨天的事，如今自己是抱孩儿的人了。伊的孩子没有摇篮睡，没有柔软的衣服穿，没有清气阳光充足的地方住，连睡在伊的怀里也只有晚上睡觉的时候才得享受，白天只睡在黑黝黝的屋角里。不到半岁，他就死了。伊哭得不可开交，只觉以前从没这么伤心过。伊婆婆说伊不会领小孩，好好一个孙儿被伊糟蹋死了，实在可恨。伊公公说伊命硬，招不牢子息，怎不绝了他一门的嗣。伊丈夫却没别的话说，止说要是在赌场里百战百胜，便死十个儿子也不关他事。伊听了也不去想这些话是什么意思，只是朝晚地哭。

有一天伊发见了新奇的事了：开开板箱，那嫁时的几件青布大袄不知哪里去了。后来伊丈夫喝醉了，自己说是他当掉的。冬天来得很快，几阵西风吹得人彻骨地冷。伊大着胆央求丈夫把青布袄赎回来，却吃了两个巴掌。原来伊吃丈夫的巴掌早经习以为常，唯一的了局便是哭。这一天伊又哭了。伊婆婆喊道，“再哭？一家人家给你哭完了！”伊听了更不住地哭。婆婆动了怒，拉起捣衣的杵在伊背上抽了几下。伊丈夫还加上两巴掌。

这一番伊吃得苦太重了，想到明天，后天，……将来，不由得害怕起来。第二天朝晨，天还没亮透，伊轻轻地走了出来，私幸伊丈夫还没醒。西风像刀，吹到脸上很痛，但是伊觉得比吃丈夫的巴掌痛得轻些，就也满足了。一口气跑了十几里路，到了一条河边，才停了脚步。这条河里是有航船经过的。

等了好久，航船经过了，伊就上了船，那些乘客好似个个会催眠术的，一见了伊，便知道是在家里受了气，私自逃走的。他们对伊说道，“总是你自己没长进，才使家里人和你生气。即使他们委屈了你，你是年幼小娘，总该忍耐一二。这么使性子，碰不起，苦还有得吃！况且如今逃了出去，靠傍谁呢？不如乘原船回去吧。”伊听了不答应，只低着头不响。众客便有些不耐烦。一个道，“不知伊想的什么心思，论不定还约下了汉子同走！”众人便哗笑起来。伊也不去管他们。

伊进了城，寻到一家荐头。荐头把伊荐到一家人家当佣妇。伊的新生活从此开始了：虽也是一天到晚地操作，却没下田耕作那么费力，又没人说伊，骂伊，打伊，便觉得眼前的境地非常舒服，永远不愿更换了。伊唯一的不快，就是夜半梦醒时思念伊已死的孩子。

一天，伊到市上买东西，遇见一个人，心里就老大不自在，这个人是村里的邻居。不到三天，就发生影响了：伊公公已寻了来。开口便嚷道，“你会逃，如今寻到了，可再能逃？你若是乖觉的，快跟我回去！”伊听了不敢开口，奔到里面，伏在主妇的背后，只是发呆。主妇便唤伊公公进来对他说，“你媳妇为我家帮佣，此刻约期还没满，怎能去？”伊公公无可辩论，只得狠狠地叮嘱伊道，“期满了赶紧回家！倘若再逃，我家也不要你了，你逃到哪里，就在哪里卖掉你，或是打折你的腿！”

伊觉得这舒服的境地，转眼就会成空虚，非常舍不得，想到将来……更害怕起来。这几天里眼睛就肿了，饭就吃不下了，事也就做不动了。主人知道伊的情况，心想如今的法律，请求离婚，并不繁难，便问伊道，“可情愿和夫家断绝?”伊答道，“哪有不愿?”主人便代伊草了个呈子，把种种以往的事实，和如今的心愿，都叙述明白，预备呈请县长替伊作主。主妇却说道，“替伊请求离婚，固然很好，但伊不一定永久做我家帮佣的。一旦伊离开了我家，又没别人家雇伊，那时候伊便怎样？论情呢，母家原该收留伊，但是伊的母家可能办到?”主人听了主妇的话，把一腔侠情冷了下来，只说一声“无可奈何!”。

隔几天，伊父亲来了，是伊公公叫他来的。主妇问他，“可有救你女儿的法子?”他答道，“既做人家的媳妇，要打要骂，概由人家，我怎能作得主？我如今单是传伊公公的话，叫伊回去罢了。”但是伊仗着主妇的回护，没有跟伊父亲同走。

后来伊家公婆托邻居进城的带个口信，说伊丈夫正害病，要伊回去服侍。伊心里只是怕回去，主妇就替伊回绝了。

过了四天，伊父亲又来了。对伊说，“你的丈夫害病死了，再不回去，我可担当不起。你须得跟我走!”主妇也说，“这一番你只得回去了。否则你家的人就会打到这里来。”伊见眼前的人没一个不叫伊回去，心想这一番必然应该回去了。但总是害怕，总是不愿意。

伊到了家里，见丈夫直僵僵地躺在床上，心里很有些儿悲伤，但也想，他是骂伊打伊的。伊公婆也不叫伊哭，也不叫伊服孝，却领伊到一家人家，受了二十千钱，把伊卖了。伊的父亲，公公，婆婆，都以为这个办法是应当的，他们心里原有个成例：田不种了，便卖耕牛。伊是一条牛，——一样地不该有自己的主见——如今用不着了，便该卖掉。把伊的身价充伊丈夫的殓费，便是伊最后的义务。

1919 年 2 月 14 日作。
刊《新潮》第 1 卷第 3 号，署名叶绍钧。
收入作品集《隔膜》时改题《一生》。

春　　游

这一天是很好的天气，缓和的东南风一阵阵送过来，野花都微微颠头。河面承着天空的青翠和太阳的光亮，差不多成了一片白银的广场，镶嵌着许多碧玉——因为绉着又细又软的波纹。湖旁的田里，麦已长得有二三寸了。几个农夫农妇靠着河边，把船里载来的肥料运到储蓄肥料的潭里。他们只顾工作，都默不作声，仿佛只有一个人在那里似的，又仿佛是几件机械在那里动。湖的那一岸，一带的山又清秀，又静穆。这一幅画图是天然的，然而没有人赞它好，只有树上的小鸟从这枝飞到那枝，侧着头，望一会野景，便清清脆脆地叫几声，唱他们赞美春景的歌。

一男一女从田岸上远远走来。他们俩约摸三十左右年纪。那男子深目，高颊，两颧瘦削，很表示一种固执自尊的态度。那女子的容貌很是普通，什么地方都可寻到伊的模型，伊是和顺而且柔弱。他们俩随意说笑，玩赏那春景，非常快活；但是伊更快活的便是依着伊的丈夫出游——这是难得的事。他们俩走到湖边，足力微觉乏了，看地上绿草干净得很，就坐下来歇息。

伊的生活很简单，又很不自然。伊幼年的时候所看惯的，是家里和亲戚家的几位太太奶奶小姐们，她们没理想，没作为，衣食居息，奉行故事，伊就得了榜样。伊嫁了丈夫，生活史上便起了个变更，伊觉得丈夫是人类里最高贵的，自己应当服从他——因为他爱着伊。他是个文士，主撰一种女子杂志，做些社论，总带着“夫妇之义，犹君臣也”这句话的色彩。还编了什么《香奁杂缀》《美人谱》……载在他杂志上，自以为“惊才绝艳”。这些文字里的话头伊也听得懂，非但懂，而且佩服，而且确信。伊丈夫快乐的时候，便是伊快乐的时候。有时伊丈夫不快乐，伊便耽了心，想出种种方法引他丢掉那烦恼。不一会，目的果达，伊也快乐了。这一天，伊丈夫携伊野游，一路谈笑，非常高兴，所以伊也高兴得了不得。

伊坐在草地上，伊丈夫指点着四围景物告诉伊说，这是什么山，这是什么树。伊却不去留心丈夫那些话，心中突呈一种奇异的感想，自己也不晓得是什么，不过晓得这感想超出以前所历的快乐之上。伊望着湖面，空阔光明，波澜微绉，那可爱的纹，决非人工可以织得成的。伊望着山，一派清气，像要渡湖送过来。山影倒入湖里，娟媚而且庄严，像那司美术的神在那里凌波游戏。这个当儿，伊把已往的生活忘了，伊把当年几位太太奶奶小姐们的榜样，和盘踞脑海里的丈夫的威仪言论都忘了。伊把自己也忘了，伊只觉得眼前的景物自然，活泼，高洁，自己早和这自然，活泼，高洁融和了。伊那感想深印脑筋，容貌上便显出一种快乐刚毅的神采——从前不曾有的。伊的丈夫还当伊因跟着自己出游所以快活，实则此刻是不然了。

春游的事情过去了。伊的生活依然如故，没有变更。然而伊那感想永永牢记。根据着伊那感想，也不能说伊的生活没有变更。

1919年3月19日作。

刊《新潮》第1卷第5号，署名叶绍钧。

“你的见解错了！”

他寻常写封信，右手握着笔，便快快地移动，——头微微地侧着，有时舌端舔着上唇——从头至尾，决没有一刻停留，下一会思索的工夫。现在这封信，他觉得关系的重大，什么都比不上。自己是怎么一种心情，要借这封信去传达？是怎么一种言语，应该显露在这封信上？他自己简直糊糊涂涂，弄不明白。他早上晚上睡在床上的时候，脑子里的想念和大海里的波浪一般，继续不断，而且同时并作。他总希望有一个波平浪息的时候，这变动迁流的海，顿时化为智慧的泉源，能够去解决他那糊涂不明白的疑问；可是永永做不到。他自己想，不写这封信吧；但是又觉得有一种伟大而不可抵抗的力促迫着他，仿佛说，“你要使你的灵魂有归宿，你要认识生命的真意义，非写这一封信不可。”他屡次被这个使令催促着，自觉拗它不过。这一天硬着头皮，决定写这一封信，但是他那疑问终究还没解决，写是决定写了，然而写什么呢？因此他寻常写信很迅速的惯技，此刻竟有了例外。

暖烘烘的阳光从半开的窗帘里射进来，熏得他有些醉了。窗外墙上，开满了红蔷薇，微风吹着，时有二三花片寂寂地落下。蜂儿从花心里飞出来，发出一种催眠的声音——这是唯一的声音了，此外只有他自己能够听得脉搏的跳动。他这时候什么都像在梦里，环绕他的四周，他也辨不出是美丽，是闲适，或者是无聊，是沉寂。他只对于将要写的这一封信的受信人艳羡，爱慕，想象，猜度……总而言之，种种心绪都集中在伊身上了。

他那紊乱茫昧的思念，实在不容易抽出一个头绪来；蜂儿催眠的声音越来越响，仿佛有意来扰乱他的思路。映到他眼睛里，只有一幅印着美丽的小花的信笺，承着太阳，反射出光彩的白，像是个晴光万里的大海。但是他没有指南针，打从哪个方向去呢？

他知道涵青失败的事实，原来涵青先曾写信给伊，后来得伊一封回信，大略的意思是："你情愿爱护我，珍惜我，永永不改，直到有生命的最后一刻；可是我不是笼子里的画眉，花盆里的蕙兰。你的见解错了！"涵青就此绝望了。

他想涵青这样的爱慕，是世俗的，卑下的，不光明的，不人道的，这封回信正是他最适宜接受的一种教训。他又想他若去信，也要得到类似的回信么？这个怎么担当得起？同时那伟大而不可抵抗的力又在那里鼓舞着他道，"你岂是和涵青一样的心思？你要使你的灵魂有归宿，你要认识生命的真意义，非写这一封信不可。"他才迷迷糊糊地自信，以为失败是决不会逢到的，只须写就这封信，便是成功的第一阶级。但是怎么写呢？写什么呢？

蜂儿催眠的声音依旧响着。蔷薇枝上飞来了几只小鸟。它们修剔着自己的羽毛，相对叫一会。这声音清脆美妙，合着自然的呼吸，又表出玄秘的恋爱。叫了一会，有一只回头看一看它的伴侣，自己先飞到别枝上去。其余几只也就振翅跟着。花枝受了震动，花片零零乱乱地落下来。他依旧握着笔，对着信笺出神，益发觉得沉沉如醉。那思想的引导者——理智——深深潜伏，绝对不能做他的帮助。可是那伟大而不可抵抗的力独给他充量的帮助，非但促迫他，鼓舞他，而且指导他了。他辨认那印着美丽的小花的信笺，仿佛有许多真挚的情思，华妙的辞令在上边。他那握着笔的右手快快地移动了；和他平时的神态一样，头微微地侧着，舌端舔着上唇。

三天之后，他得到回信了。这封回信，他十二分的热望着；但是又很惧怕接着它，因而懊悔，不该冒昧去信。然而回信终竟来了。里面大概说："你的见解错了！你看我做超人，我自知并不是超人，而且谁都不是超人。我只是和一切人类平等的一个‘人’罢了。你要求超人容留你的灵魂，我既不是超人，怎能容留你的灵魂？”

1920 年 5 月 16 日作。

刊 1920 年 7 月 30 日《时事新报·馀载栏》，署名圣陶；

又刊《新潮》第 2 卷第 4 号，改题《两封回信》，署名叶绍钧。

“不快之感”

两扇玻璃窗外是一个小方天井。他抬起头来，只有窗外陈旧、简单、沉寂的景物是他的世界；他看了不知多少回了，倘要他将图画描写出来，一定能够一些儿没有差错。左边的短墙青苔长满了上半截：那墙的年纪比他长，刷在上边的水泥早已不知哪里去了，竖着铺的砖便显出很明白的畛域来；那青苔簇齐的长着，仿佛一片平田种满绿秧，有纵横的阡陌把它划分得很清楚似的。有的时候从墙脚下来了一两条蜒蚰，升到半墙便停着不动。两对触角像羊角一般矗起，良久良久，才微微的，慢慢的，向左或右动一动，就这样的挨过了它全生命几分之一的时间。对面一座墙却很高，斑驳得比较的好些，但白色的垩粉已转成了灰色，此刻斜映着右旁墙上反射的日光，才稍微光亮一些；待日光过了，它那广漠的平面，闷郁的色泽，使人神经都麻木起来，竟至没有思想和情感。它和左墙原是成个直角。距这直角不到两尺，矗立着一棵已死的黄杨树。这树和对墙一样高，它死了，枯了，枝条都砍作薪柴，剩下一根直挺挺的光干。它的皮多半脱落，露出僵白的木质，和它的背景——对墙——绝对的不调和。那座右墙比较的有文采，因为上边有三方图案画的镂空花纹，砌得非常工整。花纹空处结着许多蛛网，上边都粘着灰尘，可是结那些网的工程师早已去得远了。在和黄杨树对称的地位，是一个白铁的水落。落雨的时候，屋瓦上面的水从水落里下注，打着白铁，发出单调幽咽的声音。此刻它寂寂的直站着，在这天井里却要算是唯一有光辉的东西了。

太阳一些儿没有留恋的意思，独自上屋去了，小方天井里就被黝暗笼罩着。他眼睛虽望着天井，他的感觉却没有这个世界。——这时候，他什么都没有，他没有喜悦，憎怒，爱好，希望……种种情绪，也没有什么事想要做。他只觉有一种不可名言又像很微淡的“不快之感”，不绝的来袭他身体的不知哪一部分，——这是他天天经验的。虽说是很微淡的，然而比他尝过的一切厉害的痛苦还难堪。这真是他生命的病菌，一个奇异的仇敌！

他遇见了这个奇异的仇敌，积久更加害怕起来。他不甘心永久受仇敌的压迫，曾经求教哲学来帮助他。哲学就将空想的论证，传习的主义，一一供给他做武器；凡可以帮助他的没有不尽心竭力。可是不见什么功效：哲学的知识不就是治那生命的病菌的对症药的本身，所以那病菌还是潜伏着，时时显出它狠毒的势力。

天真夜了，小方天井的上面一方乌黑的天颓然如死的盖着，没有一颗星放些儿光！枯寂极了，暗昧极了，不可言说。

他的生命尽管滋生着病菌，真个病了。这生命既没有趣味，也没有趋向，然而他还是冲动的，盲目的迷恋着。为什么迷恋着？因为他已经有了个生命。为什么不去寻死？因为他从传说里知道寻死是一种恶行，所以不愿犯；却不因为生命有价值，所以不使寂灭。他明明知道这些，他曾经屡次把自己剖析，提出问题来，末了总得到同样的答案。他又明明知道他的同伴谁都和他一样。可是知道自知道，患病自患病；那气喘几绝，吐出丝丝的血的病人，何尝不能细细的讲肺病的进程是怎样的，第一期、第二期、第三期的现象是怎样的呢！

这枯寂的暗昧的天容底下，仿佛装置着一种模型，预定着一个方式，专等无论什么人来仿效，配合。无论什么人一受彼的拥抱，便如醉似迷，不由自主了。他想起了什么茶馆什么俱乐部的情形了：积满灰尘的电灯泡里放出不普遍的没精打采的暗红色的光，照见几个已经有了生命的人散坐在屋的四处。他们坐在那里并没有什么事，也并不要会见什么人，只是各顾各的安舒，吸烟呢，品茶呢，假寐呢，默想呢，吃小食呢，状态各有不同。偶然有一个人谈起了一件无关紧要的事，大家便接了上来信口批评一回，不判个是非，不求个解决，一笑而罢。而且他们的论点刻刻在那里迁流转化，随后的谈料，他们也不问从前边哪一节里推衍出来，只屡次振动声带各占据着永劫的一节罢了。看看电灯更为暗淡了，他们便各顾各走了。他们天天如此，有什么意味？然而不如此他们便闷郁得慌了！可贵的生命无可奈何的消费着，岂不可惜！他又想：当自己伏在书桌上昏晕的灯光底下，只有单调的钟摆声伴着的时候，随便捡一本书看，看了几行，又随便翻过几页，或是掉换一本。自己天天如此，有什么意味？然而不如此便怎样？可是那可惜的程度就和他们不相上下了。他们和自己都是个仿效模型、配合方式的东西啊。

一棵树上寻不到同样的叶子，除非摘了下来烧了，才化为同样的灰；各支树枝没有同样的姿态，除非砍了下来解析雕琢了，才成同样的几只椅子。模型，方式，原是和生命背驰的呀！然而他和他同伴的生命，竟给模型方式拥抱了。他们体内每个细胞，从吸气，进食，借神秘的指导力量——生长、营养、更新、繁殖等作用，而享有生命；这是向上的进程，何等的可贵！可是多数细胞组织成了一体，却被病菌侵蚀着，顿然停止进程，降而为机械的物质的吸烟，品茶，假寐，默想，吃小食，看书。生命的箭终于受他力的吸引，不能射到无穷的远，这是何等空虚，结局是幻灭！

凡是游历的人差不多有一种情形：当好景还在前途的时候，他那热烈的希望，兴奋的意趣，常常引导着他，成为他活动的原力。待到一切好景都玩过了，完了，更没有什么可玩了，此后唯有回转身去，重践那来时的足迹；这时就觉得颓丧的气味浸渍到全身的不论哪一部分。旅店中躺上一天半天，火车中睡去一刻两刻，都没有不可以；因为这时候没有什么力做他的引导了。火车上的机关手，或是航船上的水手，他们从路程的这一端到那一端，又从那一端到这一端，屡次反复，无有休歇，无论沿路的一棵草，一块石，一个洗衣的丑婆子，一条瘠瘦的水牛，他们都稔熟，但是疏远，不感兴味。倘若拉住他们的不论哪一个，问他“可感到你那职业真实的意味？”他一定很不高兴的回答一个

“不”字。已经倦游的游客呀，往返一条路途的火车机关手和航船水手呀，谁能够不跟着你们走同一的没有兴味，宁与疏远的道路呢！

这等杂乱的自讼的思想，时时刻刻通过他的脑海，而终于引起他生命的病菌的剧烈增殖。他的感觉里没有世界——小方天井是没有，天是没有。自己也不很真实，只觉一个虚幻的自己包围在广大的虚幻里……

黑暗的，障碍的乌云散了，月儿露出伊美丽的微笑，星星转动他们流盼的媚眼，轻风唱伊轻清的恋歌，一一表显他们生命的活动，真实，眷恋。

1920年7月21日作。

刊《新潮》第3卷第1号，署名叶绍钧。

伊　和　他

温和慈爱的灯光照在伊丰满浑圆的脸上。伊的灵活有光的眼直注在小孩——伊右手围住他的小腿，左手指抚摩他柔软的短发——的全身，自顶至踵无不周遍，伊的心神渗透了他全身了。他有柔滑如脂的皮肤，嫩藕似的臂腕，肥美鲜红的双颐，澄清晶莹的眼睛，微低的鼻，小小的口；他刚满两岁。伊抱他在怀里，伊就抱住了全世界，认识了全生命了。

他经伊抚摩头发，回头看着伊，他脸上显呈出来的意象，仿佛一朵将开的花。他就回转身来跪在伊怀里，举起两只小手捧着伊丰满的面庞，还将自己的面庞凑上去偎贴着，叫道，“妈！”小手不住的在伊脸上轻轻的摩着，拍着。这是何等的爱，何等的自然，何等的无思虑，何等的妙美难言！

钟摆的声音格外清脆，发出一种均匀的调子，给人家一个记号，指示那生命经历的“真时”，不绝的在那里变化长进。伊和他正是这个记号所要指示的，他们的生命，他们的爱，他们爱的生命，正在那里绵延的迅速的进化哩。

他的小眼睛忽然被桌上一个镇纸的玻璃球吸住了，他的面庞便离开了伊的，重又回转身去，取球在手里。“红的……花！白的……花！”他指着球里嵌着的花纹，相着伊又相着花纹，全神贯注的，十分喜悦的告诉伊。他的小灵魂真个开了花了。

“你喜欢这花呀。”伊很真诚的吻他的肩，紧紧的依贴着不动。

他将球旋转着，他小眼睛里的花刻刻有个新的姿态。他的小口开了，嘻嘻的笑个不住。伊仍旧伏着看他，仍旧不动。

“天上……红的……云，白的……云，红的……星，白的……星，”他说着，一臂直伸，指着窗前，身体望侧里倾斜，“妈！那边去。”伊就站了起来，抱他到窗前。一天的月光正和大地接吻：温和到极点，慈爱到极点。不可言说。

“天上有亮么？”伊发柔和美妙的声音问。

“那边，亮。一个……星。两个……星。四个星。六个星。十一个星。两个星……”

一只恋月的小鸟展开双翅在空碧的海里浮着，离开月儿远了，又折回来浮近去，尽量呼吸那大自然的恩惠。

那小鸟又印入了他澄清晶莹的小眼睛里了。他格外的兴奋，举起他握球的小手，“一个……蜻蜓。……来！……捉它！”就将球掷去。那球抛起不到五寸就下坠，打着伊左眼的上角，从伊的臂上滚到地上。

伊受了剧烈的痛，有几秒钟功夫伊全不感觉什么。后来才感痛，不可忍的痛。伊的眼睛张不开了，但能见无量数的金星在前面飞舞。眼泪汩汩的涌出来，两颊都湿了；伊的面庞伏在他小胸口，仰不起来。

这个时候，他脸面的肌肉都紧张起来；转动的灵活的小眼睛竟呆了，端相着伊，表显一种恐惧、懊悔、乞恕的神情，——因为他听见玻璃球着额发出的沉重的声音——仿佛他震荡的小灵魂在那里说道：“怎么样！没有这回事吧！”

伊痛得不堪，泪珠伴着痛滴个不休；面庞还是伏在他的小胸口。他慢慢的将小手扳起伊的面庞。伊虽仍旧是痛，却不忍不随着小手的力仰起来。

伊的面庞变了：左眼的上角高起了一大块，红而近紫；眼泪满面，照着月光有反射的光。伊究竟忍不住这个痛，不知不觉举起左手按那高起的一块。

他看着，上下唇紧阖并为一线，向两边延长，动了几动，终于忍不住，大张他的小口，哇的哭了出来。红苹果似的两颐，被他澄清晶莹的泉源里的水洗得通湿。

伊赶忙吻他的额，脸上现出美丽的感动的心底的笑，和月一样的笑。这时候，伊的感觉在痛以上了……

1920年8月12日作。

刊《新潮》第2卷第5号，署名叶绍钧。

母

弱小的菊科的花开出来使人全不经意，却颤颤地冷冷地铺满了庭阶。无力的晚阳照在那些花上面，着实有些儿寒意。原来秋已来了。

我们看那些学生一个个挟着书包，从竹篱外走出门去。竹篱上爬满了茑萝，绿的叶有些儿枯黄了，小的红花此时已皱了拢来。那些学生往往停了步，采些花儿叶儿拿在手中，一边玩弄，一边慢慢地出去。

学生们都去了，我们就移了椅子在廊下坐着谈天。那些阶前的秋花值不得做我们的谈资，不知如何却谈到了儿童问题。一位姓文的是个富于情绪而又偏于直觉的，伊常常有说不出的忧愁，又常常有莫可名的喜悦。伊刚才二十三岁，对于这个问题颇有一种预测而坚定的主张。伊说："儿童是家庭的安慰者。人生垂老，倘若没有膝下的子女，一生算什么呢？往后靠着谁呢？"一位姓简的是个持独身主义的，伊很有刚毅的性质；听了文君的话表示很不屑的神情，说道："自己的事业便是唯一的安慰。虽然垂老，依旧有事业，就继续不绝的有安慰。儿童算什么呢！"

这个当儿，我的注意力却被一位姓梅的吸引着。伊听了两人的话，眉目间的忧思格外深浓了——伊平时也常露不欢喜的样子。伊的眼睛往下直注，但并不是看伊的手指和伊的裙子，也不是在那里观赏阶前的花；伊直内观到心里最深奥的地方，灵魂最系恋的东西。伊二十五岁，是今年暑假后才来的，和我们是新交。我们看伊不大喜欢说笑，就难得和伊攀谈，所知于伊的也因此不多了。伊教授学生非常认真，伊的沉着的读音，清亮的讲解，隔三个教室都听得见。但一出教室，伊对学生仿佛不相识似的，不像我们常常牵着他们一大群，说着，笑着，唱着，互倾自然的童稚的恋爱；伊只坐在休憩室里默想。

我被好奇心驱策着，便问伊道："你是已有子女的人了，请问对于文简二君刚才所说持什么见解？"

伊定一定神，像是特别记忆伊刚才所想，怕他乘机脱逃似的；才很不经意的答道："我不望他们来安慰我，也不想靠他们，然而他们是可爱的，所以他们是必需的。"

文君便接着说道："你不该离开了他们到这里来。我若是你，一定不这样干。"

梅君听了这句话，很忧愁而兴奋的说道："谁愿意这样干！并且谁也不曾教我这样干！然而有个不可抗的势力使我不得不这样干！"伊的声音像琴弦一般抖动了。"我几曾离开过他们！上半年我在本地任事，每晚看他们的笑靥，日间空一点钟没课，还抽身去抚抱他们一回。谁知这就是我的错处，人家说我太恋家了。如今我来到这里，一个留在家里，一个寄养在人家吃奶，他们在那里是怎样情境，我一些也不晓得。我梦也做够了，醒的时候——像现在——也差不多是梦了，然而只来得一个月呢。我想到下一个月，再下一个月，明年，后年，我真怕！我真不能想了！"

简君虽曾说"儿童算什么呢！"，却也发一声同情的叹息。我和文君自然更为感动，所以再也说不出什么。

风也不起，蟋蟀也不叫，花间小虫跳跃的微声也没有。晚阳本来是无声的，我们四个人真坐在寂静的空间里。

秋节到了，学校里放假，梅君趁了航船归去——伊天天在那里计算盼望的居然到了。我知伊的心一定比伊的身体先到家里，伊的灵魂一定先在那里抚抱伊的儿女，当伊在航船上的时候。

隔了一天，伊来了。伊的眉目间更加上几分忧愁的记号，伊的默默失神，不大说话，也更加厉害了。论理伊记挂伊的儿女，回去看了一趟，当伊抱他们在怀里的时候，那种双方感受的灵的安慰，便该改变了伊的眉目。然而伊适得其反。这不是一个疑问，又足以引起我的同情心好奇心么？

天上洒了一会断断续续的雨，就黑了下来。桐树的叶发出吹动的干枯的声响，只有蟋蟀很没气力的接应着。室内点上了灯，我们蒙那晕圆的光怀抱着，觉得它是比较的亲切有味。

梅君坐在一张藤榻上，呆呆地出神，眼角还渗出些晶莹的眼泪。文君熬不住，就直捷问伊道："你的儿女在家里一定很安好。他们见你到家，不知怎样的依恋你呢。"

梅君的泪离开了伊的眼眶了；继续还有得渗出来，但也留不住。伊发出凄惨的声音回答道："归去使我伤心罢了！出来更使我伤心，然而此刻又在这里了！"

"你遭到了什么了？"文君接着问。我和简君的注意力也都集中于伊。

"我那还没断奶的孩子，寄养在人家的，他先前是又白又肥，小拳头竟像半个玉斫的球，如今却变了，皮肤里显出灰白的颜色，眼睛低陷下去，两颐也瘦削了一半。他不是我初来时那个模样了！

"这也不能怪人家。他们有自己的孩子。母亲的奶自然是孩子的权利，我儿却去分人家的孩子的权利。他们的孩子也换了模样了，和我儿正在同一的命运里。

"我去看他，他只是对我哭。我抱他在怀里，许多无形而锐利的箭攒集在我的心里。想给他吃一顿充量的奶吧，我自己一滴也没有了。想给他换个人家吧，我又何忍再去分别一家的孩子的权利！我真没法，只足足哭了两点钟。他们说：'常常给他吃些糕饼作为补充品。'我也说：'以后更多给他吃些糕饼吧。'其实这句话是我的下意识了。"

我和文简二君的情绪都紧张了起来。我自己觉得脉搏快了好些。但除了梅君颤动而变常的语音，室内更没别的声响。

“我如梦如醉的离开了他。”伊揩着眼泪，继续说：“我真忍心！家里的大女儿又哭着向我说道：‘你要走开去，何不带了我同去？你今来了，不放你去了。’我没有话答伊，只有哭，只有醉梦一般的哭。

“欲就此留在家里吧，我还有别的责任。想起再来，又怎忍再来！后来我的脑子不能想了，我的脚载着我的身体走上了航船。两岸的景物什么都没看见，同船有几个男，几个女，几个老的，几个少的，也没有觉察。直到刚才一阵沙沙的雨打在桐叶上，方始提醒了我，知道我又在这里了……”

伊说不出别的了。我们也没有话说，只嘘着气，瞪着眼，各自辨那描写不出的感觉。

窗外桐叶吹动的干枯的声响，依旧只有蟋蟀很没气力的接应着。

1920 年 10 月 2 日夜作。

刊 1920 年 11 月 21 日《晨报副刊》，署名圣陶。

一个朋友

我有一位朋友，他的儿子今天结婚。我去扰了他的喜酒，喝的醉了。不，我没有喝的醉！

他家里的酒真好，是陈了三十年的花雕，呷在嘴里滋味浓厚而微涩，——这个要内行家才能扼要地辨别出来——委实是好酒。

他们玩的把戏真有趣，真有趣！那一对小新人面对面站着，在一阵沸天震地的拍手声里，他们俩鞠上三个大躬。他们俩都有迷惘的，惊恐的，瞪视的眼光，好像已被猫儿威吓住的老鼠。……不像，像屠夫刀下的牲牛。我想：你们怕和陌生的人面对面站着么？何不啼着，哭着，娇央着，婉求着你们的爹爹妈妈，给你们换个熟识的知心的人站在对面呢？

我想的晚了，他们俩的躬已鞠过了，我又何必去想它。

那些宾客议论真多。做了乌鸦，总要呀呀地叫，不然，就不成其为乌鸦了。他们有几个人称赞我那位朋友有福分，今天已经喝他令郎的喜酒了。有几个满口地说些“珠璧交辉”“鸾凤和鸣”的成语。还有几个被挤在一群宾客的背后，从人丛的缝里端相那一对小新人，似羡似叹地说，“这是稀有的事！”

我没有开口。

那几个说我那位朋友有福分的，他们的话若是有理，今天的新人何不先结了婚再喝奶汁？那几个熟读《成语辞典》的，只是搬弄矿物动物的名词，不知他们究竟比拟些什么？

“这是稀有的事！”这句话却有些意思。

然而也不见得是稀有。“稀有”两字不妥。哈！哈！我错认在这里批改学生的文稿了。

我那位朋友结婚的时候，我也去扰他的喜酒，也喝的烂醉，今天一样的醉。这是十四年前的事——或者是十三年？记不清楚了。当时行礼的景象，宾客的谈话，却还印在我的脑子里，一切和今天差不多，今天竟把当年的故事重新搬演一回。我去道贺作宾客，也算是个配角呢。

我记得那位朋友结婚之后，我曾问他：

“可有什么新的感觉？”

他的答语很有趣：

“我吃，喝，玩耍，都依旧；快意的地方依旧，不如意的地方也依旧，只有卧榻上多了一个人，是我新鲜的境遇。”

我又问他：

“你那新夫人的性情和思想如何？”

他的答语更有趣：

“我不是伊，怎能知道那些呢？”

他自然不知道。他除了唯一的感觉“新鲜的境遇”而外，哪里还知道别的。我真傻了，将那些去问他。当时我便转了词锋道：

“伊快乐么？”

“伊快乐呀。伊理妆的时候，微微地，浅浅地对着镜里的伊笑。伊见我进内室，故意将脸儿转向别的地方，两颗乌黑的，灵活的，动人的眼睛却暗地偷觑着我；那时伊颧颊间总含着无限的庆幸，满足，恋爱的意思。伊和女伴商量装饰，议论风生，足以使大家心折。伊又喜欢‘叉麻雀’，下半天和上半夜的工夫都消磨在这一件事上。你道伊还有不快乐的一秒么？”

后来他们夫妻俩有了小孩子了，便是今天的新郎。他们俩欢喜非常，但是说不出为什么欢喜。——我又傻了，觉得欢喜，欢喜就是了，要说出什么来？这个欢喜，还普及到他们俩的族人和戚友，因为这事也满足了彼等对于他们俩的期望。然而他们俩先前并没有什么预计。论到这事，谁有预计？哪一家列过预算表？原来我喝的醉了！

他们俩生了儿子，生活上丝毫没变更。他吃，喝，玩耍，依然如故。伊对着镜里的伊笑，偷觑着他得意，谈论装饰，"叉麻雀"，也依然如故。

小孩子吃的，是一个卖了儿子，夺了儿子的权利换饭吃的妇人的奶汁。他醒的时候，睡眠的时候，都在伊的怀抱里。不到几个月，他小小的面庞儿会笑了，小手似乎会招人了。

他们俩看了，觉得他很好玩，是以前不曾有过的新鲜玩意儿。一个便从乳母手中抱过来和他接个吻，一个不住地摩抚他的小面庞。他觉得小身体没有平常抱的那样舒服，不由得哭了起来。他们俩没趣，更没法止住他的哭，便叫乳母快快抱去。

"我们不要看他的哭脸！"

那小孩子到了七八岁，他们俩便送他进个学校。他学些什么，他们俩总不问。受教育原是孩子的事，哪用父母过问呢！

今天的新郎还兼个高等小学肄业生的头衔！他的同学有许多也来道喜。他们活动的天性没有一处地方一刻功夫不流露，刚才竟把礼堂当做球场踢起球来，然而对于那做新郎的同学，总现出凝视猜想的神情，好像他满身都被着神秘似的。

我想今天最乐意的要算我那位朋友了。他非但说话，便咳一声嗽也柔和到十二分；弯着腰，执着壶，给宾客斟酒，几乎要把酒杯敬到嘴边来。他听了人家的祝贺语，眉花眼笑地答谢道：

"我有什么福分？不过干了今天这一桩事，我对小儿总算尽了责任了。将来把这份微薄的家产交付给他，教他好好地守着，我便无愧祖先。"

我忽然想起，假如我那位朋友死了，我给他撰《家传》，应当怎样地叙述？有了，简简括括只要一句话："他无意中生了个儿子，还把儿子按在自己的模型里。”呀！诔墓之文哪有这种体例！原来我喝的醉了……

1920年12月14日作。

刊《小说月报》第12卷第2号，署名叶绍钧。

低　能　儿

一天早上，阿菊被他的父亲送进一个光明空阔透气的地方。他仿佛从一个世界投入别一个世界里。他的家里只有一张桌子和两条破坏的长凳，已使他的小身躯回旋不得；半截的板门撑起，微弱的光线从街上透进来，——因为对面是典当里库房的高墙，——使他从不曾看清他母亲的面庞；门外墙角是行人的小便处，时常有人在那里图一己的苟且的便当，使他习惯了不良空气的呼吸。现在这个境界在哪里呢？他真投入了别一个世界了！

阿菊的父亲是给人家做零雇的仆役的。人家有喜事丧事，雇他去上宾客们的菜，伺候宾客们的茶水烟火；此外他还当码头上起货落货的脚夫。人家干喜庆哀吊的事，酒是一种普遍而无限量施与的东西，所以他尽有尽量一醉的机会；否则也要靠着酱园里的酒缸盖，喝上两三个铜子麦烧，每喝一口总是时距很长，分量很少，像是舍不得喝的样子，直到酱园收夜市，店门快关了，才无可奈何地喝干了酒，一摇一摆地回家去。那时阿菊早睡的很熟了。

阿菊的母亲是搓草绳的。伊的眼皮翻了出来，常常分泌眼泪，眼球全网着红丝，——这个是他们家里的传染病，阿菊父子也是这样，不过较轻些。伊从起身到睡眠总坐在一条破长凳上，两手像机器似的工作。除了伊的两手，伊的身躯动也不动，眼睛瞬也不瞬；伊不像有思想，不像有忧乐，似乎伊的入世只为着那几捆草绳而来的。当阿菊初生时，他尖着小嘴衔着伊的奶头，小手没意识地抓着，可爱的光辉的小眼睛向伊的面庞端相着；对于那些，伊似乎全无知觉，只照常搓伊的草绳。他吸了一会奶，便被弃在一个几乎站不住的草窠里。他咿呀欲达意吧，号哭欲起来吧，伊总不去理会他，竟同没什么在旁边一样。柔和的催眠声，甜蜜的抚慰语，在伊的声带和脑子里是没有种子的。他到了四岁，还是吸伊淡薄的奶汁，因为这样可以省却两小碗粥；还是躺在那个破草窠里，仰看黑暗的尘垢的屋板，因为此外更没别的可以容他的地方。

阿菊今年是八岁了。除了一间屋子和门前的一段街道，他没有境遇；除了行人的歌声，小贩的叫卖声，母亲的咳嗽声，和自己的学语声，啼哭声，他没有听闻；除了母亲，他没有伴侣——父亲只伴他睡眠；他只有个很狭窄的世界。今天他才从这很窄狭的世界投入别一个宽阔的世界里。

一位女教师抚着他的肩，慈爱地轻婉地问道，“你知道你自己的名字么?”他从没经过被询问，这是骤然闯进他生命里的不速之客，竟使他全然无法应付。他红丝网满的眼睛瞪住了，本来滑润的泪泉里不绝地涌出眼泪来。那位女教师也不再问，但携着他的手走到运动场里。他的小手感觉着温的柔的爱的接触，是他从没尝过的，引起了他的怅惘，恐怖，疑虑，使他的脚步格外地迟缓，似乎他在那里猜想道，“人和人的爱情这么浓郁么?”

运动场里没有一件静止的凝滞的东西：十几株绿树经了风微微地舞着，无数雀儿很天真地在树上飞跃歌唱；秋千往还着，浪木悠荡着，皮球腾跃着，铁环旋转着，做那些东西的动原的小儿们更没一个不活泼快乐，正在创造他们新的生命。阿菊随着那位女教师走，他那看惯了黑暗的眼睛经辉耀的壮丽的光明照映着，几乎张不开来。他勉强定睛看去，才见那些和他一样而从没亲近过的孩子们。他自知将要加入他们的群里，心里便突突地跳的快起来，脚下没有劲了，就站住在场角一株碧桃树下。女教师含笑问道，“你不要同他们一起玩耍么?”他并不回答；他那平淡的紧张的小面庞只现出一种对于他的新境遇觉得生疏淡漠的神情。他的视官不能应接这许多活动不息的物象，他的听官不能应接这许多繁复愉快的音波，他的主宰此刻退居于绝无能力的地位了。女教师见他不答也不动，便轻轻地抚他的背说道，“你就站在这里看他们玩耍吧。”伊姗姗地走入场中，给伊的小友做伴侣去了。

一个小皮球流星似的飞到他的头上来，打着头顶又弹了出去，才把他迷惘的主宰唤醒，使他回复他微弱的能力。于是他觉得那温的柔的爱的接触没有了；四顾自己的周围，那携着自己的手的人在哪里呢？打在头顶的又是什么东西？母亲的手掌么？没有这么轻。桌子的角么？没有这么软。这件东西真奇怪，可怕。他那怯弱的心里想，这里不是安稳的地方，是神秘的地方；心里想着，两脚尽往后退，直到背心靠住了墙才止。他回转身来，抚摩那淡青色的墙壁，额角也抵住在上边，像要将小身躯钻进去。然而墙壁是砖砌的，哪解得爱护他，哪里肯放开他坚硬的冰冷的怀抱容纳他，使他避免惊恐，安定心魂呢？

阿菊坐在课室里了。全室二十几个孩子，都不过五六岁左右，今天他加入他们的群里，仿佛平坂浅冈的丛山间插一座魁伟的雄峰。他以前只有他家里的破草窠破长凳是他的座位，如今他有了新的座位，依然照他旧的姿势坐着，在一室里就呈个特异的色彩。他的上半身全拥在桌子上，胸膛磕着桌沿，使他的呼吸增加速度；两脚蜷了起来，尘泥满封的鞋子压在和他并坐的孩子的花衫上边。那位女教师见他这样，先坐给他看，给他一一说明，更指着全室的孩子教他学无论哪一个都好。他看了别人的榜样，勉强将两脚垂下，踏着了地，但不到一分钟又不知不觉地蜷了起来。他的胸膛也很不自然地离开了桌沿；一会儿身躯侧向右面，靠着了并坐的孩子。那个孩子嚷道，“你不要来挤我！”他才醒悟，恐惧，现出怅惘的愕顾。一阵率性的附和的喧笑声发出来，各人的耳鼓都感到剧烈的震动。这个在他的经验里直是个可怕的怪物，他的上半身不由得又全拥在桌子上。

女教师拿出许多耍孩儿来，全室孩子的注意力便一齐集注在教师的桌子上。那些耍孩儿或裸体，或穿红色的背心遮着胸腹，嫩红的小臂和小腿却全然赤露；将他们睡倒了，一放手便跟着站起来，左右摇动了几回，照旧站得挺直。真是可爱的东西！在阿菊看了更是大扩眼界。他那简单的粗莽的欲望指挥着他的手前伸，想去取得他们，可是伸到了充分地直，还搭不到教师的桌子；同时那怯懦的心又牵着他的手似乎不好意思地缩了下去。女教师已暗地窥见了他，便笑着对他道，“你将这几个可爱的小朋友数一数。”他迟疑了好一会，经过了两三回催促，才含糊地仅可听闻地数道，“一，二，三，六，五，八，四……”女教师微微摇着头，转问靠近伊桌子的一个女孩子。那女孩子扳着小手指，发出尖脆的声音数了，竟没弄错数序。几个孩子跟着伊的尾声喊道，“伊数得对。”女教师温颜附和道，“果然伊数得对。我给你们各人一个去玩耍吧。”

阿菊取耍孩儿在手，这是他希望而又不敢希望的，几乎不自信是真实的事。他只对着耍孩儿呆看，这是他唯一的玩弄的方法。

“你们可知那些可爱的小朋友住在哪里?”女教师很真诚地发问。

“他们住在屋子里。”群儿作谐和的语调回答。

“屋子里怎么进去?”

“有门的。”

“门比他们的身躯高呢，低呢，阔呢，狭呢?”伊非常悦乐，笑容含优美的画意，语调即自然的音乐。

“阔，高，”有几个说，“自然比他们阔，高。”在那些声音里，露出一个单调的无力的“低”字的音来，这是阿菊回答的。

“门怎么开法?”

“执这个东西。”群儿齐指室门的拉手。

“请你开给我们看。”伊指一个梳着双辫的女孩子说。

那女孩子很喜欢受这使命，伊走到门首，执着拉手往身边拉。但是全无影响。

一部分孩子见他们的同伴不成功，都自告奋勇道，“我能开。这么一旋就开了。”

女教师便指一个男孩去。他执着拉手一旋，再往身边拉，门果真开了。伊和群儿都拍手庆贺他的成功。伊更发清朗的语音向群儿道，“我们开门先要这么一旋。”说罢，教大家依次去试。

这事轮到阿菊，就觉得是一种最艰难的功课。他拉了一会拉手，不成，又狠命地把他旋转，也不成，便用力向外推，然而何曾推开了一丝半缝。他窘极了，脸皮红到发际，眼泪含在眶里，呼吸也喘起来了，不由得弃了拉手在门上乱敲。但是外面哪里有应门的人等着呢？

那位女教师按着钢琴，先奏了一曲，便向群儿——他们环成一个圆圈站在乐舞室里了——说，“我们要唱那《蝴蝶之歌》哩。”他们笑颜齐开了，双臂都平举着，有几个已作蝶翅蹁跹的姿势。琴声再作，那美妙的愉悦的人心之花宇宙之魂的歌声也随之而发：

飞，飞，飞，飞到花园里。
这里的景致真美丽。
有红花铺的床供我们睡眠；
有绿草织的毯供我们游戏。
飞呀，飞呀，我们飞得高，飞得高。
飞呀，飞呀，我们飞得低，飞得低。
我们飞作一团，不要分离。
你看花在笑我们了，笑得脸儿更红了。
哈！哈！哈！
花呀，你来和我们一起儿飞！
来呀，和我们一起儿飞！

阿菊站在群儿的圈子里，听不出他们唱些什么，但觉自顶至踵受着感动，一种微妙的醉心的感动。他的呼吸和琴声歌声应和着，引起一种不可描写的快慰，适意，超过他从前唯一的悦乐——衔着他母亲的奶头睡眠。于是他的手舞动起来，嘴里也高高低低地唱起来；这个舞动呈个触目的拙劣的姿势，没有别的孩子那么纯熟灵活；歌呢，既没词句，又没节奏，自然在大众的歌声里被挤了出来。然而这个与他何涉呢？他总以为是舞了，唱了。刚才的窘急，惶恐，怯懦……他完全和它们疏远了。只可惜他领略歌和舞这么晚，况且他能将以后的全生活沉浸在那些里边么！

阿菊第一天进学校的故事，要算他生活史里最重要的一页了。然而他放学归家，回到他旧的狭窄的世界的时候，他母亲和平日一样，只顾搓伊的草绳，并不看他一眼，问他一声。他自去蹲在黑暗的墙角旁边，玩弄他在学校里偷摘的一根绿草。论不定因这绿草引起了他纷乱的模糊的如梦的记忆，使那些窘急，惶恐，怯懦，感动，快慰，适意……立刻一齐重新闯进他的生命里。晚上，他父亲喝醉了人家的残酒归来，摸到板铺的卧榻倒身便睡；他早上曾经送他的儿子进学校，进别一个世界，是忘记得干干净净了。

1920年12月20日作。

刊《小说月报》第12卷第2号，署名叶绍钧。

萌　芽

他们俩现在一同过结婚生活了。他们脱去一切不自然不平等的习惯，只从两个成熟的家庭里分裂出来，好像生物的两性细胞各从本体分裂出来，结合而成一个新的生命；他们互相了解，互相慕悦，互视为爱的宗教的教主。

有一个问题使他们俩下了一番讨究的工夫：对于那不可预料的事情，儿女的闯入世界，应当怎样处置？

他说，“儿女在我们实是不需要的东西，因为我觉得并不缺少他们。”

伊真诚地表示同情说，“可不是么？况且我们又不是教育专家，更没有教育他们的时间；养而不教，不是我们愿意的行径，要教又如何能教？”

他忽然想起了别一方面，注视着伊说道，“倘若你我有了儿女，势必将一切幸福付与他们，自己却退居于幸福之幕后。这个未免有些不愿意。”

“我也不愿意。”伊现出美妙的微笑，然而接着引起了浮荡无着的忧虑，“但这事是不可预料的呵！倘若他突然闯入我们的境遇里，又怎样呢？”

“这是没有的事，”他坚定地安慰伊，“究竟不是神支配我们的。”他嘴里说时，心里还想，“这个事在伊是很危险的。人类物质文明发达，机体里自然的能力却慢慢地退化下来。一个成熟的果子，一条长足的胎牛，他们脱离母体，两方面何等地安全。在人类却已演过了无量数的悲剧。我们怎当得起这等预经暗示的惊恐呢?”

伊只是咀嚼他说的“究竟不是神支配我们的”这句话……

伊忽然精神不健旺起来了;似乎全身的骨骼支不住伊的躯体,只想躺着睡眠。人家叫伊一声或是咳一声嗽,伊也嫌麻烦。爱吃的东西怎么都变了味了?并没有醉酒怎么只想作呕?伊是在报馆里编辑新闻的,这个不健旺很不宜于伊的职业。然而还算不得什么病,所以伊依旧做伊的事。这个,但是,更加增进伊的困倦和厌烦的程度。

伊说,“难道那突然闯入我们境遇里的事来了么?”伊便连带想起,“我先前没有注意那波浪式的生理状态的出轨,从现状着想,难道竟是这一回事的朕兆么?这个将要打破我们一切的计划,愉悦,安全,给我们增加许多义务,忧虑,痛苦,多么可怕!”

他说,“事情不见得这么不巧吧。我祝望你所猜想的仅仅是一个猜想!”他心里起一种不安的感觉,但是不很强烈。

伊沉思了一会道,“果是这么一回事,我们便仗着药物的力量使他化为无事。你以为何如?”

他还没有回答,伊愁容忽散,发出虔敬的忏悔的语音道,“愿我的良心恕我的罪恶!更愿我仅有这一次罪恶!新生的萌芽寓有你我的生命,也即寓有人类的生命。我们爱人类,——自己也在内,就应当爱这萌芽。他若是来了,我们既以血液栽培他,自当诚意地将护他,使他抽出挺拔的枝条,开出美丽的花来。”母性的爱充满伊的眉宇,慈祥而悦乐,不可描写,虽然伊为母与否还不曾确定。那先前种种忧虑,此刻退出了伊的思想范围了。

他全身沐浴在一种不可名言的感动里,说不出什么,只紧紧地握住伊的手……

胎儿第一回的震动将伊的猜想证实了。不可避免的事情真来了。伊不觉得惶恐，只觉对于伊自己有一种新鲜的爱；因为伊的生命里包含着一个新的生命，一枝射向无尽的箭。

人家说，“这个应该略为加以束缚；否则发育过大了，到成熟的时候脱离母体，难免有危险。”但是伊哪里有这般忍心。伊想，“发育得越大不是更好的事么？我正希望他这样呢。硬去束缚他是何等残酷的事！只须想自己，一经束缚，呼吸不得舒畅了，肢体不得自由了，多少难堪！我怎能以难堪的加于生命里的新生命呢！……危险呢？那是没有的事。”伊这个论断仅仅本于爱情和意志，并没有什么证据。

什么刺激性的东西伊都不敢吃。但并不因为医生的劝告，卫生学说的诏示曾经这么说，所以如此；伊明知小口开始吃第一口东西的时候还没到哩。伊认为伊所包含的生命是完美的，健全的，刺激性的东西或者要损伤他的完美和健全。为了职务，游览，或是家事劳倦了，伊体内便起一阵震动，这个仿佛是催伊休息的钟声。伊想，“他是困乏了，我该给他充分的休息。”然而真个劳倦的哪里是这个“他”呢。

伊感觉小足踢腹壁了——或者是小臂在那里伸缩——有时从此至彼竟有四五寸距离。伊又陶醉似的安慰自己，“他真长得完全了，多活泼，多精神呀！”同时更有一种奇异的心思不绝地侵入伊的脑海。“我有怎样一种能力，能使他五官，四肢，脏腑，血液，完全无缺呢？而且他有心灵，是什么时候赋给他的呢？白天么？梦中么？刚有朕兆的时候么？小足小臂舞动的时候么？这是一个大神秘，不可思议。唯其如此，越是欣欣地，急急地，要欢迎那大神秘的产物。”伊更想，“我的环境将变了；将有一个新生的人伴我，做我的继承者。这也是神秘的事呀！”

他那先前预料以为必然会有的惊恐，现在却绝不相扰；他只抱着和伊相同的信仰，以为危险是没有的事。他也涵濡在欢迎的诚意里。事情到或然或否之间，只有信仰是唯一的安慰和鼓动。

伊经过了乏极的睡眠醒来，眼皮似乎很重，只能张开一线。看护妇抱一个新生的婴儿给伊看。那婴儿鲜红的脸庞上有极柔软的短黄毛，乌黑的眼珠作无目的的瞪视。伊忽有感动，晶莹的泪珠从伊的眼眶里渗了出来。

1921年1月8日作。

刊《小说月报》第12卷第3号，署名叶绍钧。

恐怖的夜

天上没有一点星，浓厚的乌云一块一块地堆着，只有堆得稀薄的地方漏些滞暗的光。颤动而疾驰的电光像马鞭子似的抽过，也仿佛有紧张而有力的声音，一切景物都显得光明和晃动。但这不过是一闪的时间，鞭子过了，他们又归于黑暗和沉寂了。

电光越抽越急，结果却使一切分外黑暗，分外沉寂。滞暗的光慢慢地给添上的乌云补没，天上更没一丝儿缝，似乎大气也沉重了好些。蝉声不知为什么停了，更没别的声息。

我站在我家门前这黑暗的空间里。一盏煤油灯藏在门背后，不使透出光到街上，因为怕惹起行人的注意和惊异。期待的心使我异常烦躁；汗珠不绝地渗出来，单衫和皮肤早已粘着了。“我弟的船此刻在哪里了？进了港么？还在江中么？……今天也许不来吧？没有来得及搭火车吧？……这不见得会吧？”循环不歇地占据我的脑海的，无非是这些悬猜，疑虑，自慰的念头。

偶然有一个提着灯笼的行人，他的脚步声，衣裳窸窣声，灯笼动荡声，打破了这个无边的沉寂。他不知我站在那里，只是俯首走过，靠着灯笼昏淡的一圈光引导他的先路，一会儿，他的脚步声也听不见了。于是一切和先前一样。

“我回进去坐坐吧，他还有一刻才到呢。……不，他的船也许因舟人的努力或是水势的顺流，再摇一两橹，就到对面的水埠了。我待听得下篙的声音，便走下水埠，喊一声‘弟弟’，这是何等的快慰。我怎肯抛弃这个快慰的机会呢？我必须在这里等他。”我这样想，就依旧站着。

时间的脚步虽然静默，我却觉得他是很迟缓的，因此引起了嫌恶的意思。越是嫌恶越使我心地烦躁。鞭不光明的长空我不想看了，无边的沉寂里自然没什么可听的；还是背诵些诗句吧，然而一时竟想不起来。我才感觉那孤独的无事的闷郁，此时已深深地射中我的心胸了。这个感觉是说不出地难堪，我便希望再有一个提着灯笼的行人走过，做我暂时的伴侣。但是期待第二个行人，又是增进烦闷的引火线。

忽然有胡琴的声音了，想是沿河乘凉的人拉的。那声音从水面扩散开来，格外地清脆响亮。我的寂寞的耳官自然很欢迎它。

胡琴响了一会，干燥而粗野的喉咙里跟着发出歌声来，抑扬徐疾不尽和弦音一致，词句也不很清楚。忽然间翻入高调，喉咙竭力提高，却发不出声音。于是琴弦上骤然截止的散音一响，就没有声音了。接着便是一阵男女宏细诸声混合的狂笑。在这闷沉的天幕底下，那些声浪似乎凝聚了起来，隔了好一会，还在耳际荡漾。

怕要下大雨了；云堆得愈厚，使我几乎看不出对面的水埠；电光越长越细越快，一条一条地钻入云的深处。摇橹声，下篙声，还全然没有消息呢。

一个落伍的蜻蜓，它的膜质的翅触着墙上，发出干脆而微弱的声音。这也足以略慰我的寂寞。我便想，“今夜竟没见一个萤火虫。”“倘若有了蜻蜓的膜翅，”我又想，“更借了萤火虫的光明，飞升起来，寻见我弟的归舟，一路照他到家，岂不比独自站在这里有味而多情？……人不如虫呀！……但是，生物进化的过程里，人却居优异的地位。……《进化论》对于生物之起源的解释，总不能使人满意。……达尔文的胡子真长真浓，吃喝的时候一定很累赘。……我的胡子生到了颈部，留起来不是和他一个样子么？……”

联想很可以拿蔓草来比喻：蔓草托根在这里，能够爬过破墙，纠结着邻园灌木的干本，末端却伏在树下的乱草里；你要去寻它的根本何在，或是怎样蔓延开来的，是一件极难的事。人心一时联想起的种种也就是这个样子，从“蜻蜓”竟蔓延到“我的胡子”。街上有脚声了，我所期待的第二个行人来了，才将我联想的藤截断。

脚声到我的前面，那人便站住了，发出冷峭的声音问道，“是谁?”我辨不清那人的面目，但听得出是住在我家后屋的漆匠阿喜的声音，便答道，“是我。”

“先生，原来是你。这个时候，你在这里做什么?”他很以为奇怪。

“我候我的弟弟，他从车站乘舟归来，想来快要到了。”

“他决不会来了。今天开出去的航船没有到车站，半途折回，五点钟时候就停泊在码头了。”他个个字音都含有断定的意味。

“我们是雇舟去候的，他不坐航船。”我的语音不由得艰涩而颤动，因为阿喜的话违反我的期望。我竟没觉察他那句话里还有别的意思。

阿喜发出迟疑的轻微的语音，“便是雇舟去接，也不见得一定会来。吾听人说，车站附近一带的火车轨道已被拆断了。”

他的声音虽然低微，却深深刺入我的脑海；我的血管突然紧张，血液流动就加增了速度。“你这话确么？为的什么事?”我仅能勉强作简短的问话。

“听说是车站东面的兵和车站西面的兵有了什么不合意的地方，便面对面迎拢来，预备开火。但是彼此又互相畏忌，怕火车载着他们真个碰了面，所以西面的兵便将轨道拆断了，——这或者正中东面的兵的心怀。这个消息一定是确的，因为本镇的水师船，今天午前一齐受着上官的命令调了出去，邮船又没有到，便是两个最可靠的证据。”阿喜的语音低到几乎听不见，又很有几个字变了音，可知他的心里正含着强烈的惊恐呢。他嘴里讲兵的事情，或者他的幻想里觉得有无数的兵举起了枪围绕着他；他怕说话被他们听见了，劳他们动怒和放枪，所以只用最低的声音说。

我听了，脑子里一阵纷乱，装满了深刻而说不出的懊丧。今晚我妻必有信来，现在伊这封信不知搁在哪里了！我的弟弟虽是十八岁的年纪，若是归家不得，流寓在绝不熟识的地方，必然会急得哭起来。我这里和他消息不通，只是期待和挂牵，又怎样呢！包围我四周的空气，我顿时觉得完全是恐怖的东西。满天浓黑的，是焚烧的烟么？又长又细又快的光，是枪弹的历程么？全市沉寂，他们在衔枚疾走，预备掩袭么？都相像，十分相像。我只希求是在一个梦里，因为我怕。

阿喜见我没有回进屋去的意思，便道，“你还要等一会吧？明天再会。”

我的下意识命令我的口答他，“我想再等一会，他也许会来的。”

阿喜进去了，黑暗沉寂的空间里，依旧只我一个人站着，似乎一切没有变化。然而我的情绪是变了，剧变了，外界的景物哪得不跟着变化呢？

这时候的感觉和情绪不是事后内省可以记录出来的，还是留下几分之一的空页吧。但是，我也可以粗略地说一说：我很怨愤地诅咒那乌云和电光，你们为什么骄我，傲我，欺弄我！这时我不复感觉什么寂寞和孤独的闷郁，我只是恐怖，但还杂着怜悯的心。我已忘了站在什么地方，和站在那里做什么了。

急迫的橹声起在右面的河面，使我一切思虑都暂停，直奔对面的水埠，跨下石级，站定在齐河面的一级上。向右望去，一条船的黑影，依稀可以辨认了。斜方体的灯光从船侧窗框里射出来，映在水里，给一枝橹搅得落花似的凌乱。河水动荡的声音，成一种短促的节奏；橹偶然触着河底的石头，发出重浊的音。“为什么还不停橹，预备下篙泊岸呢？”我正这么想，方形的灯光已到我面前，——瞥见舱里坐满了人，一瞬间便过去了。“原来不是他，我何曾料到还要担当这一个失望呢！”我呆呆地望着去舟，灯光，波纹，很觉得恋恋。一会儿，船身模糊了，不可辨了；灯光微弱了，没有了；橹声呢，先是渐渐地轻微，终于听不见了。

船从车站来，是三十四里的水程。照每天车到的时刻，我弟若是登舟，此刻应当到了。“轨道真个拆断了么？他真个被强迫地流寓在中途么？六七分是这等情形了。”但我的意志不愿意情形是这样；我的独断的假定承认阿喜听得的是谣言，——唯其如此，才可以有一丝的希望。

我依旧站在齐河面的石级上，屡屡向右面望去，只见两列黑影似的房屋中间一条河，河面发出暗淡静定的光。胡琴声和歌声又作了，但唱的不是先前那一个人，声音清越而哀厉：琴声也圆转应节到十分。中间还夹着小孩子的号哭。

街上有两个人的脚步声和谈话声了。一个语声含糊，可以辨知是老人，一个语声清而响，是个壮年。他们的步调散乱而迟缓，想是从酒店里出来的。那老人道，“……想是确的了。”

“他们都这么传说，不见得是谣传吧。况且水师的枪船一齐调出去了。”那壮年回答。

“本镇的现状何等危险！若是游民无赖乘机骚动，谁能去对付呢?”他们正走到我的门前，所以老人的话可以听得很清楚。

“还有呢。他们开了火，不能没有胜败。败兵逃散，到此地很便当，只有三十四里路，这更将不堪设想呢!”

老人深长地叹了一口气，“世界越来越不像了！他们手里拿着家伙，就要强制他人的命运……”他们渐渐地走远，字音不复可辨。脚声和语声终于听不见了。

我想这个拆断轨道的恶消息传遍全镇，全镇的人一定要震动着和刚才两人同样的惶恐的心；此刻他们在屋子里，酒店里，场上，或者正在谈同样的话呢。而且哪里止一个镇。我们的邻镇，较远的邻镇，一定也正被较强烈的或是较微淡的恐怖笼罩着。一块小石投在小河里，海水都受着波动，虽然人的肉眼看不见。这一个消息，他们两面预备开火，怎不摇撼了凡是人类的心呢。

粗而稀的雨点下来了，河面发出一种鱼儿跳跃似的声音。急骤的风从北面吹来，河水汩汩地流动。我不能再站在石级上，急急跨上水埠，回到门前的檐下。风吹着我，汗立时干了，皮肤还很有些凉意。

不到两分钟，河面有挂篙声和人语声了。听去知那条船进行很徐缓。我也不顾雨点，重又奔下水埠；望见右面来一条船，船头上一个舟子撑着篙子。我便高声喊道，“弟弟，来了么?”

那舟子熟识我的声音，很劳倦而埋怨似的答道，“现在总算到了。我们这船险些儿和别的船一样，给他们提去运子弹呢。幸而停泊得远了些。”

"哥哥，"弟弟的声音从舱里发出，他随即站到船头，这时船将近水埠了，"你在那里等我?"他这句短语，充满了定心，喜悦，感慰的意思。舱里的灯光只照在他的背上，使我不能细认分别了两年的他的面庞。但见舱里坐着老的，少的，男的，女的，六七个人。

船到了水埠，舟子跨上石级，将船缆系在埠侧的木桩上。他便搁上了跳板。

弟弟回转身，向舱里诸人说道，"我的家里已到了。你们此刻去寻房屋决难寻到，宿在船中，河面又有可怕的蚊虫，且在我家住一夜吧。"他又向我说明道，"舱里一家人，他们是逃难来的。他们雇不到船，和我商量，搭了我的船。他们要在镇上租一间或两间屋暂住，但镇上没有一个他们熟识的人。我想要寻房屋也得到了明天再说，今天且留他们住在我们家里，想你一定赞同我的意思。"

我看见了弟弟比两年前高大了些的形体，听见了弟弟亲爱的呼声，紧张的惶惧已宽弛了好些。现在他这么说，我既赞叹他处事的得当，又对于舱里不相识的一家人起了无限的同情。我便催促道，"雨点越来越密了，你和舱里诸位快上岸吧。今夜诸位一准留在我们家里。"

惊魂未定的一家人听了我们兄弟的话，说不出什么来，却一个一个跨上船头。舟子回船点了个灯笼，他又先跳上水埠照着我们。

弟弟上了水埠，执着我的手不放，我觉得彼此的手都有些欣慰的颤动。接着上来的是两位妇人，他们都抱着孩子，还有一个近十岁的男儿，一位老翁，一位老太太。

雨点急而大了，河面上，屋面上，发出爽利，洪大，激击的声音。卷过来的风声里，夹着延长不断的轻雷。我们一群人举手遮着头面，冒着雨，急急的两三步就奔过了街到门前。我取出门后的煤油灯，才得清清楚楚地审视弟弟的面目。他比先前更精神了：颧颊很丰腴的，而且非常红润，眼睛里有晶莹的光，短短的发修剪得极齐整；他很是可爱。

我们齐到客室里，两个舟子带着弟弟的行李和老翁一家人的几个包裹跟进来，一一摆在地上。

那个男儿用疑问的语气向那位老太太道，“这里安逸么？他们不打到这里来么?”他只是向窗外眺望，又凝神地听那急雨声。

我们让老翁一家人都坐了。老太太强抑着自己的惊恐，安慰那男儿道，“好孩子，这里离他们远，安逸了。这是这两位先生的家里，今夜他们留我们住在这里了。”

我这才回忆阿喜传来的消息，不由得脱口而出道，“轨道究竟没拆断。”

弟弟不待我说完，接着说道，“我乘的是最后一趟车，此刻就不能通行哩。我下船的时候，见他们正在做那破坏的工作。”

“车站那里，究竟是怎样情形?”我舒了一舒气，就这样问。

“使我们心都碎了!”那老翁气吁吁地攒着眉，很可怜的样子答我。“我们一望野里，尽是圆锥形的帐幕，数也数不清。可怕的兵，他们都在搬运泥土和石头。有的说他们人数有五千，有的说还不止呢。谣言刻刻传来，说，‘东面来了对方面的兵了，数目比现在这里的要加倍呢!’或是说，‘他们快要开火了，一炮可以打五十里路远!’‘船被他们提完了，铁路轨道快要拆断了，我们只得在这里等候子弹!’”

老太太发出沉默的叹息。两位妇人目注于地，现出困顿，怅惘，惊惧的神情。她们怀里的孩子都睁着小眼睛，看他们新到的境界，口里还咿呀发声，像是互相告语的样子。那个男儿，想来他还不很深信老太太的话，弱小的心依旧在那里惶恐，只是呆着出神，伏在老太太的膝上不动。

老翁继续说，“昨天各店家就没有开市，街上冷清清的；偶然有几个行人，都是失了魂碎了胆似的。警察敲了一家一家的门来关照，说，‘这几夜你们须得睡在平屋里，最好是地上，不要睡在楼上。他们一开火，那子弹是没有眼睛的!’这个景象和警告，何等可怕！我们深信已坠入失望之渊，没有什么能够援救我们。只有那冷酷，生疏，不可测的死，他正在那里等待着。

“死可怕不可怕，大家没尝过，也许是甜的，乐的，很有趣味的。但我们既是活着，就有爱生的惰性，很不愿意去亲近那不可测的死。这个惰性指挥着我们去找寻求生的方法，只要得生什么都愿意。最后就取了这唯一的方法，就是姑且一逃。

“机警的人家，早一两天就实行了我们采取的方法。我们主意定得晚，乘火车是无分了，被什么命令禁止了；又没有一条船可以雇到；他们被捉的被捉，否则也逃得全无影踪。但我们想，或者航船还有开来，万一得幸免被捉。我们便离了家，丢了所有的一切，直奔航船埠头。

“埠头哪有什么航船，只有赤热的太阳照着静定的河水——我们的汗流成泉了，气都不舒了，心不能想了，这不是暇豫的闲游呀！

“回我们的家么？家固然可爱，舍不得，最好回去。但是哪里敢！哪里去呢？我们老小七个谁都不知道。我糊糊涂涂地想，还是走向江边，看有无过路的船搭趁。我就搬着劳倦的两条腿，引着他们走，他们只是跟着我。他们的心比我还柔弱，哪里担当得起这些呢！

“刺入皮肤似的阳光射在我孙儿红嫩的脸上，使我感到深烈的心底的痛。野里一无遮盖，也遇不到一个耕作的农人。我们在这广大而寂寥的虚空里行动，更有一种异样的害怕。后来我妻走不动了，媳妇们抱着孩子，自然更易困乏；她们的泪珠混和着汗水滴下。我只是心里难过，没什么可以安慰她们的法子——我也需要人家仁爱慈善的安慰呢。

“我们坐在焦热的地上休息，大家呆着不做声。我那大孙儿，他先看见小港里令弟的船，便指着告我。令弟真是个仁慈的青年，他不仅容留我们的身体，并且安慰我们的心。世上有像他这样的人，我更信人生确有可爱。……孙儿呀！你们好好儿睡吧。且莫问明天，今夜的安适总是真实的了，决没什么来扰你们的小灵魂。……可爱的孙儿……”

老翁感动极了，轮流看着他三个孙儿，干枯微皱的脸上现出薄醉似的笑。

窗外的风雨依然逞他们的威势，声音里满含着繁喧的寂寞，郁结的悲哀。

1921年1月25日作。

刊《小说月报》第12卷第3号，署名叶绍钧。

苦　菜

我家屋后有一亩多空地，泥土里时常翻出屋脊的碎屑，墙砖的小块来，表明那里从前也建造过房屋。短而肥的菊科的野草是独蒙天择适存在那里的，托根在瓦砾砖块之间，居然将铅色的地铺得碧绿。许多顽皮的小孩子常聚在那里踢铁球，——因为那里僻静，可以避他们父母和先生的眼——将父母给他们买点心的钱赌输赢，他们玩得高兴时，便将手里的铁球或拾起小砖投那后屋的檐头和屋面的小雀练眼功。檐头和小雀都没中，却碎了后窗的玻璃。这也不止一次了。

我想空地废弃，未免可惜，顽皮孩子虽不觉得可恶，究竟没什么可爱，何必准备着游戏场供他们玩耍；便唤个竹匠编成竹篱，将那片空地围起来，这样觉得比以前安静严密了。我更向熟识的农人说起，“我要雇一个人在那里种菜，兼做些杂事，看有相当的人可以荐来试试。”

我待雇到了人，让他做主任，我自己做他的副手。劳动是人生的真义，从此可得精神的真实的愉快；那片空地便是我新生活的泉源。我只是热烈而深切地期望着。

农人福堂因此被荐到我家来了。他的紫赤的皮肤，粗糙而有坚皮的手，茸茸的发，直视的不动的眼睛，口四围短而黄的胡子，都和别的农人没甚分别；但是他还有一种悒郁的神情，将农人固有的特征，浑朴无虑的态度笼罩住。

“你种什么东西都会?”我问他。

“我从小就种田，米麦菜豆都种过，都会。”他的语音很诚恳，兼欲将他自己的经历称述得详细而动听，但是他仅能说这么一句。

“那很好，我屋后那片空地将由你去种。”

他去察看了他新的工作地，回我道，“那里可以划做二十畦。赶紧下秧，二十天之后，每畦可出一担菜。今年天气暖，还来得及种第二批哩。”他说时面作笑容，似乎表示这对主人有莫大的利益。我也想，“土地真足赞颂呀，生生不息，取之无尽。”于此使我更信 pantheism① 了。

我们最先的工作是剔去瓦砾砖块。福堂带来一柄四齿耙，五斤多重，他举起来高出头顶一尺光景，用力往下垦，四齿齐没入泥里。他那执柄端的左手向上一提，再举起耙来，泥土便松了一方，砖瓦的小块一一显露。力是何等地可贵，他潜藏着时，什么都不与相关，但是使用出来，可以使什么都变更。他工作了两点多钟，空地的六分之一翻松了，坐在阶上吸黄烟休息。

我的希望艳羡的心情，在他下第一耙的时候已欲迸溢而出，人生真实的愉快的滋味，这回我可要尝一尝了。他一停手，我急急地执着耙的柄，学着他那姿势和动作工作起来。但是那柄耙似乎不服从我的样子：我举它起来时，它在空中只是前后左右地摇晃；着地时他的四齿入土仅一寸光景；我再用力将它举起，平而结实的泥土上只有四个掘松的痕迹。我绝不灰心，这样总比以前松了些，我更下第二耙，第三耙……奇怪，那柄耙的重量为什么一回一回地增加！不到二十耙，我再也不能举起了。一缕焦烘烘的热从背脊散向全身，似乎每一个细胞都在燃烧着。呼吸是急促了，外面的空气钻入似的进我的鼻管，几乎容受不得。两手失了正常的知觉，还像执着那柄耙，——虽然已放在地上——握

① 英文，泛神论。

不紧拳来。

福堂将烟管在石阶上敲去里面的烟灰，说道，“这个不是先生做得来的，你还是检砖瓦吧。去了砖瓦，待我先耙成几畦，打好了潭，你就可以下菜秧了。”

我既自认是他的副手，我应当服从他的指挥，况且检砖瓦一样是一种劳动。那句“就可以下菜秧”又何等地可喜，何等地足以勖勉我。我就佝偻着身子，两手不停地拾起砖瓦，投在粗竹丝编的大畚箕里。他继续他先前的工作，手里那柄耙一上一下，着地的声音沉重而调匀，竟像一架机器。

我踏在已检去砖瓦的松软的泥土上，鞋帮没了一半，似乎踏着鹅绒的毯子。泥土的气息一阵一阵透入鼻管，引起一种新鲜而快适的感觉。蚯蚓很安适地蛰伏着，这回经了翻动，他们只向泥土深处乱钻；但是到后半段身体还赤露着的时候，他们就不再钻了。菊科的野草连根带叶地杂在泥里，正好用作绿肥：他们现在是遭逢了“人为淘汰”了。

我不觉得时间在那里移换；我没有一切思虑和情绪。我化了，力就是我，我就是力。这等心境，只容体会，不可言说。

“先生，你可以歇歇了。”福堂停着工作在那里唤我，我才回复了平时的心境。腰部酸痛了，两腿战战的不能再站了，脑际也昏晕而作响。我便退到阶前，背靠着门坐下，闭着眼睛养神。这时我才感觉那从未感受的健康的疲倦。

两天之后，二十个畦都已下了菜秧。我看福堂造畦，心里很佩服他。他不用尺量，只将耙轻轻地耙剔，自然成了极正确的长方形的畦；而且各个畦的面积都相等呢。他又提起石潭槌来在畦上打成一个一个的潭，距离也无不相等，每畦恰是一百个。至于下秧是我的工作了：将菜秧放入潭里，拨些松泥掩没了根部，就完事了；但在我这不能算是轻易的事。插满了一畦，我又提一桶水来灌溉。那些菜秧自离母土，至少已经一天，应是饥渴了。

我站在畦间的沟里四望，嫩绿的叶一顺地偃在畦上，好似一幅图案画，心中起一种不可名言的快感。我以前几曾真将劳力成就过一件事物？现在那些菜，却受了我劳力的滋养了。据福堂说，隔上两三天，他们吸足了水，就能复原竖起来。此后加上粪肥，便轰轰地生长，每天要换一个样子呢。

菜园里更没有繁重的工作了。每天晨晚由福堂浇一回水，有时他蹲在畦间捉食叶的小虫。我家事务简单，他往往大半天闲着，于是只是坐在廊下吸烟，一管完了又一管，他那副幽郁的神情和烟管里嘴里缭绕的烟气总将他密密地笼罩住。

我天天去看手种的菜，距下秧的时候已是十五六天了，叶柄还是细细的，叶瓣也没有长大许多，更有呈露淡黄色的，这个很引起我的疑惑。福堂懒懒地向我说，“这个大约因为这里是生地的缘故。但二十天之后，三棵一斤总有的。”他这句话，超过预料的成熟期有半个月，成色又打了三折，不由我不动摇对于他的坚信。这里是生地，他来时不是不晓得。他从小就种菜，根据他的经验推测种植的成绩，也不至相差到三分之二。究竟为了什么呢？

我细看叶瓣，几乎瓣瓣有小孔，前几天固然也有发见，但如今更是普遍而稠密了；有些瓣子上多孔通连，成为曲线描绘的大窟窿。我满腔的惋惜，不禁责备福堂道，“你捕虫太不留心了，菜竟被吃到这般地步。”

“这个不容易呀！”他勉强笑着，翻转一瓣叶子，就见一条黑色的幼虫坠下，他检寻了一会，“在这里了。”从泥上拾起那条虫，掷在脚下踏烂了。有时一坠下去就寻不见，只得舍了它，一会儿又在那里大吃了。

我想他时间尽多，慢慢地细细地捉虫，一定不至于此；又不是十亩八亩一个人照顾不周。以我主观的意见替他想，他过的是最有意思最有趣味的生活，就应当勤于他的职务，视为唯一的嗜好。何以他喜欢吸黄烟胜于农作？何以他绝不负职务上的责任，对于菜的不发育和被侵害又全无同情心呢？

我再四推想，断定他是“怠业”了。他于种植的技术，一定有许多不够精明之处；于他现在的职务，又一定没有做得周到完密；否则成绩何至于这么坏？但是为了什么呢？

福堂依他的老例，坐在廊下吸烟，我乘着没事，问他家里的状况。他就告诉我以下的话。

“我家里有四亩田，是爷传下来的。我种这四亩田，到今二十多年了。我八岁上爷就死了。我听你先生说，种田最有滋味，这话不大对。……滋味呢，固然有的，但是苦，苦到说不出！我夜夜做梦，梦见我不种田了。真有这一天，我才乐呢。

“我终年种田，只有一个念头刻刻迫着我，就是‘还租’。租固然是应当还的，但我要吃，我要穿，我也想乐乐，一还租，那些就办不到了，没有了。只有四亩田，哪里能料理这许多呢！

“我二十岁上生了个女儿，这是天帮我的，我妻就去当人家的乳母，伊一个人倒可抵六七亩田呢。伊到今共生了六胎，二三四五全是女，都送给人家养去，第六胎是个男。伊生了这个男孩，照例出去当乳母，由大女儿看守着他，时时调些米浆给他吃。

“他生了不满四个月，身上有些发烧，不住地啼哭。我不懂为什么，教大女儿好好抱着他，多给他吃些米浆。但是他的啼哭总不肯停，夜里也没一刻安静，声音慢慢地变得低而沙了。这么过了三天，他就死了。待我入城唤他母亲，伊到家时，他的小眼睛已闭得紧紧了……”

福堂不会将更哀伤的话讲述他的不幸了。但是足够了，这等没有修辞工夫的话，时时可以从不幸的人们口里听见，里面深深地含着普遍而摧心的悲哀，使我只是瞪视着庭中的落叶，一缕奇异而深刻的悲绪，彷徨惆怅，无有着处。

福堂再装上一管烟，却不燃着吸，继续说：

“伊从此变了个模样了。伊不常归家，到了家只是哭，和我吵闹。这也不能怪伊，伊和我一样地舍不得这个儿子。但是我向谁去哭，和谁去吵闹？

“今春将大女儿嫁了，实在算不得嫁，给夫家领了去就是了。但我的肩上总算轻了些。

“家里只我一个人。

“先生，你若是不嫌我，我愿意长在这里，四亩种不得的田，我将转给他人去承种了。”

我才明白，他厌恶种田，我却仍使他做老本行，这便是不期然而然怠业的缘故。

我所知于人生的，究竟简单而浅薄，于此更加自信。我和福堂做同一的事务，感受的滋味却绝对相反，我真高出于他么？倘若我和他易地以处，还没他这般忍耐，耐了二十年才决然舍去呢。偶然当一柄耙，种几棵菜，就自以为得到了真实的愉快，认识了生命的真际，还不是些虚浮的幻想么？

从“种田的厌恶种田便致怠业”，推衍出“作工或教书的厌恶作工或教书便致怠业”，更可归纳成一个公式：“凡从事 X 的厌恶 X，便致怠业。”人们在无穷尽的道路中，频频被不期然而然的怠业羁绊住两条腿，不能迈步前进，是何等地不幸和可耻！

X 决无可以厌恶的地方，可厌恶的乃是纠缠着 X 的附生物。去掉这附生物，才是治病除根的法子。

艺术的生活……

那些窎远而僭越的忧虑，一霎时在我心里风轮似的环转。我就觉这个所谓“现在的我”，是个悲哀，怅惘，虚幻，惭愧……的集合体。

又隔了二十多天，园里的菜真离了土了，叶瓣是薄薄的，一手可以将叶柄捏拢来；平均四棵重一斤。煮熟了尝新，味道是苦的。

以后我吃味道不好的菜蔬和果子，或者遇见粗制的器物，就联想到我家园里的苦菜，同时那些窎远而僭越的忧虑便在我心里风轮似的环转。

1921 年 2 月 6 日作。

刊 1921 年 3 月 22—24 日《晨报副刊》，署名叶绍钧。

隔　膜

我的耳际只有风声，水声，仅仅张得几页帆呢。从舱侧玻璃窗中外望，只见枯黄而将有绿意的岸滩，滩上种着豆和麦的田畦，远处的村屋、竹园、丛林，一棵两棵枯死的树干，更远处刻刻变幻的白云和深蓝的天，都相随着向我的后面奔去。好顺风呀！使我感到一种强烈的快慰。但是为了什么呢？我自己也不能述说。我将要到的地方是我所切盼的么？不是。那里有什么事情我将要去做么？有什么人我必欲会见么？没有。那么为什么快慰呢？我哪里能够解答。虽然，这很大的顺风总该受我的感谢。

照这样大的风，一点钟时候我的船可以进城了。我一登岸，就将遇见许多亲戚朋友；我的脑子将想出许多不同的意思，预备应对；我的口将开始工作，尽他传达意思的职务。现在耳目所接触——风声水声和两岸景物——何等地寂静，闲适；但这个不过是给我个休息罢了，繁扰纷纭就跟在背后。正像看影戏的时候，忽然放出几个大字，“休息十分钟”，于是看客或闭目养神，或吸烟默想，略舒那注意于幻景的劳倦。然而一霎时灯光齐灭，白布上人物重又出现，你就不得不用你的心思目力去应付它了。

我想我遇见了许多亲戚朋友将听见些什么话？我因为有以往的经验，就可以推测将来的遭逢而为预言。以下的话一定会听见，会重复地听见：“今天来顺风么？你那条路程遇顺风也还便利，逆风可就累事了，六点钟还不够吧？……有几天耽搁？想来这时候没事，可以多盘桓几天，我们难得叙首呢。……府上都安好？令郎会走了？话都会说了？一定聪慧可喜呢。……”我懒得再想下去，便是想到登岸的时候也想不完。我一登岸，唯一的事务就是答复这些问题。我便要说以下的话：“今天刚遇顺风。我那条路程最怕是遇着逆风，六点钟还不够呢。……我大约有一星期耽搁，我们可以畅叙呢。……舍下都安好。小儿会走了，话说得很完全，总算是个聪慧的孩子。……”

我忽然起一个奇异的思想：他们的问题既是差不多的，我对于他们的答语也几乎是同一的，何不彼此将要说的话收在蓄音片上，彼此递寄，省得屡次复述呢？这固然是一劳永逸的办法，但是问题的次序若有颠倒，答语的片子就不容易制了。其实印好许多同样的书信，也就有蓄音片的功用——所欠缺的也只在不能预决问话的次序。然则彼此会面真有意义，大家运用着脑子，按照着次序一问一答，没有答非所问的弊病，就算情意格外浓厚。但是脑子太省力了。我刚才说“我的脑子将想出许多不同的意思”，其实那些意思以前就想好，不用再想了，而且一辈子可以应用；脑子的任务，只在待他人问我某一句话时，命令我的口传达某一个现成的意思出去就是了。我若取笑自己，我就是较进步的一张蓄音片，或是一封印刷的书信。我做这等器物已是屡次，不一次了。

果然，不出我所料，我登岸不满五点钟，已听了五回蓄音片，我的答片也开了五回。

现在我坐在一家亲戚的书斋里，悬空的煤油灯照得全室雪亮，连墙角挂着的那幅山水上的密行题识都看得清楚。那位主人和我对面坐着，我却不敢正视他，——恐怕他也是这样——只是相着那副小篆的对联作无意识的赏鉴；因为彼此的片子都开完了，没有了，倘若目光互对而没有话讲，就有一种说不出的不好意思，很是难受，不相正视是希望躲避幸免的意思。然而眼珠真不容易驾驭，偶不留意就射到他的脸上，看见乌黑的胡须，高起的颧颊，和很大的眼珠。不好了，赶紧回到对联上，无聊地想那“两汉”两字结构最好，作者的印泥鲜明净细，倒是上品呢。

我如漂流在无人的孤岛，我如坠入于寂寞的永劫，那种孤凄彷徨的感觉，超于痛苦以上，透入我的每一个细胞，使我神思昏乱，对于一切都疏远，淡漠。我的躯体渐渐地拘挛起来，似乎受了束缚。然而灯光是雪亮，果盘里梨和橘子放出引人食欲的香气，茶杯里有上升的水汽，我和他对面坐在一个极漂亮的书斋里，这分明是很优厚的款待呀！

他灵机忽动，想起了谈资了，他右手的大拇指和食指拈着胡须说道，“你们学校里的毕业生有几成是升学的?”他发这个端使我安慰和感激，不至再默默地相对了，而且这是个新鲜而有可发挥的问题。我便策励自己，若能努力和他酬对，未始不可得些趣味。于是答道，“我那地方究竟是个乡村，小学毕了业的就要挑个职业做终身的依托，升入中学的不到十分之二呢。”完了，应答的话尽于此了。我便大失所望，当初不料这个问题仅有一问一答。

他似乎凝想的样子，但从他恍若初醒的神情答个“是”字来推测，可知他的神思并不属于所发的问题。“是”字的音波扩散以后，室内依然是寂寞，那种超于痛苦的感觉又向我压迫，尽管紧拢来。我竭力想和他抵抗，最好灵机一动，也找出些谈资来。然而我和醉人一般，散乱而麻木的脑子里哪里能够想出一句话呢？那句话我虽然还没想出，但必然是字典上所有的几个字，喉咙里能发的几个音拼缀而成的，这是可以预言的。这原是很平常，很习惯，算不得什么的事，每一小时里不知要拼缀几千百回，然而在此地此时，竟艰难到极点，好奇怪呀！

我还得奖赞自己，那艰难到极点的事我竟做成功了，我从虚空的波浪似的脑海里捉住了一句具体的话。我的两眼正对着他的面庞，表示我的诚意，问道，“两位令郎都进了工业学校，那里的功课还不错么?”这句话其实是从刚才的一问一答联想起来的，但平时是思此便及彼，现在却是既断而复续了。

“那里的功课大概还不错。我所以送儿子们进那个学校，因为毕了业一定有事务派任，觉得比别处稳妥些。但是我现在担任他们的费用是万分竭力的了。买西文书籍一年要花六七十元，应用的仪器不可不买，一枝什么尺便需要二十元，放假时来回的川资又需百元，……需……元，……需……元……”我的注意力终于松散，对于他的报销账也就渐渐地模糊了。

这是我问他的，很诚意地问他的，然而听他的答语便觉得淡漠无味，终至于充耳不闻。莫怪我刚才答他时，他表现出恍若初醒的神情答我个“是”字。

我现在又在一位朋友家里的餐室里了。连我一共是七个客，都在那里无意识地乱转。圆桌子上铺着白布，深蓝色边的盆子里盛着色泽不同的各种食品，银酒杯和银碟子在灯光底下发出僵冷的明亮。仆人执着酒壶，跟在主人背后。主人走到一个位子前，拿起酒杯，待仆人斟满了酒，很恭敬的样子，双手举杯过额，向一客道，“某某兄”，就将杯子放在桌上。那位“某某兄”遥对着主人一揖。主人拿起桌上摆着的筷子，双手举过了额，重又放在原处。“某某兄”又是一揖。末了主人将椅子略动一动，便和“某某兄”深深地对揖。这才算完了一幕。

轮到第七幕，我登场了。我曾看过傀儡戏，一个活人扯动傀儡身上的线，那傀儡就会拂袖，捋须，抬头，顿足，做种种动作。现在我化为傀儡了，无形的线牵着我，不由我不俯首，作揖，再作揖，三作揖。主人说，“你我至熟，不客气，请坐在这里。”然则第一幕登场的那位“某某兄”是他最不相熟的朋友了。

众人齐入了座。主人举起酒杯，表现出无限恭敬和欢迎的笑容向客人道，“春夜大家没事，喝杯酒叙叙，那是很有趣的。”客人都擎起酒杯，先道了谢，然后对于主人的话一致表示同情。我自然不能独居例外。

才开始喝第一口酒。大家的嘴唇都作收敛的样子，且发出唼喋的声音，可知喝下的量不多。举筷取食物也有一定的步骤，送到嘴里咀嚼时异常轻缓。这是上流人文雅安闲的态度呀。

谈话开端了，枝枝节节蔓延开来，我在旁边静听，只不开口，竟不能回溯怎样地推衍出那些话来的。越听下去，我越觉得模糊，几乎不辨他们所谈的话含的什么意思，只能辨知高低宏细的种种声浪里，充满着颂扬，谦抑，羡慕，鄙夷……总之，一切和我生疏，我真佩服他们，他们不尽是素稔的——从彼此互问姓字可以知道，——偶然会合在一起，就有这许多话好讲。教我哪里能够？但我得到一种幽默的启示，觉察他们都是预先制好的蓄音片，所以到处可开，没有阻滞。倘若我也预制些片子，此刻一样可以应用得当行出色，那时候我就要佩服自己了。

我想他们各有各的心，为什么深深地掩藏着，专用蓄音片说话？这个不可解。

他们的话只是不断，那些高低宏细的声浪又不是乐音，哪里能耐久听。我觉得无聊了，我虽然在众人聚居的餐室里，我只是孤独。我就想起日间江中的风声，水声，多么爽快。倘若此刻逃出这餐室，回到我的舟中，再听那爽快的音调，这样的孤独我却很愿意。但是怎么能逃，岂不辜负了主人的情意？而且入席还不到一刻钟呢，计算起来，再隔两点钟或者有散席的希望。照他们这样迟迟地举杯举筷，只顾开他们的蓄音片，怕还要延长哩。我没有别的盼望，只盼时间开快步，赶快过了这两点钟。

那主人最是烦劳了：他要轮流和客人谈话，不欲冷落了一个人，脸儿笑着向这个，口里发出沉着恭敬的语音问那个，接着又表示深挚的同情于第三个的话。——“是”字的声音差不多每秒内可以听见，似乎一室的人互相了解，融为一体了。——他又要指挥仆人为客人斟酒，又要监视上菜的仆人，使他当心，不要沾污了客人的衣服，又要称述某菜滋味还不恶，引起客人的食欲。我觉察他在这八面兼顾的忙迫中，微微地露出一种恍忽不安的神情。更看别人，奇怪，和主人一样，他们满脸的笑容里都隐藏着恍忽不安的分子。他们为了什么呢？难道我合了“戴蓝眼镜的看出来一切都作蓝色”这句话么？席间唯有我不开口，主人也忘了我了。一会儿他忽然忆起，很抱歉地向我道，“兄是能饮的，何不多干几杯？”我也将酒食之事忘了，承他提醒，便干了一杯。

第二天早上，我坐在一家茶馆里。这里的茶客，我大都认识的。我和他们招呼，他们也若有意若无意地和我招呼。人吐出的气和烟袋里人口里散出的烟弥漫一室，望去一切模糊，仿佛是个浓雾的海面。多我一个人投入这个海里，本来是极微细的事，什么都不会变更。

那些茶客的状态动作各各不同。有几个执着烟袋，只顾吸烟，每一管总要深深地咽入胃底。有几个手支着头，只是凝想。有一个人，尖瘦的颧颊，狡猾的眼睛，踱来踱去找人讲他昨夜的赌博。他走到一桌旁边，那桌的人就现出似乎谛听的样子，间或插一两句话。待他转脸向别桌时，那人就回复他先前的模样，别桌的人代替着他现出似乎谛听的样子，间或插一两句话了。

一种宏大而粗俗的语声起在茶室的那一角，“他现在卸了公务，逍遥自在，要玩要几时才回乡呢。”坐在那一角的许多人哄然大笑。说的人更为得意，续说道，“他的公馆在仁济丙舍，前天许多人乘了车马去拜会他呢。”混杂的笑声更大了，玻璃窗都受到震动。我才知那人说的是刚死的警察厅长。

我欲探求他们每天聚集在这里的缘故，竟不可得。他们欲会见某某么？不是，因为我没见两个人在那里倾心地谈话。他们欲讨论某个问题么？不是，因为我听他们的谈话，不必辨个是非，不要什么解答，无结果就是他们的结果。讪笑，诽谤，滑稽，疏远，是这里的空气的性质。

这里也有热情的希望的笑容透露在一个人脸上，当他问又一个人道，“你成了局么?”

“成了。”这是个随意的很不关心的答复。问的人顿时收敛了笑容，四周环顾，现出和那人似乎并不相识的样子。

有几个人吐畅了痰，吸足了烟，喝饱了茶，坐得懒了，便站起来拂去袖子上的烟灰，悄悄地自去了，也没什么留恋的意思。

我只是不明白……

1921年2月27日作。

刊1921年3月16—19日《京报·青年之友》，署名圣陶。

阿　凤

杨家娘，我的同居的佣妇，受了主人的使命入城送礼物去，要隔两天才回来。我家的佣妇很艳羡的样子自语道，“伊好幸运，可以趁此看看城里的景致了。”我无意中听见了这句话，就想，这两天里交幸运的不是杨家娘，却是阿凤，伊的童养媳。

阿凤今年十二岁，伊以往的简短而平凡的历史我曾听杨家娘讲过。伊本是渔家的孩子，生出来就和入网的鱼儿睡在一个舱里。后来伊父死了，渔船就换了他的棺材。伊母改嫁了一个铁路上的脚夫。脚夫的职业是不稳定的，哪里能带着个女孩子南北迁徙，况且伊是个消费者。经村人关说，伊就给杨家娘领养——那时伊是六岁。杨家娘有个儿子，今年二十四岁了。当时伊想将来总要给他娶妻，现在就替他整备着，岂不便宜省事。阿凤就此换了个母亲了。

现在伊跟着杨家娘同佣于我的同居。伊的职务是汲水，买零星东西，抱主人五岁的女孩子。伊的面庞有坚结的肌肉，皮色红润，现出活泼的笑意。但是若有杨家娘在旁，笑容就收敛了，因为伊有切实的经验，这个时候或者就会有沉重的手掌打到头上来。哪得不小心防着呢？

杨家娘藏着满腔的不如意，说出来的话几乎句句是诅咒。阿凤就是伊诅咒的对象。若是阿凤吃饭慢了些，伊就说："你是死人，牙关咬紧了么！"若是走得太匆忙，脚着地发出蹋蹋的声音，伊又说："你赶去寻死么！"但是依我猜想，伊这些诅咒并不含有怨怒阿凤的意思；因为伊说的时候态度很平易，说过之后便若无其事，照常工作，算买东西的账，间或凑主人的趣说几句拙劣的笑话——然而也类乎诅咒。伊的粗糙沉重的手掌时时要打到阿凤头上，情形正和诅咒相同。当阿凤抱着的主人的女孩子偶然啼哭时，杨家娘的手掌便很顺手地打到阿凤头上。阿凤汲水满桶，提着走时泼水于地，这又当然有取得手掌的资格了。工作暇时，杨家娘替阿凤梳头，头发因好久没梳，乱了，便将木梳下锄似的在头上乱锄。阿凤受了痛，自然要流许多眼泪，但不哭，待杨家娘一转身，伊的红润的面庞又现出笑容了。

阿凤的受骂受打同吃喝睡觉一样地平常，但有一次，最深印于我的心田，至今还不能忘。那一天饭后，杨家娘正在拭一个洋瓷的锅子，伊的手一松，锅子落了地。伊很惊慌的样子取了起来，细察四周，自慰道，"没有坏！"那时阿凤在旁边洗衣服，抵抗的意念忽然在伊无思虑的脑子里抽出一丝芽来，伊绝不改变工作的态度，但低语道，"若是我脱了手，又要打了。"这句话声音虽低，已足以招致杨家娘的手掌。"拍！拍！"……每打一下，阿凤的牙一咬紧，眼睛一紧闭——再张开时泪如泉涌了。伊这个态度，有忍受的，坚强的，英勇的表情。伊举湿手抚痛处，水滴淋漓，从发际下垂被于面，和眼泪混合。但是伊不敢哭。我的三岁的儿子恰站在我的椅子前，他的小眼睛本来是很灵活的，现在瞪视着他们俩，脸皮紧张，现出恐惧欲逃的神情。他就回转身来，两臂支在我的膝上；上唇内敛，下唇渐渐地突出。"拍！拍！"的声音送到他耳管里还是不断，他终于忍不住，上下唇大开，哭了——我从他这哭声里领略人类的同情心的滋味——便将面庞伏在我的膝上。后来阿凤晒衣服去，杨家娘便笑道，"团团，累你哭了，这算什么呢？"阿凤晒了衣服回来，便抱主人的女孩子，见杨家娘不在，又很起劲地唱学生所唱的《青蛙歌》了。

杨家娘这等举动似乎可以称为"什么狂"。我所知于伊的一些事实，是伊自述的，或者是伊成为"什么狂"的原因。伊的儿子学习木工，但是他爱好骨牌和黄酒胜于刀锯斧凿。有一回，他输了钱拿不出，因此和人家厮打，给警察拘了去。警察要他孝敬些小费，他当然不能应命，便将他重重地打了一顿。伊又急又气，只得将自己积蓄的工资充警局的罚款，赎出伊受伤的儿子。调理了好多时，他的伤全愈了，伊再三叮嘱他，此后好好儿作工，不要赌。谁知不到三天，人家来告诉伊，他又在赌场里了。伊便赶到赌场里，将他拖了出来，对他大哭。过了几天，同样的报告又来了；并且此后屡有传来。伊刚听报告时，总是剧烈地愤怒；但一见他竟说不出一句斥责的话，有时还很愿意地给他几百文，教他买些荤菜吃。——这一些事实，或许就是激成“什么狂”的原因。

杨家娘既然受了使命出去，伊的职务自然由阿凤代理。阿凤做一切事务比平日真诚而迅速，没有平日的疏忽，懈缓，过误。伊似乎乐于做事，以做事为生命的样子。不到下午三点钟，一天的事务完了，只等晚上做晚饭了。伊就抱着主人的女孩子，唱《睡歌》给伊听。字句和音节的错误不一而足，然而从伊清脆的喉咙里发出连缀的许多声音，随意地抑扬徐疾，也就有一种自然的美。主人的女孩子微微地笑，要伊再唱。伊兴奋极了，索性慈母似的拍着女孩子的身体，提高了喉咙唱起来，和学生起劲时忽然作不规则的高唱一样。

伊从没尝过这个趣味呢。平日伊虽然不在杨家娘跟前，因为声音是可以传送的，一高唱或者就有手掌等在背后，所以只是轻轻地唱。现在伊才得尝新鲜的趣味。

唱了一会，伊乐极了，歌声和笑声融合，到末了只余忘形的天真的笑声，杨家娘的诅咒和手掌，勉强做粗重工作的劳苦，伊都疏远了，遗忘了。伊只觉伊的生命自由，快乐，而且是永远的，所以发出心底的超于音乐的赞歌，忘形的天真的笑声。

一只纯白的小猫伏在伊的旁边。伊的青布围裙轻轻动荡，猫的小爪似伸似缩地想将他攫住，但是终于没有捉着。伊故意提起围裙，小猫便站了起来，高举前足；一会儿因后足不能持久，踮一踮地，然后再举。猫的面庞本来有笑的表情，这一只猫的面庞白皙而丰腴，更觉得娇婉优美。他软软地花着眼睛看着伊，似乎有求爱的意思。伊几曾被求爱，又几曾施爱？但是，现在猫求伊的爱，伊也爱猫，被阻遏着的人类心里的活泉毕竟涌溢了。伊平日常常见猫，然而不相干，从今天此刻才和猫成为真的伴侣。

伊就放下女孩子，教伊站在椅旁。伊将围裙的带子的一端拖在地上，引小猫来攫取。小猫伏地不动，蓄了一会势，突前攫那带子。伊急急奔逃，环走室中，小猫跳跃着跟在背后，终不能攫得。那小猫的姿态活泼生动，类乎舞蹈，又含有无限的娇意。伊看了说不出地愉快，更欲将他引逗，两脚不住地狂奔，笑着喊道，“来呀！来呀！”汗珠被于面庞，和平日的眼泪一样地多；气息吁吁地发喘，仿佛平日汲水乏了的模样，然而伊哪里肯停呢？

这个当儿，伊不但忘了诅咒，手掌和劳苦，伊连自己都忘了。世界的精魂若是“爱”，“生趣”，“愉快”，伊就是全世界。

1921 年 3 月 1 日作。

刊 1921 年 3 月 16—17 日《晨报副刊》，署名圣陶。

绿　　衣

潮水似的狂风在空际涌过，震得我室的窗楞楞地响。灯光似乎含着烦闷的样子，放不出光明来，只是昏晕和无力。钟摆声冷峭而急促，我的耳朵听着，引起彷徨不安的感觉。它告诉我，“你所期待的时刻快到了！……正到了！……已过了！”它不顾我的失望，只是滴答滴答地赶它无穷的路程。

我室墙外是一条又长又暗的衖，一屋里各家的人都从那里出进，差不多是一条衖，不过上面有屋面罢了。我坐在室内，听惯了衖里各种声音，是谁走过，是从什么东西发出来的，都能很清楚地辨别，不致错误。今夜已听许多声音经过了：提高了干燥的喉咙，发出撕裂似的声音，唱《黄金台》又转唱《牧羊卷》的——腔调自然不合传习的节拍——是住在后屋的漆匠阿喜。隔了一会，又听同样的声气和句调在衖里经过，我却知他不是阿喜，是阿喜的兄弟阿和；阿喜走路时脚尖着力，阿和却是脚跟着力，因而作突突的声音，从这一点我就将他们俩分别出来了。脚声懒懒的，而且常伴着痰嗽声的，是被公推为痰王的许老三。从他的脚声痰嗽声入我耳管，由远而近，更由近而远，终于听不见，足足要两分钟。后来有絮絮的对语声，充满了怨恨和悲伤，听不清说些什么，知是同居的佣妇翁妈和林家娘，她们一个讲伊的媳妇，一个讲伊的婆，她们都自认为世上最不幸的人，以怨诽和诅咒为生活。与对语声同时听见的，是延长而有高低的呜呜声，这是从那条肥大的雄的黄狗叫做兴旺的喉间发出的。接着便是他一阵含怒的吠声，和翁妈很顺便的咒骂，“你这杀千刀的狗!”那些声音过后，衖里寂静了好久，只听见窗外的风声和窗的震动声。……衖里又有轻快的脚声了，一定是个孩子，许家的二官呢，还是金家的康官？定是康官，那脚声里含有快乐活泼的意思呢。但是我所期待的声音何以不来？凡不是我所期待的，偏偏一种一种地闯入我的听觉。

我所期待的，是一种沉重而紧急的脚声，很快地在墙外经过，接着我的室门呀地开了，一个人发出自然的关照的声音，“先生，邮件来了。”这时候那个穿着绿色的邮差制服，肩上背一个包，里面很饱满的样子，一手提着玻璃灯，一手拿着一大束邮件的人，就让我满意地看见了。他瘦削的两颐在灯光里显出苍白的颜色，长及肩的头发从帽沿下茸茸地分披开来，圆而大的眼睛不停地检视他手里的邮件。这个容貌若在别的地方，多少要引起人家的不快，但在我这个当儿遇见他，只觉得他没一处不可爱。今夜我从天上收了最末了的光的时候起就急切地等着，他只是个不来。每天邮船到镇，因风的顺逆，有些早晚，但是现在已经超过来得最晚的那几次的时刻了。他今夜将来得更晚么？或者竟不来了么？

我随便检一本书来看，想将我不安的心潮平静下来，然而没有什么效验，送到我眼睛里的，只有一行一行的黑痕，几行间总夹着一个短行，愈使我心异常烦躁。翻转一页吧，依旧是这样，哪里可以寻出个头绪来看下去呢？我就将书扔在一旁，握了笔蘸了好一会墨，相着铺在桌上的那方白纸，想随意写几个字。但是写什么呢？

我觉得和世界隔绝了，那种心底的孤寂，失望，怅惘，几乎使我不信我和世界是真实的。和我隔离的人们，在我室以外的地方，我本来没有直接的方法可以证明他们的确实存在，除了根据着我热烈的信仰。从他们那里，天天有个消息传来，更使我的信仰坚强而永恒。于是我自知我的心和世界的心团结在一起，而且刻刻在那里起交流的作用，我的生命真实而有意义呀！但是，现在，从他们那里来的消息阻隔了，杳沉了，我那唯一的热烈的信仰摇动了，倘若设想他们是虚幻，是“无”，也不是不可辩护的。他们既是虚幻，是“无”，一切和我绝缘，我不是被围在一个大虚空里么？我的情绪更从哪里去求着落，我的意志更从哪里去求趋向，我虽欲强证我的生命真实而有意义，也有些不可能了。

那个每天传来的消息势力真伟大，他能给我们安慰，保证，勖勉，鼓励……总之，他能使我们快乐长进。我想起我家的佣妇方妈的故事了：有一夜，邮差来的时候，他从包里拿出寄给我的信件，还问我这里可有个方老太太，伊有一封信呢。我没有想起伊，答说没有，并且一屋子里连姓方的人家都没有，因为我从没见伊接过他方的来信。这个时候，惶急而希望的神情突然表现在伊的脸上，伊发出颤动迟疑的声音道，“是我儿的么？”我才醒悟，接那封信一看，果然是吴镇来的，便道，“正是你儿子的。”伊的声音更强涩，说出每一个字都有几秒时的间歇，道，“请先生给我看一看。”我拆开那劣制的信封，抽出一张薄而皱的笺纸，上面横七竖八地写着六行字；意思是说半年来在行里很安好，请母亲不要悬念，并问母亲身体可安健；句子不很通顺，还有十六七个别字，我猜想了一会，才能明白地了解。我就讲给伊听。伊凝神听着，惶急的神情渐渐转换为慈爱喜悦的笑容。伊的上下唇阖着，似乎正将伊儿子传来的话细细咀嚼，咽入心的深处。这种滋味，决不是甘甜鲜美等形容字形容得来的；这个我从伊的笑容——难得呈露于伊脸上的——推测而知。伊极郑重地接我手里的信，伊儿子的信，看了又看，其实是颠倒着，却比识字的人看书还要注意而真诚。本来不识字有什么要紧呢？伊只知这是伊儿子写的，每一笔都是伊儿子精力的宣泄，里面更含着他真挚亲爱的心，看着这张纸，就仿佛见了重于生命的晨夕想望的儿子，而且己心和儿子的心粘合了，融和了，更何必管文字形体的识不识呢？伊看了一会，将信笺折叠端正，插入信封，自去藏在卧室里。伊回出来做一切杂作，比平日轻松敏捷；脸上发出一种喜悦安慰的光，也是平日所没有的。这就是传来的消息势力伟大的证据。

我平日对于方妈这一桩细小的故事本不注意，因有今夜的失望，才觉这是一桩微妙的事，才重新咀嚼里面所含的意味。这个又好似给我一面镜子，使我照出我每天迎入绿衣的那个人，细读他给我的种种消息之后，也有同样的欣慰的神情。不过这是陶然如醉的境地，当时自己不能知觉罢了。我每天得到这个，似乎很平淡，没甚希罕，今夜却使我对于伊那夜的幸福生羡生妒。倘若今夜那绿衣的人依旧推开我的室门，喊一声“先生，邮件来了”，我此刻不是很幸福的人么？

他若是来了，我此刻不是读信看书报，便是作寄人的信，正游心于极乐之天呢。读的写的是文字，这不过是工具罢了，我拿来应用，心里必不觉得有文字；我将与世界的人们为灵的会晤，我将给他们以灵的答话，我和他们且将没有分别，只是一体。我于是扩大了，超升了，虽然在狂风孤灯的夜间，破窗暗壁的室中，我总是个光明的，真实的，快乐的我。

他竟不来！我的心如一个人伸出两手求他人把握，筋骨都酸痛了，而没有一只手来相接触。又如漂流孤岛，长呼求援，喉咙几乎破了，只听得唯一的，静默的，自己的呼声，而没有有望的答音。那些都可以使人发生一种想念，以为环绕着自己的该是虚空梦幻，怪异莫测，而己身已沉沦其中。现在的我不就是这样么？

盼望和沉思，终于转为玄秘。灯光，桌上陈列的东西，室内灯光以外的阴影，风声，窗的震动声，钟摆声，和自己的呼吸声，一切都退出我的脑子以外。我目无所见，耳无所闻，甚且心无所思。也是个陶然如醉的境地，但和我平日所遇的不同。

1921 年 3 月 11 日作。

刊 1921 年 3 月 19—20 日《晨报副刊》，署名圣陶。

寒晓的琴歌

西北风吹来非常紧急，我的皮肤当着也不感觉什么，因为是麻木了。光秃的杨枝如狂地舞动，似乎可以听得它们憔悴的衰飒的哀声。白蒙蒙的晓雾笼罩着杨树的顶部，只见很模糊的稀疏而槎枒的枝痕，仿佛是用淡墨描的。太阳还没升高呢。斜射的淡薄的光凝滞和无力，穿不透浓雾，单给东面的雾略为增一些光亮。

这里是一大片旷野。四围尽是杨树，但现在都沉没在浓雾里。我不停地向前走，只有逐渐近我身旁的一两棵可以看见。在我的右面是一个营垒，约略可以看见雉堞式的围墙。营里早已没有兵卒驻扎了。离巢的乌鸦，不知它们为什么不飞到浓雾之外去扑一扑翅膀，却栖止在营墙上乱叫；这种声浪在西北风里扩散开来，就含有凄苦的况味。

这是十二月里的早晨，我竟没遇见一个行人。寂寞和惆怅的心使我忘了自己，直到脚下踏着了小桥的石级，才知那一片旷野走完了。我无心地靠着桥阑下望，那河水流动得好急，一条波纹涌着一条波纹，显出高低不平的无数阶级。那后生的波纹特别有一线的白痕做标记，流到桥下，便同化于深蓝色的水波；那一线白痕又去做更后生的波纹的标记了。

“何来胡琴的声音?”我这么想。这是不会拉的人拉的：弦音尖厉而艰涩，旋律的进行屡屡间断，而且时常发出散音。我不待思索，我的脑子里立刻有一个念头回答我自己的疑问，“这条小桥边原有几家歌女，——我平常经过时见她们门上的题名，所以知道，——她们夜间应人家的征召，当然没有练习的工夫；此刻是清晨，征召她们的入睡了，她们才得在那里预备她们的功课。”

我望这几家沿河的楼窗，都紧紧地关着，窗上的明瓦零落了，有的糊着新闻纸，已是破碎，经了风只管往里吹；更看不见别的。但是我的想象力可以看见她们的屋内。那发出胡琴声音的一所屋里，有一个女孩子执着生疏而可怕的胡琴在那里练习。伊或者因为没有好好儿睡眠，困乏极了，或者因为手指寒冷，不能灵活自如，或者因为对于教者的威权恐惧而希望躲避，使伊的琴音更为恶劣，几乎不成音调。咿咿唉唉的声音连续送到我的耳朵里，我如听疲者的呵欠，冻者的抖颤，弱者的心跳。而我心底的眼睛更看见伊朦胧欲睡的倦态，索瑟不堪的蜷缩，惊惶无奈的神情，——一幅难以描绘的图画。

和着琴音有低微的歌声了。何尝是歌声？这是个细小、怯弱、干枯、颤动的叫声。但我可以确定这是从一个十二三岁的女孩子的喉间发出的。伊的声音传出一切弱者柔软的灵魂，一切被侮辱者心底的悲哀。然则这正是很好的歌，不过不是供人家取乐，听着开开心的罢了。

可惜这时候人们都睡着，这个歌声只我一个人听见。倘若在广大的都城里，聚集了成千成万的听众，教伊当众唱出这很好的歌，该会增进人们彼此之间的了解。但是我更有所忧虑，果真叫伊当众唱出，伊哪里敢这样真切地唱呢！

我听了一会，一种奇异的感觉来袭我心，也辨不出是什么滋味。不要听吧。回首望刚才经过的旷野，依旧给沉默的滞重的浓雾笼罩着。

1921年3月31日作。

刊1921年4月14日《京报·青年之友》，署名叶绍钧。

潜隐的爱

命运和愚蠢使伊成为一个没人关心的人。伊仿佛阶前一个小的水泡，浮着也好，灭了也好，谁还加以注意呢？伊有小而瘦的脸庞，皮肤带着青色；眼睛圆睁，看外物时常呈怅惘的神情；微带红色的发生得非常之浓，挽成发髻，臃肿而散乱，更增全体的丑陋。

伊从小时就许配陈家第二个儿子。十一二岁的时候，邻家的妇女或是自己的母亲向伊戏言道，“陈家来迎你了，你快去打扮齐整做新娘子吧。”伊的蒙昧的心灵里就有一缕不知为什么的羞愧使伊涨红了脸，咬着舌端低下头来。从此伊知道陈家是自己将来的世界，但是为什么要加入这个世界，这个世界是怎么情况，伊全然没有本领去推想。

伊十七岁的时候，命运判定，那个将来的世界来到面前了。伊就认识伊的丈夫，公公，婆婆，寡居的嫂嫂，——认识各人的面貌罢了，并非认识各人的心，——他们也都认识了伊；此外一切如故。村镇人家的妇女大都做一种工作：剖麻至细，将两端接着，用指头捻合成极长的麻线，预备织麻布。伊跟着婆婆嫂嫂做这种工作，她们默默地各自坐着，只有一只左手和右手的两个指头是常动的，无论是光明的朝阳，和爽的好风，清丽的鸟声，都不能引她们抬一抬头。

不幸伊的丈夫又踏上了他哥哥的足迹。原来他的哥哥娶了亲不到半年便患肺病，病了三四个月便死，现在他正遇到绝对相同的情形。这就非常可疑，这种毒虫何以必发生于娶亲之后？然而他的父母何尝疑到自己对于儿子的举措有无过误呢？他们只是哭泣，只是叹息，以为命运见欺，无可奈何。但仍有可以自慰的，三儿四儿年纪已不小，就可以给他们娶亲了。娶了亲生个孙儿，那是极快极容易的事，他们俩想到此，不由得收泪而作甜蜜的遐想。那位寡嫂引起了自己摧心的伤感，暗地落了无量的泪，但也减退了对于婶子的无名的嫉妒，心想现在你与我是命运相同的人了。

伊失了一个丈夫，也觉得十分悲伤，学着别人家伤逝的模样晨晚号哭；更起一种异样的感觉，以前好像一切都有归宿，现在自己的归宿是什么呢？伊的脸庞从此瘦起来，且转为黄色，更由黄而青。伊本来不大会说话，现在更不常说话，况且同谁去说呢？伊到水埠上去洗衣服经过街上时，仿佛有一种凄苦悲哀的空气围绕着伊的全身，邻人从背后指着伊互相告语道，“这就是陈家的二奶奶，可怜才十八九岁呢！”

伊从此止有个狭小的世界，就是自己。公公婆婆本来为儿子而娶伊的，现在儿子已死，照例给伊吃饭就是了；嫂嫂本来对于伊抱着无名的嫉妒，现在仍旧不能因境遇相同而互相接近；于是伊分外地孤独。

风痧的病忽然来找伊，伊年轻而无知，怎能知道应该怎样地医治和调理？咳嗽的声音几乎没有一刻工夫间断，而且转哑了；青苍的两颊给体热烧得通红，显出粒粒鲜红的点子；伊还是照常操作。家里的人也不叫伊去歇歇，也不叫伊到医生那里去诊治，吃一些药，也不叫伊避风。伊实在支撑不住，回到冷寂阴暗的卧室里，躺在床上，这么就过了三四天。这三四天里，竟没一个人走进去问伊好不好，或是给伊一点茶水，只有屋漏里透下来一线的阳光来而复去，告诉伊又经一度昏晓了。

伊家的右面原有一所空屋，近来有人家迁入居住了，这在伊也并不关心。有一天，一个佣妇抱着一个三四岁的孩子走进来，伊的眼光突然一亮，心里起一种愉快的感觉。那孩子的面庞红润而肥嫩，笑的时候现出浅浅的两个涡儿；柔美的发覆到额上，修剪得很齐；眉毛淡淡的；眼珠乌黑，活泼而有晶莹的光；小嘴略为低陷，四围凹凸的曲线显出异常的美；真是个可爱的孩子。伊的婆婆问那个佣妇，佣妇说，“我们是新搬来的，小弟弟喜欢出来玩耍，故到此望望。”

伊就这样想：这孩子多么有趣，简直和洋货店里摆着的洋娃娃一样。伊看了又看，只觉以前从没有经过这样的快活。那佣妇立了一会，抱着孩子自去。伊怅怅地望着，心想他们去了——何不再立一刻？实在舍不得。但是惧怯惯了的口里竟说不出留住他们的半个字。

幸而伊的怅然失望不到几天就得到了安慰，那个孩子又牵着佣妇的手来了，此后并且时常来玩耍，或是坐在廊下弄花草，或是佣妇抱着孩子看婆媳三个绩麻，口里还唱着村歌教他。这里常常和小孩说笑戏耍的是婆婆和长媳，二奶奶照旧守着伊的沉默，只是出神地相着他，独自领略那得到安慰的甜蜜的滋味。

但是伊又有新的想念了：伊妒忌那个佣妇常常抱着那孩子，有时脸偎着脸很久，有时可爱的小嘴吻着伊干黄的脸皮。这是何等的快活，安得也这么乐一乐呢？倘若可以得到，只须乐一乐，便什么都不要了，死也情愿了。伊更如梦似的想，倘若那个佣妇被辞退了，自己去接伊的任，或者可以邀他们的允许。然而这个希望太过分了，只要抱一抱，于愿已足，再不要想别的吧。

伊常常这样想，成为伊新添的功课。这实在是极困难的功课：从没和他说笑过，玩耍过，哪里就可以抱他？人家素来不放伊在眼里，什么事都没有伊的分，又怎能去抱邻家的孩子？热烈的希望鞭策着伊去搜寻成功的方法，竟没一丝儿眉目，不觉忧虑起来。在伊简单的心里，这是第一回的忧虑呢。

孩子仍然来玩耍，他带着有机关的小猎狗，彩色的积木，尺多长的洋娃娃一起来。他将积木在椅子上搭起一座桥。他抿着小嘴，眼睛专注于椅上的建筑物，厚而白的小手很灵活地搬动，这是一幅难以描绘的美妙的画。后来桥工完成，居然是一座整齐的桥，他拍手笑说道，“可好玩？”大家赞道，“小弟弟真聪明!”他也不理会他们，叫佣妇旋转那小猎狗的机关。佣妇替他旋了，他就放在桥堍，要猎狗奔上桥去。手一放，猎狗前后颠动，将桥撞坍了。他又哈哈地笑起来。于是捉住那猎狗，亲着他的嘴说道，“你撞痛了，你和洋娃娃一同去睡罢。”便将猎狗和洋娃娃并头横放在椅子上。

二奶奶手里绩麻，眼睛只注着他的全身，觉得爱他的心几乎要迸裂出来了，要不抱他一抱或者就会生病；但仍旧没有妥善的方法。忧虑进而为惶急，眼眶里就渗出泪来。这只有伊自己知道呢，他人对伊向来不关心，所以伊心里藏着唯一的希望，忧虑，惶急，眼眶里含着爱的泪，都没有察觉。

这一天是燠热的天气，陈旧的屋子里一切都潮润，地上更是泼了油似的。下午的时候，邻家那个孩子又来了，他手里牵着一条线，佣妇跟在背后，手中拿着一方红纸，那条线就穿在这纸上，他们算是放风筝呢。他在屋内环绕地奔走，佣妇手中的红纸已脱了手，那张纸起初飘飘地吹起，后来落了地，再也不会升起来了。他着了急，奔得更快，脚下一滑，全身磕在地上，正在二奶奶的旁边。这时候伊简直没有一些思想，迅速地停了手中的工作，站起来，将他抱起，——都是直觉的冲动的动作。他受了痛，哇地哭了，脸庞紧紧伏在伊的肩上。伊心里这才有想念：他这一交使伊异常痛惜，比发风痧的时候对于自己的痛惜还强烈。柔而湿的小脸庞贴在伊的颊上，伊满身感到一种甜美的舒适，每一个细胞的内心都舒适。伊忽然想，“每一刻都想望的小宝贝现在不是给我抱着了么？这是真的么？不是梦里么?”哇哇的哭声，颊上的感觉，都证明这是千真万真的，于是将颊部凑过去贴得更紧。伊入世将近二十年，这一刻才尝到世间真实的快乐，觉得生活有浓厚的滋味。伊的生命里有一种新生的势力剧烈地燃烧着，“现在自己的归宿是什么?”此刻是不成问题了。伊那丑陋的脸上现出心醉魂怡的笑，表示伊对于一切人们的骄傲。

艰难的功课现在给伊战胜了，晨夕梦想而不可得的一抱，忽然机会凑巧，竟给伊满足了欲望。伊的怯懦的心从此强固了好些，方信这个希望并不是遥远而达不到的。抱一抱邻家的孩子，本来不是什么大不了事，便是天天去抱他一抱，婆婆未必就说，嫂嫂未必就笑，那个佣妇或且因为替了伊的劳力，还要感激不尽呢。然而怯懦的心使伊看得这一事非常之困难，仿佛骆驼要穿过针孔一样。但现在经事实证明，困难已成过去，伊就时常抱那个孩子。那个孩子也不觉得不习惯，虽然不特别和伊亲爱；他和佣妇抱着时一个样子。但是，这在伊已十二分满足了。当肥白的小手抚伊的额角，温软的小脸庞亲伊的颧颊时，伊觉得自己和他已合而为一，遨游于别一个新的世界，那个世界是亲爱和快活造成的；而眼前的婆婆嫂嫂，自己冷寂阴暗的卧室，使自己两手作酸的绩麻工作，这些事物造成的旧世界早已见弃于自己，而且是毁灭了，没有了。

这一天伊没有工作，就抱着那孩子到附近田野里去游玩，同他坐在草地上，唱些很拙朴的歌给他听。他坐了一会站起来，看青苍的天上浮着些小绵羊似的云，小鸟飞来飞去好像有人在那里掷小砖块，“居即”一声，就不见了；他面上现出又静默又美妙的神情，不知他小心灵里起了什么玄想？他又看数十条麦陇一顺地弯曲，直到河岸，都似乎突突地浮动，河中小船经过，不见船身，只见几个船夫在麦陇尽处移动。这些都引起他活动的天性，他就奔驰跳跃，发出快活优美的声音喊道：“几个人过去了，他们身体一摇一摇的，在那里牵磨呢。……去了，远了，看他们回来不回来。”

伊赶忙起来牵住他的手说道：“我来抱你吧，你的腿累了。”他不肯让伊抱，只是跳跃着看小船上的几个人。伊和婉地劝道，“便是不抱，也须好好儿慢慢儿走，再不要跳了。”他依了伊的话，嘴里还嚷着“不见了！不见了!”。伊便携着他的手缓缓而行，心里感着不可说的安慰。

回去的时候，伊买了些糖果纳入他的袋里，叫他慢慢地吃。伊这样做已有好几回了。伊所有的钱便是绩麻的工资，数目微少，不够买一件衣服或是一些首饰，所以只藏在床角，时常拿出来数数，好像数数便是那些钱的唯一的效用。近来伊发明了钱的用途了。伊想倘若买些东西给他吃，才表示伊爱他的真心，他也必然喜欢的。伊从没吃过糖果，也不知道糖果是什么滋味，看人家都买了给孩子们吃，伊就学着他们的样。伊认那些糖果就是自己的劳力，将劳力赠与他，实在是无上的快乐，而且这才觉得每天的工作确有甜美的意味。总之，伊的外形虽然并没变更，别人看伊依然是愚蠢和不幸，但是伊内面的生活变化了，伊的近二十年的往迹对于伊的束缚，悉数解放了，伊是幸福，快慰，真实，和光明了。

那个孩子忽然一连六七天没有来，这使伊十二分懊丧，好似失掉了一件最宝贵的东西似的。为了什么缘故呢？他父母不许他来么？那佣妇不在家么？他病了么？伊不敢再往下想，伊很悔恨这第三个疑问忽然闯入脑子里。倘若果真是这样，那种担心和忧愁不将碎伊的心么？伊工作全然没有精神，晚上睡眠也不很安稳，刚才朦胧入睡，忽然身体仿佛跌入万丈的深渊，一跳便又醒了。醒了便尽想：那孩子的一个笑脸，一回跳跃，一句简短而可爱的话，一个灵活而异样的姿势，都反复温习，觉得样样含有甜蜜的意味；但现在是和他分别了多日了。回想之外，更引起了缠绵深挚的相思。消息不通，猜度的思想往往带着恐怖同来，这更使伊心中历乱，觉得是有生以来第一回尝到的不快。伊常常盼望佣妇到来，好问个究竟，却又杳无踪影。有了空工夫，便到门前去等候，希望有些儿消息。伊望着那家的墙门，心里念着里面的他，伊的眼睛本来是怅惘的神情，现在又加上了凝想和失望的愁容，竟有些像神经病者，往往引起行人不很深切的注意。然而那个墙门里哪有什么消息安慰伊呢？

伊分别那孩子的第十天，那个佣妇才独自到伊家里来。伊的婆婆便问道，“小弟弟为什么不一同来？”那佣妇坐定，嘘着气说道，“这几天我们一家慌忙得够了，小弟弟生病呢。”二奶奶听到这句话，头脑如突受打击，岑岑地发胀；“怎么！”两字，同时不知不觉地发于伊的喉间。那佣妇只顾继续说，“他发热，又咳嗽，不想吃东西，只要昏昏地睡。我和男女主人轮流守着他呢。幸而现在好了，最厉害的是开头四五天。”佣妇说完了，自和二奶奶的婆婆讲别的话。二奶奶因此定了心，不可堪的恐怖好像急雨忽来，难以躲避，幸而片刻之间，雨点全收，依旧日朗天青。但是，伊总是异常想念他，不知他病后什么样子。还是从前那样快活么？正想念着做他新伴侣的伊么？最好见他一面，才得安慰久别和悬系的心。然而他住在他的家里，一道砖墙便阻隔了两地相思的人。这又使伊彷徨踌躇，劳心焦思，竭尽伊可能的力量只是筹想，希望得到一个满足欲望的法子。

一带破砖墙旁边开着一丛荼蘼花，白得像一个一个小雪团，他们是从不会引人注意的，寂寂地开了，又寂寂地谢了，就算度过了他们的芳春。偏偏那位二奶奶寻着他们，非常地欣赏，心里如得了宝贝似的，只是突突地跳。伊端相了一会，挑半开和全开的采了十几朵，花枝上尖利的刺触着伊的手指，伊感觉细碎的痛，这实在不是很容易的工作。这一把花又怎么拿回去呢？需要的心过于切迫，伊就不管这些，拿着花回到自己的门前等着。不一会，邻家那佣妇从市上买了东西回来，伊就迎上去央求伊道，“这一把花请你带给你们小弟弟，让他供在花瓶里玩吧。我刻刻想念他，没有别的东西可以引他欢喜，这些花还白还干净。”伊自觉有满腔的相思话要向伊倾吐，或者可以从伊转达给他，但是说出来时，仅仅是这样浮浅的两句，再要增加一字竟想不出了。

伊不料那佣妇发出个可惊可喜的回答，使伊几乎不相信自己的耳朵，更疑自己是在迷乱颠倒的睡梦里。那佣妇极随便的样子说道，“你想念他，何不跟我去看看他。”这是伊全然不曾希冀的，竟是可能的么？突然的兴奋和过分的快慰充满伊的脑海，伊再不思量别的，只移动两足，跟着那佣妇走进怅望了好几天的墙门。

这是一间光明洁净的儿童室：玻璃橱里陈着洋娃娃和小猎狗等玩具；桌子和椅子都是小样而精致；花瓶里插着绚红的玫瑰花，衬着许多鲜嫩的绿草；墙上彩色画都画一些天真的儿童；一张洁白的小床安放在室中，略偏于后方，那孩子睡在床上，他的母亲坐在床沿陪着他。他的母亲是个活泼而和婉的女子，脸上含着笑的表情，现在因为儿子生了病，忧愁和疲倦使伊的眼眶略为低陷，脸色也微微带些惨白。

孩子的母亲听了佣妇的述说，便向二奶奶道，“我很感激你，常常带着小儿玩耍，还买东西给他。他病了，你刻刻想念着他，更见你爱他的心。他现在是好了，你看，不过没有以前那样又胖又好看了。”伊说着，抱他在怀里，意思是叫二奶奶看。

二奶奶默默地不开口，也不看伊所入的是怎样光明洁净的一间房间，也不审视伊的邻居是怎样一个人，伊那好像受电磁力吸引的两眼早已从床上寻见了他。他脸上的红润几乎全退了，眼睛似乎大了些，不十分有神，皮肤也宽弛了许多；他躺着，一手玩弄那被角。伊心里感觉一种不可名状的惋惜，虽然这一回见面足以安慰伊多日的相思。这种惋惜萦绕不去，伊就不能再想别的，孩子的母亲的话也没有听清楚；及见那母亲抱起孩子，知道是叫自己看了，急忙之际，便随口说道，“这一把花我给他的。”那母亲非常感激，笑着谢道，“这一定使他喜欢，他的喜欢便是你我的快慰。请你插在花瓶里和玫瑰一起供着吧。”

荼蘼花插入了花瓶，二奶奶的心灵就好像留居此室。伊本欲托花儿的笑靥安慰孩子的小灵魂，使他回复以前的活泼和快乐……现在是如愿以偿了。

孩子睡在母亲的怀里，小手弄伊的嘴唇，嘻嘻的笑容依然是天真而可爱。母亲吻着他的两颐，微微合眼，表出静穆深挚的爱。他小臂举起，钩住伊的项颈，他们俩互相抱着，默默地停了一会，伊唱道，“你是我的心！你是我的心！”声音清婉而微颤。他也学着唱道，“你是我的心！你是我的心！”

二奶奶坐在旁边看得呆了，全身像偶像一般，连眼皮也不动一动。然而伊比以前更了解了，彻底地了解了，这就是所谓“爱”，自己也曾亲切地尝过的。更看四围，何等地光明，何等地洁净，而己身就在这光明和洁净里。

1921年4月19日作。

刊1921年4月26—30日《晨报副刊》，署名圣陶。

一　课

上课的钟声叫他随着许多同学走进教室里，这个他是习惯了，不用思虑，纯由两条腿做主宰。他是个活动的孩子，两颗乌黑的眼珠流转不停，表示他在那里不绝地想他爱想的念头。他手里拿着一个盛烟卷的小匣子，里面有几张嫩绿的桑叶，有许多细小而灰白色的蚕附着在上面呢。他不将匣子摆在书桌上，两个膝盖便是他的第二张桌子。他开了匣盖，眼睛极自然地俯视，心魂便随着眼睛加入小蚕的群里，仿佛他也是一条小蚕：他踏在光洁鲜绿的地毯上，尝那甘美香嫩的食品，何等地快乐啊！那些同伴极和气的样子，穿了灰白色的舞衣，做各种婉娈优美的舞蹈，何等地可亲啊！

许多同学，也有和他同一情形，看匣子里的小生命的；也有彼此笑语，忘形而发出大声的；也有离了坐位，起来徘徊眺望的。总之，全室的儿童没有一个不动，没有一个不专注心灵在某一件事。倘若有大绘画家，大音乐家，大文学家，或用彩色，或用声音，或用文字，把他们此刻的心灵表现出来，没有不成绝妙的艺术，而且可以通用一个题目，叫做“动的生命”。然而他哪里觉察环绕他的是这么一种现象，而自己也是动的生命的一个呢？他自己是变更了，不是他平日的自己，只是一条小蚕。

冷峻的面容，沉重的脚步声，一阵历乱的脚声，触着桌椅声，身躯轻轻地移动声——忽然全归于寂静，这使他由小蚕回复到自己。他看见那位方先生——教理科的——来了，才极随便地从抽屉中取出一本完整洁白的理科教科书，摊在书桌上。那个储藏着小生命的匣子，现在是不能拿在手中了。他乘抽屉没关上，便极敏捷地将匣子放在里面。这等动作，他有积年的经验，所以决不会使别人觉察。

他手里不拿什么东西了，他连绵的深沉的思虑却开始了。他预算摘到的嫩桑叶可以供给那些小蚕吃到明天，便想，“明天必得去采，同王复一块儿去采。”他立时想起了卢元，他的最亲爱的小友，和王复一样，平时他们三个一同出进，一同玩要，连一歌一笑都互相应和。他想，“那位陆先生为什么定要卢元买这本英文书？他和我合用一本书，而且考问的时候他都能答出来，那就好了。”

一种又重又高的语音振动着室内的空气，传播开来，“天空的星，分做两种：位置固定，并且能够发光的，叫做恒星；旋转不定，又不能发光的，叫做行星……”

这语音虽然高，送到他的耳朵里便化而为低——距离非常近呢。只有模模糊糊断断续续的几个声音“星……恒星……光……行星”他可以听见。他也不想听明白那些，只继续他的沉思。“先生越要他买，他只是答应，略微点一点头，偏偏不买。我也曾劝他，‘你买了吧，省得陆先生天天寻着你发怒’，他也只点一点头。那一天，陆先生的话真使我不懂，什么叫‘没有书求什么学’？什么叫‘不配’？我从没见卢元动过怒，他听到这几句话的时候却怒了。他的面庞红得像醉汉，发鬓的近旁青筋胀了起来，眼睛里淌下泪来。他挺直了身躯，很响地说，‘我没有书，不配在这里求学，我明白了！但是我还是要求学，世界上总有一个容许我求学的地方！’当时大家都呆了，陆先生也呆了。”

“……轨道……不会差错……周而复始……地球……”那些语音又轻轻地激动他的鼓膜。

“不料他竟实行了他的话，第二天他就没来，一连几天没来。我到他家里去看他，他母亲说他跟了一个亲戚到上海去了。我不知道他现在做什么，不知道他为什么肯离开他母亲。”他这么想，回头望卢元的书桌，上面积着薄薄的一层灰尘，还有几个纸团儿，几张干枯的小桑叶，是别的同学随手丢在那里的。

他又从干桑叶想到明天要去采桑，“我明天一早起来，看了王复，采了桑，畅畅地游玩一会，然后到校，大约还不至于烦级任先生在缺席簿上我的名字底下做个符号。但是哪里去采呢？乱砖墙旁桑树上的叶小而薄，不好。还是眠羊泾旁的桑叶好。我们一准到那里去采。那条眠羊泾可爱呀！”

“……热的泉源……动植物……生活……没有他……试想……怎样？”方先生讲得非常得意，冷峻的面庞现出不自然的笑，那“怎样”两字说得何等地摇曳尽致。停了一会，有几个学生发出不经意的游戏的回答，“死了！”“活不成了！”“他是我们的大火炉！”语音杂乱，室内的空气微觉激荡，不稳定。

他才四顾室内，知道先生在那里发问，就跟着他人随便说了一句“活不成了！”，他的心却仍在那条眠羊泾。“一条小船，在泾上慢慢地划着，这是神仙的乐趣。那一天可巧逢到一条没人的小船停在那里，我们跳上船去，撑动篙子，碧绿的两岸就摇摇地向后移动，我们都拍手欢呼。我看见船舷旁一群小鱼钻来钻去，活动得像梭子一般，便伸手下去一把，却捉住了水草，那些鱼儿不知道哪里去了。卢元也学着我伸下手去，落水重了些，溅得我满脸的水。这引得大家都笑起来，说我是个冒雨的失败的渔夫。最不幸的是在这个当儿看见级任先生在岸上匆匆地走来。他赶到我们船旁，勉强露出笑容，叫我们好好儿上岸吧。我们全身的，从头发以至脚趾的兴致都消散了，就移船近岸，一个一个跨上去。不好了！我们一跨上岸他的面容就变了。他责备我们不该把生命看得这么轻；又责备我们不懂危险，竟和危险去亲近。我们……”

“……北极……南极……轴……”梦幻似的声音，有时他约略听见。忽然有繁杂的细语声打断了他的沉思。他看许多同学都望着右面的窗，轻轻地指点告语。他跟着他们望去，见一个白的蝴蝶飞舞窗外，两翅鼓动得极快，全身几乎成为圆形。一会儿，那蝴蝶扑到玻璃上，似乎要飞进来的样子，但是和玻璃碰着，身体向后倒退，还落了些翅上的白鳞粉。他就想，“那蝴蝶飞不进来了！

这一间宽大冷静的屋子里，倘若放许多蝴蝶进来，白的，黄的，斑斓的都有，飞满一屋，倒也好玩，坐在这里才觉得有趣。我们何不开了窗放他进来。”他这么想，嘴里不知不觉地说出“开窗!”两个字来。就有几个同学和他唱同调，也极自然地吐露出“开窗!”两个字。

方先生梦幻似的声音忽然全灭，严厉的面容对着全室的学生，居然聚集了他们的注意力，使他们放弃了那蝴蝶。方先生才斥责道，“一个蝴蝶，有什么好看！让他在那里飞就是了。我们且讲那经度……距离……多少度。”

以下的话，他又听不清楚了。他俯首假做看书，却偷眼看窗外的蝴蝶。哪知那蝴蝶早已退出了他眼光以外。他立时起了深密的相思，“那蝴蝶不知道哪里去了？倘若飞到小桥旁的田里，那里有刚开的深紫的豆花，发出清美的香气，可以陪伴他在风里飞舞。他倘若沿着眠羊泾再往前飞，一棵临溪的杨树下正开着一丛野蔷薇，在那里可以得到甘甜的蜜。不知道他还回到这里来望我么?”他只是望着右面的窗，等待那倦游归来的蝴蝶。梦幻似的声音，一室内的人物，于他都无所觉。时间的脚步本来是沉默的，不断如流地过去，更不能使他有一些儿辨知。

窗外的树经风力吹着，似乎点头似乎招手地舞动，那种鲜绿的舞衣，优美的姿势，竟转移了他心的深处的相思。那些树还似乎正唱一种甜美的催眠歌，使他全身软软的，感到不可说的舒适。他更听得小鸟复音的合唱，蜂儿沉着而低微的祈祷。忽然一种怀疑——人类普遍的玄秘的怀疑——侵入他的心里，“空气传声音，先生讲过了，但是声音是什么？空气传了声音来，我的耳朵又何以能听见?”

他便想到一个大玻璃球，里面有一只可爱的小钟。“陈列室里那个东西，先生说是试验空气传声的道理的；用抽气机把里面的空气抽去了，即将球摇动，使钟杵动荡，也不会听见小钟的声音。不知道可真是这样？抽气机我也看见，两片圆玻璃装在木架子上，但是不曾见他怎样抽空气。先生总对我们说，‘一切仪器不要将手去触着，只许用眼睛看!’眼睛怎能代替耳朵，看出声音的道理来?”

他不再往下想，只凝神听窗外自然的音乐，那种醉心的快感，决不是平时听到风琴发出滞重单调的声音的时候所能感到的。每天放学的时候，他常常走到田野里领受自然的恩惠。他和自然原已纠结得很牢固了，那人为的风琴哪有这等吸引力去解开他们的纠结呢?

“……”他没有一切思虑，情绪……他的境界不可说。

室内动的生命重又表现出外显的活动来，豪放快活的歌声告诉他已退了课。他急急开抽屉，取出那小匣子来，看他的伴侣。小蚕也是自然啊！所以他仍然和自然牢固地纠结着。

1921年4月30日作。

刊1921年5月17—19日《晨报副刊》，署名圣陶。

晓　行

朝阳还没升高，我经过田野间，四望景物，非常秀丽且静穆。一带村树都作浅黛可爱的颜色，似乎正在浮动。我便忆起初见西湖时的情绪：那时是初夏的早晨，出了钱塘门，经过了一带石壁，忽然间全湖在目。环湖的浅青的山色含有神秘而不可说的美，我只觉无可奈何，同时也遗忘了一切。这是一种不可描绘的情绪，过后思量，竟是我生享受美感的很满足的一回。现在那些远处的村树仿佛是连绵的青山，而我所得的印象又与初到西湖时相似，然则我不是野行，竟是在湖上荡桨了。我原有点渴忆西湖呢，不料无意间得到了替代的安慰。

田里的麦全已割去。农人将泥土翻转来，更车了河水进来浸润着，预备种稻。已成形而还不曾长足的蛙就得了新的领土。它们狭小的喉咙里发出阔大而烦躁的声音，彼此应和，联成一片。它们大多蹲在高出水面的泥块上，或从此处跳到彼处；头部仰起，留心看去可以看见它们白色的胸部在那里鼓动。当我经过它们近旁的时候，它们顺次停止了鸣声，极轻便地没入水中。不一会，我离它们较远，一片噪音又在我背后喧闹了。

印有人及家畜的足迹的泥路上竟没一棵草。两旁却丛生野草，大部分是禾本科的植物，开着各色的小花——除了昆虫恐怕再没有注意它们的了。细小而晶莹可爱的露珠附着在花和叶上，很有可玩的意趣。远处粪肥的气味微微地送入我的鼻管，充满着农田生活的感觉，使我否认先前的假想：我并不在清游雅玩的西湖上。

我走到一个池旁。岸滩的草和傍岸的树映入池中，倒影比本身绿得更鲜嫩，更可爱。这时候池面还没受日光的照耀，深蓝色的静定的池水满含着沉默。池面的一角浮着萍叶，数叶攒聚处矗起些桂黄色的小花——记得前几天还没有呢。偶然有些小鱼游近水面，才起极轻微的波纹，或者使萍花略微颤动。

靠着池的东南岸是一所破旧的农舍，屋后有一个水埠通到池面。我信足走去，已到了那所屋舍的前面。一扇板门开着，里面只见些破的台凳和高低不平的泥地。门旁两扇板窗都撑起，一个女孩儿站在窗下。屋前一方地和屋的面积一样大，铺着长方的小砖，是他们的曝场。

那女孩儿有略带红色的头发，非常稀疏，仅能编成一条小辫子；面孔很瘦削，呈淡黄色；眼光作茫昧的瞪视。她见了我，只是对我看，仿佛我身上丛集着什么疑讶。

我不曾走过这条路，看前面都种着豆，不见通路，疑是不能通过的了，便问她道，“从这里可以到那条河边么?”这个问询减损了她疑讶的神情的大部分，她点头道，“转过去就是。”我答应了一声，再往前走。她又说，“但是豆叶上全是露水，要沾湿你的衣裳和鞋。”我说，“不要紧。”就分开两边的豆茎，顺着很狭的田岸走去。我虽然没听她的话，心里却感激她对于我——她的不相识者——的好意。

走完了种豆的地方便到河岸，我的鞋和衣裳的下半截真湿了。河水和池水一样深蓝和静定，但因潜隐地流动有几处发出光亮。对岸的田里有几个农人在那里工作，因田地的空旷显出他们的微小。和平而轻淡的阳光照到田面，就像对一切给与无限的生意，一条田岸，一方泥土，和农人手里的一柄锄头，都似乎物质里面含有内在的精神。

我站着望了一会，便沿着河走。在我的前路有两个农人在那里车水：一架手摇水车设在岸滩，他们俩各执一个柄摇动机关，引河水到田里。不多时我已到了他们俩跟前。一个农人非常高大，露出的皮肤全是酱一般的颜色；面部皱纹很多，有巨大的眼睛和鼻子。他约摸四十多岁。又一个是二十出头的年纪，面目很像城市间的读书人；皮肤也不至于深赤；但是他四肢的发达的肌肉可以证明他是久操农作的人。他们俩只顾工作，非但不交一语，并且不看一看共同操作的伴侣。这个情形无论到什么地方都可遇见，锯开一段木头的两个木匠，同一作台的两个裁缝，都是好像没有第二个人在他们旁边似的。旁人看着他们，就要想他们何以耐得这般寂寞。其实旁人不就是他们，究竟寂寞与否怎能断定呢!

水车引起的水经过一条临时掘成的沟流到田里。那条沟横断我的前路，而且有好些湿泥壅在两旁。我提起了衣服，正要跨过那条沟，那个年长的农人笑着对我说，“须留心跨，防跌交。”他说时两手停了工作，那个年轻的也停了，繁喧的水车声便划然而止。

我说，“不妨事，我能跨。”身体略一腾跃，已过了小沟。我来这一条未尝走惯的路上觉得一切的景物都新鲜，看农人车水也有趣味，时光又很早，所以就停了脚步。

他们俩见我过了小沟，便继续他们的工作。那年长的看着我问道，“先生是在那边学堂里的么?”

“是的。”

“那里的学生不止二三百吧?”

“不错，四百有余。”

“那些学生真开心，我从你们墙外走过，只听见他们笑和闹。大约不会有逃学的了。”

“逃学的确然没有。”停了一会，我问他说，“今年的麦，收成想还不差，结实的时候不曾有过大风雨呢。”

“今年很好，五六年没有这样的收成了。”

“现在你这块田预备种稻了?”

“是的，”他指着五十步外一方秧田说，“那里的秧已长得那么高，赶紧要插了。”

我望那方秧田，柔细而嫩绿的秧生得非常整齐，好似一方绿绒。那种绿色是自然的色彩，决不能在画幅中看见，真足以迷醉人的心目。

他接着说，“我们在这田里车足了水，更犁松了泥土，就可以插秧。至迟到后天下午我们必得插秧。”他说时脸上有一种欣悦的神采，更伴着简朴真挚的微笑。

我说，“此后你们要辛苦了，添水拔草等工作你们天天要做，四无遮盖的猛烈的太阳又专和你们为难。你们以为这些是苦楚不是？”

“我们的日子自然不及你们那么舒服，但是也不见得苦楚。你们看我们以为苦楚，其实我们是惯了。我们乡村里的人谁不曾将两腿没在水田里尽浸？谁不曾将身体挺在太阳光中尽晒？我们从小到大都是这样，管什么苦楚不苦楚？”

“你们一定爱你们田里种的东西。”

“那自然，那是我们的性命。我们看他们很顺遂地发达起来，就好比我们的性命更为坚固且长久。前年那些天杀的小虫来吃我们的稻：一块田里的稻都已开花，忽然每棵稻的中段都折，茎也枯萎了。留心看去，都是那些天杀的在那里作恶！我们没有法想，只对着稻田叹气！”他引起了以往的愤恨，语音便沉重且有停顿——这是乡村中人普通的愤恨的征象。

“你们为什么不捕捉？城里曾经派出许多人员教你们预防和捕捉的法子。”

“预防呢，我们不很相信那叫也叫不清楚的药料。晚上点了灯，盛了油，待它们来投死，确是个靠得住的法子，但是要大家一齐做才行——这怎么办得到呢？独有一两家这么做，自己田里的捉完了，别家田里的吃到没得吃了，就难民一般地搬了来，还是个捉如未捉。”

“前年的灾情真厉害。去年好些吧？”

“好些，”他冷笑着说，“但是总不能灭尽！他们作恶一连十几年，哪一年不和我们为难，至多恶毒得轻些罢了。”

“田主减收你们的田租吧？”

“总算减短些，”他仍旧冷笑。

“减短多少呢?”

“不一定。他们中间很有几家专会用取巧的法子。他们所有的田不一定全受虫灾，但是被灾的多，便统打个九折收租。他们的意思并不是要没受灾害的得些好处，简直是使受灾的更受些灾害！然而他们有他们的说法，‘唯有这样才便于计算；否则怎能一块一块田都看到，确定出应收的成数呢?’又有几家，他们先抛大了米价，却挂出牌子来说田租统打七五折。大家听了这一句，以为他们的租轻松些，便争先缴租给他们。到末了他们的收数独多，还是他们占了便宜。”

“前年你的田租打了几折?”

“我么?”他摇动水车格外用力，借此发泄他的不平，“自然是九折！先生可知道我种的谁家的田?”

“不知道。”

“邵和之，他的家就在你们学校的东面，先生总该知道。”

我便想起常在沿街的茶馆里坐着的那个人。他每天坐在靠墙角的桌旁。瘦削的两颊向里低陷，短视的眼睛从眼镜里放出冷酷的光；额上常有皱纹，因为常在那里思虑；总之，他的面孔全部含着计算的意思。我不曾见他和别的茶客谈话，除了和催甲或差吏计议农人积欠的田租的数目。——我所知于他的只有这些，但总算是知道他的，便答应那农人道，“我知道。”

“你想，我种的田就是他的，自然是九折了!”

“我不很知道他的底细，他收租很厉害么?”

“厉害!”他停了一会，又说，“田主收租谁都厉害，手段硬些软些罢了。邵大爷是惯用硬功的大王。”

“怎见得呢?”

“他算出来的数目就好比石头的山，不能移动一分。任你向他诉说恳求，巴望他减短一点，他的头总不肯点一点。欠了他的租，他就派差吏来叫去，由他说一个日期，约定到那一天必须缴还。他那双眼睛真可怕，望着他怎敢再求，只有答应下来，回来想法子，借债当东西全都做到，只求不再看他那双可怕的眼睛。”

他们俩停了手，挺一挺腰，望着四围舒一舒气，预备休息一会。河面忽然有一个声音，好似谁投了一块砖石。我无意地自语道，“什么?”看河面时，水花慢慢地扩散开来，最大的一圈已碰着对岸而消灭了。

那年轻的农人用艳羡的语气说，“该是一尾好大的鲤鱼。”他说时注视着河面。

“那位邵大爷，”年长的农人向我说，因为水车停了，显出他声音的响亮，“他有一次真是石头一般地定心，叫人万万学不来。他坐了船到东面杨家村里去收租。一家人家同他约了那一天的期，但是竟没法想，一个钱也弄不到。那个男子情急了，看见船摇进村，便发痴一般地避到屋后的茅厕里。差吏进门要人时，只见一个女人，知是避开了，略一搜寻，便从茅厕里把他拖了出来。那男子十分慌张，嘴里却说，‘我已有了钱，今天统可还清。’差吏听说，自然放了手。哪知那男子拔脚飞跑，竟往河里一跳！看见的人齐喊起来，一会儿村人都奔了出来。水里的人已冒了几冒，沉下去了。那时候邵大爷的舟子见将有人命交涉，恐怕被村人打沉了他的船，急急解缆想要逃走。你知那位邵大爷怎样？他跨上船头喝住舟子不许解缆。他的脸上毫没着急的意思，大声对岸上的人说，‘欠租是何等重大的罪名！他便溺死了，还是要向他女人算！’那时村人个个着急，听邵大爷的说法又觉得不错，哪还有劲儿打他的船，只拼命将河里的人救了起来。后来那个男子还是卖掉了留着自己吃的一石米，还清了租，才算了结。”

我听了这一段叙述，心里起一种憎恨的情绪，但并不只为那个姓邵的。因此，我低头望着河水——那时已不是深蓝的颜色，因为太阳升高了，——不答说什么，只发出个“哦”的声音。

“种了这种人的田，客客气气早日还租就是便宜。”他一手撑在水车的木桩上，以很有经验的神情向我这么说。

“像你，种田过活，还过得去吧?”我想和我对面的人或者也曾受过严酷的逼迫，所以急切地问他。

“多谢先生，我还算过得去。单靠这几亩田是不济事的。我另有几亩烂田，一年两熟半，贴补我不少呢。”

“那就舒服了。”我如同身受那么安慰。

水车的机关又转动了，河水汩汩地流入田里。我想我的工作快要开始了，怎能只看着他人工作呢？我对那农人说，“他日再同你谈吧”，便向前走去。

水车的声音里带一个似乎很远的人语声——“改日再会”——在我的背后。

1921年6月11日作。

刊1921年6月20—23日《晨报副刊》，署名圣陶。

悲哀的重载

一艘“常熟快”由小汽船拖着，一样也能激起河里的波浪，发出“哗……”的声响，表示它异常的能力。它的容量至多可以载四十客，已使大家不能转侧了。而它载着的人间的悲哀却比它的容量大，大到不知几多倍，但是它不致因装载过重而沉没。

这两艘船是循环通行于各乡镇间的。节省时间的要求还没在生活简单的乡人的心里发生，冲坏些田岸却是大家都看见的事实，所以这两艘无知的船很受些怨恨和诅咒。但是，有了这么一件工具，人家也就不可自解地这么使用它了，虽然刚才还在或现时正在怨恨它诅咒它。因此汽船公司的生意倒也不恶。

先是一阵喧扰的声响和动作，小贩呼卖声，妇女小孩叫唤声，提携东西的邪许声，舟子拄篙声，汽笛声，沿岸观者笑语声……急忙登船的，匆匆离船的，争坐位的，送客叮咛的，以身抵篙的，奋力系两船相连的缆的……随后爽利的水声就发于船底，窗外景物都向后推移，全船顿时入于沉寂。这是喧扰的反趋，也许是悲哀的表象。

舱里坐了二十多客，差不多没有空地方了。我和我的朋友坐在靠左窗的一角，这样便于望窗外的景物。我那位朋友从河南走了一千多里路来看我。以前我们并没见过面，但从心声的符号里彼此的心先已相通，所以现在的见面不是开始而是继续。

汽机的声响和水波的激荡使我们不想谈话，只随意看着带来的书。但是书又怎能够吸住我们的心呢？一条沿岸蹲着的水牛，一个蹲在水田里插秧的农妇，乃至同船的人一句听不很清楚的话，和一声厌闷的叹息，都足以引起我们的注意，间断我们的阅览。我取一本《童话集》在手，看了好一会儿依旧在那一页上，并且不很领会那一页上写些什么。

我常常离开书本四顾我身的周围，我的心渐渐被坐在我左旁的一位中年妇人牵引住。她没有特别引人注意的地方，可是一种默默的启示潜入我的心里，我能感觉她一定蕴蓄着人世的悲哀。她是浑圆的面孔，皮肤呈枯黄色，慈祥的神情非常浓厚，但掩不住她心底的忧愁。她的眼眶里似乎含有泪滴准备渗出来。

她正在回答人家的问话，同她对话的是一位老太太，我从她们的谈话里知道她们本来是不相识的。她的声音很低微，几乎给汽机的喧声笼罩住，须要特地留心才能听见，每一句话徐缓且沉着，表示出她上流人家夫人的态度。

"……现在正在医院里医呢。"

"那自然，须给他好好儿医。那么医生怎么说呢?"

"医生给他用镜子照过，说他的脊骨断了，又说'流注'快发作了!"

那位老太太眉头紧皱，对她深表同情。静默了一会，才问，"他食量怎样呢?"

"饭菜好些，可以吃两个浅半碗，否则半碗也是勉强。"

"现在你离开了他回去，谁看护他呢?"

"有媳妇和女儿在那里。我家里还有个小女儿，留着不放心，这一趟回去准备把她带出来，免得两头牵挂，好一心调理他的病。"

"娶了媳妇了?"

"今年三月里。"

"今年正月里?"老太太听不清楚，所以这么问。

"三月里，三月十一。那时候他的病好了许多，因而打算索性给他把媳妇娶了来，冲一冲喜。十八岁娶亲也不算早了。那时候他很好，拜跪行动一切和平常人一样，只用两个仆人在背后扶着，谁也看不出他有什么病。谁知娶了亲不到几天，他的病又重起来了……加重得真快，离家时还是由我们扶着他，他自己跨上船，到了医院登岸，却是连人连榻抬上去的了。”她的眼眶更潮润了，她的嘴抿着，筋肉抽搐，似乎要将眼泪咽入心的深处去。她不能再说了，只看着桌面。

老太太也是不愿再听的样子，张开极细而红筋满封的老眼，现出怅然的凝视。一会儿又问道，“你只有两位小姐吧？”老太太以为转换个论点总可以减轻她的悲伤。

“一总四个呢，”她的声音更低了，我用心谛听才能辨知，“大的是前年亡故的，颈间生了‘流注’，竟医不好了。第二个患的病和她姊姊一模一样，去年夏天亡故了。第三个女儿，就是现在看护她哥哥的，去秋也生过‘流注’，给医院里那位医生医好了，现在颈间只有两个核，不碍什么事。我巴望那位医生的手段和去秋一样地有功效，把我儿的病也医好了。”

船经过一个村集，有几条载取水泥的船在前面横着，汽笛就呜呜地大鸣起来。舱里沉寂的空气给扰乱了，乘客都靠近左右窗眺望，悲哀的谈话也就停止了。这个鸣声更唤来了许多农家的孩子。他们赤裸着身体，跳到沿岸停泊的小船上，全身俯卧，手指脚踢地用传习的咒骂语骂我们的船。他们毫没有愤恨的态度，对于他们的举动都很起劲，骂一声往往带几声嘻笑或喊噪。可知这已成为他们日常的功课，游戏的功课了。

小船离我们的船身近，水波激荡，上下颠簸得非常厉害。那些孩子全不惊怕，骂着，笑着，噪着，很快地向我们后面退去。这里河身较狭，水声格外响亮，仿佛在高大的瀑布底下。舱里的人声也嘈杂起来，仿佛在都市地方的茶馆里，有的说孩子们有趣，有的大声笑着，有的替不开口的汽船出气，也还骂孩子们几句。

我望了一会儿，刚才的悲哀的谈话深入我的心，使我渐渐地不注意于外象，只是往内倾注地想。但是想的什么，我竟一毫也叙述不出——并不是过后遗忘，实因当时的情思浮荡无着，本没有凝聚拢来，只觉得很有些悲哀的感觉罢了。

舟子绞了一束热手巾出来，请每个客人擦脸。我接了他的，略一展开，便放在桌上。擦脸实在不愿意，不接呢，怕舟子错会了意思，以为我不肯给他小账，所以这样做，——对付无论什么都要经心，也许是人世的苦事了。我偶然向头舱里看，见一个老人接了手巾，正很用力地在脸上擦。手巾离开他的面孔时我才得细认他：深的皱纹满网着他的额部，标记他一生的困苦和劳倦；嘴的部分向前突出，上下唇紧缩，掩不没龈肉，两排焦黄的牙齿全然露出；他有个很大的鼻子，鼻孔上掀，露出浓黑的毛；就他面目的全部看，我觉得他对于人生有淡漠或竟是厌倦的感觉——当然是我主观的见解。他重重地擦了两只手，又将手巾塞入嘴里擦他的牙齿。我不想再看他，转身向左，一个乡村女子——她坐在我对面偏左，手中抱一个一岁光景的孩子——又吸住了我的视线。

她不过二十多岁的年纪，深赤的皮肤，厚的嘴唇，不很灵动且染有目疾的眼睛，都显出她的简单和困苦。她的孩子更使我惊心：他睡在她怀中，双目紧闭，黄白的脓封着，有几个苍蝇在那里依恋不去。这不是一个小尸体的模样么！幸而他胸部的轻微的一起一落证明他是活着。她接手巾在手，便擦他黄瘦的小脸，特别在眼部往回地擦，引得他哭了。她没有法子，也不开口，只在他背心上乱拍。

刚才谈话的那位老太太便问她，“你到哪里去?”

“我回家去。”她现出不愿意同人家谈话的神情。

“为什么出来?”老太太并没注意她的态度，只是很自然且很关切地问。

“想去吃人家饭。”她说话全没有表情，若不是特别注意她，也许要不明白这一句话是谁答的。

“那么你出来了多时了?”

“昨天出来的。”

“什么!”老太太觉得奇怪，“昨天出来，今天又回去了?”

那村妇低下头来，很勉强地说，“昨天寻到一家荐头，他荐我到三家人家，他们都说我有这孩子是讨厌的。他嫌麻烦，再不肯荐我到第四家人家，我就只得回去了。”

“什么！三个铜元，只有一把！”这个声音宏大而沙，使我不自禁地回顾。原来那个用手巾擦牙齿的老人在那里发泄他的不平。

一个舟子站在他面前，手里理手巾，强作笑颜答话：“我们这条船租给他们公司里，一个月只有十二块钱呢。请你老先生想，我们六个人吃饭，这个数目怎么够得上？不靠客人们的小账贴补贴补，我们粥也吃不成了。”

“谁叫你租给他们？我又不曾牵累你！三个铜元一把手巾，我总觉得不愿意。我们二三十岁的时候，航船钱是一定的，一里路一个钱。现在什么事都变了，小账就要三个铜元！在以前不就是一趟船钱么？什么事都变了！”他说时屡屡叹息，并且将头转了过去，不欲再看那舟子，好像那舟子就是现代的象征，他所最厌恶的东西。舟子见他这样，带着求人谅解的神情走开了，嘴里喃喃地自语，听不出他说些什么。

这个小小的争论就成了众客的论题。有的同情老人，说舟子取小账不应该这么多。有的自以为了解舟子们的生活状况，说船公司实在太苛了，他们全靠小账开销呢。他们谈话的头绪蔓延开来，后来谈到了乘火车的情形。

“坐头等车二等车，吃些大菜，赏茶房们一块两块钱，那是不算稀罕的事。”这句话是一个年青的女子说的。她的衣服虽是布的，却非常整齐，是时下流行的式样。她不穿裙子。她梳着的发髻十分光滑，常常向玻璃窗照着，还举起手来轻轻地抚摩。她的面孔纤小而很加修饰，目光流利地顾盼。我猜想她该是富室的婢女或仆妇，但是我没有向不相识者随意问询的习惯，所以只是默默地观察。

在旅程中，好事的人到处可以遇到。她的话刚说完，就有一人问道，“你从上海来吧？”

“上海来，”她极喜欢讲话的神情，还微微地笑，“我本来不想回去，他接二连三托人写信来催，我延了又延，到今天是顶期了，只得走一趟。”她所谓他，我从她略微含羞的态度知道是指她的丈夫。

“你在上海帮人家吧？”

“在家里没趣，住不惯，还是出去帮人家。不过也没有什么好处。”

“到手的总不少吧？”一个乡间的老太婆很艳羡的样子笑着问。

“平常的人家我们是不高兴帮的。要有汽车的人家，我们才肯留下。所以十多块的进账总是有的。”她说时带有漂亮高贵自傲的意态，足以使全舱的人都爱听她的话。“可是费用也不小：穿着是时常要添补的，插戴也必须置备，同事的姊妹一个小生日，也要送一两块钱的份子。他以为我积下了不知多少钱，一封一封的信来催我回去！”她略微嗔恼，但与其说是嗔恼，不如说是作态。

那个老太婆凝想了一会，似乎不很相信的样子，但也不敢驳她，又问道，“你的男人在家里种田吧？”

她现出鄙夷的神气，随口答道，“是的。”停了一会儿，她又特地告诉那老太婆道，“我是就要出来的，家里的日子实在过不惯。地方又气闷，又肮脏，用的东西要一件没一件。太阳还没出来就要起来，太阳没有下去又要睡了。真是一口猪。我哪里高兴过猪的日子！我们在上海要九十点钟才起身。晚上太太们在家打牌或是出去看戏，我们在旁侍奉，正是最有兴致的时候，不到两三点钟总不想睡。”

“太太们也喜欢打牌么？”那老太婆实在怀疑。

“自然，体面的太太们都喜欢打牌。还时常请客呢。我们到一家人家，不单看那家有没有汽车，还要看那家的太太老不老，厌烦不厌烦。如果那位太太老了，厌烦了，一个月里只照例请几回客，难得打几场牌，我们也转身就走。现在我那位太太是天天打牌的，戏也看得我厌了。”

全舱的人听她说那些话，似乎听新鲜的故事，虽然和自己疏远，但能满足好奇的心，也就觉得趣味很浓厚。我的朋友才听江南的话，说得慢的，特地注意着说的，他能明白十分之七八。现在她的话圆熟且柔细，使他完全不明白。他就问我，“她讲些什么？”

我正在沉思，她这一段话也许是农村破裂的先兆：农家妇女能做许多工作和男子们一样，现在她们厌弃农作的生活，往都会里跑了，农村里除减少劳动力之外，还减少了黏合力——家庭的爱情，那不是极容易使农村破裂么？在现在这时代，固然，农作的生活不是好的生活，但正当的办法在急图改革，决不在由厌弃而毁灭这种生活。走她同一的歧路的男的女的，我看见听见的实在不少，她不过随同附和罢了。我们决不能说这是他们的过误，赶他们走上歧路的那种势力多么狠毒呵！所以她对于歧路虽然那样赞扬而且爱好，我总觉得她身上印着全部农人的悲哀。

我这么想，听我的朋友的问话就迟缓而且模糊，因问他，“你不明白她讲的话么?”

“是的，我全都不明白。”

我就将她的话告诉他，附带述说我的感想。他听了不说什么，只是皱着眉头苦苦地想。过了二三分钟，他忽然拉住我的手道，“我觉得江南的人都是非常平安的，无论做什么工作，总觉得他的趣味就在他的工作里。你说她身上印着全部农人的悲哀，这是你的思想罢了，她何尝这么想呢？她因为不知道，所以能得平安的生活，这正足使我们生羡。我们能断言知识不是痛苦的源泉么?”

“也许，”我说，“但信仰是我们的光明，它在无尽的路的前头照着，我们全没恐慌了。”

“信仰？我几乎不解信仰两字是什么意义。我生活在北方，经验越积越丰富，使我觉察人间的意味只是‘阴险’和‘防备’。我无论说一句话，做一个动作，我就想，不这么说，不这么动作，也未尝不可，何必定要这样呢？所以我的一切生活都有点勉强：我不辨什么是梦，什么是事实；也不辨什么是我所想的，什么是我所做的。我不明白我自己，也不知道我将要怎样，只觉每一个细胞里都充实着烦乱。这几天领略了江南的景物，体会了江南人平安的生活，才觉得有些甜蜜的醉意，使我忘了以前的烦乱。”

他的话引起我对于现实的感慨，心绪颇觉麻乱，道，“一条大江怎么就能将‘阴险’和‘防备’拦住了呢!”

船已行入一个很大的湖里。远处的岸细如一线，线的上下，天和水一样是滞白色。风虽然不大，因为湖水深广，已涌起有力的软浪。全船的人如在簸摇不停的筛子里；一切琐屑繁杂的谈话都被震恐的心镇住了。有几个人觉得不很舒服，都闭着眼睛，将头枕在窗上或自己的胳臂上。只有汽机喧闹和水波激荡的声音送入耳朵。

我的朋友望着湖水，默默凝想。对面抱孩子的那个村妇，他们母子都阖着眼睛，尽让苍蝇在面上飞舞。头舱里为手巾钱而不平的那个老人已作齁声了。左旁那个中年妇人时时发出仅可听见的叹息。全船充满着烦闷沉寂的空气。

我忽然想，我们这悲哀的重载也许要沉没吧！

1921年6月26日作。

刊1921年7月3—8日《晨报副刊》，署名圣陶。

脆弱的心

学校里放暑假，本来喧闹的地方觉得格外地寂静。譬如一个深密的树林，原是小鸟的世界，他们跳跃着，歌唱着，都在那里。一朝小鸟去了，绿沉沉的树林便满被着静寂，这静寂是异样的，使人疑想：这还成个树林么？学校是小孩们的树林，小孩们是学校里的小鸟，现在彼此判离，很容易引起人同样的疑想。

徐先生和莫先生，学校里的两位教师，他们坐在办事室里乘凉。办事室里开着南北窗，爽利的风在室内通过，吹得他们清凉无汗，然而寒暑表的水银线已升到九十一度；猛烈的阳光笼罩着窗外一切景物，似乎各个分子都在那里膨胀和蒸发。

莫先生打了个呵欠，随即举手揩着眼睛，夏令的天气竟像催眠的药剂，使人终日如在醉梦。“转眼暑假一过，又要上那陈旧和枯寂的轨道了。我们究竟为了什么？我们的趣味在哪里？”他似自语似问询地说。

“我们有我们的趣味，我们是有所为而为。”徐先生很沉静地回答，仿佛教士说教的态度。

“请你给我解释，止说个‘有’字不能使我明白。”

“我们的事业刻刻活动，刻刻创新，若是真努力去做，趣味将超于我们的希望呢。我们接触无数的儿童，他们纯洁且自然。他们将心赤裸裸地呈露，我们因而认识他们各异的个性，辨知他们各异的天才。这是何等的趣味！”

“那些自然是教育家应当说的话，”莫先生带着嘲笑的神态说，“我若作论文，或者在什么地方演讲，也止有这么说。但是想到实际，我就怀疑，我就烦闷。哪一个儿童是可爱的，是驯良的！他们的形容肮脏且卑贱，他们的行动狂跳而乱叫，他们的性质愚蠢和顽皮。他们虽是不同的父母生下来的，我止觉是一个模型的产物。哪里有什么个性？又哪里有什么天才？”

“这不尽然。如你所说，有的确是他们的本真，我们应当拿来做根据，发展我们的事业；有的原于他们环境的不良，并非他们的过失，我们更当加意研究，希求渐次改造的，所以我们最丰富最终极的趣味乃在改造社会。社会若是一个太阳系，我们就是太阳，我们的光无微不照，我们要运转一切使活动。这还是盲目的干燥的事业么？”

“那些话，”莫先生还是嘲笑的神态说，“可谓习见习闻的了，哪一种报纸杂志，哪一个社会改造家不是这么说。可是我不信！我觉得一个人没有这么伟大的力量。我极端承认我的微小。我们当了十多年的教师，我们的成绩在哪里？止目送一班一班的毕业生跟着社会的步调走去！谁能说这个不是确实且普遍的事实？我们纵不甘心屈服，然而事实使我们屈服了。徐先生，还是给我个新鲜且实在的解释罢！”

徐先生答不来，仰首沉思。窗外银杏树上两蝉对鸣，一个发急迫且尖利的声音，那一个的却舒缓且轻扬，使人感觉四围的空气是不协调的。

消息传来，大学者许博士假期旅行，经过本地，将有一个公开的演讲，这个震荡了莫先生的心。许博士是哲学的名家，他的关于哲学的著作重印过几十版。他的通俗的论文常见于有名的报纸杂志，人家看见署着他的名字，便不自主地留心细读。一般人的谈话或论文里，往往有“许博士怎么说”“许博士的意思怎样”那些话，可见他是维系人心的一条索子。像他这样的人更引起人家钦敬的爱慕的相思：他是怎样一个人，长的还是短的，清瘦的还是肥硕的，多须的还是没有胡子的，……都是刻刻萦绕的问题。现在他来了，满怀的相思将有所着落，一切的问题将得到解答，怎不惊喜欲狂而使心异常地震荡呢。

一所广大的会堂满坐着听众，不知是多少，莫先生和徐先生就杂在听众之中。全堂的空气非常严静，大家是好奇且虚心的样子，准备受领那先觉者的提撕。莫先生看着黑板上大书的字——但止有“许博士”三字入他的视官——在那里出神。他觉得这三字非常伟大，每一笔画都含有神异的力。他又想，“隔不到一会工夫，被这三个字称代的本体就与我有一见之缘，这是先前没有梦想过的。他究竟是怎样一个人？他又将发怎样一番言论呢？”快要如愿的期待心使他有一种似乎颤抖的感觉。

一阵鼓掌声里，许博士高高站于讲台向听众致礼。这一刻全堂的目光齐注于他的一身。他是瘦削而微现苍白的面孔，目镜里显出近视的眼睛，顶部的发已稀疏，上唇有浓黑的须。他的身材不高不矮，穿着夏布长衫是普通的式样。

“他为着学问，为着群众，致这么瘦弱，顶部的微秃更表示他的多思。这就可以钦敬了。他的目光何等地沉定！这应是哲学家独具的目光。”莫先生这么想，他的心境已入于被催眠状态了。

许博士的演讲大概是以下的意思：“今天在座的大多是教育界的人物，大多是小学教师，所以我的讲题就取个‘小学教师的趣味’。小学教师的趣味最多，而且很真实，但不在按时到校不缺课和逐课教完一本书。真的趣味在超乎那些的地方。诸位有很亲密的小伴侣，他们就是趣味的泉源。他们有各各不同的个性和天才，诸位以科学家试验的态度把那些逐一发见出来，从而想方法利导他们。那在诸位的事业上一定是长进和成功。真趣味就在这个地方！但是诸位还当扩大你们的世界，不宜限于学校的范围。真有修养能活动的教师，他影响社会的势力常同影响他学校的一样。现在的社会何等黑暗呵！教育家应自任为社会的监督者指导者和改造者。须知我们不改造社会，社会就要改造我们。我们若是被改造了，还有什么教育可言？所以我们要不怕一切，我们要做，使我们成为动的原力，运转社会使它上改进的道路。更丰富的真趣味就在这个地方！”

许博士的演讲对于莫先生有一种吸引的伟力，使他无思虑，无回忆，如听动人的音乐，竟体陶醉，唯有合着抑扬徐疾的节奏而为呼吸。许博士下台了，听众纷散，莫先生跟着徐先生回校，他还是全心浸润在小学教师的趣味里。他觉得这是新鲜而又实在的意思；至于和徐先生所说的差不多，他是无从想起了。他的精神异常兴奋，似乎全身的细胞都在跳动，渴望做一点事，这“做”字里包含着他无限的希望和趣味。他向徐先生说，“他的话不错呢，小孩子不是一个模型里产出的！把他们当做艺术品，鉴别他们，欣赏他们，已是无穷的趣味，况且谁都有运转社会的可能，谁都应改造黑暗的社会。一个人若是社会的中心，社会的光，又是何等具有真义的生活！”

“我们有我们的小伴侣。我们运我们的心力总可以影响到社会，譬如投小石于河，激起的波圈是无穷大。全部分的权柄，可以享受人生至乐认识人生真义的，都在我们的掌握，因为现在我们正为小学教师。我们能不安慰，能不快乐?”徐先生很诚挚地说。

徐先生的话提醒了莫先生，使他退出被催眠状态，自思道，“原来我先前已为且现在正为小学教师!”怀疑和烦闷的细菌又侵入他身体的不论哪一部分，兴奋是退败了。

1921年8月9日作。

刊1921年8月15—16日《时事新报·学灯》，署名叶绍钧。

饭

“现在是上课的时候了！你们的先生呢？”

两间屋子，已经上了年纪，向前倾斜，如人佝偻的样子。门前是通到田岸和村集的泥路。这时候正是中秋的天气。淡蓝的天空浮着鳞纹的白云。朝阳射在几棵柳树上，叶色显得嫩绿，像是春光里所见的。平远的田亩里，稻穗和稻叶受微风吹拂，顺风偃倒，便成波纹。更远的村树构成个大圆环，静穆且秀美。微微听得犬吠。这真是诗人的节令和境地呵！

但是住在这里的都不是诗人，屋子里六七个孩子正抱着不可推想的恐怖呢。入秋水涨，他们的田里盛着过量的水，和河水并了家，露出水面的稻只有三四寸高。他们的父母整天愁叹，或者说，“饿死的日子就在眼前了！”

孩子们很以为奇，有的说，“我们种田的，怎会饿死？”父母说，“你不见稻全浸在水里，一粒谷都没有结实么？”有的说，“去年很多的谷若不粜去，今年就好了。”父母说，“谁喜欢粜去？你懂得什么！”有的说，“我们不要到学校，大家拼命踏水车，把水车出去就得了。”父母说，“车到哪里去呢？河面同田水一样平了！”

于是孩子们相信自己的见识不及父母，饿死就在眼前是千真万确的了。他们想，“死像睡眠一样，模糊且黑暗。被死蒙住的时候，饭是吃不成了，玩也玩不成了。并且不能动一动，大概被什么东西缚着，不知道几时才得解开?”

他们想得异常害怕，因为饿死究竟是什么滋味实在不能料定，而它一定要来了！他们不自觉地改变了平常的态度：似乎互相追赶并没什么意思，提高喉咙大喊也觉得不大高兴，只好静静地坐在室内，低低讲捉蟋蟀的经历，声音里含着惊恐且烦闷的气息。

靠左一间屋里架着一张床铺。赤裸的一张桌子靠着床头。墙角堆着锅灶瓶罐薪柴等东西。一切埋藏在阴暗里，全不露清楚的面目。只从不到一尺见方的壁洞里射进斜方柱体的阳光，照在地上，显出高低不平的泥土。一道板壁把两间屋子隔开。右面一间却光亮得多，两面都有板窗，现在正开着。板壁上一块小黑板歪斜地挂着。十几副桌椅一张破旧的长方桌外，屋内再没有别的东西，也摆得不十分齐整。

六七个孩子就坐在那些椅子上。他们都歪着身子，面对着面，讲那捉蟋蟀的事情。起先声息很低，讲了一会儿，他们觉得世界上只有蟋蟀了，便起劲了。一个孩子拍着桌子高声说，“好一头大蟋蟀！它在玉蜀黍的根旁，这么一把就被我按住了。以前的三头都被它咬得要死。它……”

这个当儿，从黑板旁边的门走进来一个人。孩子们瞥见，齐对他看，高声讲蟋蟀的也就停了声音。他们对于这个人有点儿知道，但是不大清楚。他们的父母这么说，“这位先生很有点力道，他在衙门里出进，时常同县官讲话。”又说，“他是管先生的先生，先生还怕他。”他们所知于他的只有这少许。可是他们并不觉得他可怕，他一身耀眼的衣服倒是很好玩的。

这个人走进室内，随意看了一看，忽然眉头一皱，目光四注，像是侦察而带忿怒的样子。随着发出鄙夷的声气问学生们，就是篇首的两句话。

吴先生一手提着方的竹丝篮，篮里盛着雪里蕻、豆腐、油瓶等东西，一手提着一条长不到八寸的腌鱼，从烂湿的田岸上匆匆走来。他瘦削的面孔红到颈际，失神的目光时时瞪视他的前路，呼吸异常急促，几乎是喘息。

原来他已得到了消息。一个妇人告诉他，“你须快一点走，管你的那位先生来了，我刚才看他向学堂走去，他的船就停在东栅外。”这是何等可怕的消息，使他周身起一种拘挛的感觉，脑际全没有意念。他两足急急搬动，眼睛频频前望，似乎都不出于他的主宰。

吴先生得在那两间屋子里当教师，很不是容易的事。他由一位绅士恳切地介绍，才得在学务委员处记个名。一线的希望就在他脑子里发起芽来，专等后继的好消息来到。他本来处一个乡村的馆地，一节有五千钱光景的进款。家计的担子压在他肩上，他知道这一定支持不下，非得换一条路走不可。新的路已在前面了，他怎能不希望着呢?

这么希望了一年，梦里也不曾想到，学务委员竟写了封信来。里面的话是叫他到他家里去，有事面谈。这分明是绅士的恳切的介绍发生影响了。他把那封信看了好几回，自信料想不错，得赶紧去才是，但不免怀着一腔的馁怯。

他第三回去的时候，那位学务委员居然在家了。于是他坐在客厅下首的一把椅子上，只点着了一边，上身前俯，保持全身的稳定。他的眼睛本是迷蒙的，现在又只顾下注，也许他所处的客厅和对面谈话的那个人都没看清楚。那位学务委员穿着汗衫，斜躺在藤椅子上，右手枕着头，眼睛斜睨着他。鄙夷的心思忽然来袭学务委员的心，不知为什么，总觉得吴先生不顺眼。他不情愿地说道，“教小孩子不是容易的事呢。”

吴先生汗珠被面，全身感觉不安，心想这确是不容易的事呵，便发出很轻的颤音答道，“是。”

“乡立第二国民学校缺一个教员，我想叫你去，——但是，你没进过师范学校吧?”

“没……”吴先生异常懊悔，但对方的问话逼迫着，不由得不回答。

“那就为难了！该校学生都是乡村人家的孩子，教员不懂得教授法，简直不会有效果。”

室中静默了一会，吴先生却听得自己的脉搏尽响。他好容易鼓着一口气，努力地说，“讲教授法总该有书籍，我可以买一本看看。还愿意得到先生的指教。”

“再说吧。”学务委员的话就此止住了。

吴先生退出来的时候，觉得希望的芽遭到损伤了，失意引他回到昏暗的路去。他恐怖非常，唯有再去请托那位绅士。绅士替他写了一封信。由这封信的引导，他又坐在学务委员的客厅里。

“我本想请一个师范毕业生，”学务委员表示严重的神情说，“现在既有这封介绍信，我就任用你了。”

“没有错，听得很清楚，他答应了。”吴先生这么想。他心里只觉晃荡，回答不出什么。他的头却自然地向前俯得更低了。

“我们办学的规矩，非师范毕业生月薪六元。后天你就可以到校开学去。”

吴先生答应了几个“是”，便退出来，他的新生活从此开始了。一个月后，他遇见一桩不可解的事情：他到学务委员家里领薪，拿到了三块钱，还有三块须待十天以后，可是学务委员叫他写了一张十元的收据。“何以数目不符呢？”他这么想。自馁和满足的心使他不敢开口便问，“我不是师范生呵！外边师范生多着呢。六块钱比较以前处馆地优裕得多了。”他就把疑念埋藏在脑子里，带着三块钱回去。

小孩们听了学务委员的问话，三四个齐声嘈杂地回答道，“他买东西去，买豆腐，买葱”，有几个在那里匿笑。

“不成个样子，这时候还不回来！”学务委员喃喃地自语。停了一会，他又问道，“他天天这样么？”

“天天这样，他要吃饭呢。”一个拖着大辫子的孩子说。

又一个孩子说，“我妈妈有时给他代买点东西。”

“不要信他，不过……”

一个耳戴银圈意气很粗的孩子还没有说完，吴先生已赶了进来，两手空着，他的东西大概已放在锅灶旁边了。他看见学务委员含怒的样子站在黑板旁边，简直不明白自己应当怎样才是，身体向左右摇了几摇，拱手俯首地打招呼。

学务委员点了一点头，冷冷地说，“上课的时间早到了，你此刻才来！”

吴先生很想说出几句适宜的话回答，可是哪里想得出，他的局蹐不宁的态度引得孩子们吱吱地笑。遮饰是无望了，只得颤抖而含糊地说老实话，“我去买东西，不料回来得迟了。”

“买东西！”学务委员的语音很高，“时刻到了，学生都坐在这里了，却等你买东西！”

“以后不买就是了。”吴先生不自主地这么说。孩子们忽然大笑起来，指点着他互相低语道，“先生不吃东西了，先生不吃东西了。”

学务委员觉得吴先生真是个坏教员，越看越不顺眼，因为他不热心于教育，对职务没有尽责的观念。但是他想到了为此而来的更重要的事情，也就耐着。他站得累了，想歇一歇，先在一把空椅子上吹了几口气，又郑重地揽起长褂的后幅，恐怕脏了皱了，然后慢慢地坐下来。他右手支着头，眉头微微皱着，却装做没事的样子说，“你这里太不成个样子，只有这几个学生！日内省视学快来视察，他见学生这么少，就可以断定这是个不良的学校。为你的面子计，你得去借十几个孩子来才行——不论哪一家的孩子都好，只须叫他们坐着不要动。这本不关我的事，和你关切，所以提起一声。”他说完了，左手抚摩上唇，像老人捋须的样子，目光注视着吴先生。

吴先生一身无形的绳索差不多全解除了，觉得宽松了好多；铭感的心代替了恐惧，兴奋到不可说的程度。他虽然不明白怎样去借孩子，但也想不到问了。他只是拱手过胸，喃喃地说，“承先生指教！承先生指教！”

他忽又想起，“这不是个很好的机会么？去了两回没遇见，现在他走上门来了。”一种冲动使他随口就说，“上月的……”说到这里又觉得不好意思，便缩住了。

“什么？”学务委员以劲捷的语音这么问。

“上月的……”吴先生无可奈何，目光不敢正对学务委员，依旧没有勇气说下去。

“你尽管说就是了。”

吴先生知道不说也是个不了，只得硬着头皮说，“请把上月未发的半份薪金见惠。”他再也不能多说一个字了。

“你有什么用处呢?”

“吃用都等着这笔钱呢。”

“你刚才不是买了吃的东西回来么？怎么还等着?”

“家里的人——家里还有三口，我怎能只顾自己，他们等着呢。”

“吃”字的声浪传到孩子们的耳朵格外地清楚，他们看先生和客人谈话本已忘了一切，现在却被唤醒了。拖大辫子的孩子牵着前坐的孩子的衣襟低语道，“听见么？先生家里等着这个人给东西吃，不然，快要饿死了。”

戴银圈的孩子不赞成这个推测，斥他道，“先生比我们发财得多，我们的骨头烂了，他肚子还饱胀呢。你不要乱说!”

“我们一定要饿死烂骨头么?”一个很小的孩子接着问，他露出惊怖的眼光。

“你今天回去就没有饭吃，明天饿死，后天烂骨头，烂得像烂泥一样。”戴银圈的孩子非常得意的样子这么说。

很小的孩子不再问了，他已沉入了神秘恐怖的幻想。

吴先生难受极了，他希望孩子们坐着不要动，他们却非但要动，还要旁若无人地乱说；对他们看了几眼，却全然没有效果。孩子们真顽钝，他们竟不能感应吴先生的心，暂耐这一刻。吴先生只得把手一挥，含怒呵斥道，“静!”

孩子们絮絮的语声像秋雨初收的样子，零零碎碎地停了。大家看了吴先生一眼，略微坐正身躯。椅子不耐震动，作咭咭格格的呼声。

学务委员放下右手，挺直上半身，上眼皮抬了一抬，表示庄严的样子说，“教员不尽职，照例有相当的惩罚，你今天应当罚俸三分之一!”他从衣袋中摸出一块钱，随手向桌上一掷，清亮的声音引得孩子们同时射出异样的眼光来。他说，“这是你应得的，拿去吧。”

吴先生哪里料得到有这么一回事！欲待申辩，不但话语说不出，连思路也没有了。桌子上雪白光亮的究竟是一块大洋呢。他不期然而然地取在手里，手心起冷和硬的感觉。

1921年9月24日作。

刊1921年10月10日《时事新报·双十节增刊》，署名叶圣陶。

义　　儿

义儿最喜欢的东西就是纸和笔了：不论是练习英文的富士纸，印画地图的考贝纸，写大楷的八都纸，乃至一张撕下的日历，一叶剩余的文格，不论是钢笔，蜡笔，毛笔，铅笔，乃至课室内用残的颜色粉笔，一到他手里，他就如获得世界的一切了。他的右手一把握着笔干，左手五指张开按着铺在桌上的纸，描绘他理想中的人物屋鸟；他的头总是侧着，一会儿偏左，一会儿偏右；舌尖露出在上下唇之间，似乎要禁止呼吸的样子。他能画成侧形的鲤鱼，俯视形的菊花，从正面看的农屋。他画成一样东西，常常要端相好几回，还给加上几笔，或加上一部分。有时加得高兴了，鲤鱼的鳞片都给画上短毛；菊花的花瓣尽量加多，以致整朵花凑不成个圆形；从烟突喷出的烟越涂越多，所占纸面比屋子还大。他看看这不像一幅画了，就在上面打一个大×，或者撕成两半，叠起来再撕，如是屡屡，以至于粉碎。他留着的画稿都折得很小很小，积存在一个旧的布书包里。

他当然同别的孩子一样，喜欢奔跑，喜欢无意识地叫喊，喜欢看不经见的东西，喜欢附和着人家胡闹。但是他不喜欢学校里的功课。他在课室里难得静心，除了他觉得先生演讲的态度很好玩，先生如狂的语声足以迷住他的思想的时候。若是被考问时，他总能够回答，可是只有片段的，不能有完整的答案。

所以他的愚笨懒惰等等罪名早在他的几位先生的心里成立了。就是那位图画先生，也说他不要好，只知道乱涂，画的简直不成东西。这是的确的，他逢到画图的功课，随随便便临了黑板上先生画的一幅画，缴给先生就算了，从没用过一点心，希望它好。

他的父亲早死了，母亲养护着他，总希望他背书像流水一般地快，更读通一点英文，将来好成家立业。但是实际所得的只是失望和悲伤，义儿今年十二岁了，高等小学的二年级生了，赞美他的声息一丝也听不到，却时时听得些愚笨懒惰欢喜捣乱等对于他的考语。她很相信这些考语是确实的，不然，何以义儿回了家总不肯自己拿出书来读，必待逼迫着呢？又何以总是一字一顿地读，从不曾熟诵如流水呢？他只喜欢捉虫子，钓鱼儿，涂些怕人的东西在纸上，这不是捣乱么？而且有什么用处呢？她想到这等情形时，就很自然很容易地引起旧有的胃病。“我的心全在你的身上，现在给你撕得粉碎了。”她老是对义儿这么说。义儿听了，也不辨这句话何等伤心，只觉得意味非常淡薄，值不得容留在脑子里。因此他一切照平常做去。

有一次他将积蓄着的母亲给他的钱买了两匣纸烟匣内的画片，有两次他跑到河边，蹲在露出河面的石头上钓鱼，再有几次，他到不知什么地方去逛，直到天黑才回家，都惹起了母亲的恼怒和悲感。她知道同他说伤心的话绝对没有效果，但是总希望得到一点效果，便换了个似乎较有把握的办法，就是打。她的细瘦惨白的手握着一枝量衣的尺，颤颤地在他身上乱抽，因为怨恨极了，用了好大的力气。可是他一声都不响，沉静的面孔，时而一瞬的眼睛，都表示出忍受和不屈的意思。她呼吸很急促，断断续续地问，“可知道你的错处么？下次还敢这样么？”他只当没有这回事，并且侧转他的头。她没有法子了，余怒里却萌生一丝智慧，就说，“假如下次不敢，我就饶恕了你这一次。”这时候他的头或者微微一摇，或者轻轻一点，或者只有摇或点的意思，都被认为悔过的表示，她的手就此停了，她的怨恨就此咽下去了。事情就这样完结了。可是她的失望的心因此而凝固，她相信义儿是个难得教好的孩子，想起的时候就默默流泪，怨自己的命运不好，更伤悼丈夫的早死。

母亲终究是母亲，虽然觉得今后的失望是注定的了，义儿上学校去的时候，她总要问他穿的衣服够不够，肚子吃饱了没有。有时买了一点吃的东西，或是人家送了什么饼饵糖果来，她总把最好的留着给他吃。他是难得教好的，他是引起她的失望和悲伤的，她却全然不想到了。

义儿还有两位叔叔，也是时常斥责他的。不知为什么，他对于那位三叔特别害怕，一看见周身就不自由起来，好像被束缚住的样子。对于他的劣迹，三叔发见得最少，因为三叔看见他时他总是很安定很规矩的。人家发见了义儿的错处，就去告诉三叔，靠三叔来达到训诫他的目的——就是义儿的母亲也常常如此。三叔训诫义儿的时候，义儿的面孔就红了，不敢现出沉静的神态了，头也不敢侧转了；三叔叫他以后不要再这个样子，他就很可怜地答应一声“知道了”。胜利每每操在三叔手里，三叔就发明了处置义儿的秘诀。三叔向义儿的母亲和旁人这么说，“处置义儿唯一的方法，就是永远不要将好颜脸对他。我就这样做，所以他还能听我的话。”义儿的母亲对于这句话非常信服，可是她熬不住，不能不问暖问饱，留最好的东西给他吃。

一张山水画的明信片，上面有葱绿的丛树，突兀的山石，蓝碧的云天，纡曲曳白的回泉，义儿从一个同学手里得到了。他快活非常，宛如得了宝贝，心想临绘一张。不干不净的颜色盒，是他每天携带的，他取了出来，立刻开始工作。一张桌子不过一方尺有余的面积，实在安放不下墨水瓶，砚台，颜色盒，明信片，画图纸，两条手臂，等等东西。然而一个课室里要布置五六十张桌子，预备五六十个学生做功课呢，怎能顾得各人过分的安适？好在义儿已经习惯了，局促的小天地里他自能优游如意。此刻他将墨水瓶摆在砚台上面，明信片靠着瓶口，就仿佛帖架托着画帖。左手拿着颜色盒，桌子上面就有地位平铺画纸了。他画得非常专心，竟忘了周围的和自己的一切，没有思虑，没有情绪，只有脑和手联合的简单的运动，就是作画。同学的喧声和沉重且急速的脚步，或是走过他旁边的暂时止步而看他一看，对于他只起很淡很淡的感觉，差不多春夜的梦一般，迷离而杳渺。功课又开始了，同学都上了他们的座位了，英文先生也进了课室了，他周围的空气全变，而他如无所觉，还是临他的画。

竖起的明信片很引人注目，加上义儿那坐着作画的姿势，英文先生一望便明白了。他不免有点恼怒，“他在那里作画，连课本都不拿出来，分明不愿意上我的功课。”他这么想，宏大而严正的呵斥声就从他喉间涌出：“沈义，你做什么！现在是什么时候？你的课本哪里去了？你不爱上我的功课，尽管出去。你在课室外画一辈子的图我不来管你，在我的课室里却容不得你这样懒惰捣乱的学生！”同学们听了，有的望着义儿，看他怎么下场；有的故意看书，表示自己的勤勉；更有的相着英文先生红涨的怒容只是微笑。课室内暂时静默。

义儿被唤醒了，还有几株小树没画上，他感觉不舒快，像睡眠未足的样子。他知道不能再画了，便将明信片画幅颜色盒放入抽屉里，顺便检出读本来，慢慢地翻到将要诵习的一课。他并不看先生一眼，脸容紧张，现出懊丧的神态。这更增加了英文先生的怒意。“早已说过了，若是不愿意，就不必勉强上我的课！你恼怒什么？难道我错怪了你？上课不拿出课本来，是不是懒惰？因你而妨害同学的学习，是不是捣乱？我错怪了你么？”

“是的，没有错怪，”义儿随口地说，却含有冷峻的意味，“现在课本已拿出来了，请教下去吧，时间去得快呢。”同学们不料义儿有这样英雄的气概，听着就大表同情，齐发出胜利的笑声来。刚才的静默的反响就是此刻的骚动了，室内不仅是笑声，许多的足在地板上移动的声音，桌椅被震摇而发出的咭咭格格的声音，英文先生把书扔在桌上并且击桌的声音，混成一片。

英文先生觉得这太难堪，非叫义儿立刻退出课室，不足以维持自己的威严。他就很决断地说，“你竟敢同我斗口！你此刻就出去，我不要你上我的课！”其实英文先生并没仔细地想，说这句话是很危险的，假若义儿不听话，不立刻退出课室，岂不更损了威严？果然，义儿听到驱逐令，只将身体坐后一点，以为这样就非常稳固了，——他绝对没有出去的意思。同学们的好奇心全部涌起了，先生的失败将怎样挽救，义儿的抵抗将怎样支持，都是很好看的快要上演的戏文。他们望望先生，又望望义儿，身躯频频转侧，还轻轻地有所议论，室内的空气更显得不稳定。

英文先生脸已红了，他斜睨义儿，见他不动；又见许多学生都好像露出讥讽的颜色。这是何等的侮辱呵！他的血管胀得粗了，头脑岑岑地响了；一种不可名的力驱策着他奔下讲台，一把抓住义儿的左臂，用力拉他站起来。义儿有桌子做保障，他两手狠命地扳住桌面，坐着不动；他的脸色微青，坚毅的神色仿佛勇士拒敌的样子。英文先生用力很猛，只将义儿的左臂震摇，桌子便移动了位置，并且发出和地板磨擦的使人起牙齿酸麻之感的声音。义儿终于支持不住，半个身体已离开桌子了；桌子受压不平均，忽然向左倾侧。一霎的想念在英文先生的脑际涌现，他想桌子倒时一定发出重大的声音，这似乎不像个样子。他就放了手，义儿的身躯重复移正，桌子便稳定了。于是课室内的战事暂时休止。

同学们观战，早已忘了自己在什么地方了；有的奋一点无所着力的力，同情于义儿的拒敌；有的只觉此事好玩，最好多延长一刻；有的觉得这是个机会，便取出心爱的玩意儿来玩弄，或是谈有趣味的话。总之在课室之内，上功课的事是没有人想到了。直到先生放手，惊奇的目光又集中在先生脸上。

英文先生把手放了，忽然觉得这个动作太没意思，况且许多学生正看着自己的脸呢。但是，再去抓他也不好，要再抓何必放呢？窘迫的感觉包围全身，使他不敢正眼看周围诸人。他只喃喃地说，“你不出去也好，我总不承认你留在这里。刚才的事退了课再同你讲。现在且上功课，你不爱上，同学们要上呢。”他很不自然地走回他的讲台。

学校里从此起风波了：英文先生将义儿的事告诉了级任先生，说以后一定不要义儿上他的课。级任先生口里虽不说什么，心里却异常踌躇，不要他上课就是不肯教他，哪有学校里不肯教学生之理？并且在英文课的时间叫他做什么呢？若是还叫他上英文课，英文先生的面子又怎么顾全？说不定英文先生因此动怒，又生出另外的枝节来。级任先生宛如受了过大的激刺，觉得满心都是不爽快，他就告诉了义儿的三叔，他们俩是天天在茶馆里会见的茶友。许多同学呢，他们将义儿的事作为新闻，一散课就告诉别级的同学，像讲述踢球的胜利那么有味，——于是别级的同学流动不居的心里又换了个新的对象了。他们怀着好奇的心在那里观望：课已退了，英文先生将怎样办理这一件事呢？义儿仍旧取出抽屉里的东西，完成他的画幅，可是心里总觉不安定，有点惊怯，以后将有什么事临头，模糊而不能预料。一块小石的投掷可以激动全世界的水，虽然我们不尽能看见波纹：现在的情形就是这样了。

三叔听了级任先生的诉说，当然痛恨义儿的顽劣；一方面想法解决这件事。他说，“由我训诫他，已经不知几回了！当着面他总是很能领受的态度，自称情愿悔改，可是一背面第二个过失就来了。他母亲打他骂他，差不多是每天的常课，更没有什么用处，当时他就不肯说一个改字。我们须得换一个方法才行。”

“是呀，须得换一个方法，”级任先生连连点着头说，“他在课室内这样捣乱，非但同学们和授课的先生受他的累，连我也觉得难以措置。总要使他知所畏惧，以后不敢再这样，才得大家安静呢。”

“英文先生方面，由我去赔罪。为他的话的威信起见，不妨令义儿暂时不上英文课；到哪一天，说‘你确能改过，英文先生恕你了’，然后再叫他上课。”

“你这办法，解除了我的为难了！”级任先生露出得意的笑容，压在他肩上的无形的重负似乎轻了好多，“就这么办吧。可是怎能使你家义儿确能改过呢？”

三叔轻轻击一下桌子，端起茶杯呷了口茶，然后说，“就是你所说的那句话，要他知所畏惧。我想他这么浮动的心情，都由每天回家，常同外面接触而来的。若是叫他住在学校里，和外间一切隔离，过严苦的生活，他一方面浮动的心情渐渐定了，一方面尝到严苦的生活的滋味而觉得怕了，或者不再有什么坏的行为做出来吧。”

“这确是一个办法。就叫他住在我的房间里好了。但是，你先要给他一个暗示，重重地训斥他一顿，使他没搬进学校就觉得懔然。”

“我知道，我有法子。”

一切都照三叔的计划进行，义儿搬进学校里住了。他本来很羡慕住校的同学。他常常想晚上的学校里不知怎么个情形，课室里点了灯，许多同学坐在一起，不是很好玩么？可是他并不曾向母亲要求过要在校内寄宿，因为他不能设想这事的可能。现在母亲忽然端整了被褥一切，叫他住在校里，实在是梦想不到的。这就是他往日的学校呀，但在他觉得新鲜。晚饭的铃声，课室里点了火的煤油灯，住校的同学的随意谈笑，夜色笼罩下的操场上的赛跑，都是他从来不曾经历的。他听着，看着，谈着，玩着，恍恍忽忽如在梦里，悠久而又变化多端。他在睡眠之前很匆促地摹印一张《洛川神女之图》，到末了画那条衣带，墨色沸了开来，就把全幅撕了；但是他很觉舒适。母亲的唠叨现在是非常之远，好似在她怀抱里的时候的事；画完一幅画，居然没听见“又在那里涂怕人的东西了”的责骂。更可希望的，一个同学约他明天一早去捉栖宿未醒的麻雀。他在床上想，到哪里去取竹竿，怎么涂上了膏，预备怎样一个笼子，怎样伸手……渐渐地模糊，不能想了。

两三天内，级任先生暗里观察，希望看见义儿愁苦怯惧的面容。可是事实竟相反，义儿还是往日的义儿，而且更高兴了一点。

当级任先生到茶馆时，三叔就问他，“义儿可又闹了什么事?”

“暂时没有。”级任先生微露失望的神态，语言间带着冷然的调子。

“他住在校内觉得怕么?”

“怕?”级任先生斜睨着三叔，“哪有这回事！他还是往日的模样，而且更为高兴。”

“他竟不怕么?”三叔怅然愕视。

1921年10月29日作。

刊1921年11月1日《文学旬刊》第18期，署名叶绍钧。

乐　　园

小学校里的情形，唯有学务委员知道得最真切而详细了。

当什么人批评小学校露出不满的脸色的时候，学务委员就说以下的话：

“你们过于苛求了。瘦到露出骨头的黄牛，怎能耕出丰收的田亩吗？吃不满一块豆腐的水鸟，怎能衔起小孩那么大的鱼儿吗？小学教员的情形就是这样了。

“他们和一切人一样，须要必需的口粮——或者说，须要一家人的口粮。可知道他们能够得到多少换取口粮的钱？在我们的祖父曾祖父听起来，确实是个不小的数目——六块大洋！

“这还算是很好的呢，在我们丰裕的省分，才有这个数目。我听说北京有一位先生，到黄河沿岸调查教育。走到一处学校，坐着两三个学生，没有先生。等了好久，辘辘的声音自远而近，到门前停了；骡车上下来一位先生。调查教育的先生问他办学校为什么这样办，他的回答很妙，他说，‘我的薪水是六块大洋一年呢！若要我专任教员，前五年就饿死了！’他教了一课书，坐不到一点钟，又驾着骡车去了。

“我们这里的教员比起那位驾骡车的先生来，当然好得多了。据我所知，以教员为副业的还没有。可是，饱的日子，他们也决不会有。人纵没有别的奢望，总望得个饱。所以他们的身体虽在教室里，他们的心却在‘机会之流’的旁边迫切地等待。适宜于他们的机会到了，他们就离开教室了。

“一般等不到机会，没有资格拜访机会的，就是现任的教员了。他们怎样过活，我都知道。他们的学校里总有个小灶，自己煮饭吃。除了授课的时间，来扇馆①是他们的常驻所，因为乡民都在那里喝茶，有时受乡民的嘱托，代写些香疏经牌，可以得到三五斤菜，十来个鸡子的报酬。他们也恋着家庭，隔不到十多天，便跑回去看看，虽然离家有十里二十里的远近。第二天从家里出来，常常误了上课的时刻。

“我呢，从来不苛责他们。我去视察的时候，往往学生们在学校里闹翻了，先生还在来扇馆里捧着茶壶有情有趣地喝茶。我就把先生唤来，说他几句——我是好意呢，我说，‘上课时候不在校内，未免不好意思。给我撞见，固然毫不要紧，我能原谅你。倘若给县视学省视学撞见了，可有点不方便！’事情就过去了。看他们红着面孔，现出恐惧的神态，可知他们也爱惜他们的地位。只要对于我的话能够信服，我也就满意了。

“还有几处，学生实在很少，我去的时候，却总是‘银镶边’。什么叫‘银镶边’呢？这是我们几个同行题出来的名目。狭小的课室里，坐不下三十个学生，已经连先生教桌的前面和两旁全是学生了，这仿佛器具的金银镶嵌，便流行了这个名目。我的眼光岂是瞒得过的，两三回就看出来了。有好些学生竟是跟着我走的，我视察到哪一校，他们就坐在哪一校的课室里。这叫做‘借兵’。我虽然看破了，也不说穿他们。他们‘借兵’总是要好，爱重地位，对于我知道怕惧，我何必与他们为难呢？只要他们运气好，县视学省视学来的时候平安无事，总可以从我手里领到六块大洋。

“况且县视学省视学未必不与我一样心思。”

迈儿今年四岁了。他能唱“棉花白似霜”“咿哑咿哑踏水车”的歌。他知

① 乡村里的小茶馆，炉火不常燃，客来时，扇起炉火，煮水泡茶。

道清晨的鸟鸣是鸟儿睡醒的歌，晚上来叩门的绿衣人是邮差。他还能编造如下的故事："一个孩子走到花园里。花园里一个池塘。捉起一条鱼。又捉起一只虾。又捉起一只蟹。又捉起一个蚌。又捉起一只蟛蜞。蟛蜞钳了孩子的手，哭了三日三夜没完结。"

这是一件很费计虑的事，迈儿的父母刻刻想起的，就是迈儿该入学了。他们为郑重起见，特地去参观附近的几所学校，观察正在学校里的学童。

第一次走进一个学校，最触目的是那位教师。包着紧张的皮肤的枯瘦的面孔反射青光；他坐在教桌后面写什么东西，只觉森森的有一股冷气。十来个学生坐在他面前，大概是感染了他的气质，也变为滞钝且冷漠。迈儿的父亲想，"迈儿是热烈的，活动的，这里不是他适宜的学校了。"

又走进一个学校，除了课室，只有不到课室一半大的一个院子。课室很昏暗，仿佛已在傍晚的时光。几个学生在桌椅间乱跑，几个在院子里墙角下坐着不响。问学生先生在哪里？学生说不知道。迈儿的父亲想，"迈儿需要光明，这里不是他适宜的学校了。"

附近只有三所学校，迈儿的父亲去访问第三个学校了。这里学生最多，他们在空场上奔跑，像热石头上的蚂蚁一般，当时走过一位先生，衔着纸烟，吸得很重。他绝不看一看学生，似乎旁边并没有他们。迈儿的父亲想，"迈儿总要有一位亲密的教师，不幸这里又不适宜于他了。"

迈儿的父母听街上孩子骂人，那种意念和态度，决非孩子本来就有的；又听邻儿说话，一连三句必然有一个间歇，每一个间歇之后就改换了所说的中心点，而且说不明白；又想遇见的孩子都粗野而愚陋，没有清明壮健的气概：这些都引起了没有学校可以送迈儿进去的忧虑。他们想，"不送他进学校吧，自己还有业务，哪有整段的时间来教育他？而且他需要小伴呢。孩子有了小伴，仿佛鸟儿入了群，飞着，叫着，更见快乐。不入学校，他就成为失群的小鸟了。这个损失太大。"

他们又想到搬家。但是经验告诉他们，别处地方像他们这样的父母也正想搬家呢。

他们问学务委员道，“有可以送孩子进去的学校么?”

“你们还不知道？附近就有三所学校，都收学生。”

“不是这么说，我们指好一点的。”

“将就得过就是好，世间哪有绝对的好？我所说的三所，都还将就得过。”

迈儿靠在母亲的膝上，明澈的双瞳含有期望的神情，看着母亲的脸，娇语道，“你说学校是乐园，不是么？我要到乐园里去。明天你给我做书包。我要有一条皮带的。你给我买几本有人的书，有花的书。你送我去。你领我回家。”

母亲只得答应他，免得使他不起劲，心里却引起深深的惆怅，因为迈儿的乐园还不知在哪里呢！

1921年11月22日作。

刊《小说月报》第13卷第1号，署名叶绍钧。

地　　动

“再讲一个吧，爹爹。”明儿靠着父亲的膝，两臂略略推动，父亲的身躯也轻轻地摇摆了。他那红润丰满的两颐，各有个浅浅的涡儿，在灯光里越显得美，覆额而剪齐的头发又含有可爱的潜力，使坐在旁边的母亲和祖母只是看着他微笑。假若父亲母亲祖母三个的心可以比做车轮的辐，那么明儿就是中心的轴了。

“再讲什么呢?”

父亲抚摩着明儿的头发，又托着他的后脑使更靠近一点；明儿的面孔就贴在父亲的膝上了。他的明净的眼睛从眼角里注视着父亲的嘴，好似父亲的嘴里有个可喜的世界就要涌现了。他说，“就讲地动吧。”

他还牢记着昨晚的事：那时候一家人同今夜一样，什么小鱼小虾是父亲嘴里的故事，又温和又甜美的是祖母和母亲脸上的笑，宁静得几乎什么都忘了的是明儿听讲故事的心。最先是母亲觉察，怎么身子有点儿摇动，桌上的花瓶也晃动了。随后便听得窗外有哗……的声响，房屋的骨胳也咭咭格格地响起来了。母亲才想到这是地震，悄悄地颤抖地说，“地动了!”于是父亲的讲说中止了。明儿的眼珠突出，瞪着不转动，虽然他并不知道地动是怎样恐怖的事。室内全然静默，只听得狂风似的声响在窗外的远空掠过；又觉得身体动荡，仿佛在惊涛骇浪的小船里。“我们下楼去吧，到场上去吧，危险呀！”父亲轻轻地说，但是他坐着不动，祖母干枯的脸上显出青色，似乎要说话的样子，上下唇动了几回，可是没有说出什么来。大概经过四十多秒的时间，地动才停止了。“什么呀。”明儿这一声打破了室内的沉默。大家才谈起地动来。恐怕它再动，不免引起忧虑。但是也没有法子；只得凭独断来互相安慰，以为决不会再动了。祖母就讲她早年的经历：哪一年地动，招来了“长毛”；哪一年地动，入秋大雨四十天，田中颗粒无收。这时候明儿处在暂时被忘却的地位，静静地听着，也满足了爱好故事的欲望；并且学得了“地动”这个名词，体会了什么是“地动”。

“我就讲地动。”父亲执着明儿柔美的小手说。明儿注视的眼睛放出希望的光，似乎要将父亲所讲的故事立刻整个儿摄引出来。父亲开始讲了：“那一天地动，动得很厉害，比昨晚还厉害。一处地方有个塔，很高很高，几乎矗入云中。”

“比我们这里的方塔，谁高？”明儿曾经由父亲抱上方塔的最高层，父亲指着地面的行人叫他看时，他只是看不见，后来说看见几个苍蝇在那里慢慢地走。他因此认识了方塔。

“高得多呢，四个方塔那样高，四个。地面动个不了，那个塔便向四面乱晃，像个将要滚倒的陀螺。后来它实在站不住了，倒下来断成六段。塔就此坏了。来了个匠人，看见塔断了很可惜，愿意修好它。便去取一桶浆糊来，涂在每一段的断处，一段段粘起来。他做了半天的工，那个塔复原了，同先前一样的一个塔横躺在地上。太阳还没有回去的时候，他已将那个塔竖在原地方了。”

祖母同母亲都笑了。明儿听得出了神，身体一动也不动；听到这里，才咂着上下唇，像吃了好吃的东西似的，问道，“还有么?”

“完了，没有了，塔已经竖在原地方了。”

“那么再讲一个吧，爹爹。”明儿说着，将上体竖起；小手从父亲手里褪出，拉着父亲的衣襟，表示恳求的意思。母亲顺着他的恳求说道，“再讲一个吧，讲地动时候的一个小孩子吧。”

这是他们的惯例，随便想几句话编成个故事，只挑明儿能够了解的或曾经经历的。明儿从去年秋间，他出生了三十多个月的时候起，就尝到听故事的好滋味，到今已有一年了。

明儿得到母亲的帮助，知道必能如愿，拉着衣襟的手就放下，他走到母亲跟前，背心贴住她的双膝，表示依恋的情态，仿佛给她的一种报酬。

室内充满了妙美的静默。父亲又开始讲故事了："那一天也是地动，也比昨晚还厉害。桌子上的花瓶，水盂，墙脚边的痰盂，树上的鸟卵，宝宝的皮球，全都在地面滚个不停，好像活起来了。有一个孩子，他本来站在场上。地动了，他似乎脚下一滑，就跌倒了。不好了！他自己作不得主，身体只是一仰一俯地滚。他滚过了昆山，滚过了上海，再滚过去就是大海了。海面又平又滑，他滚得格外快，只觉得面孔刻刻着水又刻刻朝天。"

明儿的眼睛睁得比平时大了，似乎还在那里放大。他悄然说，"怎样呢?"

"他滚过了海面，又在外国的地面只是滚。好了，有一垛高墙在那里！他给墙脚挡住，停了，不滚了。"

明儿的头点了几点，小嘴里呼出一口深长的气；同时他的背心贴得更紧，差不多全身的重量都支在母亲的两膝上。

"他躺在墙下，也不起来，像睡在床上一样。那边有碧绿的树，树下种些青菜，他以为就躺在自家的场上。一个人来了，来了。走近时，看见一个孩子躺在那里，就把他检了起来。那个人有个口袋，很大的口袋，在他的衣服上。他把孩子放进口袋里，像检得一个苹果一样。

"那个人到了家，吃过晚饭，看他的报。"

"还要写信呢，看书呢。"明儿提示他父亲。

"他看完了报，是的，写他的信。写完了信，看他的书。时候不早了，月亮快回去了，他解开衣服想睡。忽然口袋里的孩子叫唤起来。"

明儿好像进了恐怖的洞窟，脸上突然紧张，仰起来看一看母亲的脸。

"那个人才想起口袋里有个检来的孩子，便取出来，问他道，'你为什么要叫唤?''我没有吃晚饭。我要母亲。'"

明儿的小嘴抿着，下唇渐渐突出；眼眶里潮润了。可是父亲没有留意到他，还是往下讲："那个人说，'你就要回家是办不到的，你的家离得远呢！晚饭我给你吃。母亲呢，只好过几时再见了。"

"呀"的一声，打断了父亲的讲说，明儿哭了。他的身躯尽往后退缩，似乎要逃出这最初的悲哀的包围以外。母亲便抱他起来。让他依贴在怀里，并且亲他的面孔。柔语道，"你的母亲在这里呢，你的母亲在这里呢。"

祖母也唱催眠歌似的安慰他道，"你的母亲在这里呢，你的母亲在这里呢。"

可是没有用，他哭得至于呜咽了。父亲急忙续讲道，"小孩说，'多谢你，今夜送我回去吧！'那个人说，'可以的，你先唱一支歌谢我。'小孩便唱了一支《种田牛》，唱得真好听。那个人听完了，取一张邮票，贴在小孩额上，把他交给邮政局。邮差当夜把他送到家里。他母亲正等着呢。他母亲抱起他，说，'你来了，抱抱吧！'娘儿两个都快活得要酥了。"

"好了，他在娘的怀里了，"母亲催他止住哭，轻轻拍他的背心，这么说。祖母顺着说，"明儿，他已经快活得要酥了，你还哭什么？"

明儿的哭声停顿了；隔一会，又哭一声。眼泪滴在母亲手上，又滴在母亲的衣襟上，湿了一大摊。他的身躯还在抽搐，呼吸又粗又急，好似这最初的悲哀也就是永久的，已深深潜入他的心里了。

1921年12月9日作。

刊《东方杂志》第19卷第1号，署名叶绍钧。

旅路的伴侣

坐过火车的人，才懂得航船行得慢的真意味。坐航船的惯家却这么说，“反正是个到，何必急急？坐了火车，一霎就赶到了，到了又干什么呢?”或者说，“一包花生米，三个铜子白酒，得这么一点儿醉意。横下来呼呼一觉，待船家喊醒时，就跨上埠头。这岂不爽快而有味?”

他们说的当然是经验之谈。可是我总不大欢迎航船，虽然我的性情算不得十分急躁，而且也能喝一点酒。幸而我与航船没有联系的必要，到别处去，有他种工具将我运载。但有时遇见从乡间坐航船来的朋友，他们说，“今天顺风，只走了四点钟。”或者说，“今天大逆风，在船中坐了八点钟。”我就代他们感到寂寞和烦闷，以为这是一种可怕的遭遇。

三年以前，我为职业的关系，搬到乡间去住。那个地方三面抱江，一面是个大湖，非船只不能和别处相通。好在我没有必须到别处去的事，邮船又每晚载着邮件回来，所以还不觉得什么。

有个朋友来了一封信，约我去会他。于是我必须坐航船了。还没跨上船头的时候，我已经异常担心，全身微微起拘挛的感觉。没有人相与谈话的孤寂，切盼到达目的地的焦思，船舱内浊气充塞的闷郁，左一侧右一侧的震动，想到这些，都足以阻遏我跨上船头的勇气。但是答应赴约的信已经寄出，不得不强自振作，走向埠头，跨上航船，钻入高与腰齐的舱里。舱中已有男的女的四五个人，因为骤入昏暗，很不容易辨认他们的面貌；更兼怅惘充满了我的心，四围的一切都如虚似幻，即使竭力辨认也不容易认清楚。舱里铺着一条一条的板，是乘客的坐位，摸上去指尖触着一粒粒细屑，知道是灰尘。我就将靠左舷的一条板略一拂拭，颓丧地坐下。

在这种时候，时计仿佛是无用的废物。经过了很长的时间——虽然时计告诉我只半点钟，——又来了两个老妇和一个女孩子；舟子们早饭吃罢了，供全船的人取饮的红泥大茶壶的茶也泡来了，才见船前边两旁的岸懒懒地向后移去，船身也按着韵律颠荡了。

沉寂和疲倦是这时候的最高权威，谁都受支配。呵欠差不多成为传染病，这个人刚打过，那个人就接应着。有的人靠在舱板上，脸贴着板，就闭了眼。有的人横躺下来，身体蜷成虾的样子，不一会也发鼾声了。便是我，也觉头脑昏昏，眼皮沉重，虽然起身的时刻和平日一样，并没欠什么睡债。

我怎样的孤寂呵！统计全船人数，大约在十五以上，可是我觉得只有孤单的一个我。所谓孤与不孤，该不是从形象说而是从内心说的吧。要是我对面有一个人，只有一个人，彼此的内心相互交流，我就骄傲了，仿佛全世界属于我了。要是心和心之间筑起了无形的墙壁，又厚又坚固，决不容摇撼或窥探，那么即使在千人万众之中，又怎能不引起孤寂之感呢？

我勉力支撑，不愿也沉沉地睡，便从舱板的缝里看岸上的景物。田里的稻都割去了；田岸还是没在汪汪的水里。偶然有几株小树，缀着鲜艳的红叶，闪在几丛落叶将半的树后，使我起茫漠的美感。远处村树仿佛一道短篱，篱那边便是无际的天；都好像笼着一层轻雾，模糊而微微地颤动。一株很高的银杏树，叶已落尽，树枝不自然地盘曲，站在平野中间。我想这差不多像个鬼魅。我心有所注，情思渐渐地单纯了，本然了。

呀，为什么这株银杏树老是在那个地方，不见它移向后方呢？再看靠近船身的岸，憔悴而将枯的蓼花无力地摆动，宽而缓的波纹推到它们时，才较用力地点几点头；也不见岸退得很快。于是“无聊”又来侵袭了。孤岛之上吧，世界之外吧，都可以用来作比，都十分相像。怎能知道内心和我交流的人此刻正在做什么呢？正在怎样地想念我呢？我和他们暂时隔离了。

“快到吧?”女孩的声音破了全舱的沉寂。她就是跟着两个老妇一起来的，坐在右舷的前方，两个老妇的中间。便是一句话的声音也稍足以安慰呢；我不能自己分析，似乎有点感激她的意思，随即举首看她。她下颔尖瘦；皮肤洁白，但带着淡青色；眼珠略微突出，流转敏活，有少年的明净的特征；身上穿着布袄，结束整齐，且又清洁。我想，这两个老妇中间定有一个是她的祖母了。

“到？船才开呢！你耐性坐着，到了总要带你上岸，不会留你一个人在船上的。”女孩左旁的老妇这么回答。她最引人注意的是一双眼睛；眼皮翻了转来，眼球上网满了红丝，虽然只张开一线，望去就见两摊潮润的红肉，引起人难受的感觉。她时时举起青布的手巾擦眼泪。看她说话时嘴唇和舌端很快地运动，以及点头指手的神态，便知她是个健谈的妇人。

我又看女孩右旁的老妇。她是普通妇人的型式；微微的笑，静定的目光，新制而不入时的衣服，都显出她的谨愿和质朴。她接着向女孩说，“你父亲知道么，我带你去?”

“没有知道，他喝茶去了。我向母亲说的，她许我。”

红眼的老妇擦着眼泪抢着说道，“你放心，又不是带她去卖了；人家想念她，正用得着她，你带了去，有什么要紧?”

“不是这么说。她父亲回家时不见了她，知道由我带走，便要吵到我家里去。当家的就要责怪我了，无事无端去游上海，还惹出些是非来。”她现出凄然的神情，似乎已经被责怪了。又推动女孩的胳臂，懊恼地说，“我不该带你出来！我不该带你出来!”

“他不会的。况且已经向我母亲说了，她许我。”女孩这样回答，显出很不以父亲为意的样子，又抱着对于前途的热望。红眼睛老妇随即批驳道，“这倒不大对；你说你母亲许你了，你父亲就会听从她，也许你么？你母亲太软了，哪里可以做他的主，只有怕他服他就是了！不然，照她现在的年纪，正可以出去这么五年十年，挣一点钱回来，好好儿做家人家；而且她自己也吃得好一点，岂不是好?”

“这也不能怪他，她一出去，一家就此散了。他常常说，无论怎样穷苦，总不愿让一家散了。就是珠儿，如果有好好的人家要，本来可以把她给了人家，免得她跟着吃苦。但是他哪里肯呢?”珠儿右旁的老妇说着以上的话，似乎动了怜悯的心情，声音里含有哀愁的意味。

“这倒要赞他一声的，他对于儿女没有一个不喜欢。就是他叫珠儿做什么事，珠儿不立刻去做时，他恨极了，手颤颤地举了起来；可是碰也没有碰到她的身体，又放下了。他赢了钱，带回些橘子花生米，往往醉迷迷地说，‘珠儿，拿一个去。巧儿，桂儿，大家拿一个去。花生米你们分了吧。’只有珠儿的娘从来没有份。”

在右舷的后方靠角坐着个客人，他本来在那里瞌睡，我只注意他那庞大的身躯。现在他的头仰了起来，开口了：“她父亲干什么的?听你们说，大约是个无赖的人。”

在航船里这又是个通例，除了沉寂，便是打听人家的事，随意评论，以为消遣。这身躯庞大的人睡醒了，幸遇机会，便搀问一声，开个谈话的泉源。他的面孔也特别大，与他的身躯相称。脸皮深赤，粗糙像橘子皮。看他微淡的眉毛，如线的眼睛，不很鲜红的嘴唇，觉得他缺少神采，仿佛全身染着灰色。

红眼睛老妇回答了：“她的父亲么?有过房屋，也有过航船。现在呢?什么都没有了，一家六口，租了我家一小间屋子住着。他不过抽了一筒烟，什么事都不干了。他能够写信。又能扎小孩玩的玩意儿，什么风筝，小篮，各种的灯，都做得很精致。”

“倒是个细心的人，那么为什么不去找一点事做呢?”身躯庞大的人眯着眼睛这么问。珠儿右旁的老妇接着说，“他哪里肯做事呢?他的妻子是我的甥女。我的舅舅家他们很发财呢，棉花庄布庄都开着。他们同他虽然是远亲，听见他的境况很可怜，写信来说，若能把烟戒了，便可以到他们庄里做一点事。他毫不动一动心，只当一阵风吹过罢了。”

红眼睛老妇很得意的样子，笑道，“要吸烟的人戒烟，比要他死都难。今年夏天我们在街上乘凉，我同他说着玩，‘珠儿的爷，你若能把烟戒了，我就养你一世，你每顿到我家来吃。’他说，‘真的么？我明天就戒。’我说，‘自然真的。’第二天一早起来，他就溜到阿二家里去了。……那一天的钱拿回了四百，后来怎样？”她忽然想起了别一事，回头问珠儿。

“起先母亲向他讨了四百；他晚上回家，又拿出三百给我，我就给了母亲。”

“那是全数取还了，究竟你母亲知道他的脾气。”

这一问答引动了身躯庞大的人的好奇心，他又打听了。红眼睛老妇毫不厌倦，恳切得如同熟人说话似的说，“珠儿的娘最苦恼了；他们一家六口，全靠着她十个指头。她一早起来，就在那里急急忙忙地做针线；晚上两更三更的时候，我们一觉醒来，望他们屋子里还有昏暗的火光。她还要出去买东西，在家煮粥，洗衣服，抱最小的孩子，给几个孩子纠缠。我常常对珠儿的爷说，‘横竖你不做事，在家煮煮粥，洗洗衣服，空下来抱着小的孩子，带着大的孩子出去走走，好让珠儿的娘一心一意做针线，多挣几个钱，免得大家粥都吃不饱。’他哪里肯依我，一起身就提着茶壶出去了。

“她很要争一点面子，没有给人家做成衣裳，从不肯先向人家要钱。今天的过活，单靠昨天收入的工钱。她生第四个孩子那时候，单薄而少吃油水的身躯实在支持不住了；可是躺了四五天，就勉强撑起来，索索抖的手，拿着一件没有完工的小衫，又在那里缝了。我看见她，便说，‘珠儿的娘，你再歇一两天吧。’她说，‘不要紧’，但是她吁吁地喘了。看她青白的脸色，薄皮包着骨头，真有六七分不像活人。

“刚才说的是前几天的事。那一天珠儿的爷躺在床上不起来，大约他实在没有法想，不能出去了。小孩们在娘跟前缠扰，使她引针的右手时时受妨碍。她向小孩们说，‘我这衣服快缝好了，送了去，取了钱，煮粥给你们吃。’这句话让他听见了，仿佛给他开了一条路，就跳起身来出去了。他赶到杨二嫂家里，口称要先取缝衣的工资大洋五角。他们知道他家里的情形，又知道珠儿的娘的脾气，起先不给他。他又说，‘因为有急用，我的妻叫我来取的。’他们自然不疑了，就给了他。

“朝市将散的时候，珠儿的娘手里的衣服完工了，急忙送去，才知道工资给他取去了。她不再说什么，回来含着泪悄悄地对我说，‘今天过不去了，杨二嫂家的衣服是白做的!’她都告诉了我，我也没法想。她又说，‘最好他午间回来，或者可以向他取回一点。’那天傍晚，她笑着告诉我，‘他午间回来，我同他商量，借一点钱来买米买柴，取了杨二嫂家的工钱便还你。他居然摸出四百钱来，说，“你借去吧。”这不是一半已经取回了么？真是运气!’想来他后来将三百钱去作赌本，赢了，便假作给与珠儿，按原数还了珠儿的娘。”

“究竟他也有良心，这么刻苦的一个妻子，若还要逼迫她，真太难了。这一次大概他真到无可奈何，才做出来的。”身躯庞大的人似乎发见了新奇而正确的见解，点头闭眼地说，表现一种难看的样子。

“这还是珠儿的娘摸得准他的脾气之故。假使同他说破了，他就存着个反正我拿了的心，不一定肯再拿出来了。”红眼睛老妇接着申说，表明身躯庞大的人所说的话不见得完全对。另外一个人的声音从后舱发出，他是轮到休息的舟子，他道，“他们夫妻俩很好的；不然，怎么孩子倒生了四个?”

红眼睛老妇一笑，露出已有缺落的两排黄牙齿，道，“说他们坏呢，实在也不见得。可是她哭泣的日子一个月内总有二十多天。我常常向她说，‘你们有了四个小孩子也够了。’她现在又怀了孕五个月了！他们一家最吃苦的就是她，要剩下来的粥才轮得到她，头发没工夫梳，衣裳没工夫补。但是你们看，今天珠儿走出来，看得出她是粥也靠不住的人家的孩子么？……珠儿，你要记着，总要孝顺你的娘，知道她怎样吃苦！……珠儿这孩子真奇怪，别的人使唤她，总是笑嘻嘻答应着去了；独有同她的娘常常要斗口。我对她的娘说，‘你真是苦命，连珠儿也不孝顺你!’你们知道她怎样说？她说，‘死了就完了!’”

她左右顾盼地说，语气似怜悯又似嘲弄，全舱的空间差不多让她的声音独占了。珠儿被她推了几推，又受她的数说，活动明净的眼珠转了几转，仍旧回头望船头。那个身躯庞大的人叹息道，“这样一个女人真是少有的！遇到这样一个男子，大概她前生作了什么孽了。不过她为什么不走？出去帮人家，很正经的事，男人也说不得什么。”

红眼睛老妇立即回答，“男人固然不愿她出去，她自己也不愿出去：她要抚养四个孩子呢。她从没想到过出去，宁可断了腰，脱了手，瞎了眼，还是靠十指过活；宁可时时哭泣。我可怜她，有时略微帮助她，多煮一点粥，或是多下几条面，‘珠儿的娘，你也盛一点去吧。’我不喜欢自己热腾腾地在那里吃，人家却冷冰冰地在旁边看。我们还是吃得饱的人呢。”

她说到这里，露出满足的笑容，同时擦那不绝流注的眼泪。身躯庞大的人听了，对于珠儿的父亲总觉得不服气，愤然道，“你帮助她确是好心肠，老太。可是他有这样一个好妻子，不知道顾怜她一点，太岂有此理！”

“顾怜，他顾怜自己还来不及呢！直到真没法想，他才挨在家里。不过这种时候还少。幸而他生的少爷脾气，他若是赢了，身边有钱，看见人家过不去，‘某人，你过不去，要多少？’他过不去的时候，自然也有人问他了。他还有一种好处，他向哪一个借了钱，他的妻子悄悄地替他还了，就决不向那个人借第二回。若是他借了自己还的，到过不去的时候，‘某人，又要对不起了。’这是他的好脾气，他的好脾气。”红眼睛老妇忽然连声称赞他，对于他这一点深表同情。身躯庞大的那人也不再用不平的声气，点头道，“他在外面倒有知心小弟兄。家里不管，外面去却很慷慨。这也是个道理。”从这句话揣想他的心理，珠儿的爷的罪恶至少减轻一半了。

无力的橹声听得见了，因为几个人的谈话暂告中止。红眼睛老妇要看看已经到了什么地方，回头向头舱，恰与一个村间妇人对面。面对面往往是不相识者互相问答的引诱，何况她本来就想开口了。她问道，“你们带了这个小娘，到上海去做什么?”

珠儿右旁的老妇抢着说，但语音很轻缓，“就到我的舅母家去。舅母今年七十八了，正用得着人，搀扶搀扶，倒倒茶，点个火，装几袋水烟。他们丫头也有好几个呢。听见珠儿家穷苦，写信来说，‘把珠儿带来，让她做点事吧。我们不把她当丫头看待；她也免得有一顿，没一顿。将来给她配人家，你们爷娘说好的，就算数。’”

“再好没有了，到底发财人器量大。”村妇听得有味，不由得透出艳羡的心声。

“你们没有知道珠儿的爷怎样说呢！”红眼睛老妇以鄙夷的面容和不平的声气插入这么一句话。珠儿右旁的老妇不慌不忙地继续说，“他说，‘我的女儿，由我自己作主配人家，不用别人代劳！’他们原叫他作主，谁一定要替他代劳呢！后来不见送去，他们也不再提起了。

“今天她到上海去，我说同你一起去，望望舅母，顺便玩一玩上海。珠儿送我们到船埠，我们无意中说，‘带你上海去吧。’她就奔回去告诉了娘，跟我来了。现在想想，很觉得懊悔。”

她的眉头皱了，定睛凝想，不复往下说。珠儿向她看了一眼，笑道，“不要紧的。”

“小娘喜欢到上海呢。上海街道最难走，你要留心着，不要到马路上去。倘若是沿街楼，在窗台上望望，马车，汽车，电车，真好玩呢。”村妇热心劝告，仿佛对她自己的女孩。身躯庞大的那人却耸着肩说，“她到了上海，吃得好，看得好，包你不想回家呢。而且吃了些油水，面孔要比现在好看得多；现在已不错，将来怕不是个美小姐么?”

后面休息的舟子接着玩笑地说，“上海的小后生也俊俏。她看惯了，将来定要同爷娘吵闹，不是上海小后生不嫁呢。”

全舱的人笑了，连不曾开过口只在那里默听的人也露出笑颜。身躯庞大的那人笑得咳嗽起来，唾沫飞溅，身体前后摇动。红眼睛老妇只是擦泪，青布手巾放不下来。

我从舱板缝里向外看，认得远远的有几垛白墙的一个村落，是陶村。水程还不到三分之一呢。可是珠儿家的故事引起了我的感情，又暂时却退了我的无聊，我不得不感激红眼睛老妇身躯庞大的人这几个人——我的旅路的伴侣。

1921 年 12 月 19 日作。

刊《小说月报》第 12 卷第 3 号，署名叶绍钧。

风　　潮

这是十四年前的事。

学校里新请了一位历史教员。他没有到校的时候，那一天开始授课的布告贴了出来，便引起许多学生揣测探听的心绪。他什么学校出身，他的脾气怎样，他的容貌怎样，都是他们想要知道的。有的说知道他的底细，许多人便围拢来要他讲。讲的人描摹得十分尽力了，听的人还是大半模糊，认识不清那位将要见面的新的历史教员到底怎么样。其实见面时总会认识，何必事前揣测探听？可是学校里每逢新教员到来以前总是这样，这是平常的情形。

这一课轮到上历史了，学生们满怀着好奇心，坐在课室里等待。新教员来了。他跨上讲台，很矜持的样子，匆匆地鞠躬，都和别的教员差不多。可是他的全身成了许多眼光的集注点。他的脸色近于深紫，额角突出，两条乌黑的浓眉以下特别低陷，深藏的眼珠闪闪有光，颧颊高起，嘴周围长着不到三分的短胡。他的声音很洪亮；但略微口吃，每句话不该停顿的地方往往顿住了；因为要催促下面的话快说出来，右手在空间一按一按地助势。他就这样开始教授历史课。

一个学生想，“这一定是个不大好缠的教员；不然，何以他的面貌看在眼里这样不舒服？”他这么想，自然而然以很矜持的样子听讲了。其余许多学生，情形大致相同。新教员的第一课安稳地过去了。

大约是第四五次上历史课的时候。教员说课本上第三行的一句不大通顺，应该修改。他说着，便转身向黑板，将他拟改的句子写出。后排一个较小的学生，他莫名其妙地信任课本，冲动地说，“何必改呢?”声音不很响亮。可是教员听见了；回头相着这较小的学生的面，浓眉蹙着，目光凝定，显然是发怒了。静默了半分钟光景，冷然说，“你叫什么?”这个学生很窘，头也不敢抬了，只略微点起脚，算是起立，颤颤地将自己的姓名说了。

影响来了，下午课毕的时候，校长召这个学生到办公室去；翻开历史课本当天讲到的地方，指着第三行的一句，叫他依原文讲。他讷讷地讲了，为了回护课室里说的那句话，添上些句子里没有的意思。校长掩转课本，相着他的脸问道，“书可以这样讲么?”他红着脸，眼睛看着课本的封面，答不出话来。

校长见他不答，叫他取作文本来。他去取了来。校长翻阅他最近作的一篇文，一壁看，一壁只是皱眉和摇头。“这一篇必须重作！这一篇必须重作！原来你的文理这样不通!”校长看完后，重重地训诫他一番，叫他承认国文的不通和上课时的不守规则。他都承认了，才退出办公室。

许多学生都在办公室近旁等候他退出来，希望尽早知道他在办公室里的经过。他的脸还是红着，说话错乱没次序，叙述得又累赘又不明白，显见他正在惶愧呢。经诸人一再诘问，他才把一切经过说清楚了。

不到一个月，历史课要举行考试了。这位新教员说，“我不知道你们听了我的讲授究竟怎样，非考试一回不可。”学生不料他有这个警告；要想同他开口，又没有人有这种勇气。时间不肯回转头来等一会儿；已听见上课的钟声了，这一课正就是历史的考试。

全级学生站在廊下。本来是排齐之后就一个个连贯着走入课室，现在却有的靠在墙上，有的抱着柱子，密一段，疏一段，不像个排齐站着的横队。有几个以牢骚的语气随口说，“该死呢，考不出。”

“管他，随便写一些就是了。”一个挟着书本，神情潇洒的这么说。

“他来不到一个月，”一个声音宏大，满面鲜红，表示他是多血质的说，

“就要考我们，我们缴一本白卷给他！大家赞成么?”

“赞成！赞成!”许多人发出故意压抑不使高扬的语声；同时大家的手举过了头，招了一招，重又放下。“走吧，走吧，钟打了一会儿了。”大家转身，懒懒地向课室走去。

这位新教员进了课室，在黑板上写了题目，便分发考卷。许多学生将第一个题目抄上卷子，便回头看旁座的人的脸；微微牵动眼皮和嘴，彼此示意。可是大家都坐着不动，有的想，“这太快了，总得挨到差不多的时候，才把卷子缴上去。”有的想，“不成了，为什么没有人先缴呢?”有的想，“这五个题目里，有两个倒容易回答，就答了这两个吧。”然而还是执着笔不写下去，眼珠如风轮般旋转，看全室的同学有什么举动。

满面鲜红的那人坐在最后一排；他看众人静定不动，勉强咳嗽，借此警告大家。他的嗽声异样，大家回头看他；他便向教台努嘴。大众的心差不多凝成一气了；有几个人手里拿着卷子，身体作起立之势。大家都注视这几个人，只等他们起立，便也照样做。但是这几个人试了几试，终于没有站起来。

大凡考试的时候，课室内最闲适的是教员了，既不必提高了喉咙讲授，又不必留意学生的秩序，他们自能驯顺地做功课。这时候这位新教员徘徊室中，摸着胡子相一会寒暑表，凭着窗台望一会远景，又细细地剔十个指甲。

忽然一个被称为瓦老爷的站起来，将卷子扔在教桌上，转身走出教室，许多人便跟着他，做同样的举动；步调很急遽，脸上露出胜利的笑。教员急急的跨上教台，接收卷子；许多卷子歪斜散乱地堆在他的两只手里。他翻看了几本，都只有第一个题目！他颜色立变，皮肉似乎紧张起来；目光含有怅惘的意思，眼角里并且有水光了。他的唇皮翕张了几回，终于没说出什么。最后一个人的卷子已在他手里了；他只得整理了这些没有作答的卷子，颓废地退出教室。

这是何等严重的事！不一会，揭示处贴出新的布告，那个被称为瓦老爷的学生给斥退了。全班同学觉得很对不起这个勇敢的英雄，举出代表来向校长请愿，希望收回成命。许多人挤住了办公室的门口，做代表的后盾。室内外立时充满了不稳定的空气；监学先生特地装出十分庄严的态度，在室内踱来踱去。

代表多方陈说，校长只是不答应。门口的人动怒了，各凑在人背后发一些短语：

“不应当斥退！”

“要斥退一起走！”

“专制的办法！”

每一语的末梢沉重而曳长，含有示威的意味。监学先生目睛突出，并不专注地向众人四望；但是没有效果，这些愤激语继续从人丛里发出来。

校长表示决不收回成命，代表只得退出。不知道谁的口里喊出“我们一起走呀！”，大家潮水似的涌到自修室里。

“全班告退，要走一起走！”

“签名，大家签名！”

“这是公共的意思，没有发起人，没有赞成人，应当将大家的名字写成个圈儿！”

摆在阶前的盆花，窗上的玻璃，四方的柱子，顿时全化为可厌可恨的东西。一个人一脚，将一个花盆踢破；大家齐拍手。一个人接着一脚，又踢破了一个。另一个人取一支铜尺在手，将玻璃击碎。清脆的玻璃碎裂声里，迸出更繁喧的掌声，接着一阵欢呼。好几个人踢着那些柱子，发出沉浊的房屋激动声。这时候监学先生的影子也不见了，不要说突出的目睛。

大家果真都签了名，写成个圈儿。

“要不要说一说我们告退的理由？”末一个签名的人掷去手中的笔，这么问。

“这倒要的，”满面鲜红的那人不思虑地喊着，“但是怎样说呢？”

“历史教员没有本领，教法不好！”

“他的脾气又坏，无端责罚学生！”

“他教得不好，我们当然考不出，当然只好缴白卷！”

“第一个缴卷的人不应当斥退！”

“学校讲专制，一定要斥退，我们反对这种专制手段，所以情愿走!”

所说的意思都有用，由一个被推为国文好手的贯穿起来，潦潦草草地写在签名的那张纸上；大家似命令似推举地叫刚才的代表送到校长那里。同时一哄出校；奔驰的步调，激情的怒骂，兴奋的面貌，都似乎含有浮动的膨胀开来的意味。

路上遇见相识的人，问他们做什么时，他们以夸耀的声气回答道，“我们起风潮了!”

1921年12月21日作。

刊《教育杂志》第14卷第4号，署名叶绍钧。

祖母的心

杜明辉夫妇医室的门前，忽然停着一乘蓝呢的小轿，白铜蝴蝶的轿饰，一齐的乌丝的流苏，后面插着绚红的名片，印着引人注目的三个大字“戈白萍”。这戈白萍是著名的儒医。这时候是傍晚了，懒懒的阳光照在人家墙头的上半截和屋面上，已经没有使人昏昏然的威力；穿着单衣的行人开始觉得有些儿凉意。著名的医生总在这个时候，凭轿夫的精健的腿力，飞奔似的赶到病家。现在戈白萍到了杜家了。喜欢留心闲事的行人就对他的同伴说，“你看，他们男的做医生，女的做医生，人家都相信他们。现在他们自己打招牌了。他们家里人生了病，却请有名的老法医生。以后人家还会相信他们么！”同伴看看戈医生的小轿，点点头，鄙夷地笑了笑，表示完全同意所听到的议论。

生病的是杜明辉的七岁的孩子定儿。戈白萍来到之前，明辉夫妇俩已经诊察过，知道是剧烈的热病。照治疗的方法，应当一面服药，一面用冰囊贴着身体，却退热势。这“冰囊”两字便惊动了明辉的母亲，她立刻阻止道，“胡说！你们要他的命么！”明辉说，“这是妥善的方法，我们学医的时候，就试验过好多次，现在给人家治病，也时常用这个方法，都很稳当。我们哪敢用冒险的方法乱治呢！”

老太太固执地拒绝道，“我总不相信你们的方法！你们给人家治病，我只为你们担心，怕你们伤害了人家。从来没有听见过，孩子这样发热，好用冰囊治的!”

明辉的感情有点激昂；看看躺在床上的定儿，面孔干燥而火红，无力的目光茫然直视，时时发一声短促的咳嗽，更起了怜惜之心。因而恳切地答说，“他是我们的孩子。我们为孩子治病，肯有一点儿不当心么？母亲，你放心好了，让我们治吧!”

“他是我的孙儿，唯一的孙儿呢!”老太太也动了感情，凄然的目光似乎表示她暮年的黄金似的希望将要丧失了。“因为你们说出这种奇怪的方法来，无论如何，我不要你们治。我自会请医生给他治。任你们去胡闹，倘若有点儿错失，不是要我的老命么?”

明辉没有话说，胸口有闷郁的感觉。他夫人眼眶里有点儿潮润，但是忍耐着，没让眼泪滴下来。老太太自任看护妇，根据她的经验，把定儿盖得紧紧的；门窗早已关上了，还怕窗缝里门缝里有一片片的风吹进来，这最容易伤及病人，因而将窗帘门帘都下了。病儿短促的咳嗽，她说是咳呛没有通畅，于是燃烧起樱桃和枣子的核来。病榻前缭乱地涌塞着浓烈的刺激性的烟，一切都像隐入幻境之中。果然，病儿的咳呛频数增多而且不短促了。老太太和伺候的佣妇也彼此响应，咳几声干燥的嗽。

明辉夫人觉得忍不住了，特地向老太太申说道，“他的咳嗽是气管里有毛病。现在只有想方法让他的气管滋润些儿。燃烧果核的烟最是刺激气管的东西，恐怕不大相宜吧。”

焦虑往往连带地引起愤慨，老太太回答说，“我们小时候就知道这个方法最有效验；你看，他的咳呛通畅得多了。你尽管放心，一切由我作主。我是喜欢他的，决不会损害了他。”樱桃和枣子的核陆续增添入火盆里，浓烟没有消散的路，只觉室内的一切更加微淡模糊了。定儿的咳呛更加通畅，几乎没有间歇，中间夹着力竭的哽咽。

戈白萍来过之后，老太太因为他也反对冰囊却热的方法，赞同燃烧果核的方法，她的自信心更坚固了。她深幸自己有见识，没有任凭儿子媳妇去胡闹。

明辉夫妇俩既没有给一点助力的机会，只得离开了定儿的病室。过了一会，又进去看看，只是看看罢了。根据病象，心里不免要诊断；但是不能给他进一点药水或粉末，也不能实施一个处理法，让他舒服些儿。惊恐和怜悯交织着，心里感到异样的不安，没有别的可恨，只恨自己懂得了医理。又因独有他们两个闲着，更全心倾注于病儿，只是失了宝贝似的凄惘着。

戈白萍每天傍晚来诊脉开方。老太太皱着眉心，蓬松着疏发，坐在病榻旁边。她的干枯的眼睛注视着孙儿，看他的每一回急促的呼吸，听他的每一声力竭的咳呛。药熬好了，她亲自喂他喝，微微颤动的手显示她的衰老和惶急，病儿一呻吟，她便悄然问道，“觉得怎样？舒服些么？”病儿不答，眼皮慢慢地合拢来；不一会，她又这样问了。到了夜间，伺候的佣妇和明辉夫妇轮流去睡觉，独有她就蜷缩在定儿床边。但是哪里能阖眼呢？精神的异样紧张，早已将睡梦驱逐得远远了。

这样经过了八昼夜，定儿居然退热了。最欢慰的自然是老太太，既喜自己看护得周到，又喜请戈白萍来诊治，眼光究竟不错，更喜当初拒绝了儿子媳妇的意见。倘若不这么办，现在情形怎么样，未可知呢。明辉夫妇当然也非常欢慰，眼看一件宝贝掉在水里，自己不能动手去捞，幸而宝贝未被冲去，现在又捧在手中了。至于医术被轻视的愤愤，随即完全消释；这原是干本以外的枝叶，自不足数。

以后的事情便是给定儿充分的调养。老太太凭昏花的眼光，亲自洗剔燕窝，煮给他吃。又每天给他吃两枚鸽蛋。这些都是珍贵的补品，多病的有钱人常常吃的。明辉夫妇闲时谈起这一层，明辉夫人说，“鸽蛋确是很滋补的东西，倒也罢了。燕窝这东西何等腻胃，也在病后胃力薄弱的当儿给他吃!”明辉摇头道，“不要说了。老太太相信它是滋补的东西，病后该滋补，当然吃得。什么腻胃不腻胃，消化不消化，如果我们向她陈说，她又认是一派胡言了。现在只有让他吃去。”

滋补品很多地吃下去，定儿只是没有旺健的气色。皮肤的底层似乎衬托着一层黄色。颧颊上现出几条极细的紫色的脉络。上层眼皮有点异样，显出眼珠的深陷而且失神。他不大高兴开口，奔跑和嬉笑更为难得。不论站在谁的身旁，就不自着力地靠着，悄悄地延过好久的时间。病后食量增旺，是一般人的通例，他却不然，每餐只吃一小碗煮粥。

老太太绝不灰心，承认这是滋补未足之故，更忙着洗剔燕窝，烹煮鸽蛋，称量丸药等事。八昼夜一眼不阖的看护，对于身体究竟是过度的使用，更兼她已经衰老了。给孙儿病后调理，又都是些琐屑烦心的事。因此，她觉得腰背疼痛，每天到下午，便精神不佳。她躺在床上将息的时候，因生理上的不适，便引起心理上的愤慨；喃喃自语道，“只有我当心定儿的事。他病了，我给他日夜看护；他病好了，我弄滋补品给他吃。这种劳苦比老妈子还要加几倍。要是我没了，谁还管他的账!”她虽然这么说着，待竖起身子来，又全心倾注地干那调理定儿的事了。

初秋的早晨，屋内充满着一种凉爽之气。沿窗一排湘帘都卷起。正中一张桌子，定儿和他的姨表弟静儿在那里读书。老太太坐在一旁，督促他们做功课。这时候，定儿壮健得多了。他的两颐颇丰满，皮肤洁白而有活色，乌黑的眼珠放射晶莹的光；比照着静儿的滞钝的面目，细小的手足，更显得明朗可爱。

两个孩子相差一岁，都读《国文教科书》第三册。老太太这么说：“现在学堂里，抬轿子的，做小买卖的，什么人家的小孩都有。香花掉在茅厕里，得不到什么好处，只有染了一身污臭的气味。所以我的定儿决不让他进学堂。”去年春间，就请了一位先生来家教读。静儿家顺便把静儿送来附读。那位先生有晏起的习惯，每天十一点钟才来。老太太觉得早上的时间可惜，便督促他们温理旧书。直到仆人传说“先生来了”，才叫佣妇送他们进书房，将督促的责任交卸与先生。这已是惯例了。

《国文教科书》不比儿歌，没有流转和谐的声调，唱着唱着，只听得一个个艰涩而滞重的字音。两个孩子因为不容易唱，不免常常住口，指着书上的图画，折着书页的下角，或者注视着屋内的不论什么东西，忘了正在做功课。老太太用手指轻轻点桌面，警告他们；更以严正的劝诱态度说道，“你们再读二十遍，就可以去玩，待先生来了。乖的宝宝，只读二十遍。”

静儿听说，开口先读了。他用自己的小手指计数，读完一遍，便屈转一个；又怕手指不自觉地伸起来，错了数目，便将另一手按住那屈转的手指。他的身躯前后摇动；唱书的声调只是不谐和的一轻一重的声音轮流发出罢了。

定儿起初也跟着诵读，读不到两遍，他的注意力给不知什么东西吸引了，便住了口，向前方呆看。两人混杂的歌唱中，突然间一人的声音中止了，这是很容易听出来的。于是老太太重申警告，“读呀，读满二十遍就完事了！看你静弟，他只不住嘴，要比你先读完了。”定儿被唤醒似的，端相着书面，重又发出寂寞的声音。

这样好儿回，定儿还读不到十遍，这使老太太有点发恼了；她的上下唇时时抿紧，可知里面留牙已经不多的两排龈肉正在咬着；微皱的脸皮也有点紧张。她沉重地说，“你又不是耕田的顽牛，为什么也要加一鞭才肯走一步！”正在这当儿，静儿的手指告诉他二十遍书读完了；他就带着成功的骄傲告诉了老太太。定儿对于祖母恼怒的口吻也只漠然，他还是慢慢地把眼光移到书面，不就发声。

“他读完了！”老太太不复可耐，举手在定儿执着书角的小手上打了一下，同时爱惜的心主宰着她颤抖的手，使这一下似乎声势厉害，实在并不沉重。“你比他大，反而这么不爱读书，一句一催，仿佛你读了我有好处似的！”她更引起其他的感愤了。她说，“好的东西给你吃，好的玩意儿给你玩，我何等喜欢你！唯有读书，不容你放松。这也是喜欢你呵！现在你不肯认真读，你长大时自会懊悔，自会明白我是真个喜欢你。但是到了那时候，你懊悔，你明白，已经来不及了！除了我，还有谁来管你的读书！照他们的意思，不要这么迫着你，你将来还成个什么样人！”她气极了，面孔转成苍白色，头颅微微摇动。

定儿难得受到祖母的责打，手上并不见得痛，可是幼稚的失爱的悲哀使他呀的一声哭了。对于祖母的愤愤的话语，他没有听见，即使听见也不能理会。这时候静儿走开了，自去找看护他的佣妇。室内止有孤寂的哭声，延续不已。

阳光已照在庭中西墙的上半截了。

明辉夫人在自己室内，听见老太太的愤语和定儿的哭声便走过来。一边为定儿擦额上的汗，一边催他止住哭声，赶快读书。她心里真有点恨，恨他不将二十遍书一气读完；但也觉得他可怜，好似一头被猎人窘迫的小山羊。经过一阵劝诱，定儿才一个字一个字不连续地读出来，中间夹着逆了气的抽咽。明辉夫人用指头指着他所读的每一个字，完了一遍，再指到课文的开端，这才使他不致有间歇。老太太默不作声，面容很严肃，听着孙儿断续的读书声，似乎得到了足以抵偿刚才的感愤的安慰。

这一天午饭过后，明辉夫妇坐在休息室里；上半天诊察了二十几个门诊病人，两人都有点累了。明辉坐的是宽而低的藤椅，他手里摇着折扇。明辉夫人坐的是合式而朴素的藤榻，在明辉的侧边。几上供着叶茂花繁的两盆建兰。窗纱和细帘子将香气笼住了，时时闻到一阵甜香。

定儿掀起帘子冲进来了。他追赶一头刚长成的白猫，猫奔进室内，他就追进来。那猫很敏捷地避到藤榻下边，靠近墙壁伏着，很闲适的样子，徐徐开阖它的眼睛。定儿抓不到它，顿着脚，扬着手，口里喊着，“出来！出来！”那猫只是不动，微作呼呼的声音。

明辉夫人拉定儿到膝前，抚摩他的头发，温和地说，“不要追它吧。我对你说，对你说一句话，以后早上必须依祖母的话认真读书。你听了我的话，我将更喜欢你。”

定儿兴奋的容色顿时收敛了，低头弄自己的手指。一会儿娇语道，“我要猫出来。”这分明要转移母亲的论点。这时候那猫轻轻地从藤榻下走出来，一溜烟奔往室外。定儿瞥见了，便挣脱了母亲的搂抱追了出去。

明辉夫人对明辉说，“我们虽然不愿意这样嘱咐他，却又希望他完全依从我们的嘱咐。今天早上，听他勉强唱着不明意义的辞句，声音竟像寒虫，真觉可怜得很。偏偏静儿这孩子脾气好，叫他读二十遍便是二十遍。他又比定儿年幼。相形之下，更见得定儿不认真了。我总是这么梦想：有一天他得到解放，送进学校里去，我心里才舒服呢。”

明辉失望似的回答说，“这一点，我的意思总与你不同。现在将他禁锢在书房里，连早上也要迫着他唱那不明意义的辞句，固然给他不少的损害。但是，学校就不给损害么？学校的见解，就和老太太的差不多，‘凡是滋补的东西，给他吃总没有错。’他们又何尝反省过，只是同老太太一样的口吻，‘无论如何，总是要他好。’如果送他进学校，他挤在群儿之中，只占到一两尺见方的地位，不是一样的禁锢么？一课算术，三四五六地唱一阵，一课体操，举手伸足地做一回，不是一样的逼迫么？”

“世间本没有绝对好的事情；我不过说，送他进学校，总比现在好一点儿。照你这样尽情批斥，怎样的路才是我们现在应当走的呢？”

“我的意思，不承认学校比我们的书房好，两个正是等量地坏。较好的教育方法，世间或者已有人懂得，但不是我们。我们的教育只是给损害的教育呵！让他自己去发展，自己去搜求，或者好些。可是，这样地步我们也做不到，这是我不可消释的苦闷。我们对于他的抱歉，我想就在这一点上了。”明辉说罢，凝眸深思。他夫人也默然。

定儿又奔了进来，手执一朵荷花，脸上十分高兴；他嚷道，“吴妈给我这朵荷花。你看，中心有小小的莲蓬，有许多须。告诉我，它为什么有这许多须？”

明辉夫人见他还没进书房去，催促道，“你乖的，赶紧进书房去习字。荷花给吴妈藏着，待放了学再玩。”她非心愿地说这两句话，不免显出做作的神态。

定儿一腔高兴被打消了，转身，倒提着荷花，慢慢地掀起帘子出去。这时候，明辉望着他小小的寂寞的背形，凄然想道，“你若能早晚和猫儿荷花做伴，便是你的幸福了！”

1922 年 5 月 15 日作。

刊《小说月报》第 13 卷第 7 号，署名叶绍钧。

小蚬的回家

厨刀剖开鱼肚的事情，孩子看惯了。他看清楚刀锋到处，白色的肚皮便裂开了，脏腑随即溢出；又看清楚向上一面那只茫然瞪视的眼睛，一动不动；也看清楚尾巴努力拨动，拍着砧板，表示最后的无力的抵抗。

他照样尝试了，虾替代了鱼，小钱是厨刀的代用品。要对分地剖开虾的肚皮，并不是容易的事，更兼小钱没有厨刀那么锋利。于是他改换方法，将虾切成几段。这是勉强割断的，割断处没有刀切的那样平准；只见几颗半透明的肉微微地颤动着。他庆幸成功似的说，“我也杀鱼，我把它打了段了！”

我说，“你这样做，它母亲在家里哭了。它怎能再回去见母亲呢?”

“虾也有母亲么?”孩子张大乌黑的有光的眼睛，好奇地问。

“你有母亲，虾当然也有母亲。什么东西都有母亲：虾有，鱼有，螃蟹有，蟛蜞有，杨梅有，桃子有，荸荠有，甘蔗有。它们的母亲同你的母亲一样，非常喜欢它们呢。”

孩子仿佛受催眠了，他默不作声。

“你想，虾偶然出来游玩，是它母亲叫它出来的。它母亲说，‘你在水中玩得厌了，今天到陆上去走走吧。但是，要早点儿归来，不要累我等待，使我焦心。’它于是到了陆上，到了我们的篮子里，到了你的手里。现在，它不能回去了。它母亲等待它不见到家，将要怎样地难过？她要懊悔，叫它出去游玩，却把它丢了。她再没有‘好孩子，好宝贝’可叫了，再没有心爱的孩子抱在怀里了，一定会哭出许多眼泪来。你看，明天河里的水要涨到齐岸了。”

孩子很不高兴，头向左略偏，同情的忧愁的眼光看着我。

“你再想，它被你切断的时候怎样地难过？它想到家里的母亲，从此不得再见，它的心先碎了。它希望母亲来救它，希望你放了它，但是两样都不成。它只得默默地远远地告诉它母亲说，‘母亲呀，你叫我出来游玩，如今不得归家了。我遇见了个凶狠的小孩，他把我，你的好宝贝，杀死了！’你……”

孩子流泪了，但并不放声哭，随即侧转头，枕在我的胳臂上，面孔紧贴着我的身体。

隔了几天，我牵着他的手从田岸上走去，想到眠羊泾旁看小鱼。他手里玩弄着一个小蚬，是刚才来的一个渔妇给他的。

两旁田里的油菜尽已割去。泥土已经翻过，预备作稻田了。初出的粉蝶还很软弱，只在田岸旁的小紫花附近飞飞歇歇，引得孩子的脚步徐缓了。四望村树云物，都沉浸在清朗静穆的空翠里。我想，“近处，远处，这边，那边，都不像正有纷纭的人事在那里炉水一般沸腾起来。这外象何等安静呵！”

我们到了眠羊泾旁，孩子首先注意对岸的两条小黄牛。这一条的还没长角的前额，凑近那一条的，轻轻地互相摩擦。他们很舒服的样子，徐徐阖眼，又徐徐张开来；面孔都似乎有笑意。孩子说，“他们做什么？”

我似乎感受到两条小牛肉体上的不可说的舒适，随口答道，“他们相好呢。”

孩子忽然问，“要不要让小蚬回去看它母亲？”他低着头看河水潜隐地流动，面上现出趣味的笑容。不知道他心里正作什么幼稚的玄想呢。

“很好，让它去看母亲。”

河面发出个轻悄的声音，“东”，小蚬回家去了。

1922 年 5 月 21 日作。

刊《东方杂志》第 19 卷第 10 号，署名叶绍钧。

火　　灾

女孩诞生到今足有七个月了。她已能极清楚地发出“妈”这个声音，当她感到什么不满足的时候。她又能独自坐着，不用扶护或依倚。她能笑得很热烈，能用小手抓眼前的东西，能注视活动或有色彩的品物。

可是她最难感到被抱的舒适。或是她的母亲，她的祖母，或是我，有时抱到手里，她便轻轻舞动四肢，间歇而低微地啼着。我们自以为十分当心了，因她啼哭更换个抱法，但不能够便收效验。我们都以抱她为最难的功课。

关于抱她的故事，不能不想起我友言信君。他到我的乡间的第二次，先一日从上海寄信来，预告那切盼的再见快达到了。我同他第一次来时一样，第二天傍晚便赶到船埠去等候。呜呜的汽笛声听见了，小汽船的烟囱望见了，我的心里只觉又热又乱。汽船后面拖着一艘“常熟快”，船头上挤挤地站着十几个人。有一个穿白衣裤的，举起了白帽子只是招。虽然还认不大清楚这人的面目，我不禁也举起胳臂只是招手。

船泊了岸，言信君最先离船，紧紧握着我的手。我觉得他的手很冷。他上下唇的胡子长到三四分，脸色干枯而黝黑，大有苍老之气。他的裤子沾了好些的泥，皱纹也不少。

到了家里，我的妻去预备茶水，就将女孩给我抱着。言信君深沉的目光注视着她，粗大的手抚摩她柔发稀疏的头顶，道，“这就是我们的小姑娘，我们的宝贝！”他认识他想望中的小女孩了。

女孩在我的抱持中不大安定，身体时时翻动，似欲挣脱而去的样子；又发出一两声急促的啼声。言信便把她接了去，圈转左臂，使她周身贴服地躺在上面，上膊恰枕着她的头；右手轻轻地拍她肩膀。他柔蜜地说，“我们抱持她，要使她全身都感到甜美。尤其要将整个的心倾注于她，使她的小心灵十分安慰，仿佛包在一个快乐的网里。我们对她的心如其少倾注一分，她立刻能够觉察。于是她因求慰而啼哭了。”

我起一种奇异的想念；言信君这么说话，这么侧着头将自己的面孔紧贴女孩的面孔，都含着女性的美。假若单看他这样一个人，很难信他会有那样的举措。

女孩果真很安静了。言信君目光低垂，注定她微倦的双眼。他只是不语，在室中踱着，发出寂寞的足音。

女孩在楼上跟母亲睡了。醒来索乳，不免有些呜呜的声音。言信君端相着灯火，侧首枕在桌上，说，“我们的小姑娘睡醒了。”

我说，“你也睡罢，行路劳顿，须得早点休息。”

“这算什么劳顿！我现在不想休息。”他说着，竖起头来，两手按住散乱的头发。停了一会，他又说，“我现在很兴奋，你不知道我的生活全在这兴奋之中。不仅是我，我们那里的人差不多全是这样。因为要求兴奋，所以欢迎激刺。譬如将饮食来比，我们不想吃饭吃面喝甜汤，却欢迎辣椒，臭蒜，烧酒和鸦片。陈旧了的，力量渐渐薄弱，难以引起强度的兴奋，故而我们更愿意不绝地感受新的激刺。你要了解我们，须首先明白这一点。”

“哦！”我细细玩味他说的，觉得出乎意料。随着又说，“你们那里的人全是这样么？”

“怎么不是！我们那里是土匪的产地。人家以为土匪的唯一的欲望是钱财，是粮食。谁知那些只能居于副贰的地位，主要的还在猎取一种剧烈的激刺。他们肩着枪在路上走，看见农人在田里种麦，忽然高兴，便一枪把农人打死。他们走过一个寨集，忽然高兴，便放起火来。他们不一定要劫财物，夺衣服，这么做了，扬长自去；因为他们已满足了受激刺的欲望了。”

我听了只觉诧异，这似乎神话里的事实，竟会发现在言信的家乡！这种情景不可设想，杳渺而浮散，凝结不成一个想象；正如许多未曾经历的事团结不成一个梦。

“农民呢，也觉得种田的事太平淡了，当着锄头便有点懒倦。他们很高兴守寨；因为每逢到守寨，总是与土匪对敌，于是他们可以放枪了，即如我的弟弟，此刻定在家里擦枪管呢。”

“你回去之后怎样?”

“我也欢喜放枪；不为别的，只为放枪能引起强度的兴奋。我告诉你，生活在兴奋之中的人实在与疯子无异。前年我住在省城里，就得了这个绰号。在我的家乡里，共认为疯子的与老人孺子一样地众多。我的姑母就是个疯子。还有我的一个同学，他眼看父母弟妻被土匪杀了，自己肩上受了三刀却没有死；从医院里医好了刀创出来，早已成为一个疯子。就是我，省城里人赠以疯子的绰号，也非常确当。我可以作一个譬喻：一个人受了猛烈的火烙，在身体上留下个可怕的疤痕；以后只消抚摩到或者看到这个疤痕，当时一切被烙的惨状就完全涌现于心目中了。这怎能叫人不要成为疯子！怎能叫人不要只求在兴奋之中生活!”

“何以转变到这样呢?”我听得有点儿呆了，心里这么想，嘴里便说了出来。

“这真如一场大火灾，人的心就是引火的材料！起火之期远在不知多少年前，现在蔓延得周遍了，什么穷乡僻壤的男女老幼的心里都燃烧起来了!”言信君的右臂平举，手掌徐徐移过，表示周遍的意思。他的眼睛放出可怕的光；语音凄悄，含有神秘的意味。我仿佛坐在一位古怪的预言家的面前，当此夜深人静，颇有点懔然的感觉。

我忽想这意思，便说，“这样的大火灾，很值得教人家知道。外间知道的很少呢，——就是我，怎知道你那里有这么猛烈的人心的大火灾。你把它写出来吧，便是一烟一焰，都有相当的价值。”

言信君合掌，手指交互，双目下视，似乎祈祷的样子，说，“火灾，火灾，是我回去之后唯一的工作了！外间人不管，我总逐篇寄给你看。”他因我几句话的新激刺，引起了强度的兴奋了。

言信君住了两天，他要走了，他渴望他的母亲以及家乡的一切。这早晨下着急雨，我们留他待雨止了再走。他说，“雨的河上也新鲜，不如走吧。我们再见很容易，说不定下半年就来。现在我们分别吧。”他辞了我的一家人，悄然便走，一手插在裤袋里，一手拿着白帽子。我没有什么可说，跟在背后送他。

这一天没有开出小汽船，他只能乘航船走。我们到航船埠，衣裳给雨沾湿了，——很奇怪我和我的一家人都不曾想起带雨伞这回事。他催我马上回去，一壁钻入那低矮而黑暗的舱里。我从篷侧方孔中望进去，约略看见白衣服的背形在那里移动，知他正在选定坐位。舟子的篙举起了，在岸旁一点，船便离了岸。我向那一方白衣服的背形说，“再会！”可是被雨声盖住了，一点儿没有影响，摇不到二三十橹，那船已穿过桥洞，又转弯去了，桥洞外一片迷蒙，再不见别的，我于是冒着雨踱回去。

六七天后，他的信来了，是从开封发的；因为民匪相持，道路阻梗，他只能淹留在开封。信里说：“我毕竟不能回家。我不明白自己的心象，天天在麻醉之中。”又说：“道路传言，家乡附近的县城被烧后，在一条街中拖出尸二千余条。‘票子’拉走二千余，少数得归，大半死却。”

言信君的预言现在应验了，由人心的火灾引来了一场真实的大火。像我生长在江南的人，听到这等消息只有惊怕。望着来信，似乎正在那里喷烟吐焰，也不大敢重行细看。

以后他继续来信。在途中当然不能有桌子，有砚台，只用铅笔模糊地写着。我仔细辨认才能读下，有几个字终于揣详不出。因此，知道他与两个人结伴同行。他们全不晓得前途的情形，田间没有一个农夫，寨都闭着门，不能进去，有时看见大队马步在远处冲过，便是土匪。忽然背后的寨里放起炮来了，前边不知什么地方也发出连续的枪声。他们只得坐在坑中，听一夜的枪炮声，仿佛守岁。明天再走，只遇见了一个带着两个小孩子的女乞丐，她将要逃进附近的寨中去。他们绕着村外的高粱田走，炮声隆隆地响着，彼此的面都发白了。言信君说他时时想着不该回家，但是他实在要回家了。

走到离家十数里地的时候，遇见许多队伍从前面来，说向西一步也不能走了。他们也看见山上有许多肩枪的人散处着。但是他们不管，用小衫蒙着头，运动着两腿只向前奔。……万幸竟到家了！

百里之中只有他们一个寨尚在守着。寨内的人满满的，几乎连走步的地方都没有，大家防着敌人的来攻。

言信君说，他的父亲很强健，同他一样，过那欢迎激刺的生活，整天整夜在寨上，同人兴奋地谈话。他的弟弟天天擦枪，他的母亲和小孩子都好，都有劲地讲着寨上防御的事，独有他的夫人不受外象的摇动，很冷静地整理她的家务。

他遇见的人都将他们所经历的悲哀的故事告诉他，——随着人家的习惯，用这悲哀两字，实在那些故事不是这两字所能形容了。但是他没心去听。

他那里好久不雨，秋禾快坏，天天刮着黄灰。活着的人都起了迷信，传谣开来。不知由何而来的金钟罩，说不怕洋枪，洋枪的子弹不能进肉。于是那里的人十之八九都吞起朱砂符来。言信君说，这火灾方兴未艾，或者就有个更痛快的燃烧在后头。

我从多封信中知道了这些可怕的事实；但悬悬的心总算得了个着落，言信君已到家里了。遥想他当在开始他的工作，将那大火灾的一烟一焰保留下来。我天天盼望总题为《火灾》的文篇从邮差的手中送到。

《火灾》只是不来，连信也没有。从报纸上打听消息，常看见言信君那里匪乱炽盛的记载。这不免引起我的疑惧；又时时自为驳斥，疑既无谓，惧复何必。邮差每天走进门，有几天要来两三回，但总是送到别人的信，不是言信的。

差不多两个月后，出乎意料之外，竟收到一封言信的信。这信在路上着了潮，框线的红色渗了开来，而且转为淡淡的。歪斜而干枯的字迹，不待细认下首寄书人的姓名，我已知道是谁写的了。

他信中说患了一场恶性的疟疾。病剧的时候，神志昏迷不醒，全不晓得。病势略退，便念着我和我的家，但是苦不成象。他只想到我家客室那个小门内外；想出门外，又想入门里，他的昏乱的脑袋中这样反三复四地变转着。至于我，我的母亲，我的妻，我的大儿和女孩，以及我家的女佣，诸人的面孔和情绪，他一点儿不能想到。

他又说他的病仍然不好，形神已损害得不堪了，大概也不能外出作事。

他又说最近土匪只在夜间攻击了一回，守寨的人也老练得很。未经收藏的麦子落在地上，此刻下了雨，遍地都是麦苗。至于田里，早先因干旱不能种，到今时节已过，雨又连绵不止。来年的麦收已在失望之中。

他末后说他再不想写什么了，这一场病使他一点儿心思也没有。

我怅然沉思：这于他是何等的转变！前此他生活在兴奋之中，今后将生活在哪里！《火灾》的不遽出世，又岂仅是我的失望！

妻抱着女孩走近我，急切地说，“言信君怎么了？”她随手接了信去自看。

大儿听着他的母亲说言信君，引起有味的回忆。他娇婉地说，“言信君第一次来时，带着一篮的枇杷，香蕉，桃子，罐头装着的牛乳和罐头装着的葡萄呢。”

女孩忽然啼哭起来，两手和头颅动摇着，表示她的不快。这使我立刻想起言信君的话。她的母亲正在看信，不将整个的心倾注于她；于是她马上觉察，因求慰而啼哭了。

1922年12月2日作。

刊《小说月报》第14卷第1号，署名叶绍钧。

第二编　童话

小　白　船

一条小溪是各种可爱的东西的家。小红花站在那儿，只顾微笑，有时还跳起好看的舞来。绿色的草上缀着露珠，好像仙人的衣服，耀得人眼花。水面上铺着青色的萍叶，矗起一朵朵黄色的萍花，好像热带地方的睡莲——可以说是小人国里的睡莲。小鱼儿成群地来来往往，细得像绣花针，只有两颗大眼珠闪闪发光。青蛙老瞪着眼睛，不知守在那儿干什么，也许在等待他的好朋友。

水面上有极轻微的声音，是鱼儿在奏乐，他们会用他们的特别的方法，奏出奇妙的音乐来："泼剌……泼剌……"好听极了。他们邀小红花跟他们一起跳舞；绿萍要炫耀自己的美丽的衣服，也跟了上来。小人国里的睡莲高兴得轻轻地抖动，青蛙看呆了，不知不觉随口唱起歌儿来。

小溪上的一切东西更加有趣更加可爱了。

小溪的右岸停着一条小小的船。这是一条很可爱的小船，船身是白的，它的舵和桨，它的帆，也都是白的；形状像一支梭子，又狭又长。胖子是不配乘这条船的。胖子一跨上船，船身一侧，就掉进水里去了。老人也不配乘这条船。老人脸色黝黑，额角上布满了皱纹，坐在小船上，被美丽的白色一衬托，老人会羞得没处躲藏了。这条小船只配给活泼美丽的小孩儿乘。

真有两个孩子向溪边走来了。一个是男孩儿，穿着白色的衣服，脸色红得像个苹果。一个是女孩儿，穿着很淡的天蓝色的衣服，脸色也很红润，而且更加细嫩。他们俩手牵着手，用轻快的步子穿过了小树林，来到小溪边上，跨上了小白船。小白船稳稳地载着他们两个，略微摆了两下，好像有点儿骄傲。

男孩儿说："咱们在这儿坐一会儿吧。"

"好，咱们看看小鱼儿。"女孩儿靠着船舷回答。

小鱼儿依旧奏他们的音乐，青蛙依旧唱他的歌。男孩儿摘了一朵萍花，插在女孩儿的辫子上。他看着笑了起来，说："你真像个新娘子了。"

女孩儿好像没听见，她拉了拉男孩儿的衣袖，说："咱们来唱《鱼儿歌》，咱们一同唱。"

他们唱起歌儿来：

鱼儿来，鱼儿来，
我们没有网，我们没有钩儿。
我们唱好听的歌，
愿意跟你们一块玩儿。

鱼儿来，鱼儿来，
我们没有网，我们没有钩儿。
我们采好看的花，
愿意跟你们一块玩儿。

鱼儿来，鱼儿来，
我们没有网，我们没有钩儿。
我们有快乐的一切，
愿意跟你们一块玩儿。

歌还没唱完，刮起大风来了，小溪两岸的花和草，跳舞的拍子越来越快了，水面上也起了波纹。男孩儿张起帆来，要乘风航行。女孩儿掌着舵，手按在舵把上，像个老船工。只见两岸的景物飞快地往后退，小白船像一条飞鱼，在小溪上一直向前飞。

风真急呀，两岸的景色都看不清楚了，只见一抹一抹的黑影向后闪过。船底下的水声盖过了一切声音。帆盛满了风，好像弥勒佛的大肚子。小白船不知要飞到哪儿去！两个孩子着慌了，航行了这许多时候，不知到了什么地方。要让小白船停住，可是又办不到，小白船飞得正欢哩。

女孩儿哭了，她想起她的妈妈，想起她的小床，想起她的小黄猫，今天恐怕都见不着了。虽然有亲爱的小朋友跟她在一起，可是妈妈，小床，小黄猫，她都舍不得呀。

男孩儿给她理好被风吹散的头发，又用手盛她流下来的眼泪。他说："不要哭吧，好妹妹，一滴眼泪就像一滴甘露，你得爱惜呀。大风总有停止的时候，就像巨浪总有平静的时候一个样。"

女孩儿靠在他的肩膀上，哭个不停，好像一位悲伤的仙女。

男孩儿想办法让船停住。他叫女孩儿靠紧船舷，自己站了起来，左手拉住帆绳的活扣，右手拿着桨；他很快地抽开活扣，用桨顶住岸边。帆落下来了，小白船不再向前飞了。看看岸上，却是一片没有人的旷野。

两个孩子上了岸。风还像发了狂似的，大树摇得都有点儿累了。女孩儿才揩干眼泪，看看四面没有人，也没有房屋，眼泪又像泉水一样涌出来了。男孩儿安慰她说："没有房屋，咱们有小白船呢。没有人，咱们两个在一起，不也很快活吗？咱们一同玩儿去吧！"

女孩儿跟着他一直向前走。风吹在身上有点儿冷，他们紧紧靠在一起，互相用手搂住腰。走了几百步远，他们看见一棵野柿子，树上熟透的柿子好像无数的玛瑙球，有的落在地上。女孩儿拾起一个，掰开来一尝，甜极了，她就叫男孩儿也拾来吃。

他们俩坐在地上吃柿子，把一切都忘记了。忽然从矮树丛里跑出一只小白兔来，到了他们跟前就伏着不动了。女孩儿把他抱在怀里，抚摩他的柔软的毛。男孩儿笑着说："咱们又有了一个同伴，更不寂寞了。"他掰开一个柿子喂给小白兔吃，红色的果浆涂了小白兔一脸。

远远的有个人跑来了，身子特别高，脸长得很可怕。他看见小白兔在他们身边，就板起了脸，说他们偷了他的小白兔。

男孩子急忙辩白说："他是自己跑来的。我们喜欢他。一切可爱的东西，我们都爱。"

那个人点点头说："既然这样，我也不怪你们。把小白兔还给我就是了。"

女孩儿舍不得，把小白兔抱得更紧了，脸贴着他的白毛，好像要哭出来了。那个人全不理会，伸手就把小白兔夺走了。

这时候，风渐渐缓和了。男孩儿想，既然遇到了人，为什么不问一问呢。他就问那个人，这儿离家有多远，该从哪条河走。

那个人说："你们家离这儿二十多里呢，河水曲折，你们一定认不得回去的路了。我可以送你们回去。"

女孩子快活极了，她想：这个人长得可怕，心肠原来很慈善。就央告说："咱们快上船吧，妈妈和小黄猫都在等着我们呢！"

那个人说："这可不成。我送你们回去，你们用什么酬谢我呢？"

男孩子说："我送给你一幅美丽的图画。"

女孩子说："我送给你一束波斯菊，红的白的都有，真好看呢！"

那个人摇头说："我什么也不要。我有三个问题，你们能回答出来，我就送你们回去；要是答不出来，我抱着小白兔就管自走了。你们愿意吗？"

"愿意。"他们一同回答。

那个人说："第一个问题，鸟儿为什么要唱歌？"

"他们要唱给爱他们的人听。"女孩儿抢先回答。

那个人点点头说："算你答得不错。第二个问题：花儿为什么香？"

男孩儿回答说："香就是善，花是善的标志。"

那个人拍手说："有意思。第三个问题是，为什么你们乘的是小白船。"

女孩儿举起右手，好像在课堂上回答老师似的："因为我们纯洁，只有小白船才配让我们乘。”

那个人大笑起来，他说：“好，我送你们回去。”

两个孩子高兴极了。他们互相抱着，亲了一亲，就跑回小白船。

仍旧是女孩儿掌舵，男孩儿和那个人各划一支桨。女孩子看着两岸的红树、草屋、田地，都像神仙的世界，更使她满意的是那只小白兔没有离开她，这时候就在她的脚边。她伸手采了一支蓼花让他咬，逗着他玩儿。

男孩儿说：“没有这场大风，就没有此刻的快乐。”

女孩儿说：“要是咱们不能回答他的问题，此刻还有快乐吗?”

那个人划着桨，看着他们微笑，只不开口。

等到小白船回到原来停泊的地方，小红花和绿叶早已停止了跳舞，萍叶盖着睡熟了的小鱼儿，只有青蛙还在不停地唱歌。

1921 年 11 月 15 日作。

刊《儿童世界》第 1 卷第 9 期，署名叶绍钧。

傻　子

傻子姓什么，叫什么，没有一个人知道。

他一生下来就睡在育婴堂墙上的大抽屉里。小朋友看见过那个大抽屉吗？特别深，特别宽，好像一口小棺材。孩子生下来了，做父母的没法养活他，就把他送进那个大抽屉里。这种事儿总是在半夜里干的，所以别人谁也不知道。第二天，育婴堂里的人看见抽屉里有孩子，就收下来养着，让乳娘喂给他奶吃。不是母亲的奶哪里会有甜味呢？傻子就是吃这种没有甜味的奶长大的。

长到两岁光景，他还是又瘦又小，脸上倒有了一些老年人的皱纹。他只能发出“唔哑唔哑”的声音，不会说话，不会叫人——有谁跟他亲热，让他叫呢？他也不会笑。

有一天，乳娘高兴了，抱着他逗他玩。乳娘把一颗粽子糖含在嘴里，让他用小嘴去接。乳娘按着他的小脑袋，把他的小嘴凑近自己的嘴。他还没接着粽子糖，才长出来的锋利的门牙却咬破了乳娘的嘴唇。胭脂似的血渗出来了，乳娘觉得很痛，在他的小脑袋上重重地打了两下，狠狠地骂他：“你这个傻子！”“傻子”这个名字从那个时候就开始用了。

傻子六岁上出了育婴堂，一个木匠把他领去做徒弟。他举起斧头，胳膊摇摇晃晃，砍下去只能削去木头的一层皮。他使锯子，常常推不动拉不动，弄得面红耳赤。师傅总是先打他几下，才肯帮他教他。他从来不哭，似乎不觉得痛。举得起斧头他就砍，推得动锯子他就锯。邻居看他这样，都说他真是个傻子。

有一夜天很冷，傻子和师兄两个还在做夜工。富翁家里要赶造一间有五层复壁的暖室，师傅吩咐他们说："今天夜里把木板全都锯好，明天一早要带到富翁家里去用的。你们锯完了才可以睡觉。今天夜里要是锯不完，明天我给你们厉害看！"师傅说完，自己去睡了。

傻子听师傅已经睡熟，悄悄地对师兄说："天这么冷，你又累了，不如去睡吧！"

师兄说："我的眼睛早就睁不开了。可是木头没锯完，明天怎么对师傅说呢？"

"有我呢，"傻子拍着胸脯说，"你不用管，这些木头都归我来锯，锯到天亮包管锯完。你的夹被不够暖和，我反正不睡，你把我的破棉絮拿去盖吧。"

师兄把傻子的破棉絮铺在地上，再铺上自己的夹被。他躺在上面，骨碌一卷，就进了他的舒适安乐的王国。

傻子见师兄肯听他的话，感到非常满足；自己的破棉絮又让师兄卷成了一个舒适安乐的王国，这有多好呀！他就不停手地锯起木板来。他的手快要冻僵了，几乎感觉不出拿的是什么。风从窗缝里吹进来，细小的煤油灯火摇摇晃晃的，使他很难看清木头上弹着的墨线。他什么也不管，只管一推一拉地锯木板，简直像一台锯木板的机器。

天亮了，亮得太早了。傻子整整锯了一夜，还有两根木头没锯完。师傅醒来听到锯木头的声音，跑来一看，只有傻子一个人在那里锯，还有一个徒弟却裹在破棉絮里睡大觉。他气极了，跳过去拉开破棉絮就要打。傻子急忙说："不是他要睡觉，是我叫他睡的。师傅，您不能打他。"

师傅一听越发火了。他想：耽误了富翁家的活儿，挨罚是免不了了，都是傻子闯的祸。他举起木尺，使劲朝傻子的脑袋上打，嘴里狠狠地骂："你这个傻子，教别人偷懒，坏了我的事儿，实在可恶之极！”

傻子还被师傅罚掉了两顿饭。到了吃饭的时候，别人三口饭一口菜，狼吞虎咽，他只好站在一旁看。

有一天，傻子从人家做完工回来，天色已经黑了。他慢慢地走着，忽然踩着一件东西，拾起来一看，是一个小口袋，沉甸甸的；凑在路灯下一解开来，好耀眼，是十来个雪白光亮的小圆饼儿。傻子不懂得这就是银元。

傻子站在路灯下想：“这些又白又亮的东西，我没有一点儿用处，带了回去，今夜还是吃两碗饭，盖一条破棉絮。师傅倒是挺喜欢这东西的，不知道为了什么？”

他想来想去，实在想不明白。又想：“管它呢，反正没有用，扔掉算了。”他正要把口袋朝垃圾桶里扔，一转念：“这袋东西总是谁丢失的。那个人要是跟师傅一样，也挺喜欢这东西，丢失了一定非常伤心。我把它扔进了垃圾桶，那个人找不着，不要哭得死去活来吗？”傻子想到这儿，决定等候那个人来找。

做夜市的小贩回去了，喝醉的酒客让人扶着回去了，巡查的警察走过了，店铺的门都关上了，街上空荡荡的，只有路灯放着静寂的光。傻子总不见有人来找这一口袋东西。他觉得很奇怪：也许是路灯丢失的吧，要不，大家都睡了，它干吗老瞪着一只眼睛不肯睡呢？

那边有脚步声来了，是急促的轻轻的脚步声。傻子想：一定是那个人来找丢失的东西了。借着灯光望去，是一位老太太，眼眶里含着泪花。她一边走一边看着地面，没瞧见站在一旁的傻子。

“老太太，”傻子迎上去，“你是找一口袋又白又亮的东西吗？在这里！”

“快给我吧，阿弥陀佛！”老太太笑了，干瘪的脸笑得真难看。

师傅不见傻子回来，一点儿不放在心上，以为他掉在河里淹死了，或者让骗子给拐走了。傻子摸进门去，屋子里一片漆黑，师傅师兄都早就睡着了，鼾声像打雷一个样。傻子摸到了自己的破棉絮，一骨碌钻了进去。

第二天天亮，师兄才发觉傻子躺在身旁，就推醒了他，问他昨夜上哪里去了。傻子把经过讲了一遍，师兄从被窝里伸出一只手，指着他的额角说：“你这个傻子!”

又一天，傻子做工的那户人家上梁，照例有糕和馒头分给工人。傻子分得了两块糕两个馒头。

在回去的路上，傻子遇见一群难民。最可怜的是那些妇女和赤条条的孩子：有的妇女把孩子背在背上，裹在又破又脏的衣服里；有的妇女把孩子抱在胸前喂奶。难民们痛苦地叫唤着，好像一群荒地里的乌鸦。

傻子觉得很奇怪，难民的眼光集中在他手里的糕和馒头上。他想：“他们想吃吗？他们未必知道糕是甜的，馒头是咸的。让他们尝一尝吧，反正我回去还有我分内的两碗饭呢。”

傻子把糕和馒头都送给了难民。难民没想到会有这样的好东西送给他们吃。他们不再叫唤，把糕和馒头掰成许多小块，大人小孩都分配到了。他们细细地嚼，舍不得马上咽下肚里，像吃山珍海味那样有滋有味的。傻子在一旁看着，觉得非常有趣。

邻居早就知道傻子有好吃的东西带回来，没等傻子走到门口就拦住他说：“上梁的糕和馒头，分一半给我吃。”

傻子摊开一双空手，笑着说：“你为什么不早跟我说呢？真对不起，我把糕和馒头都给了难民了。”

邻居板起脸，吐了口唾沫，拉长了声音说：“你……你这个傻子!”

这一天，所有的工厂都停了工，所有的店铺都歇了业，因为国王要在广场上演说，老百姓都得去听。国王非常勇武，常常带兵攻打邻国，没有一回不打胜仗的。可是新近他打了败仗——头一回被邻国打败了。

傻子跟着大家来到广场上。广场已经站满了人，好像数不清的蚂蚁。傻子慢慢地向前挤，挤到了演说台下。他抬起头来，看见国王满面怒容，眼睛似乎要射出火来，两撇翘起的胡子好像枪尖一般。他正在演说：

“……从未有过的耻辱！从未有过的这样大的耻辱！咱们只能打胜仗，怎么能让人家给打败呢？可恨的敌人呀，我要把他们全都杀死，一个也不剩。恨不得这时候就有一个敌人站在这里，让我一刀砍下他的脑袋，才解我心头之恨！……”

广场上没有别的声音，只有国王一个人在吼叫。傻子非常可怜国王，看他这样恼怒，恐怕立刻会昏倒。可是眼前又没有可以让他砍脑袋的敌人，有什么方法消解他的恼怒呢？傻子一转念，方法有了，他高声喊：

“国王，不必等敌人了！你要杀一个人解解气，就把我杀了吧！”

“傻子！傻子！”广场上的人都喊起来，那声音就跟呼叱猪狗一个样。大家都说从来没见过这样傻的傻子，竟敢打断国王的庄严的演说。

谁也没想到国王的怒容消失了，眼睛突然发出慈爱的光。他满脸堆笑地对傻子说：“谢谢你教训了我！我要把敌人全都杀死；你非但宽恕他们，还愿意代他们死。我实在不如你。以后我再也不打仗了。”

国王请傻子一同进宫里去喝酒。他听说傻子是个木匠，就请傻子雕一座高大的牌楼，作为永远不再打仗的纪念。

傻子就动手雕牌楼，他雕得非常精致。牌楼上有许多和平之神，手里捧着各种乐器，许多野兽安静地伏在他们脚下，听他们演奏。还有各种茂盛的树木花草，好像都在欢乐地随风摇摆。

牌楼完工了。行揭幕礼的那一天，国王亲手把一个大花圈挂在牌楼正中。全国的百姓都来庆祝，大家向傻子欢呼，把傻子抬了起来，把鲜花洒在他的身上。

走过牌楼跟前的人总要指指点点地说：“这是傻子的成绩。”

1921 年 11 月 16 日作。

刊《儿童世界》第 1 卷第 11 期，署名叶绍钧。

燕　　子

一丛棠棣花在柳树下开得多美丽呀，仿佛天空的繁星放出闪闪的光。顽皮的风推着，摇着，棠棣花怕羞，轻轻地摆动腰肢。风觉得有趣，推着，摇着，再也不肯罢休。棠棣花的腰肢摆动得真有点儿累了。

花丛旁边躺着一只可怜的小东西。他张开嫩黄的小嘴，等待妈妈爱抚的接吻。可是妈妈在哪里呢？他悲哀地叫着。他的蓝色的羽毛闪着光，项颈前围着红色的围巾，真是个美丽的小东西。他背部的羽毛沾着些儿血，原来他受伤了。

清早醒来，他唱罢了晨歌，亲过了妈妈的嘴，笑着对妈妈说："我要去看看春天的景致，听邻家的哥哥姐姐们歌唱。妈妈，让我出去玩一会儿吧。"

妈妈答应了，亲着他的嫩黄的嘴说："好好儿去吧，我的宝贝。"

他于是离开了家，到处游逛。他听到泉水在细语，看到杜鹃花在浅笑，在幽静的小山上，他唱了几支歌，在清澈的小溪边，他洗了一回澡。他觉得累了，想休息一会儿，就停在柳树的桠枝上。

不知道什么地方飞来一颗泥弹，正打中了他的背。他一阵痛，就从柳树上掉下来，躺在棠棣花旁边。他用小嘴修剔背上的羽毛，沾着了湿漉漉的什么东西，一看，红的，这不是血么！他觉得痛得受不了了，就哀哭一般地叫起来：

“妈妈，你在哪里呀？你的宝贝受伤了！妈妈，你在哪里呀！”

但是，妈妈哪里听得见呢？

柳树听见他哀叫，安慰他说：“可怜的小东西，你吃苦了。你的妈妈在哪里？可惜我的手臂够不着你，不能扶你起来。”

池塘里的水听见他哀叫，安慰他说：“可怜的小朋友，你吃苦了。你的妈妈在哪里？可惜我不得自由，不能到岸上把你背上的血洗去。”

蜜蜂飞过，听见他哀叫，安慰他说：“可怜的小朋友，你吃苦了。你的妈妈在哪里？可惜我的翅膀太单薄，不能抱着你把你送回家去。”

棠棣花早就听到他在哀叫，而且听得最真切，因为贴近他的身旁。她十分可怜他，甜蜜地安慰他说：“美丽的小东西，妈妈总会来的，不要哭。你可以在我这里休息一会儿，我盖着你，保护你。你好好儿休息吧。”

听了许多安慰他的话，他似乎痛得轻了些。他心里想：“他们多么关心我呀。可是妈妈在等我呢，我不回去，妈妈一定着急了。”

这一天，青子正好放假。她来到野外，采了些野花，预备送给她的小朋友玉儿。她穿着湖色的衫子，两条小胳膊露在外面，又细又软的头发披在肩上，时时被风吹得飘起来。看她的步子这样轻松，就知道她心里装满了快乐。

她手里已经有了红的花和白的花，待看到粉红的棠棣花，她也想采一点儿。正要采的时候，一声哀苦的叫唤使她住了手，原来一只可爱的小燕子躺在那里。啊，闪着光的羽毛上沾着血呢！

她放下手中的花，把小燕子捧了起来；取出雪白的手绢给他擦去背上的血。她轻轻地抚摩着他的羽毛，用右颊亲着他，温柔地说：“可怜的小宝贝，你吃苦了。是谁欺侮了你？是谁欺侮了你？现在你的痛苦过去了。我给你睡又软和又温暖的床，给你吃又甜又香的食品。我做你的亲爱的伴侣。你跟我回家去吧，小宝贝。”

小燕子睡在她的手掌上，又温暖又软和，感到非常舒适。可是他又叫了，不是为了痛，只是为了想念妈妈。“妈妈，我遇见了一位可爱的小姑娘。她喜欢我，带我到她家里去了。你到她家里来看我吧，我很平安，但是你要马上来呀!”

柳树、池塘里的水、蜜蜂、棠棣花全都放心了，一同对小燕子说：“青子是一位仁慈的小姑娘。她能体会我们的心愿。你跟她去吧。你的妈妈找到这里来，我们会告诉她的。再会了，幸福的小燕子!”

青子把小燕子带到家里，先去告诉了玉儿，顺便把采到的野花送给了她。玉儿听了非常喜欢，说她们俩一定要好好儿调养小燕子，使他恢复活泼可爱的原样儿。她们俩于是有新鲜的事儿干了。

青子调了些很好的东西给小燕子吃；玉儿采来柔软的草铺在一个匣子里，做小燕子的巢。小燕子吃饱了，因为才受过伤，有点儿疲倦，昏昏沉沉地想睡了。青子和玉儿看护着他，轻轻地唱着催眠曲：“小宝贝睡呀！猫来，打他，狗来，骂他。小宝贝睡呀!”小燕子听着歌声，渐渐熟睡了。

小燕子一觉醒来，只见两个笑脸紧贴着，都在看着他呢。他回想自己受伤以后的事儿，心里说：“妈妈，你怎么还不来呢？你一定在找我，我却在这里等你。小姑娘待我很好，她们为什么不把你也接来呢?”他一边想，一边滴下眼泪来了。

青子看了觉得很难受，用手绢轻轻地按住自己的眼睛。她说：“小宝贝，暂且忍耐一会儿。现在还没法找到你的妈妈。暂时把我这里当做你的家吧，好好儿静养，把你的伤快点儿养好。我们一定想办法寻找你的妈妈。”

小燕子只是掉眼泪。

玉儿对他说：“你最喜欢唱歌，一定也喜欢听歌。我唱一支歌给你解闷儿吧。”

玉儿就唱起来：

树上的红从哪里来？
山头的绿从哪里来？
红襟的小宝贝呀，
是你带来了春天的消息。

溪上的绿波从哪里来？
田野的泥香从哪里来？
红襟的小宝贝呀，
是你带来了春天的消息。

醉人的暖风从哪里来？
迷人的烟景从哪里来？
红襟的小宝贝呀，
是你带来了春天的消息。

玉儿唱着，青子和着，歌声格外好听。她们把脸贴着匣子低声问：“你该快活了吧？我们的歌声跟你相比怎么样？”

小燕子本来喜欢唱歌，听她们这样说，禁不住要试一试。他就唱起来：

亲爱的妈妈你在哪里？
亲爱的妈妈你在哪里？
你的宝贝在这里呀，
谁给你传个消息？

你在山上找我么？
你在水边找我么？
你的宝贝在这里呀，
谁给你传个消息？

我在这里等你呢！
我在这里等你呢！
我要睡在你怀里呀，

谁帮我传个消息？

青子忽然拍着玉儿的肩膀说："想着了，我们何不在报上登个广告呢。"

玉儿马上拿来了铅笔和纸，嚷嚷说："我来写，我来写。"她就动笔写起来：

亲爱的妈妈，孩儿中了一颗泥弹，受了轻微的伤。青子小姑娘留我住在她家里，现在一切都安适。你不要惊慌，一丝儿惊慌也用不着。可是孩儿盼望妈妈立刻来看我。尽你翅膀的力量——但是不要太累了。快来，快来！你亲爱的小宝贝。

青子笑着对小燕子说："玉儿姑娘代你写得很好。明天你妈妈看报，看见了这个广告，一定会尽快飞来接你。现在你可以宽心了。"

小燕子不再掉泪了。青子和玉儿伴着他，给他讲黄金洞里的小女王的故事。晚上点起了灯，她们又在金色的灯光下唱那些神仙们爱唱的歌，直到他进了梦乡。小燕子梦见同他的妈妈去访问竹鸡的家，小竹鸡取出松子来款待他，他好不快活。

第二天上午，小燕子的妈妈急急忙忙飞来了。她一看见她的宝贝，就张开翅膀抱住他说："寻得我心都碎了！伤在什么地方？我的宝贝……"

小燕子快乐得直流泪。他张开了黄的小嘴，不住地亲他妈妈。他说："妈妈来了，一切都好了！伤口已经结拢，而且丝毫不觉得痛了。"

"你真幸运。"妈妈说，"大家都这样关心你，爱护你。"

小燕子撒娇说："是呀，我遇到的全是好意。要不是大家这样爱护，我的伤不会好得这样快。"

"咱们回家去吧。"妈妈快乐地说。

青子和玉儿掉泪了，她们舍不得小燕子回去，又不忍叫小燕子不要回去。

小燕子安慰她们说："好姑娘，好姑娘，不要哭，我天天来看望你们。我有新鲜的歌，一定来唱给你们听，我有好东西，一定给你们送来，因为你们待我太好了。”

小燕子跟着妈妈回家去了。他每天来看望青子和玉儿，唱一回歌，扑着翅膀跳一回舞。每年春天，他从南方回来，总带些红的白的珊瑚和美丽的贝壳，送给青子和玉儿玩。

青子和玉儿看见他来了，就拿出当时那个匣子说：“你又回来了，这是你的旧居，来歇一歇吧。”

1922 年 11 月 17 日作。

刊《儿童世界》第 2 卷第 1 期，署名叶绍钧。

一粒种子

世界上有一粒种子，像核桃那样大，绿色的外皮非常可爱。凡是看见它的人，没一个不喜欢它。听说，要是把它种在土里，就能够钻出碧玉一般的芽来。开的花呢，当然更美丽，不论是玫瑰花，牡丹花，菊花，都比不上它；并且有浓郁的香气，不论是芝兰，桂花，玉簪，都比不上它。可是从来没人种过它，自然也就没人见过它的美丽的花，闻过它的花的香气。

国王听说有这样一粒种子，欢喜得只是笑。白花花的胡子密得像树林，盖住他的嘴，现在树林里露出一个洞——因为嘴笑得合不上了。他说："我的园里，什么花都有了。北方冰雪底下开的小白花，我派专使去移了来。南方热带，像盘子那样大的莲花也有人送来进贡。但是，这些都是世界上平常的花，我弄得到，人家也弄得到，又有什么希奇？现在好了，有这样一粒种子，只有一粒。等它钻出芽来，开出花来，世界上就没有第二棵。这才显得我最尊贵，最有权力。哈！哈！哈！……"

国王就叫人把这粒种子取来，种在一个白玉盆里。土是御花园里的，筛了又筛，总怕它还不够细。浇的水是用金缸盛着的，滤了又滤，总怕它还不够干净。每天早晨，国王亲自把这个盆从暖房里搬出来，摆在殿前的玉阶上，晚上还是亲自搬回去。天气一冷，暖房里还要生上火炉，热烘烘的。

国王睡里梦里，也想看盆里钻出碧玉一般的芽来，醒着的时候更不必说了，老坐在盆旁边等着。但是哪儿有碧玉一般的芽呢？只有一个白玉的盆，盛着灰黑的泥。

时间像逃跑一般过去，转眼就是两年。春天，草发芽的时候，国王在盆旁边祝福说："草都发芽了，你也跟着来吧！"秋天，许多种子发芽的时候，国王又在盆旁边祝福说："第二批芽又出来了，你该跟着来了！"但是一点儿效果也没有。于是国王生气了，他说："这是死的种子，又臭又难看，我要它干么！"他就把种子从泥里挖出来，还是从前的样子，像核桃那样大，皮绿油油的。他越看越生气，就使劲往池子里一扔。

种子从国王的池里，跟着流水，流到乡间的小河里。渔夫在河里打鱼，一扯网，把种子捞了上来。他觉得这是一粒希奇的种子，就高声叫卖。

富翁听见了，欢喜得直笑，眼睛眯到一块儿，胖胖的脸活像个打足了气的皮球。他说："我的屋里，什么贵重的东西都有了。鸡子那么大的金刚钻，核桃那么大的珍珠，都出大价钱弄到了手。可是又算得上什么呢！有的不只我一个人，并且，张口金银珠宝，闭口金银珠宝，也真有点儿俗气。现在呢，有这么一粒种子——只有一粒！这要开出花来，不但可以显得我高雅，并且可以把世界上的富翁都盖过去。哈！哈！哈！……"

富翁就到渔夫那里把种子买了来，种在一个白金缸里。他特意雇了四个有名的花匠，专门经管这一粒种子。这四个花匠是从三百多人里用考试的办法选出来的。考试的题目特别难，一切种植名花的秘诀，都问到了，他们都答得头头是道。考取以后，给他们很高的工钱，另外还有安家费，为的是让他们能安心工作。这四个人确是尽心尽力，轮班在白金缸旁边看着，一分一秒也不断人。他们把本领都用出来，用上好的土，上好的肥料，按时候浇水，按时候晒，总之，凡是他们能做的他们都做了。

富翁想："这样经心照看，种子发芽一定加倍地快。到开花的时候，我就大宴宾客。那些跟我差不多的富翁都请到，让他们看看我这天地间没第二份的美丽的奇花，让他们佩服我最阔气，我最优越。"他这么想，越想越着急，过一会儿就到白金缸旁边看看。但是哪里有碧玉一般的芽呢？只有一个白金的缸，盛着灰黑的泥。

时间像逃跑一般过去，转眼又是两年。春天，快到请客的时候，富翁在缸旁边祝福说："我就要请客了，你帮帮忙，快点儿发芽开花吧！"秋天，快到宴客的时候，他又在缸旁边祝福说："我又要请客了，你帮帮忙，快点儿发芽开花吧！"但是一点儿效果也没有。于是富翁生气了，他说："这是死的种子，又臭又难看，我要它干么！"他就把种子从泥里挖出来，还是从前的样子，像核桃那样大，皮绿油油的。他越看越生气，就使劲往墙外边一扔。

种子跳过墙，掉在一个商店门口。商人拾起来，高兴极了，他说："希奇的种子掉在我的门口，我一定要发财了。"他就把种子种在商店旁边。他盼着种子快发芽快开花，每天开店的时候去看一回，收店的时候还要去看一回。一年很快过去了，并没看见碧玉一般的芽钻出来。商人生气了，说："我真是个傻子，以为是什么希奇的种子！原来是死的，又臭又难看。现在明白了，不为它这个坏东西耗费精神了。"他就把种子挖出来，往街上一扔。

种子在街上躺了半天，让清道夫跟脏土一块儿扫在垃圾车里，倒在军营旁边。一个兵士拾起来，很高兴地说："希奇的种子让我拾着了，我一定是要升官了。"他就把种子种在军营旁边。他盼着种子快发芽开花，下操的时候就蹲在旁边看着，怀里抱着短枪。别的兵士问他蹲在那里干什么，他瞒着不说。

一年多过去了，还没见碧玉一般的芽钻出来。兵士生气了，他说："我真是个傻子，以为是什么希奇的种子！原来是死的，又臭又难看。现在明白了，不为它这个坏东西耗费精神了。"他就把种子挖出来，用全身的力气，往很远的地方一扔。

种子飞起来，像坐了飞机。飞呀，飞呀，飞呀，最后掉下来，正是一片碧绿的麦田。

麦田里有个年轻的农夫，皮肤晒得像酱的颜色，红里透黑，胳膊上的筋肉一块块地凸起来，像雕刻的大力士。他手里拿着一把曲颈锄，正在刨松田地里的土。他锄一会儿，抬起头来四处看看，嘴边透出和平的微笑。

他看见种子掉下来，说："吓，真是一粒可爱的种子！种上它吧。"就用锄刨了一个坑，把种子埋在里边。

他照常工作，该耕就耕，该锄就锄，该浇就浇——自然，种那粒种子的地方也一样，耕，锄，浇，样样都做到了。

没几天，在埋那粒种子的地方，碧绿的像小指那样粗的嫩芽钻出来了。又过几天，拔干，抽枝，一棵活像碧玉雕成的小树站在田地里了。梢上很快长了花苞，起初只有核桃那样大，长啊，长啊，像橘子了，像苹果了，像柚子了，终于长到西瓜那样大，开花了：瓣是红的，数不清有多少层，蕊是金黄的，数不清有多少根。由花瓣上，由花蕊里，一种新奇的浓郁的香味放出来，不管是谁，走近了，沾在身上就永远不散。

年轻的农夫还是照常工作，在田地里来来往往。从这棵希奇的花旁边走过的时候，他稍微站一会儿，看看花，看看叶，嘴边透出和平的微笑。

乡村的人都来看这希奇的花。回去的时候，脸上都挂着和平的微笑，满身都沾上了浓郁的香味。

1921年11月20日作。

刊《儿童世界》第1卷第8期，署名叶绍钧。

地　　球

很久很久以前，大地光滑浑圆，跟皮球一个样儿。

为什么后来会有高高的山，山下有平地，更有凹下去的盛满了水的海呢？

当初，人们生活在地球上，大家都很安乐。饿了，他们采树上的鲜果吃。鲜果好看极了，拿在手里就让人忘了饥饿；味道又香又甜，吃到嘴里有没法形容的快活。

人们闲着没事做，到处开唱歌会跳舞会。不光人们，鸟呀，树林呀，风呀，泉水呀，也一同唱歌；野兽呀，大树呀，草呀，星星呀，也跟着跳舞。

人们热闹极了，开心极了；他们不懂得忧愁，从来不啼哭。他们疲倦了就躺在地面上，月亮像一位和善的老太太，用银色的光辉照在他们的脸上。你可以看到他们做着梦，还在开心地笑呢！

忽然从云端里吹来几阵风，把树上的叶子全给吹了下来。人们开始吃惊了，害怕了，他们看到所有的树都只剩下光干，连一个果子也没有了，肚子要是饿起来，这日子怎么过呢？

唱歌会停止了，跳舞会停止了，大家喊道：

“困难的日子到了！困难的日子到了！你们没瞧见吗，树上连一个果子也没有了？”

“咱们吃什么呢？咱们吃什么呢？肚子饿起来，咱们怎么办？”

“大家快想办法呀！大家快想办法呀！挨饿可不是好受的。”

聪明的人想出办法来了。他们说：“靠果子过日子是靠不住的。咱们会有东西吃的，咱们耕种，咱们收割，咱们把收割下来的东西储藏起来，要吃的时候就拿出来吃，咱们就不会挨饿了。现在只要大家都来耕种。”

大家听了一齐拍手欢呼。他们说：“咱们得救了！咱们不怕挨饿了！大家都来耕种呀！”

他们一边高呼，一边举起锄头，就在自己站着的地方耕种。但是有些柔弱的人，他们拿不动锄头，只好站在一旁呆看。想到自己不久就要挨饿了，他们要求耕种的人说：“你们种出了东西来，分点儿给我们吃吧。咱们是好朋友，你们应该可怜我们，我们拿不动锄头呀。”

拿锄头的人想，分点儿给他们，这还不容易。种出来的东西多了，吃不完堆积起来有什么用呢？他们很痛快地答应了。到了收获的季节，稻呀麦呀，都分给他们每人一份，跟拿锄头耕种的人一样多。

耕种的时候总要拣去一些僵土和石块。大家看那些柔弱的人站的地方反正空着，就把拣出来的僵土石块往那里扔。僵土和石块堆高一点儿，那些柔弱的人就往高里站一点儿。他们好像泛在水缸里的泡沫，水尽管一桶一桶往缸里倒，泡沫总浮在水面上。

拿锄头的人仍旧把耕种出来的东西分给柔弱的人吃，仍旧每人一份。可是要分给他们，不像先前那样便当了，要背着稻呀麦呀，爬上土石堆。土石堆越来越高，稻呀麦呀见得越来越重，压得他们背都弯了，胸口几乎碰着了膝盖。他们像拉风箱似的喘着气，一步一步往土石堆上爬，汗跟泉水一般从每一个汗毛孔里流出来。他们唱着歌，忘记了劳累。他们是这样唱的：

他们是我们的好朋友，我们的好朋友。
他们拿不动锄头，我们拿得动锄头。
分给他们一份稻，分给他们一份麦。

反正我们有力气，应该帮助好朋友。

柔弱的人接了礼物，懒懒地吃；才吃完一份，第二份又送来了，送第三份、第四份的人背着东西，正跟牛马一样爬上来呢。他们向下望，土石堆上已经给踏出了一条路，背着东西的人脚尖接着脚跟，一摇一晃地在向上爬，真有点儿傻劲。他们看着，又白又瘦的脸上现出冷淡的微笑。

可是不好了，拿锄头的人耕种的地方，有几处忽然积了许多水，不能耕种了。水是从哪里来的呢？聪明的人考查出来了，他们说："你们看柔弱的人站着的土石堆，让咱们踩得往下凹的那条路上，不是涓涓不绝地有水在流下来么？水冲在石头上，不是激起了浪花么？水就是从土石堆上流下来的。如果追根究柢，那么咱们的身体就是最初的泉源；咱们把东西送上去的时候，每一个汗毛孔就是一个泉眼。"

聪明的人说的不错，但是有水的地方不能耕种了，怎么办呢？只好大家挤紧一点儿，在还没被水淹的地方耕种。

过了一年又一年，拿锄头的人努力耕种，不断地把东西送上土石堆去。他们的汗水渗进土里，胶住了石块。汗水富有滋养料，土石堆上于是长出了青青的草，绿油油的树。柔弱的人闲着没事干，眯起深陷的眼睛看着。他们赞美说："这里应当叫做山。你们看，山上的景致多么好，美丽极了。"

山的周围，僵土石块越堆越多，山就越来越高，爬上去送东西越来越吃力，他们的汗水流得更多了。汗水不停地从山上流下来，地面积水的范围自然越来越扩大，可以耕种的地方自然越来越少了。拿锄头的人只好挤得更紧了。

到了后来，拿锄头的人实在觉得不能再往山上送东西了，再送就会耽误了耕种的季节。他们同柔弱的人商量说："我们实在没有工夫再给你们送东西了，这山路太长了。你们自己下山来取吧，反正你们闲着没事干。"

柔弱的人摇摇头，他们有气无力地说："我们这样柔弱，哪能背东西上山呢？你们要可怜我们，帮忙帮到底。咱们是最好最好的好朋友呢！"

拿锄头的人看他们满脸愁容，眼角上似乎挂着泪水，心就软了，对他们说："既然这样，仍旧照老样子，东西由我们送上山来。我们有一天力气就耕种一天，帮助你们一天。你们放心吧，不用犯愁，没事儿就望望山景吧！"

可是耕种的地方越来越少，拿锄头的人挤得越来越紧，种出来的东西却不会因此而增多。有的人上山去送东西，回来的时候疲乏不堪，又错过了耕种的季节，原先归他们耕种的地方就此荒芜了。别人只好把自己份内的东西省出一部分来分给他们，使他们不至于挨饿。

情形看来越来越糟，大家的土地都有点儿荒芜的样子，但是大家还凑出东西来送上山去，分给柔弱的人的东西还跟分给大家的一样多。本来吃不饱，又要背着沉重的东西爬这样陡的山路，他们累极了，身上瘦得只剩了一层皮，脸上全是皱纹，背给压弯了，声音也变得又沙又哑。要是说他们曾经是唱歌的好手，跳舞的好手，还有谁相信呢？

有的人因为又饿又累，病倒了，几乎死掉。他们的慈祥的母亲忍不住哭了，眼泪像线一样直往下流，流向水淹的地方。水淹的地方不断地扩大，起风的时候，涌起的波浪像山一样高。

慈祥的母亲望着汹涌的波涛说："这里应当叫做海。海里的水是咸的，都是我的眼泪和孩子的汗水。"

所以即使天朗气清，你到海边去，总可以听到波浪在呜咽着，在诉说悲哀。

前面说的就是地球上怎么会有山有海有平地的故事。你要是问，山上的那些柔弱的人现在到哪里去了呢？我可以告诉你，他们太柔弱了，子子孙孙一代一代传下来，身子越来越小，现在已经小到咱们的目力没法看清的程度。其实小草的根，大树的皮，都是他们寄居的地方。他们再这样一代小于一代，总有一天会从地球上消失的。

1921年12月25日作。

刊《儿童世界》第1卷第12期，署名叶绍钧。

芳儿的梦

芳儿看姊姊采了许多许多凤仙花，白的，红的，绯色的，撒锦的，用细线把花扎起来，扎成了一个又大又圆的球。姊姊把大花球挂在窗前，看着它只是笑。大花球摇摇晃晃，花瓣儿微微抖动，好像害羞似的。芳儿想："这个花球跟学生们踢的皮球差不多大，挂在窗前干什么呢？凤仙的枝上要是能开这样大的花球就好了，我就可以把它当皮球踢了。姊姊只是看着它笑，难道花球会飞到天上去吗？"

芳儿正想着出神，姊姊问他说："明天妈妈生日，你送什么东西给她做礼物呢？你看我这花球多么好！花是我种的，也是我采的。我把它扎成了这样一个花球。妈妈看了，一定说我能干，说我爱她。"

芳儿想："姊姊有礼物，我自然也要送给妈妈一件礼物。我的礼物一定要比她的好。送一只小猎狗吧？不行，小猎狗是妈妈给我的，怎么能送还给妈妈呢？送积木吧？不行。积木是舅舅给的，还是妈妈给带回来的呢，怎么能送给妈妈呢？送一朵大理花吧？也不行。姊姊送了凤仙花球，我也送花，不是跟姊姊的礼物相重了吗？"

芳儿心里不自在起来。他不看姊姊扎的花球了，低着头坐在小椅子上默默地想。他想到树林里的香草，山坡上的小石子儿，溪边的翠鸟，小河里的金鱼；他想到家里所有的一切东西，街上所有的一切东西，野外所有的一切东西，想来想去都不合适，都不配送给妈妈做生日的礼物。他要找一件非常稀罕的，独一无二的东西，拿来送给妈妈。这样才能让妈妈得到连做梦也想不到的欢喜，才能表达对妈妈的比海还深的爱。

但是这件东西在哪里呢?

月亮升起来得真早啊，她躲在屋角后边偷偷地瞧着芳儿呢。院子的一个角落亮起来了，缠绕在篱笆上的茑萝也发出光彩了。白天看那茑萝，就像姊姊的新衣裳似的，嫩绿的底子绣上了许多小红花；现在颜色变了，都涂上了一层银色的光。

芳儿感觉到月亮在偷看他，不由得抬起头来。他说："月亮姊姊，你来得好早。我要送一件东西给妈妈，做她生日的礼物。这件东西要非常美丽，非常难得，要让妈妈能得到连做梦也想不到的欢喜，要能表达我对妈妈的比海还深的爱。聪明的月亮姊姊，你一定知道这是一件什么东西，请告诉我吧!"

月亮只是对着芳儿微笑。她越走越近了，全身射出活泼的光。

月亮身边浮着些儿淡淡的微云，他们穿着又轻又白的衣裳，飘呀飘呀，好像跳舞的女郎。他们怕月亮寂寞，所以陪着她；他们怕月亮力乏，所以托着她。

芳儿把他的心事告诉给云，恳求他们说："云哥哥，你们伴着月亮出来玩儿吗?我要送一件东西给妈妈，做她生日的礼物。这件东西要非常美丽，非常难得，要让妈妈能得到连做梦也想不到的欢喜，要能表达我对妈妈的比海还深的爱。聪明的云哥哥，你们一定知道这是一件什么东西，请告诉我吧!"

云哥哥们只是拥着月亮姐姐，在深蓝色的天幕上一边跳舞，一边前进。

芳儿想，他们玩儿得太高兴了，高兴得没听到他在说话。他就把小椅子搬到了院子里，索性坐下来看他们跳舞。起先，月亮姊姊跳的是节奏很快的小步舞，云哥哥们紧紧地追随着，又轻又白的衣裳都飘了起来，更加好看了。后来，月亮姊姊好像疲倦了，在中天站住了。云哥哥们围绕着她，缓慢地兜着圈子，衣裳渐渐垂下来了。

芳儿趁这个时候，把他的心事又说了一遍，恳求月亮姊姊和云哥哥们给他指点。他留心看天上，月亮姊姊和云哥哥们真个听见了他的话了。月亮姊姊堆着笑脸，看着身边；云哥哥们从宽大的白衣袖里伸出手来，指着身边。他们身边有无数灿烂的星星，原来他们指的就是星星。

芳儿快活极了，他明白了："这才是最美妙的礼物呢。月亮姊姊和云哥哥们真聪明呀！姊姊送给妈妈一个花球，我送给妈妈一个星星串成的项链。明天，我要把星星项链亲手挂在妈妈的脖子上，让无数耀眼的光从妈妈身上射出来，不是非常美丽吗？人家的妈妈戴珍珠串成的项链，戴宝石串成的项链，都是人间有的东西。我送给妈妈的，却是一个星星串成的项链，不是非常稀罕吗？我把这样的一个项链挂在妈妈的脖子上，妈妈自然欢喜得连做梦也想不到。别人当然想不到送这样的礼物，只有我送这样的礼物，因为我爱妈妈爱得比海还深。"

芳儿谢谢月亮姊姊，谢谢云哥哥们，对他们说："祝愿你们永远美丽，永远快乐，永远笑，永远跳舞，永远帮助我，告诉我我所想不到的一切事儿。"

这时候，芳儿的姊姊也到院子里来乘凉了。她端一张藤椅，坐在芳儿旁边，脸上还带着笑。她正在想，凤仙花球多么美丽，妈妈见了会怎样欢喜。

芳儿拿姊姊的手轻轻地贴在自己的脸上，看着姊姊说："我已经想到了送给妈妈的礼物。好极了，比你的凤仙花球好几百倍。我现在不告诉你。"

"什么好东西？好弟弟，快说给我听吧。"

"我不说，明天你看就是了。这个东西近在眼前，远在天边，没有什么比它更美丽的了，谁都不曾有过。"

芳儿不说，姊姊只好猜。她猜了许许多多东西，香草，小石子儿，翠鸟，金鱼，家里所有的一切东西，街上所有的一切东西，野外所有的一切东西，她都猜遍了。芳儿只是笑，只是摇头。姊姊急了，双手合十，央求他说："拜拜你，好弟弟，你告诉了我吧。我一定不告诉别人。夜晚睡了，我连枕头也不告诉。好弟弟，快说吧！”

芳儿说：“你一定要我说，得先依我一件事儿。咱们俩先跳一回儿绳。跳过绳，我再告诉你。”

姊姊就和芳儿一同跳起绳来。月亮从头顶上射下来，院子里一片银光，他们俩全身浴在银光里，两个短短的影子在地上舞动。姊姊的头发飘了起来，影子更加好看了。他们先把绳子向前摔，再把绳子向后摔，最后俩人并排一起跳。四只小小的脚像燕子点水似的，刚着地又离开了地面。绳子在脚底下一闪而过，几乎分辨不清。他们俩好像被包在一个透明的大圆球里。

姊姊喘息了，芳儿也满脸是汗，他们才停了下来。芳儿坐在小椅子上用手拭脸上的汗。姊姊催他说：“我依了你了，现在你好说了，究竟是什么东西？”

芳儿凑在姊姊的耳边说：“我的礼物是星星串成的项链。”

芳儿睡在雪白的罗帐里，睡得很熟，脸上好像在笑，呼吸很均匀。他应当有一个可爱的梦。

他起来了，是月亮姊姊催他起来的。月亮姊姊穿了一身淡蓝色的衣裳，笑的时候露出银色的牙齿。芳儿觉得她可爱极了，就投到了她的怀里。月亮姊姊拍拍他的背，对他说：“你忘记了要送给妈妈的礼物了吗？跟着我去吧，我带你去取。”

芳儿非常感激月亮姊姊，催她快点儿动身。月亮姊姊牵着芳儿的手，一同轻轻地飘起来了。虽然离开了地面在空中迈步，芳儿觉得两只脚仍旧像踏在地面上似的。向下边望，地面上的一切都睡着了，盖着一条无边无际的银被。再看月亮姊姊，她那淡蓝色的衣裳被风吹得飘了起来，真是一位仙女。

芳儿的步子越迈越快，好像不费一点儿力气。星星就在他身边了，一颗颗都像荔枝那么大，光亮耀得他眼睛都花了。他已经来到星星的群中，前后左右都是星星；他好像走进了一座结满果子的树林，只要一伸手就可以摘到；再看看自己，自己被星星照得通身透亮。他快乐极了，就动手摘起星星来。

星星轻得几乎没有分量，摘起来挺容易，他一连摘了几百颗，用衣裳兜着，快要兜满了。月亮姊姊送给他一条美丽的丝绳，还帮他把一颗颗星星贯串起来，串成项链。

这样美丽的项链，世界上从来没有过，现在却在芳儿手里。他要把这样一条项链送给妈妈，作为妈妈生日的礼物。

芳儿心里想的，就是要让妈妈得到连做梦也想不到的欢喜，就是要表达他对妈妈的比海还深的爱。他捧着星星项链，飞奔回家，刚跨进门就大声喊："妈妈！妈妈！您在哪里？我送给您一件礼物，最最美丽的礼物，最最稀罕的礼物。"

妈妈跑出来，把芳儿抱在怀里。芳儿举起双臂，把星星项链挂在妈妈的脖子上。无法形容的透亮的光，从妈妈身上射出来，妈妈就成了一位仙女了。芳儿自己不也成了个小仙人了吗？看着妈妈脸上的慈祥的笑，芳儿快活得手舞足蹈起来。

芳儿的手和腿一动，他的梦就醒了。妈妈正伏在他的枕头旁边，脸上的慈祥的笑，正跟芳儿在梦中看到的一个模样。

1921 年 12 月 26 日作。

刊《儿童世界》第 1 卷第 13 期，署名叶绍钧。

新 的 表

咱们都看见过钟，看见过表。咱们都懂得钟和表在提醒咱们：现在是什么时间了，你应当起床了；现在是什么时间了，你应当干活了；现在是什么时间了，你应当休息了。咱们按照钟表提醒咱们的去做，一切都井井有条，不必匆忙，也不会耽误事儿。

愚儿有一个关于表的故事。他不懂得使用表，耽误了许多事儿，闹出了许多笑话。现在就把他的故事讲给大家听。

愚儿才八九岁。他有个坏毛病，老是什么事儿也不干，不声不响；东边一靠，靠个大半天；西边一站，站个三小时。父亲母亲以为他早就上学去了，后来却看见他不声不响地站在大门口。有时候他在桌子上玩弄唾沫，玩儿得连睡觉都忘了，要母亲催他他才上床。这样的事儿发生了不知多少回了。

他的毛病老改不掉，而且越来越厉害。有一回到学校去，半路上看见鞋店的工人正在扎鞋底，他站在一旁整整看了一天，连吃饭都忘了。父亲母亲不见他回家，派人四处去找，才把他拉了回家。父亲就跟母亲商量说，“太不像话了，这样下去，他不但书念不好，将来离开了我们，连饭也想不到吃，岂不要饿死吗？得想个办法才好。最最要紧的是要让他知道什么时间该做什么事儿。

你看有什么办法呢?”

母亲说:“我有个办法。他有这个坏毛病,根子就在他不懂得时间,不知道什么时间应当做什么事儿。我们教给他懂得了时间,他就知道到了什么时间应当做什么事儿了。让人懂得时间的最好的东西就是钟表,咱们给他买一只表吧。”

父亲听母亲说得很有道理,就买了一只表给愚儿。这是一只非常美丽的表,表壳好像是银的,能照得见面孔;表面是白磁的,画着乌黑的字;两支针有长有短,闪闪发光。样子跟一块圆饼干差不多,愚儿拿在手里,觉得轻巧可爱——虽然不能送到嘴里去吃。

父亲叮嘱愚儿说:“你不懂得时间,天天耽误了该做的事儿。现在给你这只表,它可以告诉你现在是什么时间。你应当按照它告诉你的时间做你应该做的事儿。你看,到了这个时间,就应该上学;到了这个时间,就应该回家;到这个时间,应该开始温习功课;到这个时间,应该上床睡觉。你好好记着,就不会再犯过去的老毛病了。”

父亲指给愚儿看的,是表面上写着“6”“4”“5”“9”这几个字的地方。愚儿记住了,牢牢地记在心里。他把表捧在手里,眼睛盯住了表面,看见一支针指在“7”字上,马上背着书包出了门。他一路走一路看着表,还没走到学校,那支针已经指在“9”字上了。他转身就跑,到家里连忙往床上一躺,书包还挂在背上哩。他一只手举着表,仰着脑袋看着,那支针真奇怪,虽然看不出它在移动,却不断地变换位置,像变魔术似的。

那支针又指在“4”字上了,他想父亲叮嘱过,到针指在“4”字上就应该回家。但是他已经在家里了,而且躺在床上了,叫他再回到哪里去呢?难道把父亲的话记错了?他翻来覆去地想,想了十遍二十遍,一点儿也没记错,父亲确实是这样说的,针指到“4”字上,就应该回家。一定是这只表在作怪了。他立刻下了床,跑到父亲的工作室里。

父亲见了他很奇怪,问他:“你的老毛病还没改好。我已经给了你一只表,叫你看着表做事。怎么这时候还在家里?你已经忘了我说的话吗?”

愚儿说："不，不，我没有忘记，这只表在作怪呢！我看针指在这里，马上去学校，这不是你告诉我的吗？还没走到学校，针已经指到这里了，我马上跑回家睡觉，这不也是你告诉我的吗？可是现在，针又指到我应当回家的地方了——而且过了。我现在已经在家里了，叫我再回到哪里去呢？要不是这只表作怪，一定是你的话说错了。"

父亲听了哈哈大笑："原来你没弄明白，你要看那支短针指在什么地方，就按照我说的，去做什么事儿。方才你弄错了，看了长针了。去吧，不要再耽误事儿了。"

愚儿点点头，表示他全明白了。他赶到学校，学校还没上课，早操已经过了。老师教训他说："你真个不想长进吗？有的日子你贪懒，索性不来上学。今天来了，又来得这样晚。你从没做过早操，这样不注意锻炼，难道身体不是你自己的吗？"

愚儿想，他今天出来得很早，只因为看错了表，把事儿耽搁了。但是他不敢跟老师说明，怕同学们笑他。他坐在课堂里，时时刻刻看着手里的表，比看课本用心一百倍。那短针越来越靠近"9"字了，最后真到了"9"上。他想这一回准错不了，是睡觉的时间了，赶快回家吧。

愚儿向老师请假，说马上要回家。老师问他为什么，他说要回家去睡觉。老师着急地问："你不舒服吗？身上发冷吗？……"他只是摇头。老师生气了："没有什么不舒服，哪里有这时候就回家去睡觉的道理！不准回去！"

愚儿急得哭了，眼泪像雨点一样往下掉。同学们看了都笑起来，有几个轻轻地说："他要回家吃奶了。他的母亲已经解开了衣襟在等他了。"

愚儿听同学这样说，哭得更厉害了。老师以为他发了疯，或者心里有什么别扭的事儿，一定要他说出来。他抹着眼泪，呜呜咽咽地说："父亲给我买了一只表，告诉我说，那支短针指到什么地方，就应当按时做什么事儿。父亲说，短针指在'9'字上，就应当睡觉。现在已经指到'9'字了，所以我要请假回家。我不愿意违背父亲的话。老师要是不信，请您看看我的表。"他拿出表来给老师看，那支短针已经过了"9"字了。

老师听了哈哈大笑，对他说："原来你没有明白，让我来告诉你。那支短针一天要绕两个圈子哩：从半夜到中午绕一圈，从中午到半夜又绕一圈，所以短针在上午和晚上，各有一次指在'9'字上。你父亲说的应当睡觉的时间，是晚上短针指在'9'字上的时间，不是现在。"

"原来还有这样一个道理。"愚儿点点头，表示这一回他都明白了。同学们又大笑一场，下了课，有几个在背后说他傻成这样，哪里配用什么表。他只当作没听见，一个人站在墙角里，偷偷地看着手里的表，生怕又耽误了时间。

这一天下午，短针指在"4"字上，他就赶紧回家；指在"5"字上，他就拿出课本来温习；指在"9"字上，他就对父亲母亲说："上床的时间到了，我要睡觉了。"

父亲母亲心里十分欢喜，称赞他说："这一回好了，你的毛病让表给治好了。今后你照表告诉你的时间做事儿，一定能很快上进。现在，你先睡吧。"

愚儿很高兴，躺在床上只是笑。笑呀笑呀，他就睡着了，表还握在他的手心里。

第二天他醒来，窗子上已经阳光耀眼。他想起了手中的表，不知道该不该起床了。还差得很远呢，那支短针正指在"3"字上，还要转过两个字，才指到"6"字上。他就躺在床上等，准备等它转到"6"字才起身。

表又作怪了，短针老指在"3"字上，好像这个"3"字有什么魔力，把它吸住了。他老看着表，觉得肚子越来越饿。但是短针还没有转到应该下床的时间，他只好等着。他想短针总会转过去的。

母亲不见他起身，来到床前看他，只见他睁大了眼睛，老对着表看。母亲催他："快起来吧，时间不早了，到学校又晚了。"他却回答说："不能起来，不能起来。我做什么都得遵守时间。"

母亲听了很奇怪，以为他还在说梦话。可是他眼睛睁得大大的，看着手里的表，明明早就醒了，就对他说："你要遵守时间，更应当赶快起来，要不，第二堂课你也赶不上了。"

愚儿不回答，仍旧看着手中的表。母亲问了一遍又一遍，他才回答说：

“您看，那支短针还没指到‘6’字上。要指到‘6’字上我才可以起身，这是父亲告诉我的。”

母亲接过表一看，短针真个还指在“3”字上，不由得大笑起来，对愚儿说：“原来你没弄明白，表的机关停了，要上紧了弦，它再能转。你要是不上弦，就是等上一千年，短针也转不到‘6’字上。”

母亲给表上足了弦，把两支针的位置旋准了，把表交给愚儿。愚儿看着表只顾点头，表示这一回他真个明白了。他赶紧下了床，收拾停当了，跑到学校里。这时候，第一堂课已经上了一半了。

从此以后，愚儿真个全都明白了。他能自己上弦，自己校正快慢，对准时间。他能够按着表告诉他的时间，做完这件事儿又做那件事儿，什么都井井有条了。

1921年12月27日作。

刊《儿童世界》第2卷第3期，署名叶绍钧。

梧　桐　子

许多梧桐子，他们真快活呢。他们穿着碧绿的新衣，都站在窗沿上游戏。周围张着绿绸似的帷幕。一阵风吹来，绿绸似的帷幕飘动起来，像幽静的庭院。从帷幕的缝里，他们可以看见深蓝的天，看见天空中飞过的鸟儿，看见像仙人的衣裳似的白云；晚上，他们可以看见永远笑嘻嘻的月亮，看见俏皮的眨着眼睛的星星，看见白玉的桥一般的银河，看见提着灯游行的萤火虫。他们看得高兴极了，轻轻地唱起歌来。这时候，隔壁的柿子也唱了，下面的秋海棠也唱了，石阶底下的蟋蟀也唱了。唱歌的时候有别人来应和，这是多么有趣呀，所以梧桐子们都很快活。

有一颗梧桐子，他不但喜欢看一切美丽的东西，唱种种快活的歌儿，他还想离开窗沿，出去游戏。他羡慕鸟儿，羡慕白云，羡慕萤火虫。他想，要是能跟他们一个样到处飞，一定可以看到更多的美丽的东西，唱出更多的快活的歌儿。离开窗沿并不难办，只要一飞就飞出去了。他于是跟母亲说："我要出去游戏，到处飞行，像鸟儿那样，像白云那样，像萤火虫那样，我就可以看到更多的美丽的东西，唱出更多的快活的歌儿。回来的时候，我把看到的一切都讲给您听，给您唱许多许多快活的歌儿。"

他的母亲摇了摇头，身子也摆了几摆，和蔼地对他说："你应该出去旅行，哪有不让你去的道理呢？可是现在，你的身体还不够强壮，再等些时候吧！”

他听了不再作声，心里可不大高兴。他觉得自己已经很胖很结实了，一定是母亲不放他走，什么身体不够强壮，不过是推托的话罢了。他决定不告诉母亲，自个儿偷偷地飞开去。可是飞到了外边，会不会遇上什么困难呢？独自旅行，能不能找到同伴呢？一想到这些，都教他耽心害怕。他于是对哥哥们弟弟们说：“你们羡慕鸟儿吗？羡慕白云吗？羡慕萤火虫吗？你们想看到更美丽的东西吗？想唱出更快活的歌儿吗？这些都是做得到的，只要你们跟我走。我们就可以跟鸟儿一个样，跟白云一个样，跟萤火虫一个样，到处旅行。”

哥哥弟弟的性情都跟他差不多，谁不喜欢出去旅行，看看广阔的世界？他们都拍着手喊起来：“咱们快走吧！咱们快走吧！”

他们换上了褐色的旅行服，站在窗沿下准备着。这时候，绿绸似的帷幕变成黄锦似的了，而且少了许多，变得稀稀朗朗的，因为太阳不太热了。风从稀朗的帷幕间吹来，梧桐子们借着风的力量，都想离开窗沿。大家把身子摇了几摇，还站在窗沿上。只有一颗，就是最先想到要离开的一颗，独自一个飞走了。他多么高兴呀，自以为领了头，带着哥哥们弟弟们到广阔的世界里去旅行了。

他头也不回，只顾往前飞，一会儿高一会儿低。后来，他觉得有点儿力乏了，才回过头去招呼哥哥们弟弟们。啊呀，不好了，他们都飞到哪儿去了呢？他心里一慌，身子就笔直往下掉；头脑里迷迷糊糊的，不知落在了什么地方。

他渐渐清醒过来，看看周围，原来他落在田边上，一个十五六岁的姑娘正在栽菜秧。他才想起了哥哥弟弟，他们不知道在什么时候离开了他。现在要找他们，实在太不容易了。要是找不着他们，独自一个去旅行，他可有点儿不敢。他们总在附近吧，还是飞起来找一找吧。哪儿知道他一动也不能动。他着急了，急得流出了眼泪来，向周围看看，只有一位姑娘。他想，那位姑娘也许能帮他点儿忙吧！

他带着哭声说：“姑娘，您看见我的哥哥弟弟了吗？他们到哪里去了？请你告诉我，可爱的姑娘。”

姑娘只管栽她的菜秧，好像没听见他的话。栽完了六畦，她穿上放在田边的青布衫，两只手扣着钮扣，忽然看见了落在地上的梧桐子，就把他拾了起来。

他在姑娘的手心里，手心又柔软又暖和，真舒服极了。他不再哭了，心里想，“这位姑娘真可爱，她一定知道我的哥哥弟弟在哪里，一定会把我送到他们身边去的。”

姑娘回到自己家里，把他放在靠窗的桌子上。他以为来到哥哥们弟弟们中间了，急忙向周围看，却一个也没有。他又犯愁了，高声喊，“姑娘，我不要留在这里，我要找我的哥哥们弟弟们。请您赶快把我送到他们身边去吧!”

姑娘不理睬他，管自掸去衣裳上的尘土，然后走到窗前，把他拣了起来，用手指捻着玩儿。他好像在摇篮里似的，身子摇来摇去，觉得很舒服。姑娘捻了一会儿，把他扔起来，用手接住，接了又扔，扔了又接。他一忽儿升起来，一忽儿往下落，又快又稳，也非常有趣。可是一想起哥哥弟弟，不知道他们现在在哪儿，心里又很不自在。

姑娘听见她母亲在叫唤了，把他放在靠窗的桌子上就走了。他想：姑娘一走，他更没有希望了。当初站在家里的窗沿上，以为一离开家，要到哪里就哪里，自由极了。哪里想到现在自己做不得主，一动也不能动，不要说到处旅行了，就是想回家去看看母亲，打听一下哥哥们弟弟们的消息，也办不到。他无法可想，只好对着淡淡的阳光叹气。他懊悔没听母亲的话，母亲早跟他说了，“等你身体强壮了，你就可以离开家了”。身体强壮了，一定可以自由自在地到处飞了；可是现在，懊悔也来不及了。

窗外飞来一只麻雀，落在桌子上，侧着脑袋对他看了又看，两只小脚跳跃着，“居且居且”的叫了。他想，麻雀或者知道哥哥们弟弟们的消息，就求他说：“麻雀哥哥，您看见了我的哥哥弟弟吗？他们到哪里去了呢？请您告诉我，可爱的麻雀哥哥。”

麻雀侧着脑袋，又看了看他，跳跃着，又“居且居且”叫了，似乎没听见他的话。麻雀听了一会儿，一口衔住了他，向窗外飞去。

他在麻雀的嘴里，周身觉得很潮润，麻雀用舌头舔他，好像给他挠痒痒似的。他本来很渴了，身上又有点儿痒，所以感到很舒服。他想："麻雀哥哥真可爱，他一定知道我的哥哥弟弟在哪里，一定会把我送到他们身边去的。"

不知道为什么，麻雀一张嘴，他就从半空里掉了下来。"不好了，又往下掉了，这一回可比前一回高得多，落到地上一定没有命了。我的母亲……"他还没想完，身子已经着地了，他吓得失去了知觉。

其实他好好的，正好落在又松又软的泥里。下了几天春雨，刮了几天春风，他醒过来了。看看自己身上，褐色的旅行服已经不在身上了，换上了一身绿色的新衣，比先前的更加鲜艳。看看周围的邻居，都是些小草，也穿着可爱的绿色的新衣。有了这许多新朋友，他不再觉得寂寞了，可是想起母亲，想起哥哥弟弟，不知道他们怎样了，心里就不大愉快。

他慢慢地长大了，周围的小草们本来跟他一般高，现在只能盖没他的脚背。他的身子很挺拔，站得笔直，真是个漂亮的小伙子。小草们都很羡慕他，跟他非常亲热。他们说："你是我们的领袖。你跳舞的时候，我们也跳；你唱歌的时候，我们也唱。可惜我们的身子太柔弱，姿势不如你好看；我们的嗓门也太细，声音不如你好听。这有什么要紧呢？我们中间有了个你，你是我们的领袖。"

他感谢小草们的好意，愿意尽力保护他们。刮狂风的时候，下暴雨的时候，他遮掩着小草们。

有一天，一只燕子飞来，歇在他的肩膀上。燕子本是当邮差的，所以他心里很高兴，就写了一封信交给燕子。他说："燕子哥哥，好心的邮差，我有一封信，是写给母亲和哥哥们弟弟们的。可是我不知道他们在什么地方。请您帮我打听吧；打听到了，就把我这封信给他们看，让他们都能看到。最好能带个回音给我。谢谢您，好心的燕子哥哥。"

燕子一口答应，把信带走了。没过一天，燕子背了一大口袋信回来了，对他说："你的信来了。他们都给你写了回信哩。"

他快活得不知道说什么好，只是嘻嘻地笑。先拆开母亲的信，他看信上说："得到了你的消息，我很快活。我现在很好。你的哥哥弟弟跟你一个样，也到别处去了。他们常常有信来。现在告诉你一件事儿，你一定会喜欢的，就是你又要有许多小弟弟了。"

他又拆开哥哥们弟弟们的回信。下面就是他们信上的话：

"那一天你太性急，独自一个先走了。没隔多久，我也离开了母亲，现在住在一个花园里。"

"我离开了母亲，落在人家的屋檐上。修房子的工匠把我扫了下来，我就在院子里住下了。"

"最有趣的是我到过一位小姑娘的嘴里，才停留了一分钟。"

"我的新衣服绿得美丽极了，你的是什么颜色的?"

"我将来也会有孩子的。希望有一天，你来看看你的侄子们。"

他看完信，心就安了。母亲和哥哥弟弟，他们都很好，用不着老挂念他们，只要隔几天写封信去问一问就好了。燕子天天来问他有没有信要送。

他很快活，至今还笔挺地站在那儿，身子只顾往高里长。

1921 年 12 月 28 日作。

刊《儿童世界》第 2 卷第 7 期，署名叶绍钧。

大　喉　咙

一处地方，有许多工厂。工厂屋面上都矗起几个烟囱，浓黑的烟从烟囱里涌出来，好像魔怪的头发，越伸越长，越长越乱。有时候这一个魔怪的头发同那一个魔怪的头发缠住了，缠得解也解不开了；那些街上的小孩子都喊道，“你们看魔怪打架了。”好容易来了一个和事老，含着一口和平的气，轻轻地对他们吹着，他们的头发才慢慢地解了开来。

工厂里还有一个气筒，家家有的，他的职司，专门张着口大喊；十里路以内都能听见。所以大家叫他做“大喉咙”。早上天还没有亮的时候，他尽他的职司，呜呜地喊起来。许多老的少的男的女的听见了，便三脚两步赶到工厂里去。晚上天刚黑的时候，他又尽他的职司，呜呜地喊起来。于是许多老的少的男的女的从工厂里走出来，懒懒地踱回家去。大家都说，“大喉咙的叫喊，我们不能不听从呵。他喊着，我们必定要赶快跑进工厂去；他再喊着，我们方能回到家里。假若我们不听从他，要想随意出进，工厂的门就关着了。怎么可以进去呢？怎么可以出来呢？”

人家的婴儿身体贴着母亲的胸怀，小嘴衔着母亲的奶头，睡在床上。这多么温暖，多么舒服。因为吸了甜蜜的奶，连睡眠的滋味也甜蜜了。呜呜呜，大喉咙在那里喊了。婴儿嘴里的乳头没有了！这时候四面漆黑，只得伸出小手去摸。哪里有乳头呢？而且身体冷起来了，尽管尽管冷了！于是婴儿哭了。哭到太阳来望他的时候，他四面全看到，哪里有母亲的影子呢？

婴儿天天遇到这等的情形，他就留心查察，到底母亲的乳头在什么时候逃走的呢？后来被他查察出来了。只听得大喉咙呜呜地一喊，母亲的乳头就逃走了。婴儿便想，“倘若大喉咙不喊，母亲的乳头一定不会逃走的。这必须同大喉咙去商量，请他不要喊，那就好了。”想定了，就到大喉咙那边去。

更有一个梦仙，她同一个少年很要好，睡在一起。她的手抱了他，他的手也抱了她。这何等的不寂寞，何等的有趣味。呜呜呜，大喉咙在那里喊了。梦仙抱着的少年没有了！这时候四面漆黑，只得伸出两手，满床乱摸。哪里有少年呢？她就觉得很寂寞，觉得没有趣味；于是呜呜咽咽地哭了。哭得晨兴鸟唱着好听的歌来劝慰她的时候，她全屋子都寻到，田野里山岭上都寻到，哪里有少年的一丝一毫呢？

梦仙天天遇到这等的情形，她就留心查察，到底抱着的少年在什么时候失去的呢？后来被她查察出来了。只听得大喉咙呜呜地一喊，抱着的少年就没有了。梦仙便想，“倘若大喉咙不喊，抱着的少年一定不会失去的。这必须同大喉咙去商量，请他不要喊，那就好了。”想定了，就到大喉咙那边去。

更有一个瞎眼的老妇，她同她的丈夫睡在一起。年纪老了，睡了常常要醒；同丈夫随便谈话，倒也不觉得什么。丈夫还讲些外面的景致给她听，什么地方的树绿了，什么地方的花开了。她就仿佛没有瞎了眼。呜呜呜，大喉咙在那里喊了。丈夫的声音忽然没有了！她提高了喉咙喊，当他是睡熟了，叫他醒醒。哪里有回答呢？她就觉得害怕，觉得夜的长。瞎了的眼睛里眼泪不大丰富，但也一滴一滴地滴个不歇。哭到邻家的小孩子因为追麻雀而闯进来的时候，她就托他看她的丈夫在哪里。孩子连地板缝里都寻到，哪里有她的丈夫呢？

瞎眼的老妇人天天遇到这等的情形，她就留心查察，到底丈夫在什么时候走开了的呢？后来被她查察出来了。只听得大喉咙呜呜地一喊，丈夫就急匆匆地溜了出去了。瞎眼的老妇便想，“倘若大喉咙不喊，丈夫一定不会溜走的。这必须同大喉咙去商量，请他不要喊，那就好了。”想定了，就到大喉咙那边去。

婴儿、梦仙、瞎眼的老妇三个人在一条路上走，他们讲话了。大家说出来，都是到大喉咙那边去的，就此结为同伴，携着手前去。

婴儿道，“我从不会好好儿睡眠，当母亲的乳头逃走的时候。我每次想含住他，不放逃走，但是做不到。想来大喉咙有什么糖儿花儿在那里诱引我的母亲罢。不然，为什么他一喊，她就去呢？他把她唤去了，我太苦了。必须同他商量去。”

梦仙道，“我的那少年他爱我呢。他无时无刻不想找我，他说遇到了我他才得休息呢。但不知道为什么不能和我在一起多休息一刻；听得大喉咙一喊，他就迷迷糊糊地去了。想来大喉咙有什么魔术的罢。不然，那少年怎肯离开了我去呢？我可怜那少年，我爱那少年。必须同大喉咙商量去。”

瞎眼的老妇道，“我睡不熟，丈夫也睡不熟，夜又长，大家谈谈说说，还可以过得去。但是他总是说到半中，匆匆地溜走了。待我唤他，他已经在几里之外了。想来大喉咙有老酒请他的罢。不然，他怎么情愿丢下了我去呢？我瞎了眼睛，一个人在家里很怕。所以必须同大喉咙商量去。”

他们讲着自己的事，不觉已到了大喉咙的地方了。他的地位很高呢，同烟囱差不多高。口向着天，张着，只等时刻一到就喊。他真是个能尽职司的。

婴儿抬头一看，第一个胆小起来；这样的高，怎能上去同他说话呢？瞎眼的老妇也是叫苦，从来没有练过跳高，怎能升高呢？幸亏梦仙的身子很轻，轻到没有分量。她自己同云一般地浮起来，毫不费事；还能够把婴儿和瞎眼的老妇托起来。他们才到了大喉咙的面前。

他们就将自己的心愿都向大喉咙说了。末后一齐说道，“请你闭着口罢，不要呜呜地大喊。我们不愿意失掉母亲的乳头、少年和丈夫呢。”

大喉咙听了，又看他们很可怜的样子，笑说道，“我的口是张惯了的，不能听了你们就闭拢来。可是我没有知道我这么一喊便苦了你们。现在你们来说起了，我很可怜你们。以后我不高兴尽职司了，我不喊了，你们放心回去罢。”

他们听见大喉咙的话，快活极了，反觉有点不相信；都问他道，“真的么?”

“哪有骗你们的，你们只消看以后天光大亮的时候，母亲的乳头还在口里，少年还在怀里，丈夫还在床里。去罢，我的小弟弟，我的好姑娘，我的老太太。”

婴儿便同大喉咙亲了个吻，梦仙同他跳了一回舞，瞎眼的老妇也同他握了一握手，表示感谢他的意思。于是他们回去了。在路上三个接连着唱道，

我要吸甜蜜的奶，睡在母亲的怀里。
我要永久这样，
现在有希望了！

我要每夜抱着可爱的少年，使他多多安息。
我要永久这样，
现在有希望了！

我要老伴伴着我，在无论什么时候。
我要永久这样，
现在有希望了！

天亮了，太阳照在大喉咙的口上了，他只是默默地不响。走过的人催他道，“你失职了，还没有喊呢。赶快喊罢！”

他依旧张口向天，理也不理。烟囱里魔怪的头发全剪去了，一丝也没有飘出来，他们再不能玩打架的把戏了。

婴儿含着母亲的乳头，睡得很甜蜜。小面孔上全是笑意。

梦仙抱着少年，一响也不响，让他得充足的休息。

瞎眼的老妇靠在丈夫旁边，说说笑笑，仿佛新娘子同新郎这样的快乐。

大喉咙真的不喊了。

1921年12月30日作。

刊《儿童世界》第2卷第2期，署名叶绍钧。

旅　行　家

在很远很远的一个星球上，住着一位大旅行家。土星，木星，天王星，海王星，他都游历过了，回家休息了一年，觉得太闷气，又想出门游历。他就提起提包，离开了家。到什么地方去呢？总要找个有趣的地方才好呀。听说地球上有许许多多人，那些人都很聪明，想出了种种聪明的办法，造成了种种聪明的器具，过着很好的生活。他想，地球一定是个有趣的地方，不能不去看看。他就决定游历地球。

旅行家先寄了一封信到地球上，告诉地球上的人说，他要到地球游历。地球上的人立刻忙起来了，决定用最隆重的仪式来欢迎旅行家，因为他从很远很远的星球上来，是个应当尊敬的客人。他们决定在东海边上，搭起一座很大很大的牌楼，上面插满了各种颜色的鲜花，衬着碧绿的树叶。这里就算地球的大门，让客人从这里进来。凡是能奏乐的都聚集在那里，组成了极大的乐队，等这位贵宾一到，就奏起最好听的曲子来。

旅行家乘了一艘又轻又快的飞艇，离开了他的星球，向地球前进。经过了不可估量的时间和空间，看到了不知多少星星的真面目，他才穿过云层，来到地球的大门前，东海边上。地球上欢迎的人一齐欢呼起来，乐队就奏起最好听的曲子，把东海的波涛声也给盖住了。牌楼上的花儿好像含着笑，还轻轻地抖动着，似乎花儿也知道，它们是来欢迎尊贵的客人的。

旅行家非常快活，他想，地球上的确很有趣，这班人多么可亲可爱，又多么聪明。开过了欢迎大会，地球上的人把旅行家请进一家最讲究的旅馆。他们又推举出一个人来陪伴旅行家。这个人懂得地球上的一切事物，让旅行家在游历的时候可以随时询问。

吃饭的时候，旅行家吃的是最上等的菜，味道鲜美，分量又多，还没吃完，他的胃已经撑饱了；看看旁边陪他的人，还张大了嘴，不断地往下装。他想这一定有缘故，大概地球上好吃的东西生产得太多，不吃掉，地球上就没处存放了。所以他们尽量吃，把胃给撑大了。他没有受过这种训练，胃还很小，只好不再吃了，就站起来出去散步。陪伴他的人在后边跟着他。

出了旅馆，拐了两个弯，旅行家走进一条狭窄的小巷。两旁的人家也在吃饭。他们没有什么菜，摆在他们面前的只有一小碟子咸豆。旅行家觉得有点儿奇怪，难道他们的胃特别小吗？难道他们不爱吃那些味道鲜美的菜吗？想来想去想不明白，他只好问了："咱们刚才吃的东西那么多，味道那么好，为什么他们只吃一小碟子咸豆呢？"

陪伴的人脸上露出惊奇的神色。他想，这个从遥远的星球上来的客人真有点儿傻气，但是一想到他终究是一位贵宾，就恭恭敬敬地回答说："他们跟我们不同。你初来这儿，自然不明白，住在这条小巷子里的人都很穷。"

"什么叫做'穷'？穷了就只要吃一小碟子咸豆就够了？想来穷就是胃长得特别小的意思吧？"

"不，不。穷就是没有钱。在我们地球上，有了钱才能换东西。穷人没有钱，即使有，也很少，他们只能换到很少的质地很差的东西。"

"我更不明白了，钱又是什么东西呢？"

陪伴的人从口袋里掏出一个金元来，给旅行家看。旅行家接过金元，看了这一面，又看那一面，翻过来又翻过去。这确实是个可爱的玩意儿，又光亮又轻巧，但是他有点儿不相信。

"这是小孩儿玩儿的东西，真有趣。可是我不信，用这个可以换别的东西。”

“你不信，我换给你看。你想要什么东西？”

旅行家想了想，别的都用不着，乘了这么一趟飞艇，汗衫有点儿脏了，得换一件了。他就说：“我现在需要一件汗衫。”

陪伴的人带着他走出狭窄的小巷子，来到繁华的大街上。在一家商店里，陪伴的人把金元交给商店里的人，商店里的人就拿出一件漂亮的汗衫来。

陪伴的人说：“您看，汗衫不就换来了吗？这是我们地球上最有名的汗衫，用中国出产的蚕丝织的，您看多么轻，多么软，拿在手里几乎没有分量，可以一把捏在手心里。穿在身上，光彩华丽，妙不可言。”

这件汗衫实在好，旅行家看了心里自然欢喜。但是他立刻又产生了怀疑，因为他看到对面来了一个人，拉着一辆大货车，弯着腰，身子成了钩子似的，走一步停一步。这个人穿着一件破衣服，不但汗透了，还沾满了尘土。旅行家就问：“这个人的衣服脏成这个样子，为什么不去换一件新的呢？”

陪伴的人说：“他也是个穷人，哪里有钱去换漂亮的汗衫呢？”

旅行家又问：“我还是弄不明白，为什么东西一定要用钱去换？谁需要什么，爽爽快快地拣来就用，不是很方便吗？”

“我们地球上向来是这样的，我也不知道究竟为了什么。总之，没有钱就不能拿一丁点儿东西。”

“要是拿了呢？”

“不给钱拿人家的东西，就成了强盗，成了贼，就有官吏把他们关起来。关强盗和贼的地方叫做监牢。我们地球上有许多监牢，里面关了很多强盗和贼。过些天，我可以带您去参观。”

“把他们关起来，不是很费事吗？他们被关在里边，不能自由活动，不是很痛苦吗？你们为什么不给他们一些钱，让他们去换他们需要的东西呢？这样一来，官吏也用不着了，监牢也用不着了，不是省了许多事儿吗？”

“各人的钱，各人自己用，谁也不愿意白白地送给别人。刚才我给您换汗衫的钱，不是我自己的，是公家供给的，因为您是我们的贵宾。您吃饭，住旅馆，还有您需要的一切东西，都由公家付钱，因为您是我们的贵宾。”

“这又是什么缘故呢？谁有多余的钱，分一点儿给没有钱的人，让他们也能换到需要的东西，岂不大家都很舒服了吗？”

陪伴的人忍不住笑了，他说：“谁的钱有多余，不是可以留在那儿，等到要用的时候用吗？何必白白地分给别人呢？你对我们地球上的情形真个弄不明白吗？”

“原来是这样，我明白了。”

陪伴的人带着旅行家继续往前走。有一家商店，放满了大大小小的各式各样的箱子。旅行家又问：“这是什么东西？是拿来玩的，还是有什么用处？”

“用处可大哩！一切有用的东西都可以藏在里面。”

“我又不明白了。你方才说，需要什么东西可以用钱去换，那么只要有了钱就好了，要用什么都可以立刻换到，何必要把东西收藏起来呢？”

“你又不了解我们地球上的人的想法了。现在不用的东西，收藏在箱子里，等到要用的时候拿出来用，不就把钱省下来了吗？即使自己不用，可以留给子孙用，省下的钱，也可以留给子孙买别的东西。这就是要把东西收藏起来的道理。”

旅行家点点头，懂了。但是他的心情不像来到地球之前那样高兴了。他想，地球上的情形并不十分有趣，传说未免有点儿靠不住，看起来地球上的人不见得很聪明，要不，他们怎么想出用钱来换东西的笨法子来呢？怎么会为了收藏东西，造出箱子这样的笨家伙来呢？为什么有的人可以吃得胃发胀，大多数人只能吃一小碟子咸豆呢？为什么有的人可以穿上中国蚕丝织的汗衫，大多数人只能穿又破又脏的衣服呢？他越想越乏味，没有兴致再参观了，恨不得立刻乘上飞艇，回到自己的星球上去。

但是他又想，地球上的人待他很好，口口声声称他为“贵宾”，要是能够想点儿办法帮助他们，也好报答他们的好意。他就到处去考察，把地球上的情形全弄明白了，才回到自己的星球去。临走的时候，他说：“我还要到地球来的。谢谢你们盛情接待我。我再来的时候，要带一件很好的礼物来送给你们。”

果然没隔多久，旅行家又来了，仍旧乘了飞艇来的。东海边上，地球的大门口，欢呼的声音，奏乐的声音，比前一回更加热烈。大家都要看一看旅行家带来的是什么礼物，欢迎的人多得站也站不下，有的几乎被挤到海里去。

旅行家把礼物拿出来了，是一张机器的图样。他对欢迎他的人说："我教你们造一种机器，这种机器可以耕田种地，还可以制造各种器具。造起来很容易，使用又很方便。你们愿意试一试吗？"

"愿意！愿意！"大家喊起来，声音像潮水一个样。

旅行家来到铁工厂里，教工人照他的图样造成了许多架机器；他让地球上的人把这些机器安放在田里，安放在市场里。大家争先恐后，要看一看旅行家的机器是怎么使用的，田里市场里都挤满了人。

旅行家把谷种放在机器里，一按机关，这机器就飞快地开动了，不到半分钟，一亩田就播上了种。他又按另一个机关，这机器就开进树林，不到半分钟，就制造出许多精致的桌子椅子。

旅行家对大家说："不论要它做什么事，制造什么东西，都是这个样子。"

大家看呆了，好像见了魔术师一个样。

一个乡下姑娘拿着一绞丝，她想，机器一定能把我的丝制成一件美丽的衣服。她向旅行家提出了她的要求。旅行家把丝放在机器里，按了另一个机关，一件美丽的衣服立刻制成了，又轻又软，光彩鲜艳，跟用中国蚕丝织的没有什么两样。乡下姑娘自然快活非常，大家跟她一个样，也嘻嘻哈哈地笑起来。他们只顾唱：

咱们的新生活来到了！
咱们的新生活来到了！

旅行家跟大家讲，要机器做什么，就按哪一个机关。大家都学会了。

需要钢琴的女郎走到机器旁边，一按机关，就得到了一架钢琴。她用钢琴弹了一支优美的曲子。

需要漂亮衣服的少年走到机器旁边，一按机关，就得到了一套漂亮的衣服。他穿上衣服就去游山玩水了。

需要美味的食品的老爷爷，走到机器旁边，一按机关，就得到了一份美味食品，自己去享用了。

需要好玩儿的玩具的小妹妹，走到机器旁边，一按机关，就得到了好些玩具，自己去玩儿了。

随便什么人走到机器旁边，只要按一下机关，都能得到他们需要的东西。

地球上的人渐渐忘记了换东西用的钱，忘记了收藏东西用的箱子了。

1922 年 1 月 4 日作。

刊《儿童世界》第 2 卷第 5 期，署名叶绍钧。

富　　翁

有一处地方，孩子还睡在摇篮里，长辈就要教训他们说："孩子，你们要克勤克俭过日子，专心一意想法子弄到钱。钱越多越好，装满你的钱袋，装满你的箱子，装满你的仓库，你就成为富翁了。世界上最尊贵的是富翁，他们有一切的权力。世界上最舒泰的也是富翁，他们什么事都不必做，需要什么，花钱去买就是了。孩子，你开头要勤俭，待你成了富翁，你就有福了！"凡是拿这一番话来教训孩子的，大家一致称赞，说是好长辈。

孩子们从开始啼哭开始吃奶的时候起，就接受这样的教训，所以他们都信奉这样的教训，遵照教训实行非常坚决，也非常顺当，就跟饿了一定要吃饭，渴了一定要喝水一个样儿。所以在那个地方，富翁就非常之多。那些富翁回想起长辈的教训，觉得实在有道理，眼前的事实证明，一切权力都掌握在他们手里了：他们要又高又大的房子，自然有人来给他们造；他们想到哪儿去，自然有人抬着轿子拉着车子把他们送去。他们什么事都不用做，只要花几个钱，想吃什么就吃什么，想穿什么就穿什么，想怎样玩儿就怎样玩儿。他们尊贵到极点，舒泰到极点，一天到晚嘻嘻哈哈，过着幸福的生活。他们聚集在一起，互相称作同伴。他们笑脸对着笑脸，笑口对着笑口，今天跳舞，明天聚餐，快乐得似痴如醉，时常齐声高唱快乐的歌：

哈哈哈，咱们都有钱！
哈哈哈，快活如神仙！
有钱什么不用干，
逍遥自在多清闲。
有钱什么都能买，
极乐世界在眼前。
咱们是富翁，咱们都有钱！
哈哈哈，咱们快活如神仙！

富翁什么事也不用干，他们要吃什么穿什么用什么，只要拿出钱去就成。生产那一切东西，自然都由还没有成为富翁的人担任。那些还没有成为富翁的人整天辛辛苦苦工作，他们望着富翁，羡慕得不得了。他们想："富翁的确尊贵，的确舒泰，我还得加倍努力，尽快赶上他们的地位！"他们躺在摇篮里的时候，长辈就是这样教训他们的。所以他们认为，富翁过的就是好日子，只有成了富翁，他们才能过上好日子。

有一天，一个石匠为了给富翁造房子，到山里去开石头，忽然发现了一个非常之大的宝库，有几百亩宽，几百丈深，全是黄澄澄的金子。他快活极了，心想这样的好运道竟让他给碰上了，谁能料到成为富翁就在今天！他赶紧跑回去，召唤全家老幼，力气大的挑箩筐，力气小的提篮子，一同到山里去采掘金子。从清早直忙到天黑，全家老小都累坏了，算一算挖到的金子，已经超过了最富的富翁。石匠心里想："现在我是最富的富翁了。尊贵的舒泰的生活，从明天就要开始。明天我就不用做工了，好不快活！"

第二天，石匠不再去采掘金子，因为他已经成了第一富翁了。消息传到别人的耳朵里，谁不知道这是成为富翁的最便当的方法。于是大家都放下自己的工作，全都扶老携幼到山里去采掘金子。大家顾不得疲乏，直到挖到的金子超过了第一富翁才肯停手。大家都藏足了金子，都自以为是"第一富翁"，可是矿里的金子还只减少了十分之二三。

才几天工夫，那个地方的人都成了富翁。富翁照例用不着做工，这是何等幸福呀！可是从来没有见过的奇怪的事儿发生了。那些新成为富翁的人想：自己既然成了富翁，不可不买几身华丽的衣服，把自己打扮成富翁的样子。他们就带着满口袋的金子去服装铺买衣服。那些衣服是多么讲究呀，从前只能站在玻璃窗外边向里面看一两眼，如今可要迈着大步踱进去，随心所欲地挑选几身中意的绸袍缎褂，好不威风。他们越想越得意，谁知道走到服装铺门口，服装铺歇业了，不再出卖衣服了。原来服装铺的老板也挖到了不少金子，新近成了富翁。他一家老小都穿上了本来预备出卖的华丽衣服，正打算唤来一班轿夫，全家人坐了轿子，去剧场看戏呢。

成了富翁，买不着富翁穿的衣服，大家心里都很失望；一连走了几家服装铺，情形都一样，老板都成了富翁，不愿意再做生意了。富翁们想，服装铺全歇业了，买现成衣服是没有希望了，不如到纺织厂去，剪些称心如意的好料子，让裁缝连夜给做。他们就一同奔向纺织厂。谁知道纺织厂门前静悄悄的，看门的人不知道哪里去了，往日轰隆轰隆的机器声也听不见了。高大的烟囱，向来一口一口地喷出浓烟，把天空都染黑了；现在却可以望见明净的天空，烟囱口上还歇着无数麻雀。他们买不着料子，只好去找裁缝商量，请他帮忙想办法，只要弄得到华丽的衣服，不论要多少金子，他们都愿意出。裁缝笑着说："我跟你们一样，正想弄几身新衣服穿呢。至于金子，谁还稀罕它！我也成了富翁了，我的钱袋里箱子里仓库里，金子都装得满满的了。"

到这个时候他们才相信，华丽的衣服是穿不成了。成了富翁，不能打扮得像个富翁，心里当然不痛快。可是满钱袋满箱子满仓库都是黄澄澄的金子，看着也可爱，他们都安慰自己说："新衣服虽然穿不成，可是咱们有这么多金子，究竟都成为富翁了。"

他们完全没有料到，更加严重的恐慌跟着来到，使所有的富翁不但再也笑不出来，连哭也没有力气哭了。他们家里积蓄的粮食不久就吃完了，照过去的惯例，只要带着一口袋钱到粮食店去买就是了。谁知道竟然有这样意想不到的事儿，粮食店的老板正带着金子，也要到别处去购买粮食，因为他家的粮食也吃完了。大家说："咱们一块儿走吧。"可是走了好几家粮食店，情形都一样。结伴同行的越来越多，他们带着很重的金子，走到东又走到西，大家喘着气，浑身冒汗，衣服湿透了，还没找到一家开业的粮食店。

忽然有个富翁说："只有去找农夫！"大家听了好像大梦初醒，齐声喊起来："是呀，去找农夫！粮食是农夫种出来的，咱们去找农夫，才真正找到了根本上，一定可以买到粮食了。咱们去吧！咱们快去吧！"大家喊着，两条腿都使劲奔跑，因为他们都相信，找到了农夫，粮食就到手了。

他们跑到乡间，找着了农夫，就对他说："好农夫，我们要买粮食。不论多少金子，我们都给，只要你说个数。"

农夫笑了笑，摇摇头说："我跟你们一样，正要找农夫买粮食呢。我如今不是农夫了，不种粮食了。我也是富翁，我有的是金子！"农夫说完，就跟着大家一同走。

要买粮食的越聚越多，他们来来回回好几趟，仔仔细细找，即使绣花针也该找到了，却找不到一个出卖粮食的农夫。

大家相信粮食是没有希望的了，不如去找点儿杂粮吧，肚子饿可不是耍的。他们就四散地向田间奔去。在田亩间，直立的是玉蜀黍秆，贴着地面蔓生的是甘薯，栽种得没有一点儿空隙。可是农夫都成了富翁，他们有的是金子，都预备过尊贵的舒泰的生活，已经有好些天没去浇水锄草除虫了，那些杂粮枯的枯，烂的烂，蛀的蛀，再也找不到一点儿新鲜的可以充饥的东西了。大家这才真的着急了，泪珠像雨一般地往下掉。然而摸着口袋里又硬又凉又光滑的金子，他们忍住眼泪，勉强笑了笑，互相安慰说："虽然找不到粮食，虽然肚子饿得难受，但是咱们有的是金子，咱们到底都成了富翁了。"

所有的富翁都饿得不成样子了。他们头枕着装满金子的口袋，手里拿着小块的金子想送进嘴里去啃，可是他们全身一点劲儿也没有，再也不能动弹了。他们的喉咙里却还能发出又轻又细的蚊子般的声音，他们还在念诵自幼听惯的长辈的教训:“待你成了富翁，你就有福了!”

1922年1月9日作。

刊《儿童世界》第2卷第9期，署名叶绍钧。

鲤鱼的遇险

清澈见底的小河是鲤鱼们的家。白天，金粉似的太阳光洒在河面上，又细又软的波纹好像一层薄薄的轻纱。在这层轻纱下面，鲤鱼们过着十分安逸的日子。夜晚，湛蓝的天空笼罩着河面，小河里的一切都睡着了。鲤鱼们也睡着了，连梦儿也十分甜蜜，有银盘似的月亮和宝石似的星星在天空里守着它们。

鲤鱼们从来没遇到过可怕的事儿，它们不懂得害怕，不懂得防备，不懂得逃避。它们慢慢地游来游去，非常轻松，非常快活。有时候大家争夺一片浮萍，都划动鳍，甩动尾巴往上蹿，抢在头里那一条衔住浮萍，掉头往河底一钻；别的鲤鱼都头碰在一起，“泼剌”一声，河面上掀起一朵浪花。一会儿，声音息了，浪花散了，河面又恢复了平静。鲤鱼过的就是这样平静的生活。如果你站在岸上，一定不会觉察它们，就跟河里没有它们一个样。

鲤鱼的好朋友是雪白的天鹅和五彩的鸳鸯。它们都能游水，像小船一样浮在河面上。每年秋天，它们从北方飞来，来到小河里探望鲤鱼们，把它们的有趣的旅行讲给鲤鱼们听。鲤鱼们把它们新学会的舞蹈演给天鹅和鸳鸯看。它们高兴极了，每天的生活都是新鲜的，都有非常浓的趣味。因此鲤鱼们都抱着一种信念：凡是太阳月亮和星星照到的地方，都跟它们的小河一样平静，都有要好的朋友，都有新鲜的生活，都充满着非常浓的趣味。

大鲤鱼把它的信念告诉小鲤鱼，鲤鱼哥哥也这样告诉鲤鱼弟弟，鲤鱼姊姊也这样告诉鲤鱼妹妹。大家都说：“这话不错，咱们这条河的确如此。咱们这条河有太阳月亮星星照着，因而可以相信，凡是太阳月亮星星照到的地方，都跟咱们这条河一个样。世界多么快活呀！咱们真幸福，生活在这样快活的世界上。”这几句话差不多成了鲤鱼赞美世界的歌儿了。每当太阳快落下去，微风轻轻吹过，河面上好像天国一般的时候，每当月亮才升起来，星星照耀，朦胧的夜色好像仙境一般的时候，鲤鱼们就唱起这首赞美的歌儿来，庆祝它们的幸福生活。

这一天跟平常没有什么两样，河面上来了一条小船。鲤鱼们一点儿不奇怪，常常有孩子们的游船在这里经过。那些男孩子女孩子看见了鲤鱼们，总要把美丽的小脸靠在船舷上，挥着小手招呼它们，带着笑说：“鲤鱼们，快来快来，给你们馒头吃，给你们饼干吃。好吃的东西多着呢，鲤鱼们，快来快来！”鲤鱼们就游到水面上来，和男孩子女孩子一同玩儿。

鲤鱼们看到小船，以为孩子们又来了，照旧快快活活地游到水面上来。可是这一回，小船上没有男孩子也没有女孩子；摇橹的是一个从来没见过的人，船舷上歇着十几头黑色的鸬鹚，正仰起脑袋望天呢。鲤鱼们想，鸬鹚虽然不是老朋友，可是鸬鹚的同类——鸳鸯和天鹅都是我们最要好的朋友，咱们跟鸬鹚一定也可以成为朋友的；朋友们第一次经过这里，理当好好款待。

鲤鱼们这样想着，就用欢迎的口气说：“不相识的朋友们，你们难得到这里来，歇一会儿再走吧。我们跟天鹅和鸳鸯都是老朋友，我们相信，你们不久也会成为我们的老朋友的。未来的老朋友，请到水面上来谈谈心吧，不要老歇在船舷上。”鲤鱼的邀请是非常恳切的，它们都仰着脸，等候客人们下水。

船舷上的鸬鹚不再看天了。它们听见了鲤鱼们的邀请，向河里看了看，都扑着翅膀，“扑通……扑通……”跳下水来。看见鲤鱼，它们就一口衔住，跳上船去，吐在一只木桶里。十几只鸬鹚一忽儿上一忽儿下，小河上起了一阵从未有过的骚扰。鲤鱼们才感到害怕，才没命地逃，才钻进河底的烂泥里。那些突然变脸的陌生客人，把它们吓得浑身发抖。

不一会儿，小船摇走了，水声跟着水花一同消失了。吓坏了的鲤鱼们才悄悄地从烂泥里游出来。小河恢复了往日的平静，但是恐惧和忧虑充满了鲤鱼们的心。看看许多同伴被那些突然变脸的陌生客人给劫走了，大家忍不住流泪了。陌生朋友还会再来，还会把同伴劫走，谁都处在危险之中，而且时刻处在危险之中。谁想得到这些天鹅和鸳鸯的同类竟是强盗。世界上竟有这样叫人没法预料的事儿！鲤鱼们于是产生了一种新的信念：它们的小河现在变了，变得地狱一样可怕。凡是太阳月亮和星星照到的地方，看起来虽然又平静又美丽，实际上都跟它们住的小河一个样，都是可怕的地狱。

大鲤鱼把这个新的信念告诉小鲤鱼，鲤鱼哥哥也这样告诉鲤鱼弟弟，鲤鱼姊姊也这样告诉鲤鱼妹妹。大家都说："这话不错，咱们这条河现在变了。不然，咱们这样恳切地欢迎客人，怎么客人反倒把咱们的同伴劫走了呢！咱们这条河也变了，说不定别的地方早就变了，整个世界早就变了。咱们造了什么孽，碰上了这个可怕的时代！"这几句话差不多成了鲤鱼追念过去的美好的生活的挽歌。

木桶里的鲤鱼们怎么样了呢？木桶里只有薄薄的一片水，鲤鱼们只能半边身子沾着水。它们被鸬鹚一口衔住就吓掉了魂，还不知道被扔进了木桶里。后来有几条醒过来了，觉得朝上的半边身子干得难受。它们只好用一只眼睛朝天看，看到的世界全变了样。它们划动鳍甩动尾巴，可是丝毫没有用，半边身子老贴着桶底。它们不知道今天怎么会弄成这个样子，也不知道如今到了什么地方。它们能看到的只是木板的墙，还有跟自己一样躺着没法动弹的同伴。它们互相问："你知道吗，咱们如今在什么地方？"

大家的回答全一样："我也不明白。我只看到木板的墙，只看到跟你一样动不了身子的同伴。"

"这真是个奇怪地方，"一条鲤鱼叹了口气说，"周围都是墙，又不给咱们足够的水。咱们连动一动身子也办不到，恐怕连性命都要保不住了。咱们再也回不了家，见不着咱们的同伴了。”

一条小鲤鱼闭了闭眼睛，它那只朝着天的眼睛又干又涩。它说：“我还想不清楚，咱们怎么会到这个奇怪的地方来的！咱们不是做梦吧？”

一条细长的鲤鱼用尾巴拍了拍桶底，用干渴得发沙的声音说：“我想起来了，你们难道都不记得了吗？咱们的小河上来了一条小船，船舷上歇着许多穿黑衣服的客人，跟天鹅和鸳鸯一样也长着翅膀。咱们不是还欢迎他们来着。他们就跳到水里来了。我分明记得一位客人看准我就是一口，后来怎么样，我就不清楚了。我想，一定是那些穿黑衣服的客人把咱们请到这儿来的。”

那条小鲤鱼接嘴说：“这样说来，咱们一定在做梦。天下哪会有这样的事儿，咱们欢迎客人，客人却把咱们送到这样的鬼地方来了。”

另外一条鲤鱼悲哀地说：“不管做梦不做梦，咱们现在都干得难受。要挪动一下身子吧，鳍和尾巴都不管用。咱们总得想个办法，来解除咱们的痛苦。”

鲤鱼们于是想起办法来。有的说：“只要打破这木板墙就成了！”有的说：“只要从河里打点儿水来就成了！”有的说：“咱们还是忍耐一下吧，痛苦也许就会过去。”办法提出了三个，可是三个办法都立刻让同伴们驳倒了。“身子都动弹不了，能打得破木板墙吗？”“打点儿水来固然好，可是谁去打呢？”“忍耐可不是办法。没有水，躺在这儿只有等死！”

大家再也想不出别的办法，只有躺着叹气，连划动鳍甩动尾巴的力气也没有了。贴着桶底的那只眼睛只看见一片黑暗，朝天的那只只能看到可恶的木板墙和可怜的命运相同的同伴。它们又谈论起来：

“客人来到咱们家，咱们没有一次不是这样欢迎的。谁想得到这一回上了大当！”

“这不能怪咱们。那些穿黑衣服的强盗不是也长着翅膀吗？咱们以为他们跟天鹅鸳鸯一样和善，一样会接受咱们的好意。谁知道他们竟这样坏！”

“把咱们留在这里，他们有什么好处呢？大家客客气气，亲亲热热，岂不好吗？”

“世界上会有这样的事，真是世界的耻辱！咱们先前赞美世界，说世界上充满了快乐。现在咱们懂得了，世界实在包含着悲哀和痛苦。咱们应当诅咒这个世界。”

“应当诅咒！不要说咱们只是小小的鲤鱼，不要说咱们的喉咙已经干得发沙了。咱们的声音一定能激励所有的狂风，把世界上的悲哀和痛苦一齐吹散。”

“对，对，咱们还有力气诅咒，咱们就诅咒吧！诅咒这木板墙，挡着咱们不让咱们看见外边的木板墙！诅咒那些穿黑衣服的强盗吧，不领受咱们的好意而欺骗咱们的强盗！咱们更要诅咒这个世界，诅咒这个有木板墙和黑衣服强盗的世界!”

它们一齐诅咒。诅咒的声音中含着叹息，含着极深的痛苦和悲哀。

不知过了多少时候，很奇怪，鲤鱼们的身上反而觉得潮润了点儿。难道那些强盗悔悟了，觉得自己做错了事，特地打了水来救助它们了？难道木板墙破了，外边的水渗进来了？大家正在议论纷纷，一条聪明的小鲤鱼看出来了。它说：“强盗怎么会来救助咱们呢？木板墙自己怎么会破呢？咱们还没干死，是咱们自己救了自己。大家没觉察吗，沾湿咱们的就是咱们自己的泪水呀！泪水从咱们的心底里，曲曲折折地流到咱们的眼睛里，一滴一滴流出来，千滴万滴，积在自己躺着的这个地方，沾湿了咱们的身子，挽救了咱们快要干死的性命!”

听小鲤鱼这样说，大家都立刻分辨出来了，沾湿自己的身子的确实是自己的泪水，心里都激动极了。它们想，在这个应当诅咒的世界里，居然能够靠自己的泪水来挽救自己，这就不能说在这个世界里已经没有快乐的幼芽了。这样一想，大家心就软了，泪水像泉水一样从它们的眼睛里涌出来。

说也奇怪，鲤鱼们可以活动了，本来只好侧着身子躺着，现在可以竖起身子来游了。木桶里的水越来越多，那水是从鲤鱼们心底里流出来的泪水。

鲤鱼们的泪水不停地流，流满了木桶；从木桶里溢出来，流在船舱里。不一会儿，船舱里的泪水也满了，木桶就浮了起来。小船稍稍一侧，木桶就氽到了小河上。

鲤鱼们有了水，起劲地游起来，可是游来游去，总让木板墙给挡住了。怎么办呢？有了水还得不到自由吗？一条鲤鱼使劲一跳，跳出了木板墙；四面一看，又细又软的波纹好像一层薄薄的轻纱，不就是可爱的家了吗？它快活极了，高兴地喊："你们跳呀，跳出可恶的木板墙就是咱们的家！我已经到了家了！"

大家听到呼唤，用尽所有的力气跳出了木板墙。木桶空了，浮在河面上不知漂到哪儿去了。

留在家里的鲤鱼们都来迎接遇难的同伴，流了许多激动的泪水。天鹅和鸳鸯恰好从北方飞来，好朋友相见，不免又流了许多激动的泪水。所以小河永远没有干涸的日子。

1922 年 1 月 14 日作。

刊《儿童世界》第 2 卷第 6 期，署名叶绍钧。

眼　泪

在地球上，在太阳、月亮和星星照到的地方，有一个人无休无歇地在寻找一件丢失的东西。他各处地方都找遍了：草根底下，排水沟里，在马路上飞扬的尘土中，从各个方向吹来的风中，他全都找过，但是全都没有他要寻找的东西。他叹息了，比松林的叹息还要悲哀："我要寻找的东西在哪里呢？到底在哪里呢？"

快活人听见了，走过来问他："你丢失了珍珠么？为什么在草根底下寻找？你丢失了水银么？为什么在排水沟里寻找？你丢失了贵重的丹砂么？为什么在尘土中寻找？你丢失了异国的香粉么？为什么向风中寻找？"

他摇摇头，又叹了一口气说："都不是，我没丢失那些东西。"

"那么你一定是个傻子，"快活人满脸堆着笑说，"除了那些东西，还有什么值得寻找的呢？你还是早点儿回家休息吧，不要为无关紧要的东西白费精神了。"

他回答说："我要找的不是什么无关紧要的东西，跟你所说的那些东西都不能相比。我天天寻找，各处都找遍了，还没找到一点儿踪影。我告诉你吧，我要找的是眼泪！"

快活人听了大笑起来，笑声连续不断，好容易才忍住了对他说："眼泪？

为了寻找眼泪，你弄得这样苦恼。我是从来不流眼泪的，也不知道眼泪是从身体的哪个部分流出来的。可是我见过一些痴呆的人，他们的眼眶里曾经流过眼泪。我可以告诉你，他们的眼泪滴在什么地方，好让你到那些地方去寻找。

“你要眼泪，可以到火车站到轮船码头去找。那些地方有许多男的女的老的少的，他们的心好像让什么给压着了。他们互相叮咛，话好像说不完似的，他们梦想每一秒钟都是无穷无尽的永久。他们手紧握着手，胳膊勾住胳膊，嘴唇凑着嘴唇，好像胶在一起，再也不能分开了。忽然‘呜呜——’汽笛叫了，叮咛被打断了，梦想被惊醒了，胶在一起的不得不分开了，他们的眼泪就像泉水一般涌出来。我看了觉得非常可笑。你只要到那些地方去找，准能找到他们的眼泪。”

“我要找的不是那种眼泪，”他回答说，“那种爱恋的眼泪既然流了那么多，要找就不难了。如果我要那种眼泪，早就到火车站和轮船码头去了。”

快活人点头说：“你不要那种眼泪，那还有，你可以到摇篮里或者母亲的怀里去找。那些婴儿真好玩极了：嫩红的脸蛋儿，淡黄的头发又细又软，乌黑的眼珠闪闪发亮……他们忽然‘哇……’哭起来，一会儿又停住了。他们的眼泪虽然不及刚才说的那些人多，想来也可以满足你的要求了。你快去找吧。”

“我要找的也不是那种眼泪，”他回答说，“那种幼稚的眼泪差不多家家都有，没有什么难找的。如果我要那种眼泪，早就到摇篮里和母亲的怀里去找了。”

快活人说：“婴儿的你也不要，还有呢，你可以到戏院的舞台上去找。那里常常演一些悲剧给人们看，都根本没有那回事，编得又不合情理。演到女人死了丈夫，大将兵败自杀，或者男女相爱却不得不分离，演员们以为演到了最悲伤的时刻了，就大声哀号，或者低声啜泣。不管是真是假，他们既然哭了，我想多少总有几滴眼泪吧。你快到那里去找吧。”

“我要的更不是那种眼泪，”他回答说，“那种眼泪不是真诚的，而是虚假的。我要的眼泪，在戏院里是找不着的。”

快活人想不出话说了，睁大眼睛看了他好一会儿才问：“你究竟要哪一种眼泪呢？我相信除了我说的，再没有别的眼泪了。你知道世界上还有别的眼泪吗？”

他回答说：“有的，我确实知道世界上还有一种眼泪。那就是我要找的，同情的眼泪！”

快活人觉得奇怪极了，眯着眼睛想了一会儿，摇了摇头说：“这不可能，什么‘同情的眼泪’，我从来没听说过这个奇怪的名称。我想象不出谁会掉那种眼泪，也想象不出为什么要掉那种眼泪。你既然这样说，能不能把你知道的详详细细地告诉我呢？”

他说：“你愿意知道，我自然愿意告诉你。同情的眼泪是为别人的痛苦而掉的，并不因为自己的愿望遭到了破灭；看别人受痛苦就像自己受到痛苦一个样，眼泪就自然而然掉下来了，并不像婴儿那样无缘无故地啼哭。这种眼泪是十分真挚的，没有一丝一毫虚情假意。至于谁会掉这种同情的眼泪，我不知道。所以我走遍了各处地方，留心观察所有的人的眼睛，看同情的眼泪到底丢失在哪里了。丢失的东西总可以找到的。所以我到处寻找，如果找到了就捡起来送还给他们。流这种眼泪的人，我相信一定有的，只是我还没遇到；所以我还不能休息，还要不停地寻找。”

快活人听了摇着头说：“我真的不明白，谁要是掉这样的眼泪，不是比我告诉你的那些人更痴更呆了吗？人是最最聪明的，决不会痴呆到那种地步。我不信你的话。”

他很怜悯快活人，轻轻叹了口气，对快活人说：“你就是丢失了这种眼泪的人！请你跟我一同去寻找吧，也许碰巧能把你丢失的东西找回来，那该多好呀！”

快活人觉得很不中听，对他说：“我从来不掉眼泪，所以从来没丢失过眼泪。对于我来说，眼泪毫无用处。我不愿意跟着你去干这种毫无益处的事儿。再见吧，我要唱歌去了，跳舞去了，我要寻找的是快活！”

快活人转过身去走了，留下一串笑声，笑他愚蠢，笑他固执。

看着快活人越去越远，他又惋惜地叹了一口气，转身向人多的地方走去。

他来到一条马路边上。汽车呜呜地叫着，跑得比风还快。行路的人看前顾后，非常惊惶，只怕被汽车撞倒。运煤的大车慢吞吞的，拉车的骡子瘦得只剩下包在骨头上的一层皮，又脏又黑的毛全让汗水给沾湿了。它们好像就要跌倒了，还半闭着眼睛，一步挨一步地向前走。赶车的人脸上沾满了煤屑，眼睛仿佛睁不开似的，只露出红得可怕的嘴唇。人力车夫的胳膊像翅膀一般张开着，双手使劲按住车把，两条腿飞一样地奔跑，脚跟几乎踢着自己的屁股。风刮起一阵阵灰沙，扑向他们的鼻孔里嘴里。他们呼呼地喘着气，好像拉风箱似的；浑身的汗哪有工夫揩，只好由它洒在路上。

他站在路边想，这里应当有同情的眼泪了。他仔细寻找，竟一滴也没找着。看那些行路的人，赶车的人，拉车的人，还有那骡子，他们的眼眶都不像掉过眼泪，甚至不像会掉眼泪似的。他失望了，离开了马路边上。

他来到一座会场门口。成千上万的人挨挨挤挤的，在那里等候一个人。他听旁边有人在谈论那个人的历史：那个人打过几回大仗，指挥他的军队杀死了无数敌兵，草地上，壕沟里，到处都是仰着的趴着的尸体。房屋毁坏了，花园荒废了，学校里没有读书声了，工厂里没有机器声了，因为都遭到了那个人的炮火的轰击。男人们少了胳膊断了腿；女人们有的伏在丈夫的坟上呼号，有的捧着儿子的照相哭泣：受的都是那个人的恩赐。现在仗打完了，那个人得胜归来，要从这里经过。

他站在门口想，这里应当有同情的眼泪了。正在这时候，那个人到了，所有的脸都现出异常敬慕的表情。大家跳跃起来，仿佛一群青蛙。欢呼的声音如同潮水一般，抛起来的帽子在空中飞舞。所有的人都如醉似狂，把那个人拥进会场。欢迎会就要开始，大家的脸上只有笑，只有兴奋，都不像掉过眼泪，甚至不像会掉眼泪似的。他失望了，离开了会场门口。

他来到一所大工厂里。无数男工女工在这里工作。机器的声音把他们的耳朵都震聋了，机油的气味塞满了他们的鼻孔。他们强打起精神，努力使自己的动作跟上机器的转动。他们的脸又白又瘦，跟死人差不了多少；有的趴在机器旁边，吃自己带来的粗劣的食物。几个女工对着食物发呆，她们正在想孩子留在家里不知哭成什么样儿了，忽然像从梦中惊觉似的，把食物草草吃完，又去做她们的工作。直到黄昏时分，工厂才放工。大街上很热闹，幸福的人正要去寻找各种娱乐。从工厂出来的工人杂在他们中间，显得很不调和。

他跟着工人一路走一路想，这里应当有同情的眼泪了。大街上的人正同河水一样，一个人就像一滴水，加了进去就一同向前流，谁也顾不上谁，彼此并未察觉。他们的眼眶都像一向干涸的枯井，从来不曾掉过眼泪，也很难预料今后会不会掉眼泪。他又失望了，离开了灯火辉煌的大街。

在城市里，他找来找去没找着同情的眼泪，心里又忧愁又烦闷，也就没有了主意，随着两条腿来到了乡间。

有一所草屋，前面一片空地，长着四五棵杨树。明亮的阳光照在杨树上，使绿叶显得格外鲜嫩。这家农户大概有什么喜事，正在准备酒席。一个妇人正在杨树底下宰鸡。竹笼子里关着十来只鸡，妇人从竹笼中取出一只，左手握住鸡的翅膀和冠子，右手拔去它脖子上的羽毛，拿起一把刀就把鸡的脖子割破了。那鸡两只脚挺了挺，想挣脱，可是怎么挣得脱呢？鲜红的血从伤口流出来，流在一个碗里。等血流完，妇人就把它扔在一旁，它略微扭了几扭，就不再动弹了。妇人已经从竹笼中取出了第二只鸡，拔去了脖子上的羽毛。

正在这时候，草屋里冲出一个孩子来，红红的面庞，转动着一双乌黑的眼珠。他跑到妇人身旁，看看地上刚被杀死的鸡，看看竹笼里受惊的鸡，再看妇人手里，那把刀已经挨着鸡的脖子。孩子再也受不了了，一把拉住妇人拿着刀的右手，喉间迸出哭声，眼泪成串地往下掉，就像泉水一个样。

寻找眼泪的人如同得到了宝贝一样，他高声喊起来："我找着了，没想到竟在这里找着了！"他简直不敢相信，以为自己在梦中。可是这明明是真的眼泪，一颗一颗，仿佛明亮的珍珠。他走上前去，捧着双手，凑到孩子的眼睛跟前。不多一会儿，他的双手捧满了珍珠一般的眼泪。

他想："许多人丢失的东西，现在让我给找着了。把这同情的眼泪送还给他们是我的责任。"

他第一个要找的就是快活人，因为快活人不相信自己丢失了这样宝贵的一件东西，所以要先给快活人送去。他还要走遍各处，把这件宝贵的礼物——把同情的眼泪送给所有的人。他大概就要来到读者跟前了，请你们做好准备，受领他的礼物吧。

1922 年 3 月 19 日作。

刊《儿童世界》第 2 卷第 13 期，署名叶绍钧。

画 眉 鸟

一个黄金的鸟笼里，养着一只画眉。明亮的阳光照在笼栏上，放出耀眼的光辉，赛过国王的宫殿。盛水的罐儿是碧玉做的，把里边的清水照得像雨后的荷塘。鸟食罐儿是玛瑙做的，颜色跟粟子一模一样。还有架在笼里的三根横棍，预备画眉站在上面的，是象牙做的。盖在顶上的笼罩，预备晚上罩在笼子外边的，是最细的丝织成的缎子做的。

那画眉，全身的羽毛油光光的，一根不缺，也没一根不顺溜。这是因为它吃得讲究，每天还要洗两回澡。它舒服极了，每逢吃饱了，洗干净了，就在笼子里跳来跳去。跳累了，就站在象牙的横棍上歇一会儿，或者这一根，或者那一根。这时候，它用嘴刷刷这根羽毛，刷刷那根羽毛，接着，抖一抖身子，拍一拍翅膀，很灵敏地四外看一看，就又跳来跳去了。

它叫的声音温柔，宛转，花样多，能让听的人听得出了神，像喝酒喝到半醉的样子。养它的是个阔公子哥儿，爱它简直爱得要命。它喝的水，哥儿要亲自到山泉那儿去取，并且要过滤。吃的粟子，哥儿要亲手拣，粒粒要肥要圆，并且要用水洗过。哥儿为什么要这样费心呢？为什么要给画眉预备这样华丽的笼子呢？因为哥儿爱听画眉唱歌，只要画眉一唱，哥儿就快活得没法说。

说到画眉呢，它也知道哥儿待它好，最爱听它唱歌，它就接连不断地唱歌给哥儿听，哪怕唱累了，还是唱。它不明白张开嘴叫几声有什么好听，猜不透哥儿是什么心。可是它知道，哥儿确是最爱听它唱，那就为哥儿唱吧。哥儿又常跟同伴的姊妹兄弟们说："我的画眉好极了，唱得太好听，你们来听听。"姊妹兄弟们来了，围着看，围着听，都很高兴，都说了很多赞美的话。画眉想："我实在觉不出来自己的叫声有什么好听，为什么他们也一样地爱听呢？"但是这些人是哥儿约来的，应酬不好，哥儿就要伤心，那就为哥儿唱吧。

日子一天天过去，它的生活总是照常，样样都很好。它接连不断地唱，为哥儿，为哥儿的姊妹兄弟们，不过始终不明白自己唱的有什么意义，有什么趣味。

画眉很纳闷，总想找个机会弄明白。有一天，哥儿给它加食添水，忘记关笼门，就走开了。画眉走到笼门口，往外望一望，一跳，就跳到外边，又一飞，就飞到屋顶上。它四外看看，新奇，美丽。深蓝的天空，飘着小白帆似的云。葱绿的柳梢摇摇摆摆，不知谁家的院里，杏花开得像一团火。往远处看，山腰围着淡淡的烟，好像一个刚醒的人，还在睡眼朦胧。它越看越高兴，由这边跳到那边，又由那边跳到这边，然后站住，又看了老半天。

它的心飘起来了，忘了鸟笼，也忘了以前的生活，一兴奋，就飞起来，开始它也不知道是往哪里的远方飞。它飞过绿的草原，飞过满盖黄沙的旷野，飞过波浪拍天的长江，飞过浊流滚滚的黄河，才想休息一会儿。它收拢翅膀，往下落，正好落在一个大城市的城楼上。下边是街市，行人，车马，拥拥挤挤，看得十分清楚。

希奇的景象由远处过来了。街道上，一个人半躺在一个左右有两个轮子的木槽子里，另一个人在前边拉着飞跑。还不只一个，这一个刚过去，后边又过来一长串。画眉想："那些半躺在木槽子里的人大概没有腿吧？要不，为什么一定要旁人拉着才能走呢？"它就仔细看半躺在上边的人，原来下半身蒙着很精致的花毛毯，就在毛毯下边，露出擦得放光的最时兴的黑皮鞋。"那么，可见也是有腿了。为什么要别人拉着走呢？这样，一百个人里不就有五十个是废物了吗？"它越想越不明白。

“或者那些拉着别人跑的人以为这件事很有意思吧?”可是细看看又不对。那些人脸胀得通红，汗直往下滴，背上热气腾腾的，像刚揭开盖的蒸笼。身子斜向前，迈着大步，像正在逃命的鸵鸟，这只脚还没完全着地，那只脚早扔了出去。“为什么这样急呢?这是到哪里去呢?”画眉想不明白。这时候，它看见半躺在上边的人用手往左一指，前边跑的人就立刻一顿，接着身子一扭，轮子，槽子，连上边半躺着的人，就一齐往左一转，又一直往前跑。它明白了，“原来飞跑的人是为别人跑。难怪他们没有笑容，也不唱赞美跑的歌，因为他们并不觉得跑是有意义有趣味的。”

它很烦闷，想起一个人当了别人的两条腿，心里不痛快，就很感慨地唱起来。它用歌声可怜那些不幸的人，可怜他们的劳力只为了一个别人，他们做的事没有一些儿意义，没有一些儿趣味。

它不忍再看那些不幸的人，想换个地方歇一会儿，一飞就飞到一座楼房的绿漆栏杆上。栏杆对面是一个大房间，隔着窗户往里看，许多阔气的人正围着桌子吃饭。桌上铺的布白得像雪。刀子，叉子，玻璃酒杯，大大小小的花瓷盘子，都放出晃眼的光。中间是一个大花瓶，里边插着各种颜色的鲜花。围着桌子的人呢，个个红光满面，眼眯着，正在品评酒的滋味。楼下传来声音。它赶紧往楼下看，情形完全变了;一条长木板上，刀旁边，一条没头没尾的鱼，一小堆切成丝的肉，几只去了壳的大虾，还有一些切得七零八碎的鸡鸭。木板旁边，水缸，脏水桶，盘、碗、碟、匙，各种瓶子，煤，劈柴，堆得乱七八糟，遍地都是。屋里有几个人，上身光着，满身油腻，正在弥漫的油烟和蒸气里忙忙碌碌。一个人脸冲着火，用锅炒什么。油一下锅，锅边上就冒起一团火，把他的脸和胳膊烤得通红。菜炒好了，倒在花瓷盘子里，一个穿白衣服的人接过去，上楼去了。不一会儿，就由楼上传出欢笑的声音，刀子和叉子的光又在桌面上闪晃起来。

画眉就想:“楼下那些人大概是有病吧?要不，为什么一天到晚在火旁边烤着呢?他们站在那里忙忙碌碌，是因为觉得很有意义很有趣味吗?”可是细看看，都不大对。“要是受了寒，为什么不到家里蒙上被躺着?要是觉得有意义，有趣味，为什么脸上一点儿笑容也没有？菜做熟了为什么不自己吃？对了，他们是听了穿白衣服的人的吩咐，才皱着眉，慌手慌脚地洗这个炒那个的。他们忙碌，不是自己要这样，是因为别人要吃才这样。”

它很烦闷，想起一个人成了别人的做菜机器，心里不痛快，就很感慨地唱起来。它用歌声可怜那些不幸的人，可怜他们的劳力只为一些别人，他们做的事没有一些儿意义，没有一些儿趣味。

它不忍再看那些不幸的人，想换个地方歇一会儿，一展翅就飞起来。飞过一条弯弯曲曲的僻静的胡同，从那里悠悠荡荡地传出三弦和一个女孩子歌唱的声音。它收拢翅膀，落在一个屋顶上。屋顶上有个玻璃天窗，它从那里往下看，一把椅子，上边坐着个黑大汉，弹着三弦，一个十三四岁的女孩子站在旁边唱。它就想：“这回可看到幸福的人了！他们正奏乐唱歌，当然知道音乐的趣味了。我倒要看看他们快乐到什么样子。”它就一面听，一面仔细看。

没想到完全不是那么回事，它又想错了。那个女孩子唱，越唱越紧，越唱越高，脸胀红了，拔那个顶高的声音的时候，眉皱了好几回，额上的青筋也胀粗了，胸一起一伏，几乎接不上气。调门好容易一点点地溜下来，可是唱词太繁杂，字像流水一样往外滚，连喘口气也为难，后来嗓子都有点儿哑了。三弦和歌唱的声音停住，那个黑大汉眉一皱，眼一瞪，大声说：“唱成这样，凭什么跟人家要钱！再唱一遍！”女孩子低着头，眼里水汪汪的，又随着三弦的声音唱起来。这回像是更小心了，声音有些颤。

画眉这才明白了，“原来她唱也是为别人。要是她可以自己作主张，她早就到房里去休息了。可是办不到，为了别人爱听，为了挣别人的钱，她不能不硬着头皮练习。那个弹三弦的人呢，也一样是为别人才弹，才逼着女孩子随着唱。什么意义，什么趣味，他们真是连做梦也没想到。”

它很烦闷，想起一个人成了别人的乐器，心里很不痛快，就感慨地唱起来。它用歌声可怜那些不幸的人，可怜他们的劳力只为一些别人，他们做的事没有一些儿意义，没有一些儿趣味。

画眉决定不回去了，虽然那个鸟笼华丽得像宫殿，它也不愿意再住在里边了。它觉悟了，因为见了许多不幸的人，知道自己以前的生活也是很可怜的。没意义的唱歌，没趣味的唱歌，本来是不必唱的。为什么要为哥儿唱，为哥儿的姊妹兄弟们唱呢？当初糊里糊涂的，以为这种生活还可以，现在见了那些跟自己一样可怜的人，就越想越伤心。它忍不住，哭了，眼泪滴滴嗒嗒的，简直成了特别爱感伤的杜鹃了。

它开始飞，往荒凉空旷的地方飞。晚上，它住在乱树林子里；白天，它高兴飞就飞，高兴唱就唱。饿了，就随便找些野草的果实吃。脏了，就到溪水里去洗个澡。四外不再有笼子的栏杆围住它，它愿意怎么样就怎么样。有时候，它也遇见一些不幸的东西，它伤心，它就用歌声来破除愁闷。说也奇怪，这么一唱，心里就痛快了，愁闷像清晨的烟雾，一下子就散了。要是不唱，就憋得难受。从这以后，它知道什么是歌唱的意义和趣味了。

世界上，到处有不幸的东西，不幸的事儿——都市，山野，小屋子里，高楼大厦里。画眉有时候遇见，就免不了伤一回心，也就免不了很感慨地唱一回歌。它唱，是为自己，是为值得自己关心的一切不幸的东西，不幸的事儿。它永远不再为某一个人或某几个人的高兴而唱了。

画眉唱，它的歌声穿过云层，随着微风，在各处飘荡。工厂里的工人，田地上的农夫，织布的女人，奔跑的车夫，掉了牙的老牛，皮包骨的瘦马，场上表演的猴子，空中传信的鸽子……听见画眉的歌声，都心满意足，忘了身上的劳累，忘了心里的愁苦，一齐仰起头，嘴角上挂着微笑，说：“歌声真好听！画眉真可爱！”

1922年3月24日作。

刊《儿童世界》第2卷第11期，署名叶绍钧。

玫瑰和金鱼

含苞的玫瑰开放了，仿佛从睡梦中醒过来。她张开眼睛看自己，鲜红的衣服，嫩黄的胸饰，多么美丽。再看看周围，金色的暖和的阳光照出了一切东西的喜悦。柳枝迎风摇摆，是女郎在舞蹈。白云在蓝天里飘浮，是仙人的轻舟。黄莺哥在唱，唱春天的快乐。桃花妹在笑，笑春天的欢愉。凡是映到她眼睛里的，无不可爱，无不美好。

玫瑰回想她醒过来以前的情形：栽培她的是一位青年，碧绿的瓷盆是她的家。青年筛取匀净的泥土，垫在她的脚下；汲取清凉的泉水，让她喝个够。狂风的早晨，急雨的深夜，总把她搬到房里，放下竹帘护着她。风停了，雨过了，重新把她搬到院子里，让她在温暖的阳光下舒畅地呼吸清新的空气。想到这些，她非常感激那位青年。她像唱歌似的说："青年真爱我！青年真爱我！让我玩赏美丽的春景。我尝到的一切快乐，全是青年的赏赐。他不为别的，单只为爱我。"

老桑树在一旁听见了，叹口气说："小孩子，全不懂世事，在那里说痴话！"他脸上皱纹很深，还长着不少疙瘩，真是丑极了。玫瑰可不服他的话，她偏过脑袋，抿着嘴不作声。

老桑树发出干枯的声音说："你是个小孩子，没有经过什么事儿，难怪你不信我的话。我经历了许多世事。从我的经历，老实告诉你，你说的全是痴话。让我把我的故事讲给你听吧。我和你一样，受人家栽培，受人家灌溉。我抽出挺长的枝条，发出又肥又绿的叶子，在园林里也算是极快乐极得意的一个。照你的意思，人家这样爱护我，单只为了爱我。谁知道完全不对，人家并不曾爱我，只因为我的叶子有用，可以喂他们的蚕，所以他们肯那么费力。现在我老了，我的叶子又薄又小，他们用不着了，他们就不来理我了。小孩子，我告诉你，世界上没有不望报酬的赏赐，也没有单只为了爱的爱护。”

玫瑰依旧不相信，她想青年这样爱护她，总是单只为了爱她。她笑着回答老桑树说：“老桑伯伯，你的遭遇的确可怜。幸而我遇到的青年不是这等负心的人，请你不必为我忧虑。”

老桑树见她终于不相信，也不再说什么。他身体微微地摇了几摇，表示他的愤慨。

水面的冰融解了。金鱼好像长久被关在屋子里，突然门窗大开，觉得异样的畅快。他游到水面上，穿过新绿的水草，越显得他色彩美丽。头顶上的树枝已经有些绿意了。吹来的风已经很柔和了。隔年的邻居，麻雀啦，燕子啦，已经叫得很热闹了。凡是映到他眼睛里的，无不可爱，无不美好。

金鱼回想他先前的生活：喂养他的是一位女郎；碧玉凿成的水缸是他的家。女郎剥着馒头的细屑喂他，还叫丫头捞了河里的小虫来喂他。夏天，阳光太强烈，就在缸面盖上竹帘，防他受热。秋天，寒冷的西风刮起来了，就在缸边护上稻草，防他受寒。女郎还时时在旁边守护着，不让猫儿吓他，不让老鹰欺侮他。想起这些，他非常感激那位女郎。他像唱歌似的说：“女郎真爱我！女郎真爱我！使我生活非常舒适。我享受到的一切安乐，全是女郎的赏赐。她不为别的，单只为爱我。”

老母羊在一旁听见了，笑着说：“小东西，全不懂世事，在那里说痴话！”她的瘦脸带着固有的笑容，全身的白毛脏得发黑了，还卷成了一团一团。金鱼可不甘心受她嘲笑。他眼睛突得更出了，瞪了老母羊两下。

老母羊发出带沙的声音，慈祥地说："你还是个小东西，事儿经得太少了，难怪你不服气。我经历了许多世事，从我的经历，老实告诉你，你说的全是痴话。让我把我的故事讲给你听吧。我和你一样，受人家饲养，受人家爱护。我有过绿草平铺的院子，也有过暖和的清洁的屋子，在牧场上也算是极舒服极满意的一个。照你的意思，人家这样爱护我，单只为了爱我。谁知道完全不对！人家并不曾爱我，只因为我的乳汁有用，可以喂他们的孩子，所以他们肯那么费心。现在我老了，我没有乳汁供给他们的孩子了，他们就不管我了。小东西，我告诉你，世界上没有不望报酬的赏赐，也没有单只为了爱的爱护。"

金鱼依旧不领悟，眼睛还是瞪着，怒气没有全消。他想女郎这样爱护他，总是单只为了爱他。他很不高兴地回答老母羊说："老羊太太，你的遭遇的确可怜。但是世间的事儿不是一个版子印出来的。幸而我遇到的女郎不是这等负心的人，请你不必为我忧虑。"

老母羊见他终于不领悟，就闭上了嘴。她鼻孔里吁吁地呼气，表示她的怜悯。

青年和女郎互相恋爱了，彼此占有了对方的心。他们俩每天午后在花园里见面，肩并肩坐在花坛旁边的一条凉椅上。甜蜜的话比鸟儿唱的还要好听，欢悦的笑容比夜晚的月亮还要好看。假若有一天不见面，大家好像失掉了灵魂，一切都不舒服。所以没有一天午后，花园里没有他们俩的踪影。

这一天早上，青年走到院子里，搔着脑袋只是凝想。他想，"女郎这样爱我，这是可以欣慰的。要是能设法使她更加爱我，不是更好么？知心的话差不多说完了，爱抚也不再有什么新鲜味儿，除了把我尽心栽培的东西送给她，再没有什么可靠的增进爱情的办法了。"他因此想到了玫瑰。他看玫瑰红得这样鲜艳，正配女郎的美丽的脸色；花瓣包着花蕊好像害羞似的，正配她的少女的情态。把玫瑰送给她，一定会使她十分喜欢，因而增进相爱的程度。他想定了，微笑着，对玫瑰点了点头。

玫瑰见青年这样，也笑着，对青年点了点头。她回过头来，看着老桑树，现出骄傲的神色，说："你没瞧见吗，他是这样地爱我，单只为了爱我！"

女郎这时候也起身了，她掠着蓬松的头发，倚着碧玉水缸只是沉思。她想，"青年这样爱我，这是可以欣慰的。要是能设法使他更加爱我，不是更好么？甜蜜的话差不多说完了，偎抱也不再有什么新鲜味儿，除了把我专心饲养的东西送给他，再没有什么可靠的增进爱情的办法了。"她因此想到了金鱼。她看金鱼活泼泼地，正像青年一样惹人喜欢。她想把金鱼送给他，一定会使他十分高兴；自己这样经心养护的金鱼，正可以表现自己的深情厚谊，因而增进相爱的程度。她想定了，将右手的小指含在嘴里，对着金鱼微微一笑。

金鱼见女郎这样，快乐得如梭子一般游来游去。他抬起了头，望着老母羊，现出得意的神色，说："你没瞧见吗，她是这样地爱我，单只为了爱我！"

青年拿起一把剪刀，把玫瑰剪了下来，带到花园里去会见他的女郎。

女郎把金鱼捞了起来，盛在一个小玻璃缸里，带到花园里去会见她的青年。

他们俩见面了。青年举起手里的玫瑰，直举到女郎面前，笑着说："亲爱的，我送给你一朵可爱的花。这朵花是我一年的心力的成绩。愿你永远跟花一样美丽，愿你永远记着我的情意。"女郎也举起手里的玻璃缸，直举到青年面前，温柔地说："亲爱的，我送给你一尾可爱的小东西。这小东西是我朝夕爱护着的。愿你永远跟他一样活泼，愿你永远记着我的情意。"

他们俩彼此交换了手里的东西。女郎吻着青年送给她的玫瑰，青年隔着玻璃缸吻着女郎送给他的金鱼，都说："这是心爱的人送给我的，吻着珍贵的礼物，就仿佛吻着心爱的人。"果然，他们俩的爱情又增进了一步。一样的一句平常说惯了的话，听着觉得格外新鲜，格外甜蜜；一样的一副平常见惯了的笑脸，对着觉得特别可爱，特别欢欣。他们不但互相占有了彼此的心，而且几乎融成一个心了。

玫瑰哪里料得到有这么一剪刀呢？突然一阵剧痛，使她周身麻木。等到她慢慢恢复知觉，已经在女郎的手里了。她回想刚才的遭遇，一缕悲哀钻心，几乎要哭出来。可是她觉得全身干燥，泪泉不知什么时候已经枯涸了。女郎回到屋里，把她插在一个玛瑙的花瓶里。她没有经过忧患，离开了家使她伤心，青年的爱落空了，叫她怎么忍受得了。她憔悴地低了头，不到晚上，她就死了。女郎说："玫瑰干枯了，看着真叫人讨厌。明天下午，青年一定有更美丽的花送给我的。"她叫丫头把干枯的玫瑰扔在垃圾堆上。

金鱼也没有料得到有这么一番颠簸。从住惯了的碧玉缸中，随着水流进了一个狭窄不堪的玻璃缸里，他闷得发晕。等他神志渐渐清醒，看见青年的嘴唇正贴在玻璃缸外面。他想躲避，可是退向后，尾巴碰着了玻璃，转过身来，肚子又碰着了玻璃，竟动弹不得，只好抬起了头叹气。青年回到屋里，把玻璃缸摆在书桌上。金鱼是自在惯了，新居可这样狭窄，女郎的爱又落空了，叫他怎么忍受得了。他瞪着悲哀的眼睛直哈气，不到晚上，他就死了。青年说："金鱼死了，把他扔了吧。明天下午，女郎一定有更可爱的东西送给我的。"青年就把死去的金鱼扔掉了，就扔在干枯的玫瑰旁边。

过了几天，玫瑰和金鱼都腐烂了，发出触鼻的臭气。不论什么花，不论什么鱼，都是这样下场，值不得人们注意。青年和女郎当然不会注意，他们俩自有别的新鲜的礼物互相赠送，为了增进他们的爱情。

只有老桑树临风发出沙沙的声音，老母羊望着天空咩咩地长鸣，为玫瑰和金鱼唱悲哀的悼歌。

1922 年 3 月 26 日作。

刊《儿童世界》第 2 卷第 12 期，署名叶绍钧。

花园之外

春风吹来了，细细的柳条不知什么时候染上了嫩黄色，甚至已经有了点儿绿意。风轻轻吹过，把柳条的下垂的梢头一顺地托了起来，一会儿又一齐垂了下来，仿佛梳得很齐的女孩子的柔软的头发。

一道小溪在两行柳树之间流过。不知谁把小溪斟得满满的，碧清的水几乎跟岸相平。又细又匀的美丽的波纹好像刻在水面上似的，看不出向前推移的痕迹。柳树的倒影因而显得格外清楚。水的气息，泥土的气息，使人一嗅到就想起春天已经来了。温和的阳光笼罩在小溪上，好像使每一块石子每一粒泥砂都有了欢乐的生命，更不用说那些小鱼小虾了。

小溪旁边，柳树底下，各种华丽的车辆都朝着一个方向跑。有马拉的，轮子滑过地面没有一丝儿声音；白铜的轮辐耀人眼睛，乌漆的车厢亮得能照见人，巨大的玻璃窗透明得好像没有一个样。有人拉的，也轻快非常；洁白的坐褥，织着花纹的车毯，车杠上那个玩具似的手揿喇叭，都是精美不过的。还有用机器开动的，仿佛神奇的野兽，宽阔的身躯，一对睁圆的眼睛，滚一般地飞奔而来，刚到跟前，一转眼又不见了，还隐隐地听得它怪声怪气地吼叫。

坐在各种车辆里的人心里装满了快乐。快乐原来也是有重量的，你看，拉车的马出汗了，拉车的人喘气了，连机器也发出轧轧的疲倦的声音。坐在车上的人毫不察觉，他们怀着满心的快乐，用欢愉的眼光欣赏着柔软的柳条和恬静的溪水，又掀起鼻孔深深地吸气，仔细品尝春天的芳香。你看那位胖胖的先生，宽弛的双腮在抖动着。你看那位老太太，眯着周围满是皱纹的眼睛，张大了她那干瘪的嘴。那些年轻的女郎挥舞着手帕，唱起歌儿来了。那些小孩儿又是笑又是闹，张开双臂想跳下车来。这时候，拉车的马汗出得更多了，拉车的人气喘得更急了，连机器的轧轧声也显得更加疲倦了。

那些心里装满了快乐的人要到哪里去呢？原来前面小溪拐弯的地方有一座花园。春风吹来，睡着的花园才醒过来，还带点儿倦意，发出带着甜味的芳香。小鸟儿们已经热闹地唱起来，招引那些心里装满了快乐还要寻找快乐的人。他们知道花园是快乐的银行，自然都要奔向花园，犹如每一滴水喜欢奔向大海一个样。

长儿站在花园门口不止一天了。邻家的伯母跟他讲起过这座花园，他猜想花园的大门里边一定就是神仙的境界，总想进去逛逛。他跟父亲很不容易见面：早上他起床的时候，父亲还睡得正酣；等他跟小伙伴们玩了一阵回家，父亲已经不知上哪儿去了，直到晚上他眼皮发沉了还不见回来。所以他只好跟母亲说。母亲老给人家洗衣服，青布围裙老是湿漉漉的，十个手指让水泡得又白又肿。她听长儿说要去逛花园，就发怒说：“花园？你配逛花园？”她不往下说了，继续搓手中的衣服，肥皂沫不断地向四周飞溅。

长儿不敢再说什么，可是他实在不明白母亲的话：为什么他不配逛花园？那么谁才配逛花园呢？邻家的伯母从来没有说过。长儿以为除了邻家的伯母，再没有懂得道理的人了。她没有说过，别人也不会知道。长儿只好把疑问默默地藏在心里，只好睡他的觉，做他的梦……

他的一双脚仿佛有魔法似的，不知不觉，把他的身子载到了花园门口。又阔又大的门敞开着，望进去只见密密层层的深绿的浅绿的树。他跟树林之间没有东西挡着，也不见别的人。他飞奔过去，跑得比平时快，跳得比平时高。忽然，他的身子让什么给绊住了，再使劲也摆脱不了。只听得有人大喝一声：“跟谁一块儿来的?”他才发觉身后站着一个大汉，他的肩膀就让这个大汉给抓住了。那只又粗又大的手，好像给他捆上了几根绳子，捆得他胳膊都发麻了。

长儿心里害怕，不知道怎样回答才好，瞪大了一双眼睛。大汉摇晃着他的肩膀说：“我在问你呢，你是跟谁一块儿来的?”长儿说：“我……我自己一个人来的。”大汉听着笑了一笑，脸色显得更加可怕。他说：“既然一个人来的，买了票子再进去!”

“我不要买票子，只到花园里去逛逛。”长儿一边说，一边想脱身跑。大汉发怒了，眼睛射出凶光，原先只鼻子发红，现在整个脸都涨红了。他大声说：“小流氓，不出钱想逛花园，快给我滚!”大汉使劲一推，长儿摇摇晃晃倒退了几步，一交坐在地上，两手向后撑住了身子。坐在门口歇息的车夫看着都狂笑起来。

长儿听见笑声才发觉花园门口停着这许多车辆，坐着这许多人。他难为情极了，慢慢地爬起来，装作没事儿一个样，看到别人都不注意他了，才飞快地溜走了。回到家里，母亲还在洗他的衣服，长儿也不跟母亲说什么。

仙境似的花园系着长儿的心。长儿老呆在家里，实在太乏味，又出门去逛。他没打算到哪里去，可是两条腿不向往日捉迷藏的树林走去，也不向往日滚铁环的空场走去，偏偏又来到了花园门口。长儿在这儿吃过亏，不敢再一直往里飞奔，那个大汉坐在门旁的小屋里呢。他在门外悄悄地走来走去，有时候躲在人力车背后，有时候爬上马车背面的小凳子，有时候放大了胆，走到花园门口向里张望。马车和人力车一辆接一辆离去，到最后一辆也不剩了。天已经黑下来了，花园里已经什么也望不见了，大汉的屋里放出一星灯光。这时候，长儿只好回家去了。第二天，长儿又来了；在花园门口走来走去，好像这成了他日常的功课。

一辆马车停在花园门口。马夫跳下车来，拉开了车厢的门，一位先生，一位夫人，扶着两个孩子从车厢里走出来了。长儿只顾看那两个孩子，别的人他好像都没瞧见。那两个孩子的衣服闪烁发光，袜子长过了膝盖，黑得发亮的鞋子着地有声。他们的脸蛋多么红呀！他们的头发梳得多么光呀！他们走进花园去了，一跳一跳的，多么自在呀！大汉哪儿去了呢？为什么不来抓住他们呢？他们走进了密密层层的树林，再也看不见了。他们到树林里去干什么呢？

长儿这么想着，奇怪极了，他觉得自己也到了树林里。多么高兴呀，想望了许久，如今如愿了。他在树荫下奔来奔去。树林好像没有尽头，大树一棵挨着一棵，好像顶天的柱子。树枝上有许多松鼠在跳来跳去。还有许多红脸的猴子，跟耍把戏的人牵着的一个样，有的坐在树枝上，有的挂在树枝上。更奇怪的是往常在水果铺里看到的各种果子，红的，黄的，紫的，挂满了枝头。水果铺大概就是到这里来采的。长儿想：我为什么不采几个尝尝呢？他正要举起手来，身子不知让什么给撞了一下，一辆人力车刚好停在他身旁。他才从梦中惊醒，原来他站在花园门口，并没走进花园一步。

长儿呆呆地望着花园的大门，忽然眼前一亮，出现了一件可爱的东西。那是一束鲜红的花，从花园的大门里飞出来了，近了，近了，来到了他的身边。他看到花瓣都在抖动，还闻到一种奇妙的香味。可是才一刹那，那束鲜红的花就飞走了，远了，远了，终于看不见了。长儿想，“这鲜红的花是花园里最好的东西了，我要带点儿回去才好。刚才没把它抓住，真是太可惜了！不要紧，花园里一定多的是。我要采一束插在母亲的床头，她一天到晚洗衣服，从没看过花。再采一束，跟小伙伴们演戏的时候好扎在帽沿上扮英雄。还要采一束种在自家门前，让它永远永远开着……”

长儿这么想着，奇怪极了，他觉得自己已经进了花园，站在花坛旁边。鲜红的花堆得山一样高，只看见一片红色。他发现所有的花都在笑，默默地对着他笑。从笑着的花上淌下一滴一滴又香又甜的蜜，流到地面都凝成一颗一颗红色的香糖，他的舌尖好像已经尝到了甜味。他想拾一颗糖送进嘴里，再一看，这不是糖，而是鲜红的果子。果子也好，他拾了一满怀。又想到花儿不能不采，他放下果子去采花。一支半开的，正好插在母亲床头，他采了搂在怀里；

一支比较小，正好扎在帽沿上，他采了插在口袋里。一支挺茂盛，正好种在自家门前。他举起手正要采，忽然“嘟嘟”一声，汽车的吼叫把他给唤醒了。原来他还在花园门口，并没走进花园一步。

长儿多么懊恼呀，香糖不见了，果子不见了，只有舌尖上好像还留着甜味。他向花园的大门里望去，依旧是密密层层的深绿间着浅绿的树林。他听到树林里传出美妙的音乐：鼓的声音挺清脆，好像打滚似的；喇叭的声音挺宏亮，好像长鸣似的；长笛的声音最尖锐，率领着其他的乐器，还有叮叮当当敲击铜器和铁器的声音。可能有一支乐队在树林里为游客们演奏。乐队一定穿着一色的号衣；吹喇叭的，面颊一定鼓得圆圆的，像生气的河豚；吹长笛的眯着眼睛，像要睡着似的；……

长儿这么想着，奇怪极了，他觉得自己站在树林里的一座亭子旁边，身子倚在栏杆上，滋滋味味地听乐队演奏。乐队穿着一色的蓝号衣，胸前和肩膀上都绣着美丽的图案。乐器都发出灿烂的金光，把演奏的人的脸蛋和衣服都耀得闪闪烁烁的。他们奏了一曲小调，又奏了一曲山歌。长儿高兴地大声唱起来，乐队就跟着他唱的调儿演奏。他高声唱：“开步走，开步走……”乐队就走出亭子，排着整齐的队伍，跟着他在草地上齐步向前走。他举起双臂，指挥乐队向左转，没防着自己让什么给撞了一下，身子打了个旋，才发觉撞他的是两个孩子。原来他还在花园门口，并没走进花园一步。

撞他的孩子就是先前进去的那两个。他们游罢花园出来了，双手捧着许多糖果。他们撞了长儿好像没事儿似的，高傲地跟父母跨上了马车。只听得一声鞭响，车轮就缓缓地转动起来。长儿呆呆地望着远去的马车，又回过头来看看花园的大门。他似乎进去逛过了，但是仍旧不知道花园里的情景，虽然只隔着一道围墙，而且花园的大门还敞开着呢！

1922 年 3 月 27 日作。

收入《稻草人》，商务印书馆 1923 年 11 月初版。

祥哥的胡琴

一条碧清的小溪边，有一所又小又破的屋子。墙壁早就穿了许多窟窿，风和太阳光月亮光可以从这些窟窿自由出进。柱子好像酥糖一样又粗又松，因为早有蛀虫在那里居住。铺在屋面上的稻草早成了灰白色，从各方吹来的风和从云端里落下来的雨，把原先的金黄色都洗掉了。屋子的倒影映在小溪里，快乐的鱼儿都可以看见。月明之夜，屋子的影子站在小溪边上，半夜醒来的小鸟儿都可以看见。

这所又小又破的屋子里，住着祥儿和他的母亲。祥儿的父亲临死的时候，什么事儿也没嘱咐，只指着挂在墙上的胡琴断断续续地说："阿祥，我没有什么可以传给你，只有这把胡琴。你收下吧!"祥儿不懂他父亲说这话是什么意思，他的母亲却伤心得哭不出声音来了。就在这时候，他的父亲咽气了。

这把胡琴是祥儿的父亲时常拉着玩儿的。本来青色的竹干，因为手经常把握，变得红润了；涂松香的地方经常被弓摩擦，成了很深的沟；绷着的蛇皮也褪了色。繁星满天的夏天的夜晚，清风吹来的秋天的夜晚，他父亲就拿这把胡琴拉几支曲子。在种田累了的时候，在割草乏了的时候，他父亲也要拿这把胡琴拉几支曲子，正像别的农人在休息的时候一定要吸几筒旱烟一个样。就是极冷的冬天，白雪像棉絮一般盖在屋面上，鸟儿们紧紧地挤成一团，也可以听见从屋子里传出来的胡琴的声音。

父亲的棺材被抬出去了，胡琴还挂在墙上。风从墙壁的窟窿吹进来，只见胡琴在轻轻地左右摇摆。阳光和月光射进来，胡琴的影子映在墙上，像一把舀水的勺子。祥儿看着觉得很有趣，胡琴好像充满了神秘的味道。

母亲织了一会儿草席，指着墙上的胡琴说："阿祥，爸爸把这东西传给了你，你要像爸爸一样会拉，我才喜欢呢！"祥儿不大明白母亲的话，只是对着墙上的胡琴发呆。吃饭的时候，母亲又指着墙上的胡琴说："阿祥，爸爸把这东西传给了你，你要像爸爸一样会拉，我才喜欢呢！"祥儿还是对着胡琴发呆。早上，祥儿在母亲的怀里醒来，母亲又教训他说："阿祥，爸爸把墙上那东西传给了你，你要像爸爸一样会拉，我才喜欢呢！"

直到祥儿满了四岁，母亲从墙上取下胡琴来，交在他手里。母亲说："现在你可以拉这个东西了。我希望听到你拉出好听的调子来，跟你爸爸拉的一个样。"

祥儿双手握着胡琴。这是天天见面的老朋友，可是怎么拉法，他一点儿不懂。他移动了一下胡琴的弓，胡琴发出锯木头一般的声音。他把弓来回地拉，跟木匠师傅锯木头一个样。母亲看着他，脸上现出笑容，她称赞说："我的儿子真聪明！"

拉动胡琴上的弓，成了祥儿每天的功课。他不但在家做这功课，走到小溪边，走到街道上，也一样做他的功课。打鱼的老汉正在溪边下网，讥笑他说："跟锯木头一个样，拉得比你爸爸还好听哩！"蹲在埠头洗衣服的老太太也讥笑他说："叫化子胡琴，也算接过了你爸爸的手艺么？"街道上的孩子们追赶着他说："难听死了，难听死了，不如把胡琴送给我们玩吧！"祥儿不管他们说些什么，只顾一边拉一边走。

祥儿走到没有人的地方，周围都是高山，山下都是树林，他拉动弓，自己听着胡琴发出来的声音，觉得很快活。忽然听到有个声音在唤他："小弟弟，想拉好听的调子么？我可以教你。"祥儿四面找，一个人也没有。是谁在说话呢？正在疑惑，那个声音又说："小弟弟，我在这里。你低下头来就看见我了。"祥儿低下头看，原来是一道清澈的泉水，活泼泼地流着，唱着幽静的曲调。水底有许多五色的石子，又圆又光滑，可爱极了。

祥儿高兴地回答说："泉水哥哥，你肯教我，我非常感激。"泉水说："你听着我的曲调，把胡琴和着我的调子拉吧。"祥儿侧着耳朵听，很能懂得泉水用它的曲子讲的什么话，就拉动弓和着，胡琴不再发出锯木头的声音了。胡琴的声音紧跟着泉水的曲调，后来竟合成一体，分不出哪是泉水的哪是胡琴的了。祥儿和泉水都高兴极了，只顾演奏，忘记了一切。后来泉水疲倦了，对祥儿说："小弟弟，你拉得很好了。我想休息一会儿，明天再见吧。"泉水的调子越来越轻，最后它睡着了。祥儿离开了泉水，向前走去。

祥儿拉着新学会的曲调，引起周围的山都发出回声，成为很复杂的调子。他自己听着也很快活。忽然又听到有个声音在唤他："小弟弟，还想学一种好听的调子么？我可以教你。"他四面找，一个人也没有，难道泉水睡醒了，追上来了？正在疑惑，那个声音又说："小弟弟，我在这里。你抬起头就看见我了。"祥儿抬起头看，原来是一阵纱一般的风，轻轻地吹着，唱着柔和的曲调。小草们野花们都一边听一边点头。

祥儿高兴地回答说："风哥哥，你肯教我，我非常感激。"风说："你听着我的曲调，把胡琴和着我的调子拉吧。"祥儿侧着耳朵听，很能理解风用它的曲子说的什么话，就拉动弓和着，比任何人做任何事儿都用心。胡琴的声音紧跟着风的曲调，后来竟成了一体，分不出哪是风的哪是胡琴的了。祥儿和风都很高兴，一会儿快，一会儿慢，一会儿高，一会儿低，只顾演奏。小草和野花都听得入了迷，好像喝醉了似的都垂下了头。后来风要走了，对祥儿说："小弟弟，你又学会了一种好听的调子了。我现在要到别处去了，有机会再见吧。"风说完就飘走了。祥儿跟风告了别，又向前走去。

祥儿轮流拉着新学会的曲调，一会儿拉泉水的，一会儿拉风的，不知不觉走进了树林。拉泉水的调子，他就想起了活泼的泉水哥哥；拉风的调子，他就想起了轻柔的风哥哥。忽然又听到一个声音在唤他："小弟弟，再多学一种好听的曲调，不是更好么？我可以教你。”他四面找，一个人也没有。奇怪极了，除了泉水和风，又有谁自己愿意当他的音乐教师呢？正在疑惑，那个声音又说：“小弟弟，我在这里。你向绿叶深处仔细找，就看见我了。”祥儿向绿叶深处仔细找，原来是一只美丽的小鸟儿。小鸟儿机灵地从这根树枝飞到那根树枝，一边跳舞，一边唱着优美的曲调。绿叶围成的空间成了小鸟儿的舞台。

祥儿高兴地回答说：“小鸟儿哥哥，你肯教我，我非常感激。”小鸟儿说：“你听着我的曲调，把胡琴和着我的调子拉吧。”祥儿侧着耳朵听，很能理解小鸟儿用它的曲子说的什么话，就拉动弓和着。他的手腕越发灵活了，轻重快慢都能随他的心意。胡琴的声音紧跟着小鸟儿的曲调，后来竟合成一体，分不出哪是小鸟儿的哪是胡琴的了。祥儿和小鸟儿都开心极了，大家眼睛对着眼睛，微微地笑了。后来小鸟儿唱得口都渴了，对祥儿说：“你学会的好听的调子越来越多了。我现在渴了，要到溪边去喝点儿水，顺便洗个澡。咱们以后再见吧。”小鸟儿说完，就飞出树林去了。

祥儿的胡琴拉得越来越好，拉出来的调子越来越奇妙。他的调子不是泉水的，不是风的，也不是小鸟儿的，他把三种曲调融合在一起，产生了新的曲调，好像把几种颜色调和在一起，成了新的颜色一个样。他常常去看泉水，看泉水睡醒了没有。泉水对他说：“你的曲调比我的好听多了。拉一曲给我听，催我睡着吧！”他常常去看风，跟风谈心。风对他说：“你的曲调胜过了我的。拉一曲给我听，让我高兴高兴吧！”他常常去看小鸟儿跳舞，听小鸟儿唱歌。小鸟儿对他说：“现在你可以教我了。拉一曲给我听，让我学会你的新曲子吧。”祥儿听他们这样说，心里快乐极了，就尽量把自己新编的曲调拉给他们听。泉水听着，安静地睡着了；风听着，微微地笑了；小鸟儿一边听，一边跟他学。

祥儿跟大自然的一切做朋友，经常把自己编的曲调拉给它们听。它们个个欢喜祥儿，都把自己的曲调演奏给祥儿听。祥儿的胡琴变得越来越奇妙，他能拉许许多多自己编的新鲜曲子。母亲早就快活得不得了，她对祥儿说：“你拉胡琴，拉得跟你爸爸一样好了。我非常欢喜。你可以带着爸爸传给你的胡琴，把你自己编的曲子拉给世界上所有的人听了。”祥儿听母亲这样说，就带着胡琴，离开了小溪边的这所破屋子。

都市里有一所音乐厅，建筑十分华丽，台阶和柱子都是大理石的，舞台上有丝织的帷幕，有用鲜花作的屏障，还有许多金色的装饰品，叫人看着眼睛发花。大音乐家都在这里演奏过；演奏的时候音乐厅里坐满了人，男的女的，神态都很高雅，服饰都很华贵。他们闭着眼睛，轻轻地点着头，表示只有他们能够欣赏这样高超的乐曲。一曲完了，他们拍起手掌，轻轻地，很沉着，表示他们从乐曲中得到了快乐。演奏的音乐家的名声就越发增高了。

祥儿来到都市里，音乐厅也请他去拉胡琴。几天之前，街上已经贴满了彩画的大广告。广告上写着：“奇妙的调子，新鲜的趣味，田野的音乐家。”这些字写得奇离古怪，格外引人注目。到了祥儿演奏的那一天，音乐厅里坐得满满的，自然都是经常来的老听客。他们都望着台上，张开了嘴，好像等着吃什么好东西似的。

祥儿走上台来了。他仍旧穿着他那半旧的青布衫，提着父亲传给他的那把胡琴。他向听众深深地鞠躬，听众们却在那里皱眉头。“咱们见过几百位上千位音乐家，哪里见过这样的乡下人！这把胡琴难看极了，就跟乞丐手里拿的一个样。”听众们正在这样想，祥儿把弓拉动了，琴弦发出的声音在音乐厅中流动。大家开头还很安静，可以听得十分清楚。可是才一会儿，听众说起话来了，开头还很轻，后来越急越响，好像潮水似的。祥儿的胡琴拉得越急越响，嘈杂的人声紧紧追了上来，而且盖过了胡琴的声音。隐隐约约听得他们在说：“从来没听过这样的曲子！”“乏味透了！”“不知从哪儿来的乞丐！”“是个骗子！冒充音乐家的骗子！”“把咱们的耳朵都弄脏了，非赶快回去洗一洗不可！”

听众们都站起来，纷纷走出音乐厅，都去洗他们的耳朵了。老绅士的胡子翘了起来，贵夫人搽着一层粉的脸也涨得通红，公子小姐都在喃喃地咒骂，表示无法忍住他们的愤怒。最后只剩下祥儿一个人站在台上。他再也拉不下去了，提着父亲传给他的那把胡琴，走出了音乐厅，回过头来，对这座大理石的建筑微微一笑。

祥儿回到小溪边，回到自己的又破又小的屋子里。母亲问他：“我叫你带爸爸传给你的胡琴，把你自己编的曲子拉给世界上所有的人听，你怎么这样快就回来了?”祥儿回答说：“人家不要听我的曲子，所以我回来了。”母亲笑着，把他的脑袋搂在怀里，对他说：“人家不要听你的，我要听。你不要再出去了，在家里拉给我听吧。听了你的胡琴，我织起草席来更有劲了。”母亲吻着祥儿的双颊，好像他还是个小娃娃。

胡琴的声音常常从又破又小的屋子里传出来。在繁星满天的夏夜，在清风吹来的秋晚，在白雪铺满大地的冬天，在到处开满鲜花的春朝，近的远的村落都可以听到胡琴的声音。泉水琤琤琮琮，风时徐时疾，小鸟儿啾啾唧唧，都跟胡琴的声音相和：田野就成了一个没有围墙的大音乐厅。

祥儿的胡琴带领大自然的一切奏起乐来，那美妙的声音，好像轻纱一般盖在人们的身上。又倦又乏的农夫恢复了精神，又困又累的磨坊工人又来了劲头，被火红的铁屑灼伤的小铁匠忘记了痛，死掉了儿子的老母亲得到了安慰……所有的人都感到甜美，感到舒适。他们异口同声地说：“感谢祥哥的胡琴。”而这祥哥的胡琴，正是大理石音乐厅里的听众们所不愿意听的。

1922年4月3日作。

刊《儿童世界》第3卷第3期，署名叶绍钧。

瞎子和聋子

一处地方住着两个残疾的人。大家说他们俩很可怜，他们俩也自以为很可怜，一心想找一位医生给他们俩治疗。要是能遇见一位仙人，给他们俩吃几颗仙丹，一下子就把毛病治好了，那就更遂他们俩的心愿了。

他们俩一个是瞎子，一个是聋子。

瞎子从小就瞎了，没见过一丝儿光亮。妈妈怎样笑的，小猫小狗怎样跑的，月亮怎样明亮，花儿怎样鲜艳，他全不知道。他是原先有眼球后来瘪了的，还是原来就没有眼球的，大家没法知道；只见他两条眉毛底下乌溜溜的两个圆坑，陷得很深，要是他朝天躺着，可以倒两杯水在里头。

聋子从小就聋了，没听过一丝儿声音。妈妈哼的催眠曲，小朋友唱的儿歌，鸟儿怎样叫的，风怎样唿哨的，他全不知道。他的容貌同平常人一个样，可是人家同他谈话，他就露出破绽来了。他看见人家的嘴朝着他动，就把耳朵凑过去，右边的耳朵听不见，转过头来用左边的耳朵听，还是听不见。这当儿他的嘴不自觉地张开了，眼梢起了无数皱纹，脸上似笑非笑的，显出一副尴尬模样。

瞎子听人家说，世间最可爱的是光亮；靠着光亮，人们可以看见种种可爱的事物。他十分羡慕有眼球的人，更加怨恨自己的残疾。他说：“我要是能看见一丝儿光亮，我就有福了。我听人说青蛙有眼睛，能看见妈妈和弟兄姊妹，又能看见天上的云和山上的树。又听人说飞蛾有眼睛，能在黑夜里找到路，飞向远处的灯光。我是世间最苦的一个了，不如一只青蛙一只飞蛾。天呵，我能看见一丝儿光亮么?”

聋子看人家常常侧着耳朵听，猜想世间最可爱的一定是声音；听到了声音，就是听到了一切事物发自心底的话。他十分羡慕耳朵不聋的人，更加怨恨自己的残疾。他说：“我要是能听见一丝儿声音，我就有福了。我料想蝴蝶能听见菜花在招呼他们，能听见蔷薇在轻轻地笑。又料想小鱼能听见小溪的独唱，能听见水草和浮萍的合奏。我是世间最苦的一个了，不如一只蝴蝶一条小鱼。天呵，我能听见一丝儿声音么?”聋子从小没听过别人说的话，他说话不是向别人学的，所以声音跟人家不同，粗心听只是“哑哑哑……”的，正像一个哑巴。

瞎子最细心，他听得见蜗牛的脚步声和蚂蚁的对话。聋子说话虽然极不清楚，瞎子却能听得明白。他竭力劝慰聋子，他认为耳朵聋算不得什么痛苦。跟聋子说话，用嘴是不成的，只有对他作手势才能使他明白。瞎子就作种种手势：他指指心头，把两手团紧，然后摇摇右手，表示“不要忧愁”。他指指耳朵，然后连连摇手，表示“耳朵聋无关紧要”。他指指鼻尖，又指指耳朵，同时点点头，表示“我能听见声音”。他用手指向四周指指点点，然后指指耳朵摇摇手，表示周围的声音并没有什么好听。他指指自己深陷的眼眶，又指指心头，然后把两手团紧，表示“我没有眼球，才是最伤心的事”。他用手向周围乱指，又指指自己的眼眶，摇摇手，然后把两只手掌摊向外边，表示“一切事物都看不见，真叫我痛苦失望!”

聋子看惯了人家的手势，瞎子的意思他全明白。他回答说：“你不必伤心，少了两个眼球有什么要紧？我是有眼球的，什么都能看见。但是这有什么好处呢？送到眼睛里来的都是些乱七八糟的事物。我想，声音是从一切事物的心底发出来的。我就是听不见声音，连自己说的话也听不见，怎么能叫我不伤心呢?”

瞎子听了，就作种种手势来回答，表示的意思是：“我以为光亮能照出一切东西的真相，我单单看不见光亮，连自己的手指头也看不见，怎么能叫我不伤心呢？”

聋子说：“我要听见声音，并不稀罕什么光亮，偏偏耳朵聋了。你要看见光亮，并不稀罕什么声音，偏偏眼睛瞎了。假如把咱们俩的残疾对调一下，岂不是彼此都舒服，同平常人一样快乐了么？”

瞎子听了连连点头，脸上现出笑意，双手合拢来，作出拜佛的样子，表示“假若办得到，真要念一声‘阿弥陀佛’了”。

聋子说：“只要咱们到处探访，总会如咱们的愿，找到对调的方法。咱们一同上路吧。”

瞎子点点头，就拉住聋子的手。他们俩商量停当，由聋子引路，牵着瞎子走；瞎子呢，把听到的一切作手势告诉聋子。

他们俩走到一位医生那里，同声说：“我们一个是聋子，一个是瞎子。现在打算对调一下：聋子愿意成为瞎子，瞎子愿意成为聋子。相信您一定能为我们尽力。我们的愿望如果能实现，我们一定真心诚意地感激您这位有本领的医生。”

医生摇摇头回答他们说：“我没有学过这样的本领，也没有听见过你们这样的请求。请你们去找别人吧。”

他们俩很失望，出了医生的家。门外有一个老太婆看着他们可怜，对他们说：“你们到这里来，找错人了。从这里往西，有一座树林，树林里有一所古寺，寺里住着一位老和尚。他很有些法术，或者能够答应你们的要求。你们去找他吧。”

他们俩听了很高兴，谢了老太婆，一直向西走。前面果然有一座树林，郁郁葱葱，似乎没有尽头。走进树林，果然有一所古寺，黄色的围墙已经转成灰色了。走进寺里，看见大殿里坐着一位老和尚，脸皱得像风干的枣子，胡子白得像雪。他们俩同声请求说：“我们一个是聋子，一个是瞎子。现在打算对调一下：聋子愿意成为瞎子，瞎子愿意成为聋子。相信您一定能为我们尽力。我们的愿意如果能实现，我们一定真心诚意地感激您这位大慈大悲的老和尚。”

老和尚也摇摇头回绝了。他说：“这不是一件容易的事儿。我的法术满足不了你们的要求。请你们回去吧。”

他们俩哪里肯走，只当老和尚不肯出力，仍旧苦苦哀求。老和尚很感动，和蔼地说：“我真干不了这个。我可以指点你们一个去处，能让你们的愿望得到实现。你们再往西走，走完树林有一个市集，市集的南头有一座古老的风车。那风车能够帮助你们，你们找他去吧。”

他们俩非常高兴，谢了老和尚，出了寺门再往西走，越走树林越密，一丝天光也漏不下来。瞎子不觉得什么，聋子可辛苦极了，他睁大了眼睛，一只手拉住瞎子，一只手摸索着前进，才不至于撞在树上。他们俩走呀走呀，走得浑身是汗，脚也痛了，才走出了树林。对调残疾的心是那样的殷切，所以他们一点儿不觉得痛苦。

树林尽头果然是个市集，市集南头果然有一座风车。风车的翼子很旧很旧了，沾满了尘土，还破了好几处。一阵风吹过，翼子懒懒地转动，好像一位只能勉强行动的老年人。

他们俩虔诚地同声请求说：“我们一个是聋子，一个是瞎子。现在打算对调一下：聋子愿意成为瞎子，瞎子愿意成为聋子。相信您一定能给我们尽力。我们的愿望如果能实现，我们一定真心诚意地感激您神异的老风车。”

风车一边转动一边发出沙沙的声音，正像一台破旧的留声机。他说：“你们的要求我可以照办，可是我要劝告你们，还是不要对调的好。无论什么人总觉得自己最苦，人家都比他快活。可是到了人家的境地，仍然觉得世界上最苦的是他自己。你们何必对调呢？”

瞎子用手势把风车的话告诉了聋子，他们俩随即同声说：“我们一个听得见，可是不爱听，只巴望能看：一个看得见，可是不爱看，只巴望能听。我们确信我们巴望的是好的，对调之后决不会反悔。你使我们眼睛瞎的能尝到看的滋味，耳朵聋的能尝到听的滋味，就是治好了我们的残疾，真是功德无量。请不要为我们顾虑，快给我们对调吧！”

风车哈哈大笑说：“我好意关照你们，你们偏偏不信。要是我不给你们对调，好像我不肯帮助你们似的。可是我得说明在前，我只能给你们对调，可没有本领再调回来。如果对调之后你们觉得更不满意，又想调回来，我就不能帮助你们了。”

瞎子毅然回答说：“我的希望是看见光亮，光亮能照出一切事物的真相。只要能看见一丝儿光亮，我就有福了，哪儿会反悔呢？”

聋子也毅然回答说：“我的希望是听见声音，声音是从一切事物的心底发出来的。我只要能听见一丝儿声音，我就有福了，哪儿会反悔呢？”

风车把翼子顿了几顿，仿佛一位老人在点头。他说：“你们的意志非常坚决，我一定满足你们的请求。你们站得近一些，待我扇三下，你们就对调了。”

瞎子和聋子心里十分高兴，他们俩飞快地跑到风车跟前。“呼，呼，呼”，风车的翼子转了三下，他们俩立刻对调了。瞎子的眼眶里忽然突起两颗眼球，他只觉得一闪，描摹不来的一闪，他看得见光亮了，看得见一切事物了；同时，他再也听不见声音了。聋子的耳朵仿佛忽然打开了门，他只觉得一响，描摹不来的一响，他听得见声音了，听得见一切事物心底的话了；同时，他再也看不见光亮了。

从此以后，咱们为了说起来方便，就管原来的瞎子叫“新聋子”，管原来的聋子叫“新瞎子”。现在是新聋子牵着新瞎子，新瞎子做种种手势向新聋子示意了。他们俩跟风车道了谢，向市集走去。

说也奇怪，市集上的人好像都知道他们俩对调了，瞎子变成了聋子，聋子变成了瞎子。他们俩走到哪儿，哪儿就引起一阵纷扰。

新聋子看得见这些人的形状了，这在他是新鲜事儿，所以看得格外仔细。这些人对他们俩指指点点，脸上现出轻蔑的笑；嘴唇都在动，他虽然听不见，可是根据先前的经验，知道说的都是些嘲弄他们俩的话。他想：“没想到世界上有这样叫人受不了的笑容！他们这样笑，无非表示他们是健全的人，幸福的人，所以值得骄傲。难道我们这样的残疾的人，不幸的人，就应该感到羞耻么？看见这样的笑容真叫我懊悔，尤其是我初有眼球就看见这样的笑容！”他拉着新瞎子就跑，只想赶快离开。

这时候，新瞎子已经听见这些人在说些什么了，这在他是新鲜事儿，所以听得格外用心。这些人用俏皮的声调取笑他们俩说：“真是奇闻，瞎子变成聋子，聋子变成瞎子，可是总逃不了是个残疾！你看，一个牵着一个，攒着眉头，侧着耳朵！多丑啊！”新瞎子虽然看不见这些人的表情，可是根据先前的经验，知道周围都是奚落的脸色。他想：“没想到世界上有这样叫人受不了的话。他们这样说，无非表示他们是健全的人，幸福的人，所以值得骄傲。难道我们这样的残疾的人，不幸的人，就应该感到羞耻么？听见这样的话真叫我懊悔，尤其是我刚能辨别声音就听见这样的话！”他推着新聋子，要他快点儿跑。

他们俩一个推一个拉，跑得马一样快。

一种疲劳到极点的声音使新瞎子停住了脚步。他听见有好多人在喘息，而且都是老年人。吁吁的呼气，好像一下一下地在挤许多已经破了的皮球，还夹着彼此响应的痰嗽声。他又听见沉重的脚步声，听见担子在晃动，听见有人在搬运砖瓦，但是都不及那喘息声刺耳，使得他浑身感到难受。他再不愿听见那种声音，但是他已经不是聋子了！

新瞎子一站住，新聋子也站住了。他看见许多老年人在一片尘土飞扬的砖瓦场上干活。他们挑着很重的砖瓦，背都弯得像个钩子；由于拼命使劲，枯瘦的脸胀成酱色，汗水满身，好像涂了油；脚几乎移不动了，挺一挺，抖几抖，才能向前移一步。这种景象使新聋子笼罩在悲哀的气氛中。他觉得新生的眼球有点儿潮润，他想这大概就是常听人家说的流起眼泪来了。一阵又酸又麻的感觉从他心里一直透到眼睛和鼻子之间，非常难受。他再不愿看见那种景象，但是他已经不是瞎子了！

结果还是一个拉着，一个推着，逃难似的跑开了。

新聋子失望地长叹一声说：“我新得到的眼球已经看见了两种很不舒服的

事物！”他问新瞎子：“你的运气怎么样？可曾听见什么可爱的声音？”

新瞎子指指耳朵，伸出两个指头，皱着眉摇摇头，表示“自从打开了耳朵的锁，已经听见了两种不愉快的声音了”。

新聋子说：“我早就告诉过你，世界上没有什么好听的声音。现在你相信了么？”

新瞎子又作了几个手势，表示“我也早就告诉过你，世界上没有什么好看的事物。现在你相信了么？”。

“不要互相责备吧，咱们的快乐就在咱们的希望里边。咱们再往前走，希望你能听见可爱的声音，我能看见可爱的事物。”

听了新聋子的话，新瞎子点头赞成。他们俩又提起轻快的脚步向前走。

忽然一片可怕的红色把新聋子吓呆了。他辨不清是什么东西，只觉得自己心里的血就要从嘴里喷出来似的。他脑子里模模糊糊的，两只脚仿佛被钉住了，一点儿移动不得。等到稍稍清醒的时候，他才看清楚那是一头猪，侧躺在一条肮脏的板凳上，血正从它的胸口流出来。屠夫从它胸口拔出亮晃晃的尖刀。新聋子感觉浑身非常难受，好像有许多尖刀在刺他。又看见好些半爿的猪挂在一根横木上，猪嘴里的牙齿露在外边，好像要咬人的样子，眼睛半开半闭，似乎在那里偷偷地看人。新聋子害怕极了，脑子里又模糊起来。他双手掩住了眼睛大喊：“我不要再看了！”

这时候，新瞎子突然听见一声惨叫，那声音尖锐极了，他感觉他的心好像中了一支冷箭似的。歇了一会儿，他听见一连串号哭似的声音，听着直觉得浑身发抖。接着，他又听见血喷出来的声音，血流到一个瓦钵里的声音。猪的叫声越来越微弱了，只剩下垂死的喘息了。新瞎子听得害怕极了，几乎吓破了胆。他双手掩住了耳朵大喊：“我不要再听了！”

一个喊“不要再看”，一个喊“不要再听”，正在同一个时候。

听了新聋子的喊声，新瞎子就作手势把自己的心思告诉新聋子。

新聋子吃惊地说：“你也不要再听了么？那么，咱们不是就没有希望，得不到快乐了么？”

新瞎子点点头，表示“的确是这样”。

他们俩凄惨地站在那里。新聋子掩住了刚能看见的眼睛，新瞎子掩住了刚能听见的耳朵。两个人都不敢放手，永远不敢放手，因为神异的风车不能帮助他们恢复原状了。

1922年4月10日作。

刊《儿童世界》第3卷第1期，署名叶绍钧。

克宜的经历

克宜是个农家的孩子。他帮父母种田，举得起小小的锄头，认得清稻和麦的种类，辨得出泥土和肥料的性质。什么鸟儿是帮助农人扑捉害虫的，什么风是吹醒一切睡着的花草的，他完全明白。早晨下田，他第一个跟起早的太阳打招呼。夜晚上床，月亮陪伴着他，轻轻地把柔美的梦覆盖他的全身。他没有什么不快乐的念头，从来不知道不快乐是什么滋味。

从都市里回来的人告诉克宜的父母说："都市里真快乐，快乐的生活是咱们想象不到的。这一回我看了一遍，好像做了个美丽的历乱的梦，讲不出是什么样的快乐，但是的确快乐极了。咱们都老了，不一定要住在那样快乐的地方。咱们的儿子年纪都还很轻，不可不叫他们到那里去住住。不然，咱们不把幸福指点给他们，实在有点儿对不起他们。"

克宜的父母听了这样话，心里很感动。他们对克宜说："邻家伯伯从都市回来，说那里快乐得说也说不明白。你是个年轻的孩子，应当到那里去住住，享受点儿快乐。我们因为爱你，知道了幸福在哪里，总要给你指点明白。"

克宜很孝顺，父母的嘱咐，他没有不听从的。这一回，父母要他到都市里去，他自然很顺从地答应了。

父母又说："既然你很愿意去，你就放下手里的锄头，早点儿动身吧。"

克宜放下锄头，辞别了父母，离开了自己家的田地，走了几步，觉得有点儿舍不得，又回了转来。他跟田里的庄稼说了些告辞的话，又跟鸟儿合唱了几支离别的歌。他向风说："您不怕走远路，送我一程吧！"他对太阳说："隔几天我再跟您请早安吧。您回去的时候遇见月亮，请您叮嘱她不要记挂我，不要过分伤心。"

跟所有的朋友一一告了别，克宜才转身向前走。风听他的话，跟随着他，一阵又一阵，带着田野里的花香。他觉得好像还在田里耕作。

克宜走了一程，觉得有点儿疲倦，坐在一棵大树底下休息。风还一阵一阵地送来花香。他渐渐地朦胧了，忽然一阵又轻又脆的扑翅膀的声音惊醒了他，就在他头顶上。他抬头一看，原来一只蜻蜓撞在蜘蛛网上给网住了。

他仔细听，那蜻蜓正在哀求他帮助呢："善良的青年人，您救救我吧。我被网住了半天了，再不想法逃脱，坐在网中央的那个魔王就要把我给吃了。善良的青年人，只要您一举手，我就有命了。快救救我吧！"

克宜听了，觉得蜻蜓很可怜，就拾起一根树枝，举起来轻轻一拨，蜻蜓就脱离了罗网。

蜻蜓拿出一个小圆筒似的镜子来，对克宜说："这镜子同我们蜻蜓的眼睛一个样，可以看见人的眼睛看不见的事物。你要知道一切事物将来会是什么样子，用这镜子一照就成了。你救了我的命，我把这镜子送给您作为报答。"

蜻蜓说完，扑着翅膀飞走了。克宜藏好了镜子，他不再休息，一口气跑进了都市，在一家店铺里当学徒。

在店铺里，克宜认识了许多许多东西，都是以前没见过的。一个方匣子，上面有几支针自己会转动，隔一会儿会自己发出钟声来。他听人说这叫做"钟"，又听人说敲五下六下的时候是早晨，晚上敲十二下的时候是半夜。许多垂垂下挂的灯，不用添油，不用点火。他听人说这叫做"电灯"，到晚上自然会亮，到天晓自然会灭。街上一个人坐在有两个轮子的东西上，这东西有两根长柄，由另一个人拖着飞跑。他知道了，这叫做"人力车"。一个又矮又阔的怪物，到晚上，怪物的巨大的眼睛放出耀眼的光，载着几个人飞驰而过。他知道了，这叫做“摩托车”。一所玻璃的小屋子，里面挤满了人，不用人拖，不用牛拉，跟又矮又阔的怪物一样，也能自己飞跑。他知道了，这叫做“电车”。

但是他看不见他的老朋友。田里的庄稼，发散着香气的泥土，会飞会唱的鸟儿，送来花香的风，在城市里，他统统找不到。虽然新鲜的东西是那样有趣，但是他真挚地记挂着他的老朋友们。

第二天早上，他在床上醒来，一向的习惯，张开眼睛总是很明亮，可是为什么只看到漆黑的一片呢？天还没有亮吗？醒得太早了吗？他疑惑极了，走到窗边向外面张望，街上也很暗，电灯还没有熄灭，放出惨淡的光。他以为还在夜里，可是钟敲起来了，一下，两下，……六下，不明明是早晨了吗？

早晨的太阳哪里去了，为什么不来跟他打招呼呢？起了床就应该作事儿，现在作什么事儿呢？他感到一种忍受不了的沉闷和压迫，很不舒适。但是黑暗包围着他。怎么才能打破这黑暗的包围，畅快地透一口气呢？

他要漱口，不知道哪儿有水；他要洗脸，不知道哪儿有脸盆和毛巾。他只好默默地坐在大海似的黑暗中，细细辨别那刚尝到的不愉快的滋味。钟敲了七下，又敲了八下，才有一些淡淡的光从窗口透进来。一切全都沉寂，只听得那个钟“的答的答”，响个没有完。

他回想在家的时候，这会儿满耳朵都是高兴的声音。晨风在村中在田里低唱，鸟儿成群地唱着迎接太阳的颂歌，在田间劳动的同伴互相问答，间着水车旋转的咿呀声，锄头着地的砰砰声。村里的鸡此起彼伏啼个不止，黄牛也偶然仰天长鸣一声……想起这些，他更耐不住这里的寂寞凄凉，屋里屋外都冷清清的，有点儿像坟墓。他无可奈何，取出蜻蜓送给他的镜子来摆弄，看看它究竟有什么神异。

他拿起镜子，看师傅和师兄弟的床。他们的帐子都掩着，都还没做完他们的梦。他想用镜子照一照他们，看他们在镜子里会出现什么形象，倒是一件有趣的事儿。他就揭开一位师傅的帐子，把镜子凑在眼睛上一照。怕极了！怕极了！那位师傅只剩下皮包骨头，脸上全没血色，灰白得吓人。这不是跟死人一个样吗？他不敢再看，立刻放下帐子。他想，再照照别的人看，或者会有好看的形象。他就拣了一位肥胖的师兄，揭开他的帐子，把镜子凑在眼睛上一照。怕极了，怕极了，那个师兄也瘦得只剩皮包骨头，脸上毫无血色，灰白得吓人。这不是跟死人一个样吗？他不敢再看，立刻放下了帐子。

好奇心驱使着他，他用镜子照遍了所有睡着的人，都吓得他不敢再看。他想，“这里不是个好地方，我明明看到了他们将来会是什么样子了。还是早早离开的好。”他离开了那家店铺，进一所医院去当了练习生。

在医院里，克宜头一回看见害病的人，嗅到药水的气味。那一夜他值班，在一间病室里任看护。病室里有八张床，都躺着病人。夜已经很深了，钟已经敲过一下。窗外只有树叶被风吹动的声音，沙沙地使他感到害怕。室内充满了病人痛苦的呻吟：有的突然叫喊起来；有的声音颤抖，拖得很长；有的毫无力气，低声呼唤；也有不断喊妈的，可是没人答应。克宜听着，心里难受极了，从来没经历的凄惨把他包围住了。

听医院里的人说，病室里的八个人，有四个是从电车上摔下来受的伤；两个是开摩托车不小心，和别的车辆相撞受的伤。受伤最重的一个断了腿骨，医生给他接好了，用木板绑着，固定在一个坚固的架子上，防他受不住痛而牵动，挣脱了接榫。连连呼叫“妈，快来吧！妈，快来吧”的，正是这个病人。

克宜受不了这种凄惨的声音和景象，就取出蜻蜓送给他的神异的镜子来摆弄。电灯光照得室内一片惨白，有什么可照的东西呢？所有的就是这八个病人。他就拿起镜子凑在眼睛上，看这些病人。奇怪极了！奇怪极了！他们的腿和脚又细又小，就跟鸡的爪子一个样；放下镜子再看，他们跟平常人没有多大差别。

克宜又奇怪又疑惑。医生来检查病人了，后边跟着几个助手。克宜想，他们都是健全的人，用镜子照着看，想来不至于有什么变化。他暗地里取出镜子来凑在眼睛上。太奇怪了！太奇怪了！他们的腿和脚也又细又小，也像鸡的爪子似的，跟八个病人的丝毫没有两样。他想："这里不是个好地方，我明明看到了他们将来的腿和脚。还是早早离开的好。"他就离开了那所医院，进一座剧院去当了职员。

夜戏开场了，喧闹的音乐，刺耳的歌唱，他听了觉得头脑发瓮。满院子的看客看得正起劲，个个现出高兴的笑容。男的吸着烟卷，女的扬着蘸透香水的手巾，也有吃东西的，谈话的，都表现出他们既舒适又悠闲。演员唱完一段，他们跟着一阵喝采，告诉别人他们是能够欣赏的行家。

克宜听着一阵阵的喝采声，耳朵里难受极了，嗅着人气混着烟味和香水味，鼻子也很不舒服。他的手心和额角有点儿焦热，身子也站不稳了。他想："这里的工作大概太累了，不如取出神异的镜子来散散心吧！"他就把蜻蜓送给他的镜子，凑在眼睛上。

奇怪的景象在镜子里出现了。那些看客个个只剩皮包着骨头，脸上全没血色，灰白得吓人，腿和脚又细又小，像鸡的爪子似的，跟在医院看到的那些人一模一样。他们不能行走，不能劳动，得不到一切吃的东西，只好在那里等死。放下镜子再看，满院子都是高贵的舒适而悠闲的看客。

他不敢再看，立刻奔出了戏院。他想："我为什么还不回去呢？明明看见了都市里的人们的将来的命运。"他连夜向自己的家乡奔去，不管路上怎样黑暗。

天刚刚亮，他跑到了自家的田地旁。晨风轻轻地吹，带着新鲜的花香。他欢呼着："风，我的好朋友，你送我动身，又迎我回来了！"太阳从很远的地平线上露出第一缕光芒，使大地上的一切都饱含生意。他欢呼着："太阳，我的好朋友，我又来向你问好了。月亮好么？她昨夜晚跟你谈起了我吗？"鸟儿们早已唱得很热闹了。他欢呼着："鸟儿们，我的好朋友，你们唱吧，我又回到你们的队伍里来了！"田里的庄稼一齐向他点头。他感动得流下眼泪来，欢喜得话也说不成了，只是喃喃地说："我的宝贝……我的宝贝……"

正要回家去看父母，他忽然想起了那神异的玩意儿：为什么不在这儿也照一照呢？他取出蜻蜓送给他的镜子，凑在眼睛上一看。他快乐得大声叫喊起来："将来的田野，美丽极了，有趣极了，真会有这样的一天吗？"

1922 年 4 月 12 日作。

刊《儿童世界》第 3 卷第 8 期，署名叶绍钧。

跛　乞　丐

街上那个跛乞丐，我们天天看见的，年纪已经很老了。蓬乱的苍白的头发盖没了额角和眉毛；两颗眼珠藏在低陷的眼眶里，放出暗淡的光；脸上的皮肤皱得厉害，颜色跟古铜一样。从破烂的衣领里，可以看见他的项颈，脉络突出，很像古老的柏树干。他的左脚老是蜷曲着，不能着地，靠一根树枝挟在左胳肢窝里，才撑住了身子，不至于跌倒。

他在街上经过，站在每家人家每家铺子的门前，发出可怜的沙哑的声音："叨光一个吧，好心的先生太太们!"人们总是用很厌烦的口气说："又来了，讨厌的老乞丐!"随手将一个小钱很不愿意地扔给他。小钱有时落在砖缝里，有时掉在阴沟边。他弯下了身子，张大了眼睛，寻找那跳跃出来的小钱。好久好久，捡到了，他就换过一家，重新发出可怜的沙哑的声音："叨光一个吧，好心的先生太太们!"

独有街上的孩子们很喜欢他。他能够讲很多的有趣的故事，使他们不想踢毽子，不想捉迷藏，不想做一切别的玩意儿，只满心欢喜地看着他封满胡子的嘴，等候里边显现出美妙的境界和神奇的人物来。每当太阳快要下去月亮快要上来的时候，他总坐在一棵大榆树底下休息。不必摇铃，不必打钟，街上的孩子们自然会聚集拢来，围在他的身边。于是他开始讲故事了。

跛乞丐讲的故事，孩子们都记得很熟。关于他自己的故事，就是左脚为什么跛了，他也讲给孩子们听过。以下就是孩子们转讲给我的。

他的父亲是个棺材匠。他十三四岁的时候，父亲对他说：“你的年纪渐渐地大了，不可不学会一种职业。我看就学了我的本业，将来也当一个棺材匠吧。”

“不，不行。”他回答道，“我看见街上抬过棺材，人家总要吐一口唾沫。人家都不喜欢棺材这个东西。我要是当了棺材匠，就得一生陪着棺材挨骂，所以我不愿意。”

父亲大怒道：“你敢违抗我的话！我就是棺材匠，几时看见人家骂我讨厌我?”

“我，我就讨厌你，就要骂你。好好一个人，不做别的东西，去做一个个木匣子，把人一个个装在里边!”

父亲怒到极点，举起手里的斧头就向他的头上劈过来。幸亏他双手灵活，抢住了斧头的柄，嘴里喊道：“不要像劈木头一样劈你的儿子！我不是木头呀!”

父亲的手被挡住，狠劲也过去了，就说：“饶了你这条小命吧！可是，你不肯继承我的本业，也就不是我的儿子。今天就离开这里，不许你再跨进我的大门!”

他从此被赶出家门了。肚子渐渐有点儿饿了，他想，现在必须找一个职业了。但是做什么呢？一时拿不定主意。他就沿着街道走去，看有什么他愿意做的事情。

有个孩子趴在楼窗上，望着街那头的太阳，天真地说：“这是时候了，爸爸的心，爸爸的信，该在绿衣人的背包里吧。安慰人们的绿衣人呀，你快快来到我家的门前吧!”

他听了孩子的话，深深地点点头，仍旧朝前走去。

矮矮的竹篱内有一间书房，窗正开着。有个青年坐在里边，伏在桌子上写东西，忽然抬起头看看墙上的钟，满怀希望地说："这是时候了，朋友的心，朋友的信，该在绿衣人的背包里吧。安慰人们的绿衣人呀，你快快来到我的竹篱外边吧！"

他听了青年的话，更深深地点点头，仍旧朝前走去。

路旁是一个公园，有个女郎坐在凉椅上，对着花坛里的花出神。树上的鸟儿一阵叫，把她惊醒了。她四围望望，自言自语说："这是时候了，他的心，他的信，该在绿衣人的背包里吧。安慰人们的绿衣人呀，你快快来到我的家里吧！"她站起来，匆匆地走了。看她步子这样轻快，知道她的希望正火一般地燃烧呢。

听了女郎的话，他很高兴地拍着手道："我已经选定了我的职业了！"

他奔到邮政局里，自称愿意当一个绿衣人。邮政局里允许了，给他一身绿衣服和一个绿背包。他穿上绿衣服，背上了绿背包，就跟每个在街上看见的绿衣人一模一样了。

他当绿衣人比别人走得快。他取了信连忙向背包里塞，背包胀得鼓鼓的，像胖子的肚子。他拔脚就跑，将每封信送到等候信的人的手里，还恳切地说："你的安慰来了，你的希望来了，快拆开来看吧！"说罢，他又急忙跑到第二个等候信的人的面前。

人们都非常欢喜他。从他手里接到信，除了信里的安慰，还先从他的话里得到安慰，所以人们只希望接到他送来的信。人们又想，发出去的信由他投送，收信的人一样可以得到分外的安慰，所以都愿意把信交到他的手里。

他的背包跟不断打气的气球一样，越来越鼓了。别的绿衣人的背包跟乞丐的肚子一样，越来越瘪了。他背着沉重的背包，羊一般地飞跑，不怕疲倦，也不想休息。

街旁有一所屋子，藤萝挂满了门框，好像仙人住的山洞。他每回经过这家门前，总见一个姑娘站在那里，忧愁地问他："你的背包里可有他的心？"他很不安地回答说："很抱歉，没有他的信。"姑娘两手掩着脸，伤心地哭了。

姑娘盼望的是她情人的信，也是她情人的心。情人离开了她，去到什么地方，她不知道，也没有来过一封信。她天天在门前等着，等候这可爱的绿衣人经过。可是她终于伤心地哭了，两手掩着脸。

这一天他经过这家门前，姑娘照旧悲哀地问他。他又只好回答："很抱歉，没有他的信。"姑娘好像要晕过去了，哭得只是呜咽。停了一会，才断断续续地说："三年前的今天，他离开了我。整整的三年，没有一点儿信息，不知道他的心在哪里了！"说罢，更加呜咽不止。

他听了非常难过，就安慰姑娘说："你不要哭，滴干了眼泪是不好的。我一定替你去找寻，把你要的他的心带给你。三天，不出三天！"

姑娘止住了啼哭，向他点点头表示感激，含着泪水的眼睛放出希望的光。

他就日夜不停地走，穿过了白天不见太阳、夜晚不见月亮的树林，经过了没有水也没有草的沙漠，爬过了有毒蛇猛兽的峻峭的山岭，才找到了姑娘的情人所在的地方。他告诉姑娘的情人，姑娘怎样地思念，怎样地哀伤，怎样地啼哭。姑娘的情人被感动了，立刻写了一封很长的信，极真挚的信，把整个心藏在里边了；写好之后，就交给他，托他送给那个姑娘。

他拿了信，爬过了有毒蛇猛兽的峻峭的山岭，经过了没有水也没有草的沙漠，穿过了白天不见太阳、夜晚不见月亮的树林，来到姑娘的门前——来回刚好是三天工夫。

姑娘已经在门前等候，看见了他连忙问："我要的心，我要的心呢？"他不作声，就把信交给姑娘。姑娘马上拆开来看，越看越露出笑容，看到末了就快乐地说："他爱我，他依然爱我呢！可爱的绿衣人，多谢你的帮助！"

"这算得什么呢？只要你得到安慰，我什么都愿意的。"他高兴地回答。

他回到邮政局里。邮政局里因为他三天没有到差，罚去他一个月的工钱。他依然羊一般地飞跑，把安慰送给人们。

在街上，他常常遇见一个孩子，拦住他说："我有一封信，寄给去年的朋友小燕子，请你带了去吧！"他很不安地回答说："很抱歉，我不晓得小燕子住在什么地方，没有法子替你带去。”那孩子呆呆地站着，现出失去了伴侣的苦闷的神色。

孩子的朋友小燕子去年住在孩子家里。他们俩一同在屋檐下歌唱，一同在草地上游戏，一刻也不分离。秋天到了，小燕子忧愁地对孩子说：“要跟你分别了，我的家族要迁居了。”孩子十分不愿意，但是没有法子，只得含着眼泪送走了她的朋友。小燕子去后，孩子十分想念，就写了一封信，希望最可爱的绿衣人能给她带去。可是她终于呆呆地站着，现出失去了伴侣的苦闷的神色。

这一天他送信，在街上经过，一个妇人拦住了他，对着他哭，伤心得连话也说不成了，拿着一封信向他的背包里乱塞。他一看，就是孩子天天拿着的那封信，上面很有些手指的污痕了。他问妇人说：“孩子怎么了?”妇人勉强抑制住了哭，哀求他说：“我的孩子病了，昏倒在床上。她迷迷糊糊地说，一定要把她的这封信寄去。你给她带了去吧，可怜可怜我的孩子吧!”说罢，她的眼泪成串地往下掉。

他听了十分难过，就安慰妇人说：“你不要哭，回去陪着你的孩子吧。我一定替她去找寻小燕子，把她的信送到。你回去告诉她，叫她放心。”

妇人收住了眼泪，向他说了声“多谢”，慈祥的脸上露出一丝笑容。

他就日夜不停地走，经过了树木长得很高很大的炎热的地方，渡过了风浪险恶的海洋，才寻到了小燕子所在的海岛。他把信交给小燕子，并且告诉他，孩子怎样想念他，怎样害了病。小燕子快活地扑着翅膀说：“我也给她写了一封信，没法寄，想念得快要生病呢。你既然来了，我的信就托你带去吧。”

他拿了小燕子的信，渡过了风浪险恶的海洋，经过了树木长得很高很大的炎热的地方，来到孩子的家里——来回一共是五天工夫。

孩子看见他，连忙问：“我的信，我的心寄去了么?”他把小燕子的信交给孩子，对孩子说：“这是你没想到的东西。”孩子连忙拆开来看，快活得只是乱跳，欢呼道：“他快来看我了！他快来看我了！可爱的绿衣人，多谢你的帮助!”

“这算得什么呢？只要你得到安慰，我什么都愿意的。”他高兴地回答。

他回到邮政局里。邮政局里因为他五天没有到差，罚去他两个月的工钱。

有一天，他送信经过街上，看见一个猎人抱着猎枪，坐在凉椅上打盹，身旁堆着好几头打死的野兽。忽然听见有个很弱很弱的声音在招呼他："一封紧急的快信，烦你送一送吧!"他仔细一看，原来有一头野兔还没有死，血沾满了灰色的毛，凝成一团，样子很难看，眼睛已经睁不大开，前爪拿着一封信。

他问野兔："你怎么啦?"野兔忍着痛回答说："我中了枪弹，快要死了。我死算不了什么，就是不放心我的许多同伴。我们这几天开春季联欢会，聚集在一起，在山林里取乐。我刚才听这位打盹的先生说：'那边东西多，明天要约几个打猎的朋友，多多地打他一回。'我就想我的死不是值得害怕的事儿。我这封快信，就是要告诉我的同伴，不要只顾快乐；灾难快要到临，赶紧避开吧!"野兔的声音越来越弱，话才说完，四条腿轻轻地挺了几挺，就跟他旁边的同伴一同长眠了。

他听着看着，心里很难过，不觉滴下眼泪来。他连忙拾起野兔的信，照着信封上写的地方奔去。越过了很深的山涧，爬上了很陡的崖石，钻进了很密的树林，他才到了野兔的同伴们聚集的地方。山羊，梅花鹿，野兔，松鼠，都在那里歌唱，都在那里跳舞；鲜美的果子堆得满地。

小兽们玩儿得正高兴，看见了他，觉得有点奇怪，都走近来打听。他把野兔的信交给小兽们。小兽们看了信都非常惊慌，纷纷向密林中逃窜。正在这时候，起了一阵嘈杂的声音。他才回转身，不知什么地方发来"砰"的一枪，一颗枪子打中他的左腿，他昏倒了。

他醒转来以后，用草叶裹了受伤的腿，一步一颠回到邮政局里。又是两天没有到差了，这是第三次犯过失，跛子又本来不适宜送信，邮政局就不要他了。

他再不能做什么事，就成了乞丐。

1922年4月14日作。

刊《儿童世界》第3卷第9期，署名叶绍钧。

快乐的人

世界上有快乐的人吗？谁是最快乐的人？

世界上有快乐的人的，他就是最快乐的人。现在告诉你们他的故事。

他很奇怪，讲出来或者不能使你们相信，但是他确实这样奇怪。他周身包围着一层极薄的幕，这是天生的，没有谁给他围上，他自己也不曾围上。这层幕很不容易说明白。假若说像玻璃，透明得跟没有东西一样倒是像了，但是这层幕没有玻璃那么厚。假若说像蛋壳，把他裹得严严的倒是像了，但是蛋壳并不透明。总之，这层幕轻到没有重量，薄到没有质地，密到没有空隙，明到没有障蔽。他被这么一件东西包围着，但是他自己不知道被这么一件东西包围着。

他在这层幕里过他的生活，觉得事事快乐，时时快乐。他隔着这层幕看环绕他的一切，又觉得处处快乐，样样快乐。

有一天，他坐在家里，忽然来了两个客人。这两个客人原来是两个骗子。他们打算弄些钱去喝酒取乐，就扮做募捐的样子，一直跑到他家里。因为他们知道，他周身围着一层幕，看不出他们的破绽。

两个客人开口向他募捐。他们的声音十分慈善，他们的话语十分恳切。他们说：受到旱灾的同胞饿得只剩薄皮包着骨头；受到水灾的同胞全身黄肿，到处都渗出水来；受到兵灾的同胞提着快要折断的手臂在哀哭，抱着快要死去的孩子在狂叫。他们说救济苦难的同胞是大家应当做的事，所以愿意尽一点微力，出来到处捐募。

他听了两个客人的话，心里十分感动：受灾的同胞这样悲惨，这样痛苦，他觉得可怜；两位客人这样热心救人，他又很敬佩。他从口袋里取出一大块黄金交到客人的手里。两个客人诚恳地道了谢，就告别了。出了大门，两个人互相看看，脸上现出狡狯的笑容，一同去喝酒取乐了。

他捐了一大块黄金，觉得非常快乐。他闭着眼睛想："这两位客人拿了我的黄金，飞一般地跑到受灾的同胞那边，把黄金分给他们。饿瘦了的立刻有得吃了，个个变得丰满而强健；浸肿了的立刻得到医治，个个变得活泼而精壮；快要折断的手臂接上了；快要死去的孩子救活了。这多么快活！"他又想："我能得到这样的快活，都靠这两位客人。我会遇到这样好的客人，又多么快活！"他快活极了，对着镜子里的自己只是笑。

他的妻子在里屋，知道他又给骗子骗去了一大块黄金。她一直不满意他这样做，很想阻止他，但是看着他堆满了笑意的脸，不知为什么又没有勇气直说了，只在心里实在气不过的时候，冷讽热嘲地说他几句。他听妻子的话全然辨不出真味，因为他周身围着一层幕。

一大块的黄金无缘无故到了骗子的手里，他的妻子的心里该有多么难过。她想这一回一定要重重实实地骂他一顿，教训他以后不要再上骗子的当。她满脸怒容，从里屋赶出来。但是一看见他堆满笑意的脸，她的怒气就发不出来了，骂他的话也在喉咙口梗住了。她只得脸上露出冷笑，用奚落的口气说："你做得天大的善事，人家一开口，大块的黄金就从口袋里摸出来。你真是世间唯一的好人！这样好事，以后尽可以多做些！做得越多，就见得你这个人越好！"

他看着妻子的笑脸，这么美丽，这么真诚，已经快乐得没法说了；又听她的话语这么恳切，这么富有同情，更快乐得如醉如痴，不知怎么才好。他的嘴笑得合不拢来，肥胖的脸上都起了皱纹；一连串笑声像是老鹳夜鸣。他好容易忍住了笑，说道：“我遇见的人没有一个不是好人，尤其是你，好到使我想不出适当的话来称赞，更觉得含有深浓无比的快活。我当然依你的话，以后要尽量多做好事。”他说着，带了几块更大的金子，向外面走去。

前面是一片田野，矮墩墩绿油油的，尽栽的桑树。他远远望去，看见有好些人在桑林中行动。原来这时候正是初夏天气，蚕快要做茧了，急等着桑叶吃。养蚕的人昼夜不停地采了桑叶去喂蚕。桑林不是那些人自己的，他们得给桑林的主人付了钱，才能动手采。他们又没有钱，只好把破棉衣当了，把缺了腿的桌子凳子卖了，凑成一笔钱来付给桑林的主人。所以每一片桑叶都染着钱的臭气。这种臭气弥漫在田野间，淹没了花的香气，泥土的甘芳。养蚕的人好几夜没有睡了，疲倦的脸上泛着灰色，眼睛网满了红丝。他们几乎要病倒了，还勉强支撑着，两手不停地摘采，不敢懈怠。这样困倦的人在桑林中行动，减损了阳光的明亮，草树的葱绿。

他走近桑林，一点儿觉察不到采桑的人的困倦，也嗅不出遍布在桑林里的钱的臭气，因为他周身围着一层幕，虽然这幕是透明无质的。他只觉得满心的快乐。他想：“这景象多么悦目，多么叫人心醉呵！那些人真幸福！采桑喂蚕，正是太古时候的淳朴的生活。他们就过着这种淳朴的生活呢。”他一边想，一边停了脚步，看他们把一条一条的桑枝剪下来，盛满一筐，又换过一个空筐子。不可遏止的诗情像泉水一般涌出来了，他的诗道：

满野的绿云，满野的绿云，
人在绿云中行。
采了绿云喂蚕儿，喂蚕儿，
蚕儿吐丝鲜又新。

髻儿蓬松的姑娘们，姑娘们，

可不是脚踏绿云的仙人！
身躯健壮的，胳膊健壮的，
可不是太古时代的快活人！

他得意极了，反复吟唱自己的新诗，似乎鸟儿也和着他吟唱，泉水也跟着他赞美。若有人问："快乐的天地在哪里？"他一定会跳跃着回答："我们的天地就是快乐的天地。因为在这天地间，没有一个人、一块石头、一根草、一片叶子不快乐。"

他走过田野，来到都市里。最使他触目的，是一座五层楼房。机器的声响从里面传出来，雄壮而有韵律。原来这是一所纺纱厂，在里面工作的全是妇女。做妻子的，因为丈夫的力气已经用尽，还养不活一家老小；做女儿的，因为父亲找不到职业，一家人无法生活：她们只好进这个纺纱厂来做工。早上天还没亮，她们赶忙跑进厂去；傍晚太阳早回家了，她们才回家。她们中午吃的，是带进去的冷粥和硬烧饼。她们没有工夫梳头，没有工夫换衣服，没有工夫伸伸腰打个呵欠，就是生下了孩子，也没有工夫喂奶。她们聚集在一处工作，发出一种浓厚的混污的气息，凝成一种惨淡的颓丧的景象。这种气息，这种景象，充塞在厂房以内，笼罩在厂房之外，这座五层楼房，就仿佛埋在泥沙里，阴沟里。

他走进厂房，一点也觉察不到四围的混污和颓丧，因为他周身围着一层幕，虽然这幕是透明无质的。他只觉得眼前的一切都有趣味。他想："这机器的发明真是人类的第一快乐的事呵！试看机器的工作，多么迅速，多么精巧！那些妇女也十分幸福，她们只作那最轻松的工作，管理机器。"他看着机器在转动，女工在工作，雪白的细纱不断地纺出来，诗情又潮水一般升起来了，他的诗道：

人的聪明，只要听机器的声音，

人的聪明，只要看机器在运行。
机器给我们东西，好的东西。
我们领受它的厚礼。

我赞美工作的女人，
洁白的棉纱围在周身，
虽然用的力量这么轻微，
人间已感激她们的力量的厚意。

他兴奋极了，反复吟唱自己的新诗，似乎机器也和着吟唱，女工们都点头赞叹。若有人问："快乐的天地在哪里?"他必然会跳跃着回答："这里也就是一个快乐的天地。因为在这里，没有一个人、一块铁、一缕纱、一条皮带不快乐。"

他走出纺纱厂，一大群人迎了上来，欢呼的声音像潮水一般，而且一齐向他行礼。这些人探知他带着很多的大块的黄金，想骗到手，大家分了买鸦片烟吸。他是不会知道底细的，他周身围着一层幕呢!

这些人中的一个代表温和地笑着，向他说："天地是快乐的，人是快乐的，先生是这么相信，我们也这么相信。我们想，咱们在快乐的天地间，做快乐的人，真是最快乐不过的事。这可不能没有个纪念。我们打算造个快乐纪念塔，想来先生一定是赞成的。"

"赞成!赞成!"他高兴地喊着，就把带来的大块的黄金都交给了他们。他们欢呼了一阵，就走了，后来把黄金分了，大家买了鸦片烟拼命地吸。他呢，欢欢喜喜地回到家里，只是设想那快乐纪念塔怎么精美，怎么雄伟；落成的那一天怎么热闹，怎么快乐。这天夜里，他的妻子听见他在梦中发狂般地欢呼。

以上说的，是他一天的经历。他的快乐生活都是这么过的。

有一天，大家传说他死了，害的什么病，都不大清楚。后来有人说："他并不是害病死的。有一个恶神在地面游行，要使地面上没有一个快乐的人，忽然查出了他，就把他的透明无质的幕轻轻地刺破了。”

1922年5月24日作。

刊《儿童世界》第3卷第7期，署名叶绍钧。

小黄猫的恋爱故事

孩子很奇怪，这几天里那只小黄猫常常找不到。往日里，小黄猫跟孩子一天到晚在一起，追赶那才着地又滚开的皮球，戏弄那才歇下来又飞走了的蝴蝶，彼此十分快活。吃饭的时候，小黄猫跟孩子并排坐着，等候孩子夹些鱼骨头之类的东西送到他嘴里。睡觉的时候，小黄猫钻进孩子的被窝，蜷着身子睡在他的肩旁。他们两个从不分离，几乎在梦里也没有孤单的时刻。可是最近几天，小黄猫常常不顾孩子，独自走开了。孩子尝到了从未尝过的孤寂滋味，着急地要把小黄猫找回来。什么地方都找到了，在小黄猫常到的没生火的炉子旁边，在堆存旧东西的房间里，在破板壁的窟窿里，在院子角落里水缸的后边，都像找绣花针似的找过了，不见一丝儿踪影。

有一天，小黄猫自己懒洋洋地回来了。孩子非常快活，迎上去把他抱在怀里，呜他，吻他，比平时更加亲昵。但是孩子立刻觉察到小黄猫有点儿异样，对于这样亲热的欢迎，小黄猫没有一点儿快乐的表示，平时那样轻轻地吟哦，活泼地蹦跳，也都不来了，好像有什么心事似的。孩子一不当心，小黄猫又独自走开了。好几回了，小黄猫老是这样。

孩子哪里料得到他的好朋友小黄猫，那只眼睛发亮毛色美丽的小黄猫，为什么跟他疏远，不再跟他一起玩儿呢？原来小黄猫在恋爱了。

事情是这样发生的。在一丛灌木的前面有一个清浅的池塘。树枝伸在水面上轻轻摇动，把池塘边装点得非常美丽。缠在树枝上的藤正开着蓝色的紫色的小花，清清楚楚映在池塘里。一头鹅儿在这图画似的池塘里游泳。葱绿的树枝遮住了阳光，鹅儿雪白的羽毛衬着碧清的水，有一种说不出的美。小黄猫正好来到池塘边散步，一看见鹅儿，爱情就火一般地燃烧起来了。

她确实是一头美丽的鹅儿，一身柔软的羽毛，戴着黄玉似的鹅冠，眼睛闪着金光，左顾右盼，好看极了。谁看见了都会爱她，何况是第一次看见她的小黄猫。他还是一只年轻的小黄猫呢。

小黄猫走近一点儿，用他的固有的柔和声音说："白衣的小姑娘，你在水面上游泳，好快乐呀!"

"我很快乐!"鹅儿略微转过头来，眼睛半开半阖，越见得姿态优美。小黄猫快乐得闭上了眼睛，好像嘴里含着一块糖，仔细品尝她那姿态的滋味。

"你独自一个在这儿，不嫌寂寞么?"停了一会，小黄猫问。

"倒不觉得。不过谁要是愿意跟我做朋友，在一起玩儿，我也非常欢迎。"鹅儿回答得这样宛转，足见她是一位聪明的姑娘。

"我跟你做朋友，在一起玩儿吧!"小黄猫诚恳地说。

"如果你愿意，那太好了。"鹅儿回答。

从此他们之间的友谊就建立起来了。小黄猫时常到池塘边去访鹅儿。他们谈池上的风景，什么时候彩色的蝴蝶飞来了，什么时候新鲜的花朵开了。他们各自唱心爱的歌儿给对方听，还讲自己听到的许多故事。有时候鹅儿上岸来，跟小黄猫一同到灌木丛中，在绿荫下歇息。他们寻找藏在叶丛里的天牛，谁找到最美丽的谁赢。他们猜测从绿叶稀处飘过的浮云，什么时候过尽，什么时候再有云来。小黄猫因此就忘了往常一天到晚在一起玩儿的孩子了。

小黄猫虽然时常跟鹅儿一起玩儿，一起谈话，心里总觉得不宁贴，因为他有一句想说的最要紧的话还没有说出来，他有一个比一起玩儿进一步的希望还没有达到。"这怎么说呢?说了她将怎样呢?"他不断地想。忍着吧，实在忍不住，径直开口吧，又有点儿胆怯。因此他离开鹅儿回家的时候，唯有默默地沉思。孩子怎么会知道呢？他只觉得奇怪。

一天，小黄猫再也忍不住了，不管鹅儿将怎样回答他，他决意把要说的那句最要紧的话向鹅儿说出来。他准备了一篮青萍作为送给鹅儿的礼物，竹篮的柄儿上插了一束粉红的野蔷薇。他走在路上还鼓励自己要有勇气，不要临时说不出口。他又在河边上自己照了照，举起前爪把脸上的绒毛抚摩得十分光润，把胡须捻得向两边翘起。他想自己是一只漂亮的小黄猫了。

他走到池边，看见鹅儿正在池边散步，可爱的影子倒映在池塘里。他走近去，脸上表现出欢悦的笑容，对鹅儿说："白衣的小姑娘，你已经来了，等得我心焦了吧？"他不等她回答又说："今天带了一些毫不足贵的东西送给小姑娘，我的意思是真诚的，请你收下吧。"说着把篮子授给鹅儿。鹅儿一看是她爱吃的青萍和娇红的鲜花，十分喜爱，热诚地谢了他，把一束花儿插在胸前。小黄猫觉得她更加可爱了。他们就跟平日一样地玩儿起来。

小黄猫心里想："勇气，勇气，不要胆怯！"经过几回自我鼓励，他终于把那句要说的最要紧的话说出来了。"白衣的小姑娘，可以不可以跟你说一句话……我就说了吧，就是我爱你，我爱你！"小黄猫心里慌张得很呢。

"你爱我么？"鹅儿惊奇地问。稍稍沉思了一会儿，她就恢复了温和安静的态度。她说："你爱我，我非常感激。但是请你告诉我，你爱我什么呢？你必须明白告诉我，我才可以考虑能不能使你满足。"

小黄猫听了鹅儿的回答，快活得要飞起来了，正想贴近去跟她接个吻，可是马上想到了她提出的问题，"我爱她的什么呢？"一时想不清楚，又不好不回答，就说："我爱你的洁白的羽毛，白得像雪一样的羽毛。"

"我给你洁白的羽毛，白得像雪一样的羽毛。"鹅儿把全身的羽毛褪下来了。一阵风轻轻吹过，羽毛飘了一地，鹅儿聚拢来都给了小黄猫。

"我爱你灵活美丽的眼睛，闪着金光的眼睛。"小黄猫又说。

"我给你灵活美丽的眼睛，闪着金光的眼睛。"鹅儿把一双眼珠取了出来，随即扔给了小黄猫。小黄猫敏捷地用前爪接住了。

"我爱你头顶的鹅冠，黄玉似的鹅冠。"小黄猫又说。

“我给你头顶的鹅冠，黄玉似的鹅冠。”鹅儿把鹅冠摘下来扔给小黄猫，正掉在小黄猫的脚边。

“我爱你可爱的嘴，能唱好听的歌的嘴。”小黄猫又说。

“我给你可爱的嘴，能唱好听的歌的嘴。”鹅儿的嘴又掉在小黄猫的脚边。

“我爱你玲珑的脚掌。”

鹅儿的脚掌也离开了鹅儿的身体。这时候，鹅儿只剩下一个剥光的身体了。

“我爱你又白又嫩的裸露的身体。”小黄猫又说。

“我给你又白又嫩的裸露的身体。”鹅儿的剥光的身体就滚到小黄猫跟前。

小黄猫悲伤极了，他的心几乎碎了。鹅儿一一满足他的要求，他所爱的全都到手了，哪里知道从此就不见了可爱的鹅儿！

“白衣的小姑娘，你在哪里呀？”小黄猫垂头丧气地走回家去。孩子抱着他跟他取笑的时候，只见他眼眶里满含眼泪。

第二天，小黄猫管不住自己，又走到池塘边，想再看看羽毛、眼睛、鹅冠等等东西。好不快活，只见鹅儿又在池塘里游泳了，清脆的鸣声，幽雅的姿态，跟从前没有一点儿不同。

小黄猫问鹅儿：“昨天你把一切东西都给了我，我说不出该怎样感激你。可是你自己藏到哪里去了呢，我的亲爱的小姑娘？”

“请你再不要说什么爱不爱吧。昨天的把戏已经玩过了，不必再玩了。以后咱们还是做朋友的好。”鹅儿很自然地更正对她的称呼。

“仅仅是朋友么？”小黄猫失望地问。

“昨天的把戏告诉咱们，咱们只能做朋友。要说到爱情，非常对不起，你不能得到我的爱。”

小黄猫终于失败了。

1922年5月27日作。

收入《稻草人》，商务印书馆1923年11月初版。

稻　草　人

田野里白天的风景和情形，有诗人把它写成美妙的诗，有画家把它画成生动的画。到了夜间，诗人喝了酒，有些醉了；画家呢，正在抱着精致的乐器低低地唱：都没有工夫到田野里来。那么，还有谁把田野里夜间的风景和情形告诉人们呢？有，还有，就是稻草人。

基督教里的人说，人是上帝亲手造的。且不问这句话对不对，咱们可以套一句说，稻草人是农人亲手造的。他的骨架子是竹园里的细竹枝，他的肌肉和皮肤是隔年的黄稻草。破竹篮子、残荷叶都可以做他的帽子；帽子下面的脸平板板的，分不清哪里是鼻子，哪里是眼睛。他的手没有手指，却拿着一把破扇子——其实也不能算拿，不过用线拴住扇柄，挂在手上罢了。他的骨架子长得很，脚底下还有一段，农人把这一段插在田地中间的泥土里，他就整天整夜站在那里了。

稻草人非常尽责任。要是拿牛跟他比，牛比他懒怠多了，有时躺在地上，抬起头看天。要是拿狗跟他比，狗比他顽皮多了，有时到处乱跑，累得主人四外去找寻。他从来不嫌烦，像牛那样躺着看天；也从来不贪玩，像狗那样到处乱跑。他安安静静地看着田地，手里的扇子轻轻摇动，赶走那些飞来的小雀，他们是来吃新结的稻穗的。他不吃饭，也不睡觉，就是坐下歇一歇也不肯，总是直挺挺地站在那里。

这是当然的，田野里夜间的风景和情形，只有稻草人知道得最清楚，也知道得最多。他知道露水怎么样凝在草叶上，露水的味道怎么样香甜；他知道星星怎么样眨眼，月亮怎么样笑；他知道夜间的田野怎么样沉静，花草树木怎么样酣睡；他知道小虫们怎么样你找我、我找你，蝴蝶们怎么样恋爱：总之，夜间的一切他都知道得清清楚楚。

以下就讲讲稻草人在夜间遇见的几件事儿。

一个满天星斗的夜里，他看守着田地，手里的扇子轻轻摇动。新出的稻穗一个挨一个，星光射在上面，有些发亮，像顶着一层水珠；有一点儿风，就沙拉沙拉地响。稻草人看着，心里很高兴。他想，今年的收成一定可以使他的主人——一位可怜的老太太——笑一笑了。她以前哪里笑过呢？八九年前，她的丈夫死了。她想起来就哭，眼睛到现在还红着；而且成了毛病，动不动就流泪。她只有一个儿子，娘儿两个费苦力种这块田，足足有三年，才勉强把她丈夫的丧葬费还清。没想到儿子紧接着得了白喉，也死了。她当时昏过去了，后来就落了个心痛的毛病，常常犯。这回只剩她一个人了，老了，没有气力，还得用力耕种，又挨了三年；总算把儿子的丧葬费也还清了。可是接着两年闹水，稻子都淹了，不是烂了就是发了芽。她的眼泪流得更多了，眼睛受了伤，看东西模糊，稍微远一点儿就看不见。她的脸上满是皱纹，倒像个风干的橘子，哪里会露出笑容来呢！可是今年的稻子长得好，很壮实，雨水又不多，像是能丰收似的。所以稻草人替她高兴：想到收割的那一天，她看见收下的稻穗又大又饱满，这都是她自己的，总算没有白受累，脸上的皱纹一定会散开，露出安慰的满意的笑容吧。如果真有这一笑，在稻草人看来，那就比星星月亮的笑更可爱，更可珍贵，因为他爱他的主人。

稻草人正在想的时候，一个小蛾飞来，是灰褐色的小蛾。他立刻认出那小蛾是稻子的仇敌，也就是主人的仇敌。从他的职务想，从他对主人的感情想，都必须把那小蛾赶跑了才是。于是他手里的扇子摇动起来。可是扇子的风很有限，不能够叫小蛾害怕。那小蛾飞了一会儿，落在一片稻叶上，简直像不觉得稻草人在那里驱逐他似的。稻草人见小蛾落下了，心里非常着急。可是他的身子跟树木一样，定在泥土里，想往前移动半步也做不到；扇子尽管摇动，那小蛾却依旧稳稳地歇着。他想到将来田里的情形，想到主人的眼泪和干瘪的脸，又想到主人的命运，心里就像刀割一样。但是那小蛾是歇定了，不管怎么赶，他就是不动。

星星结队归去，一切夜景都隐没的时候，那小蛾才飞走了。稻草人仔细看那片稻叶，果然，叶尖卷起来了，上面留着好些小蛾下的子。这使稻草人感到无限惊恐，心想祸事真个来了，越怕越躲不过。可怜的主人，她有的不过是两只模糊的眼睛；要告诉她，使她及早看见小蛾下的子，才有挽救呢。他这么想着，扇子摇得更勤了。扇子常常碰在身体上，发出啪啪的声音。他不会叫喊，这是唯一的警告主人的法子了。

老妇人到田里来了。她弯着腰，看看田里的水正合适，不必再从河里车水进来。又看看她手种的稻子，全很壮实；摸摸稻穗，沉甸甸的。再看看那稻草人，帽子依旧戴得很正；扇子依旧拿在手里，摇动着，发出啪啪的声音；并且依旧站得很好，直挺挺的，位置没有动，样子也跟以前一模一样。她看一切事情都很好，就走上田岸，预备回家去搓草绳。

稻草人看见主人就要走了，急得不得了，连忙摇动扇子，想靠着这急迫的声音把主人留住。这声音里仿佛说："我的主人，你不要去呀！你不要以为田里的一切事情都很好。天大的祸事已经在田里留下根苗了。一旦发作起来，就要不可收拾，那时候，你就要流干了眼泪，揉碎了心；趁着现在赶早扑灭，还来得及。这儿，就在这一棵上，你看这棵稻子的叶尖呀！"他靠着扇子的声音反复地警告；可是老妇人哪里懂得，一步一步地走远了。他急得要命，还在使劲摇动扇子，直到主人的背影都望不见了，他才知道警告是无效了。

除了稻草人以外，没有一个人为稻子发愁。他恨不得一下子跳过去，把那灾害的根苗扑灭了；又恨不得托风带个信，叫主人快快来铲除灾害。他的身体本来很瘦弱，现在怀着愁闷，更显得憔悴了，连站直的劲儿也不再有，只是斜着肩，弯着腰，好像害了病似的。

不到几天，在稻田里，蛾下的子变成的肉虫，到处都是了。夜深人静的时候，稻草人听见他们咬嚼稻叶的声音，也看见他们越吃越馋的嘴脸。渐渐地，一大片浓绿的稻全不见了，只剩下光秆儿。他痛心，不忍再看，想到主人今年的辛苦又只能换来眼泪和叹气，禁不住低头哭了。

这时候天气很凉了，又是在夜间的田野里，冷风吹得稻草人直打哆嗦；只因为他正在哭，没觉得。忽然传来一个女人的声音："我当是谁呢，原来是你。"他吃了一惊，才觉得身上非常冷。但是有什么法子呢？他为了尽责任，而且行动不由自主，虽然冷，也只好站在那里。他看那个女人，原来是一个渔妇。田地的前面是一条河，那渔妇的船就停在河边，舱里露出一丝微弱的火光。她那时正在把撑起的鱼罾放到河底；鱼罾沉下去，她坐在岸上，等过一会儿把它拉起来。

舱里时常传出小孩子咳嗽的声音，又时常传出困乏的、细微的叫妈的声音。这使她很焦心，她用力拉罾，总像很不顺手，几乎回回是空的。舱里的孩子还在咳嗽还在喊，她就向舱里说："你好好儿睡吧！等我得着鱼，明天给你煮粥吃。你老是叫我，叫得我心都乱了，怎么能得着鱼呢！"

孩子忍不住，还是喊："妈呀，把我渴坏了！给我点儿茶喝！"接着又是一阵咳嗽。

"这里哪来的茶！你老实一会儿吧，我的祖宗！"

"我渴死了！"孩子竟大声哭起来。在空旷的夜间的田野里，这哭声显得格外凄惨。

渔妇无可奈何，放下拉罾的绳子，上了船，进了舱，拿起一个碗，从河里舀了一碗水，转身给孩子喝。孩子一口气把水喝下去，他实在渴极了。可是碗刚放下，他又咳嗽起来；而且更利害了，后来就只剩下喘气。

渔妇不能多管孩子，又上岸去拉她的罾。好久好久，舱里没有声音了，她的罾也不知又空了几回，才得着一条鲫鱼，有七八寸长。这是头一次收获，她很小心地把鱼从罾里取出来，放在一个木桶里，接着又把罾放下去。这个盛鱼的木桶就在稻草人的脚旁边。

稻草人这时候更加伤心了。他可怜那个病孩子，渴到那样，想一口茶喝都办不到；病到那样，还不能跟母亲一起睡觉。他又可怜那个渔妇，在这寒冷的深夜里打算明天的粥，所以不得不硬着心肠把生病的孩子扔下不管。他恨不得自己去作柴，给孩子煮茶喝；恨不得自己去作被褥，给孩子一些温暖；又恨不得夺下小肉虫的赃物，给渔妇煮粥吃。如果他能走，他一定立刻照着他的心愿做；但是不幸，他的身体跟树木一个样，定在泥土里，连半步也不能动。他没有法子，越想越伤心，哭得更痛心了。忽然啪的一声，他吓了一跳，停住哭，看出了什么事情，原来是鲫鱼被扔在木桶里。

木桶里的水很少，鲫鱼躺在桶底上，只有靠下的一面能够沾一些潮润。鲫鱼很难受，想逃开，就用力向上跳。跳了好几回，都被高高的桶框挡住，依旧掉在桶底上，身体摔得很疼。鲫鱼的向上的一只眼睛看见稻草人，就哀求说："我的朋友，你暂且放下手里的扇子，救救我吧！我离开我的水里的家，就只有死了。好心的朋友，救救我吧！"

听见鲫鱼这样恳切的哀求，稻草人非常心酸；但是他只能用力摇动自己的头。他的意思是说："请你原谅我，我是个柔弱无能的人哪！我的心不但愿意救你，并且愿意救那个捕你的妇人和她的孩子，除了你、渔妇和孩子，还有一切受苦受难的。可是我跟树木一样，定在泥土里，连半步也不能自由移动，我怎么能照我的心愿去做呢！请你原谅我，我是个柔弱无能的人哪！"

鲫鱼不懂稻草人的意思，只看见他连连摇头，愤怒就像火一般地烧起来了。"这又不是什么难事！你竟没有一点儿人心，只是摇头！原来我错了，自己的困难，为什么求别人呢！我应该自己干，想法子，不成，也不过一死罢了，这又算得了什么！"鲫鱼大声喊着，又用力向上跳，这回用了十二分力，连尾巴和胸鳍的尖端都挺了起来。

稻草人见鲫鱼误解了他的意思，又没有方法向鲫鱼说明，心里很悲痛，就一面叹气一面哭。过了一会儿，他抬头看看，渔妇睡着了，一只手还拿着拉罾的绳；这是因为她太累了，虽然想着明天的粥，也终于支持不住了。桶里的鲫鱼呢？跳跃的声音听不见了，尾巴好像还在断断续续地拨动。稻草人想，这一夜是许多痛心的事都凑在一块儿了，真是个悲哀的夜！可是看那些吃稻叶的小强盗，他们高兴得很，吃饱了，正在光秆儿上跳舞呢。稻子的收成算完了，主人的衰老的力量又白费了，世界上还有比这更可怜的吗！

夜更暗了，连星星都显得无光。稻草人忽然觉得由侧面田岸上走来一个黑影，近了，仔细一看，原来是个女人，穿着肥大的短袄，头发很乱。她站住，望望停在河边的渔船；一转身，向着河岸走去；不多几步，又直挺挺地站在那里。稻草人觉得很奇怪，就留心看着她。

一种非常悲伤的声音从她的嘴里发出来，微弱，断断续续，只有听惯了夜间一切细小声音的稻草人才听得出。那声音说："我不是一条牛，也不是一口猪，怎么能让你随便卖给人家！我要跑，不能等着明天真个被你卖给人家。你有一点儿钱，不是赌两场输了就是喝几天黄汤花了，管什么用！你为什么一定要逼我？……只有死，除了死没有别的路！死了，到地下找我的孩子去吧！"这些话又哪里成话呢，哭得抽抽嗒嗒的，声音都被搅乱了。

稻草人非常心惊，又是一件惨痛的事情让他遇见了。她要寻死呢！他着急，想救她，自己也不知道为什么。他又摇起扇子来，想叫醒那个沉睡的渔妇。但是办不到，那渔妇睡得跟死了似的，一动也不动。他恨自己，不该像树木一样定在泥土里，连半步也不能动。见死不救不是罪恶吗？自己就正在犯着这种罪恶。这真是比死还难受的痛苦哇！"天哪，快亮吧！农人们快起来吧！鸟儿快飞去报信吧！风快吹散她寻死的念头吧！"他这样默默地祈祷；可是四围还是黑洞洞的，也没有一丝儿声音。他心碎了，怕看又不能不看，就胆怯地死盯着站在河边的黑影。

那女人沉默着站了一会儿，身子往前探了几探。稻草人知道可怕的时候到了，手里的扇子拍得更响。可是她并没跳，又直挺挺地站在那里。

又过了好大一会儿，她忽然举起胳膊，身体像倒下一样，向河里窜去。稻草人看见这样，没等到听见她掉在水里的声音，就昏过去了。

第二天早晨，农人从河岸经过，发现河里有死尸，消息立刻传出去。左近的男男女女都跑来看。嘈杂的人声惊醒了酣睡的渔妇，她看那木桶里的鲫鱼，已经僵僵地死了。她提了木桶走回船舱；生病的孩子醒了，脸显得更瘦了，咳嗽也更加厉害。那老农妇也随着大家到河边来看；走过自己的稻田，顺便看了一眼。没想到才几天工夫，完了，稻叶稻穗都没有了，只留下直僵僵的光秆儿。她急得跺脚，捶胸，放声大哭。大家跑过来问她劝她，看见稻草人倒在田地中间。

1922年6月7日作。

刊《儿童世界》第5卷第1期，署名叶绍钧。

第三编　散文随笔

对于小学作文教授之意见

此篇就著者平日之经验之理想撰述之。篇中多为平易朴实之理论，少陈类似教案之方法。盖理论乃根本，乃原则，根本定，原则立，自能左右逢源，自由肆应。方法则随事而变，难以隅反也。著者见解具如此篇所述。但欲期一事之进于优善，尤贵多人之共同讨究。著者颇抱为此种期望。深望教育界诸君子审查一过，或将此种理论付诸试验而评其成绩。于此或为赞许，或加匡正，务请不吝赐教。

（通讯处：吴县角直镇县立第五高等小学校。）

处今日之时势，小学生所需智识至多。若以悠久之岁月而练习不可限程收效之作文，实非今日所应有之事。宜以最经济之时间练成其最能切实应用之作文能力。

小学作文教授之目的在令学生能以文字直抒情感，了无隔阂；朴实说理，不生谬误。至于修词之工，谋篇之巧，初非必要之需求。能之固佳，不能亦不为病。（按文字大别，不出抒情论叙二类。故但言抒情及说理。）

目的既如上述，则选择读物殊为必要。必与以模范，始得有着手之方。其不能学及不必学之读物亟当屏绝，而选读古文自亦属不可能。古文于现时代小学生扞格颇多。请胪举之：

一、陈义过高，所关至大，或学问家之所事，或谋国者之所究，与小学生现时处境绝不相关。

二、时代不同，即思想互异。诵而习之，或且为推究事理之障碍。境遇不同，即感想各殊。在彼以为真切有味者，在此未必一一领略。若强令诵习，必然无益。（以上二端犹指古文之无谬点者。）

三、古人持论，喜为联想，少事归纳。究其结果，眢词累幅。效此推理论事，谬误必多。

四、牢愁写恨，避地鸣高，实居抒情之古文之大部分。此于学生孟晋之气必生障碍。

五、古文中每有不落边际，不可捉摸者。读之终篇，唯觉文字缴绕，茫无所得。苟取法于此，其弊为徒好虚论，语无实质。

或谓诵习古文，盖欲辨别历代文学之变迁，推究各种体制之沿革，反今人于古人，而体其著作之旨趣耳。殊不知此乃文学家事，而非小学生事。且文学家下此工夫，亦不过证古察变，以为自创新文学地步，并非欲舍弃自身态度，步趋古人也。令今日之小学生而模仿古人之文，决无是处。

今日小学作文之教授殊无把握。毕业而去者，或已臻通顺，则由于学生之努力与习性，未必果为教授之效；或尚未通顺，则教者学者俱已殚精竭力，咎亦均非其所愿任。其实根本解决此问题，还当改换读物选择之方针。著者前已言小学作文教授之目的及古文之不宜选择矣。总之，小学生作文，初不欲求其高雅典丽，肖于古文。然则但避古文不读，遽即收效耶？此殊未必。国人习惯，酷好摹古，有所撰述，其结体琢句，亦喜力追古人。小学生得此种读物，自好者便力思仿效，不知功力未到，转成牵强不通；自弃者惮仿效之多艰，径自舍去，任意挥洒，既无独立撰述之力，而类乎自身思想之文字又无从得而仿效。其结果亦成浅陋不通。我国文字之难习，言文之异致实为其主因。方为文之际，初则搜索材料，编次先后，其所思考固与口说一致，然欲笔之于纸，则须译为文言。于是手之所写非即心之所思。其间移译之手续殊为辛苦。求胜摹古之心弥炽，则辛苦弥甚。颇有一种人，亦尝识字，亦能运思，亦富情感，而不能下笔成文者，即此手续为之障碍。欲去此障碍，唯有直书口说，当前固尚难能，而将来终当期其达到。为今之计，使之较近口说，俾易练习，则未始不可。试思口之所说，其故为雕琢，几经烹炼者几何？即夙擅文学之人，吾知其寥寥也。然则小学生之读物亦唯求其为较近口说之文字耳。至其内容，固不因此而有所改易也。教者果能随处留意，于学生之读物，或自编，或修改，务使十分平易，有类口说，则学生临文之际，得此模范，但就情意所至，举笔照录，不必移译，便成文字矣。或谓如此为教，则学生为文必无典丽矞皇峭拔奇突之观。则答之曰：此言似是而实非。盖思想正确，情感真挚，实质上未始不堂皇正则，初不关文字间之典丽矞皇峭拔奇突也。诚著者之说，持之勿懈，则限程收效，目的必达，固敢自信也。

作文之形式为文字，其内容实不出思想情感两端。以言思想，则积理必富而为文始佳。若但读物得宜，便令仿其词句，握管撰作，则收效犹薄。夫文无本体，必附丽于事物而后成其为文。读物之实质固亦为种种之事物；而读物之处，事物正多，尤贵实际探求。宜令学者随时随地探求事物之精蕴，且必经己之思考而得答案。然后陈事说理自能确切而畅达。以言情感，则因人而异，岂能强求其同。他人抒情之作，以为酣畅淋漓者，自我视之，或竟索然。又或言过其分，转为饰伪，读者对之亦不生情感。是以选择抒情之读物，须真切有味，确具至情，可以激发学生情感者。而于平日训练能注意学生个性，因势利导而陶冶之，收效自必更巨。

心有所思，情有所感，而后有所撰作。唯初学作文，意在练习，不得已而采命题作文之办法。苟题意所含非学生所克胜，勉强成篇，此于其兴味及推理力摧残殊甚。是以教者命题，题意所含必学生心所能思。或使推究，或使整理，或使抒其情绪，或使表其意志。至于无谓之翻案，空泛之论断，即学生有作，尚宜亟为矫正；若以之命题，自当切戒。

文题取材应广博。不特学校中之所诵习所闻见可以命题，即家庭社会之事，苟学生能思议及之者，亦无不可命题。事事物物，与学生接触而引起其思想情感者，均可为文题之材料。如是，既能收各科联络之效，亦能练随遇肆应之才。不知此义，弊即随生。学生遂以为作文乃国文科中独有之事，其作用但在虚理缴绕，修词琢句，而于应用转不甚措意。迨夫事物当前，宜有所撰录，斯正应用之机会矣，而欲求应用之具竟不可得。庸讵知向以为独有之事者，正普通应用之利器耶？犯此弊者正夥，初非好为过言也。能史论不能书札，能拟古写景不能就眼前景物曲曲为之传神，即缘受此流毒。习染益深，其弊益甚，虚而无实，文字之功用失矣。

总之，作文命题及读物选择，须认定作之者读之者为学生，即以学生为本位也。教者有思想欲发挥，有情感欲抒写，未必即可命题，因学者未必有此思想有此情感也。教者心赏某文，玩索有素，未必即可选为教材，因学生读此文，其所摄受未必同于我也。必学生能作之文而后命题，必学生宜读之文而后选读，则得之矣。

教者或于学生作文之际示以意义，此最非所宜。教者之言动恒有一种暗示性质，势将予学生以限制。虽不强学生必从，而学生往往从之。意义既先讲出，则作文之效果充其量不过复述师言而止。甚者，学生于师意未能领解，更不免强为牵合。此习既成，其论事也，可以反无理为有理，我矛我盾萃于一篇。此于期望学生思考自由推理正确之初愿，大相剌谬矣。但须讲题明白，使学生认题确切。此外手续均不必用。

学生作文，须令分段，每段之先标明含意。此法之利有二：一、作者起题，必先审定含义应有几段，方能扼要标明。经此手续，则一篇大体，动笔之先早已成立。意义明画，文字自然清楚。庶可免捉笔辄书，不自知其所云之弊。二、谈话演说，推理论事，往往一段已完，则语气停顿。下一段即不连属于前，初不必用联词为之介也。文字本济语言之穷者，彼此自当一例。而每见学生作文，有于段与段之间强用联词，转成文字之累者，有欲其一贯，强改前后两段意义，使迁就而联络者。今令分段，则遇含意多端，说理须精之文题，可逞臆直书，无牵强之弊。

今之评量文字者，往往高谈句调高古，词华典赡，而不问思想之精确完整与否。故其言作文进境每分三段：初则寥寥数十语，但求文从字顺；继则力求充畅，扩为数百语以至千语；终乃缩之使短，返于初状，而词句自古茂凝炼。颇有人持此见解以觇学生之进程。不知文字作用端在达意，意已完足，虽短何害？意犹未尽，则当长以畅言之。若必故为擒纵，则意本无多，衍充篇幅；语有未尽，强为收敛。在若辈视之，未尝不谓极行文之能事；而自我观之，殊不谓然。盖举枉错直，离实已甚，充类发达，亦不过游戏笔墨耳。著者以为小学生作文，既慎择读物以积理，则作法自当注意其意义是否精确，语句是否完整。必求合乎论理，而不贵乎虚衍。篇幅短长固应随顺意义也。即主张小学生作文必求典雅，亦须先注意于此。然后自求得之，庶不致人云亦云。若必罗列典雅语句，奇拗笔法，一一注入学生脑海，正恐劳而无功，适足助长学生之依赖性耳。

觇学生作文之进步与否，当视其推理能否正确，抒情能否绵美。果日累月积，思想益正确而完善，情感益恳挚而缜密，即可断定为确有进步。此全属作文内容之事，而非形式之事。是以收效在作文者，用功决非仅在练习作文。盖文之所载者实质，而文之所以成者方术也。质之不存，术将焉用？昧乎此而但以作文练习作文，不及其他，其卒无成效，固应得之果矣。或者乃专务形式方术，以文篇之峭拔波折，字句之研炼雕琢，为作文之进步，而于内容实质转无所措意，亦舍本而逐末矣。其实所谓峭拔波折研炼雕琢者亦何足道？夫文，凭理推事，准情抒写，心之所至，即文之结构矣。果理真而情切，直捷写来，宁有弗当？自经文家强命篇法，斟酌章句，一若吾既有真理至情可供抒写，又必顾及其所谓峭拔波折研炼雕琢者。于是改易实质以就篇章者有之；强造语句以成开合者有之；好为艰深，原意滋晦者有之；喜用僻字，意涉含糊者有之。求善反弊，究何取焉？或曰：子之所称，盖其流于弊，涉于歧途者耳。其不然者，固文家之上材也。答之曰：即不流于弊，不涉于歧途，亦何必于理真情切之外别加互易改换之功乎？小学生练习作文之要求，唯在理真情切而意达，即文学亦未能外此。不此之图，而务他求，即非无关，亦属旁义。小学生作文，练习既无多暇，目的又在应用；务其本，手段犹须经济；若骛旁义，虽非背道，已成异趋。终其身弗达理真、情切、意达之目的，亦未可知也。

作者于为文之实质既已理真、情切，犹未必遽能意达。吾人临文之先，往往觉有真切之理、绵妙之情可供挥洒。一俟脱稿，试自讽诵，辄觉未能尽写我怀，因此不自惬意。更以示他人，而他人所摄受又未必即吾所思考。若此者，文字之效用可谓失其大部。夫一种情意必有一种最适切之语句表示之。此最适切之语句不可借用，不可互易；当机恰合，自然意达。今于作文教授，欲期其意达，亦只须令学生注意于此。盖初学者往往有语涉含糊意若两可之文字。苟迁就放过，致成素习，终其身且有情意满腔莫能卒达之苦。故教者须一一为之辨别，若何之情意，必以若何最适切之语句表示之。一衷名理，莫为强就，则意达之的庶几可达。

批改实为作文教授之要着，自须认定标的。批改固非教者自己作文，乃修正学生所作之意义及字句也。其意义不谬误而尚有不完全之处者，不必为之增；字句已通顺而尚欠凝炼高占者，不必为之改。意义不完，乃由于学生识力之未至，而非由于推理之谬误。夫识力之程度至无定限。今时教者所见，增之于作文簿者，他日学生识力进步或竟更造其深，而觉教者所增为意有未尽。然则于学生所作增加意义，已非妥善之方法；况一为增益，又足阻遏学生当时之精究心耶！至于字句之凝炼高古，本非必要之需求。己意既达，人亦共喻，虽不凝炼高古何害？苟字句可通，而必易之以同义异构之字句，此殊足减学生之兴味及精究心。况凝炼高古，厥义虚玄，以此责之，徒使生神秘之感。是以批改只应注意于谬误之推理，不通之字句。外此之事，不妨于发还时评论及之。如某处意义有未完之处，补入如何如何一层，则较完整而周密；某处字句有粗疏之嫌，倘作如何如何说法，则较精当而经济。如是，既重视学生精究之心，亦不失教者辅导之旨矣。

学生作文，意义有谬误，须为修改，前已言之。或全篇谬误，苟为之拟作，则学者既嫌文非己作，教者亦感不胜其烦。于是又有一法，指出其谬误之点，巧譬善导，使之领会，而后令之重作。令之重作，苟不授以意义，则前既谬误，或不能另辟途径；如告以如何作法，又将侵犯其思考之自由。但告以趋向，当从某方面着想，意在启发，而非限制，则重作之效果当有可观矣。意义不为增损，谬误促之自省，则于学生之推理及行文必多裨益，固不仅批改之足以尽事也。

综上所论，著者认为小学作文之教授，当以顺应自然之趋势而适合学生之地位为主旨。于读物则力避艰古，求近口说；于命题则随顺其推理之能力而渐使改进；于作法则不拘程式，务求达意，只须文字与情意相吻合；于批改则但为词句之修正，不为情意之增损。

刊《新潮》创刊号（1919年1月1日），

署名叶绍钧、王钟麒。

女子人格问题

人类历史上种种事实，脱不了时间空间互为因果的关系，从来没有突然出现、无始无终的事实。但是事实并不一定就是真理所在。能够参透其中的因果，作理性评判的人，就走上了进化的轨道。如果弄错了，迷信历史事实就是真理，“泥古不化”，就不免自绝于进化之路了。

我国人民偏富有惰性，对于历史事实的观念偏走了“自绝于进化”一途。他们推究事理有个妙不可言的方法，说道“自古如是，当然如是”。承认那历代相传的世故，就是上下古今不可更改的真理。我今日提出这个“女子人格问题”，他们还未必承认这是一个问题，有成立的价值。他们必将说道：“女子有没有人格，不必讨论，但看历史的事实便可知道。历史上早已解决了。”果真如此，我也不必同他们讲话了。但是我对于这个问题，平日很有些想法；近来读了几位先觉的言论，又很有些感触：不写出来，心上很不舒服。所以我就随手写成了这一篇文字。

我今讨论这个问题，请先将“人格”两字下个定义：“人格是个人在大群里头应具的一种精神”；换句话说，就是“做大群里的独立健全的分子的一种精神”。为要独立，所以要使本能充分发展；为要健全，所以不肯盲从，爱好真理：这都是完成人格必要的条件。因时代和地位的不同，人格的“量”没有一定范围。然而同时代同地位的人，却应同具平等的人格。为什么呢？因为同是大群里头的一分子。

既对“人格”下了定义，就有以下的讨论：

第一，女子应否具有人格？这一问题，可以不加思索地答道：“女子应具有人格，因为她是大群里头一分子，是一个‘人’。”

第二，自来女子是否具有人格？除了最近受过教育、有自立能力的少数女子，此外就难说了。她们没有真实的确定的人生观。她们的作为不出一个家庭以外。她们的生活都靠着别人，既不健全，又不独立；岂但人格不完备，竟可以说没有人格。

第三，试看女子不幸的原因。女子的人格不完备，或是没有人格，若说是女子自身的罪过，这便错了。当初民分工治事的时候，女子不幸有那生育的事情，只得留在家里抚育儿女，带做些家里杂务。后来人智渐进，社会制度也逐渐完备，一切生产的事业没有不和社会有关系。其时和社会交接的，自然是那身无挂碍的男子。女子所做的家庭杂务，却又不是可以生财致富的；即或在家做些生产的事业，也不过做男子的襄助，仍要男子出面，始可贡献于社会。因此历世相传，女子独立自营的本能就渐渐退化了。

女子在家里专做那零碎、琐屑、无味的家事，一个人心力已消磨尽了，还有什么机会和工夫去接触外界的事实和思想？还有什么机会和工夫去研究学问？历世相传，积非成是，便成了风尚。仿佛那些德性学问的事情，只是男子的专利。那真实的确定的人生观，不复涌现于女子的精神世界。她们爱好真理的理性已渐渐淘汰无余了。

女子之不幸还不止此。女子又受了男子的种种熏陶，于是把自己的人格看得无关轻重，非但不想完成它，竟至不想要它，以为女子本来和男子是异致的。

男子对于女子，只有两种主义。一是设为种种美名，叫女子去上当，自己废弃她的人格：这叫做“诱惑主义”。一是看到女子较自己庸懦，就看不起她，不承认她是和自己同等的“人”，因此就不承认她的人格：这叫做“势利主义”。

诱惑主义中最有势力的一种就是“名分”。什么“纲常”，什么“三从四德”……都是诱惑女子的利器，好在这等名分都是从“不合真理的历史事实”演绎出来的，利用着大众“世故即真理”的弱点，可以使身受的受之而不疑，是故可以说：“夫妇之义，犹君臣也。”据此推论，因“君为臣纲”，故“夫为妻纲”。汉代以后能够开口说话的，差不多只是那业儒的男子。那儒家又是最不要人格的，他们只想做一姓的忠臣，一家的令子，以己例人，自然有这等教训定出来了。这是第一个原因。人类中思想不很清澈的，往往有一种自私心。女子庸弱可欺，男子压制了她，觉得很有许多利益，因此就不顾公理，定出许多教训来。有人说的好，“周婆制礼，定可补偏救弊”，就可证明这等教训是男子自私心的结晶。这是第二个原因。

“良母贤妻”又是女子的大教训。近时开设了女学校，甚至标榜这四字做施教的主旨。这岂不是说女子只配做某某的妻，某某的母，除此以外，没有别的可做了。母为什么要良？因为要抚养男子的儿女。妻为什么要贤？因为要帮助男子立家业。试问一个人活在世间，单单对于个人有关系，这种人生，不是同“阿黑”“阿黄”一样的没有价值么？对于大群，不是毫无关系，成了可有可无的一个赘瘤么？

这层意义还可从反面证明。既然女子只消做良母贤妻，那么男子便只该做“良父贤夫”，何以男子研究他专利的学问、讨论人生观的时候，答案纵然不一致，却从没把这四个字来作答的？可见人格完全的人，他总不把“做某人的某人”作目标，他总要在社会上做一个独立健全的分子。女子被人把“母”“妻”两字笼罩住，就轻轻把人格取消了。

更有一种很有势力的诱惑主义，就是什么“贞操问题”“节烈问题”。这等问题，是说女子对男子一有夫妻关系，或但有名分，就永远不得离贰；仿佛卖给人家做奴隶一样，只应一世做奴隶到底。就是没有丈夫的女子，倘遇着强暴，能够贞烈自守，就也称赞她，并不是赞她不见屈于强权，能保持一己的自由；乃赞她能抵抗“非礼”。仿佛女子只有做男子的妻的义务，一经聘定之礼，就是以“国士相待”，以身报之也甘心了。其实这等问题原是个不能成立的名词，因为男女结合最正当的条件是“恋爱”。两相恋爱便结合起来，倘有一方不复恋爱，那一方虽仍恋爱，也无可奈何，便应当分离开来。这等说法果真实现，决没有“贞操”的名词发生。因为爱深必专，专了哪有分注之理？不必说贞，贞的意思自具备了。所以男女对待的态度应只问恋爱不恋爱。那时两方都是主动的，自由的，两方果是恋爱深时，彼此互对，觉有一种美感，以为是精神所托，灵魂所寄的；便是“生死以之”，也不算奴性。但不可用来作为教训，做诱惑女子的利器。无奈男女结合，很有不恋爱而不分开的。男子根据他自私的心理，以为倘不巧立名目就不能维系彼此的关系，于是“贞操”两字就“应运而生”了。这等表彰赞美的手段，比谆谆告诫还凶。一般有些意识的，一样也有虚荣心，就不顾实际，不顾真理，忍心害理去迁就那贞操节烈的一途。那辈无意识的，也依样画葫芦，情愿走上这条路去。如今也不说什么大道理，但请他们平心静气说一声：到底情愿不情愿。我想除了几个男女间有真挚高尚爱情的以外，就不免“有所为而然”了。试问做一个人，不按人生应当做的去做，不为了自己的幸福去做，他的人格还完全不完全？但是举世以这些事实为“天经地义”，大家不说它不公平，不合理，而女子已经上了男子的当了。

男子势利主义的表现，只要随时随地留心，差不多刻刻可以找到证据。我如今随便写几则出来：

我曾经听见人家说，女子仿佛是一架机器：一、她是可以听凭选择，出了财礼搬到家里来的。二、取得之后，供男子自由玩弄，供男子自由使用。三、她能制造货品——儿女，越制造得多，越是这机器的优点。四、购机器玩弄使用，不嫌其多；所以不妨多备几架。五、这架机器不合我意，或是不能出货，尽可抛在一旁，另换别的。机器是件死东西，没有自由的意志和情绪，如今用来比女子，是直截了当不承认女子是一个“人”。

自从孔丘说了“女子与小人为难养”这句话，历代的男子就众口同声说“女子与小人为难养”。于是“勿耽女色”，“勿谋及妇女”，就成了男子修身的大教训。犯了这教训，便是终身之玷。原来他们认定男子和女子只有个“淫”

的关系，所以看女子和毒蛇猛兽一般，是不可与亲处的。其中更可见一层意思，就是身为女子，便是罪恶。那罪恶的判定不在她的意志和行为，而在她的身体不和男子相同。

有时有几个能力较强的女子，做了些有价值的事业，大半未必真有价值，男子就摇起笔来批评，或是替她做那“留名千古”的传记，其中一定有“巾帼须眉”“可愧须眉”一派的话头。就算他抱着一种“激励风尚”“勖勉男子”的苦心，这是不可辜负的，然而从反面想去，就是说：“有功有德的事业是男子专利的，今竟被女子做了去，我辈高贵的华胄‘须眉’快当自奋才是。”这个意思不是承认女子不配做什么事业吗？所以虽是极端主张“天赋人权”的“民权论”，却同时不承认女子有参政权。参政是善是恶，是别一问题。然而可见那“人权”两字，不过是“男权”的变相罢了。

最文明的所谓“文明结婚”，举行时男的道“吾愿保护我妻”，女的道“吾愿敬事我夫”。“保护”两字，原是成人对稚子、强者对弱者的一种侵夺主权的词。女子的主权，为什么要给男子侵夺？女子又为什么有这天赋的敬事男子的义务？有一天，我的许多朋友聚谈一室，一个朋友说：“某君生了病，他的夫人服侍他衣不解带，面不舒眉，却不以为苦楚。”众人听到这里，便众口同声赞起来，却并不是称赞他们夫妻间爱情的真挚，而是称赞她能尽她天赋的义务能服侍男子！这是为什么呢？还有一件事实可证明。当时又有一个朋友道：“某君新丧偶，常独行踽踽，凄苦非常。当他夫人未死时，常是衣履翩翩，夫妻两个一同挽臂出游的。”众人听到这里就诽笑杂作起来，有人还作雅谑说：“某君可谓孝夫。”我从此便知道了男子的心理了。原来女子死了，还不配受男子的伤悼，哪里有相对等的爱情可言！那某君竟违反了男子的普通心理，众人所以要讥笑他。从此反证，就可知前面的称赞的用意了。

女子既是服侍男子的，受男子保护的，所以女子嫁了，连她的名字都取消了，单称她“某某夫人”。倘若反其道而行，称男子为“某某丈夫”，男子可就不答应了。他以为女子只是附属品，在社会上没有她的地位。

以上种种，就是女子不幸的原因。今把种种意思简括提他出来：女子为事实所迫，自己的本能和理性渐渐退化，男子乘此机会，根据着自己的“迷信”和“自私心”，把诱惑主义来骗女子，把势利主义来欺女子。女子受惯了欺骗，只觉得自己地位当然如此，他人也觉她当然如此，于是专在“事实所迫”的范围里寻生活。因果循环，无有休歇，女子的人格遂丧失了。

女子的不幸既是事实，酿成这等事实的情势和思想，都根据于“世故即真理”的观念。若要把这缺憾弥补起来，得个完美幸福的解决，不可不先有一种自觉。女子自身应知道自己是个“人”，所以要把能力充分发展，做凡是“人”当做的事；又应知道“人”但服从真理，那荒谬的“名分”等伪道德，便该唾弃，破坏。至于她和男子不同的地方，单单在生理方面，这是天然的，光明的，绝不应牵涉善恶问题，优劣问题。她那生育的事实，应知道并不是替男子生儿女，乃是替社会增新分子。这也是一种很重要很神圣的事业。在生育的当儿，她不能从事独立自营的生活，社会就有报答她的义务。为了这一层，又要把社会上经济制度从根本上改革一番。这样的事虽是历史所未有，然而将来必定要做到，而且为期不远。她那做妻的事实，应知道是顺自然之理，和男子做女子的夫一样，并不是去做男子的财产和奴隶，替他管家事，长财产。

男子也应知道，不尊重他人的人格就是贬损自己的人格。他那“世故即真理”的迷信，他那自私的谬见，已害了上下古今无数的女子，已阻碍了不知若干辈的人群进化。果是要想大群共上进化的轨道，而且巴望他进行得快，还是把“诱惑”“势利”的主义快快抛掉。

男女大家应该有个共同的概念：我们“人”，个个是进化历程中一个队员；个个要做到独立健全的地步；个个应当享光明，高洁，自由的幸福。

刊《新潮》第 1 卷第 2 号（1919 年 2 月 1 日），
署名叶绍钧。

今日中国的小学教育

我是个小学教师，小学教育界的情形，当然比他人晓得的详细些。就我所晓得的情形而论，竟可说“不如意事常八九”，好现象纵不是没有，至多只有二三分罢了。因此感喟频兴，思潮起落，觉得非改弦更张不可。这篇文字，一半算是我自己和一部分小学教师的忏悔，一半算是改弦更张的一个“楔子”。但愿读者不以人废言，将篇中所说审察一番，便是作者无上光荣了。

一棵花，一棵草，它那发荣滋长的可能性，在一粒种子的时候早已具备了。但是有些种子竟不能发芽，便发了芽，竟有苗而不秀、华而不实的。这是什么缘故呢？先天的遗传有什么不完全的地方，遭逢的环境有什么不适宜的地方，是一种原因；那从事栽培的种植家不知植物的可能性，横加摧残，是又一种原因。称职的种植家栽培植物，虽不能增加植物的可能性，却能渐渐改良那不良的遗传性和环境。不称职的种植家非但不能改良遗传性和环境，反而阻遏可能性，那么植物就糟了。如今把植物比作小学生，小学教师便是个种植家。栽培小学生有效没有效，只有他负责任。

如今小学教师的缺点，就在欠修养功夫。无论什么事业，我们去做它，必须先把这项事业的价值理解明白。既经理解，我们确信这项事业是高尚的，神圣的，便一举一动都和它有精神的侔合，这便是成功的基础，便是修养。小学教育的价值是什么呢？这个问题已经过几许学问家的讨论，答案很不一致。若叫我下个完全的答案，我如今也没有这样的能耐。但是我常常自问：小学教育是为着小学生的，小学教师是栽培小学生的，我们究竟希望小学生达到怎样的地步呢？我便想，若是单叫他们摹仿古人的行径，记忆古人的思想，那么有记载前言往行的“陈编”在那里，识些字懂些讲解便完事了，要什么小学教育？若是单叫他们学得一技一艺，得以养家活口，那么各项商业工业有招收学徒的办法，否则也只消办些艺徒学校、商业学校就可以了，要什么小学教育？原来人之所以可贵，并不在他既已为人，乃在他将进而为更高尚的人。一个人的所作所为，如果能参加整个人类的进化历程，便算是个有价值的人。那么真实明确的人生观，当然是每个人必须具有的了。这真实明确的人生观不是随随便便就可以认识到的；但是又不能东寻西找，耗费了许多光阴，直到了下半世才认识到。必须在幼年的时候就能认定方向，纵然没有什么“人生观”的名词在脑际，却走一步进一步，自然而然不走到岔路上去，才能越进越真切，不白做了一世的人。这幼年的时候，不就是做小学生的时候吗？替小学生定个方向，使他们对准了方向，充分发挥他们的可能性，不就是小学教育的力量么？所以我们可以说：小学教育的价值，就在于打定小学生一辈子有真实明确的人生观的根基。

我在上文说过，小学教师是栽培小学生的，如今要使小学生有一种真实明确的人生观，要用种种方法去陶冶他们，自己就不可不先有一种真实明确的人生观。如今的小学教师对于人生的问题，我并不武断，竟可说十之七八还没有讨论过。原来处世立身，定个见解，无论是好是坏，均得称为人生观。然而“道其所道，非我所谓道”，要求切合于人生的真实明确的“道”，他们就茫然无所闻了。其实中国各界的男女大抵如此。自己的方向还没有定，却要引导他人；自己从事的事业的价值还没有理解，却要做这项事业，陶冶他人：这是可能的吗？若是不可能，却虚有其表，挂个“为人先导”的招牌，岂不是戴着假面具闹着玩吗？这就是小学教育没有好成绩的根本原因——教师没有真实明确的人生观，没有修养功夫。

如今一般的小学教师抱的是怎样的人生观呢？原来我们中国人凡是称为读书明理的，从传统上环境上总带着几分学究气息，他们的人生观就是什么“继承道统”，“宣扬圣道”等等。这些话如果真实明确的，切合人生的，自当称赞他们窥见了真际，不必可怜他们辱没了自己的个性。但是他们所说的“道统”“圣道”，都玄之又玄，找不出真际来。在他们看来，“继承道统”“宣扬圣道”是人间一种特别神圣的事业，超出人生的普通行为之上，不是普通人都能做的事业，就因所谓的“道统”“圣道”只可以“神会”的缘故。他们还在庆幸自己的人生观“玄之又玄”，不可捉摸，超出于普通的行为之上；究其实际，他们这些话只配在他们“摇头”“摇笔”的时候运用，若说切合普通行为的人生观，他们一些也没有，简直同无知无识的人没有差别。如今做小学教师的虽然不能说都是这一辈学究，大概也不免沾些气味，带些色彩。他们抱定了他们的笼统玄妙的不切合人生的人生观去陶冶小学生，于是说：“欲为圣贤便为圣贤，欲为豪杰便为豪杰，唯在立志而已。”圣贤豪杰是怎样构成名词的？这个“志”又怎样立法？他们就不去研究了。他们又把道德上的“玄名”作为训育的材料，什么“诚”“敬”“恭”“俭”，许多名词说了一连串，便算“我尽我心”了。他们不知道这些名词不过是从各种行为概括出来的一种“玄名”。他们也不想用怎样的方法，才能使学生的种种行为配得上这些“玄名”。他们“循名遗实”，“倒果为因”，结果教育自教育，学生自学生，教育和学生不发生什么关系，自然难以得到好的结果了。

学究气味的小学教师，总的病根在于他们的笼统玄妙、不切合人生的人生观，若要洗刷一新，非去掉旧的，找到正路，用真实明确的人生观来替代那旧的人生观不可。可是要找到这替代品可不像从前那么容易，只须摇摇头摇摇笔就可以完事。人生活在世间占个怎样的地位？人的知能是怎样的性质？种种社会是怎样的情状？个人处于社会中应当怎样？这等问题，都要切切实实作个答案。要作这等答案，又先要把关于这等问题的各门科学，如生物学、人类学、心理学、社会学、伦理学、论理学、哲学等等，下一番切实的研究功夫，从各门科学中得到切合现代人生的概念；把这些概念并合起来，找出个“人之所以为人”的道理，才能立定真实明确的人生观的根基。试问现在的小学教师，对于这种种科学抱的是什么态度？莫名其妙，从未接触过的，是一类；略一涉猎便嗤为无用的，是一类；至于明白科学的重要，处在“教人”的地位，还肯在那里孜孜不倦研究的，实在是寥若晨星了。我曾想过，那些学究气味的小学教师习染已深，根性难改，也不必加以责备了；那些受过完全师范教育的教师，都研究过上面所说的各种科学，他们的人生观与那些学究气味的总有所不同吧？然而考查他们的实际，竟和我的想法大不相同。他们在师范学校里，就把伦理、心理等等学科看作最无味的东西，一上这些课头便涨了，不过为了分数不得不勉强敷衍一下；等毕了业，做了教师，这等无味的东西快快撵出脑海还来不及，谁还肯费心思去研究。另一方面，那学究气味的人生观不消用分析的方法去精确研究，就可以笼笼统统，供“摇头”“摇笔”时应用；他们欢喜的正是容易和普通，于是舍彼就此，自然而然加入了学究的行列。他们把学术看作无用之物，不是表示真理不是必需的吗？真理既然不是必需的，教育事业还有什么价值可言！

小学教师欠缺修养功夫，教育事业的根本就得了病，一切设施大概是错的；即使不错，也只会枝枝节节做去，决不能做到根本上。我这句话，随便找些事实都可以证明。小学教师没有切合人生的人生观，对于教育就没有确定的主义；但是身为教师，又不可不有一种主义做幌子，于是人家主张的主义，只要它是通行的，有势力的，便亦步亦趋的拿来主张。人家说“军国民教育”是强国的根本，他们便叫学生唱《从军乐》，练习野战；人家说职业教育是富国的基础，他们便叫学生织草鞋，编竹席。这些主义是正当的还是不正当的？是全面的还是偏乖的？究竟哪一种是应当主张的？他们却不从学术上和自己的理性上下一个断语，——大概他们没有这能力。最妙的是熔各种主义于一炉，凡是世人主张的，他们应有尽有，不管是水乳交融的，还是相互矛盾的，其实牵强附会，舍己从人，简直没有自己的主义。人家主张的主义，有许多是迎合社会、迁就现状的；他们对于社会现状但求相容，本来没有矫正社会改进现状的趋向。教育和社会本当互相适应，脱离了社会，教育便失去根据。所谓“适应”，贵在顺进化之理，以备应付将来；若以现状为已足，只求受教育者和现状相应，那么教育便成了一部印书机，还有什么价值！那盲从“印书机”的教育主义的人，不是走入了迷途吗？再说，人家抱定一种主义，用种种手段去贯彻它，才定下许多设施；设施的精神并不在设施的本身，而在他那主义。若是不明白这种主义的精神，单把许多设施搬来，这样“邯郸学步”，枝枝节节，支离破碎，勉强厮混，可以断定是劳而无功的。

凡是自己没有真实明确的人生观的人，对于他人的情性和希望，也模模糊糊，弄不明白。小学教师没有确定的主义，大半由于他们不明白学生现在的情性和将来的希望。学生有怎样的可能性？学生要求于学校的是什么？学生将来最好要做怎样的人？这等题目，他们都答不上来。他们只从自己的模糊的偏见来定一切设施，只拣那最容易的不用费心的做去。对于训导和管理，他们所取的唯一的方法叫做“严格”，六七岁的孩子便须规行矩步，不许他们有活动的自由。孩子的情性是最活动不过的，勉强他们受拘束，就不免有耐不住的时候，依旧活动起来。这时候教师如临大敌，仿佛官吏对待乱民一样，定要设法压服了他们，自己才神恬心安。除了这“如临大敌”的时候，除了上课的时候，教师和学生就没有接触的机会。从这个现象就可看出，他们主张教师是训斥学生的，因为学生好捣乱，具有劣根性的缘故。这个主张其实也谈不到训导管理，不过是摧残学生的可能性，使他们的可能性日渐消灭罢了。这个主张的反面，还有个最容易最不用费心的方法，就是“放任”。这种放任主义，若出于“顺着孩子的天性，引导他们接近那切合人生的人生观”的见解，那是再好没有了。可惜的是他们只做那上半句，并没有做完全。小学生的许多行为，确也有染了恶习的，那决不能说是他们的天性；然而抱放任主义的教师一律放任，不想个方法，谋个补救。大家说改良社会首在教育，尤其是最普及的小学教育。如今小学生染了社会的恶习，教师没有能力帮他们洗刷，却要以教育去改造社会，岂不是个梦想！我想，做教师的果真要使训导收到效果，应当以生物学、心理学等等做起点，把儿童的情性详细研究一番，然后本着自己认识人生观的方法，顺了他们的天性，指导他们也走上正当的轨道。这其间，教师怎样指导怎样纠正，都是满足学生对于学校的要求。种种现象在我跟前呈现，各不相同，我只须抱定了根本大法，就是使小学生打定具有真实明确的人生观的基础，随机应付；切不可执定一种方法，以牢固的成见去应付千变万化的现象。况且学生并非处于“被治者”的地位，所以连“宽猛相济”的“治道”也不适用，还说什么“严格”，说什么“放任”！

书籍的作用，简单说来只是古人的思想行为的符号。古人的思想行为已经到了什么地步，我们认为是不错的，就拿来作根据再向前进步，省得重走那古人已经走过的路；若认为是错的，就改个方向，省得跟古人同入迷津。要知道古人的思想行为是怎样的，不得不去寻找古人思想行为的符号，这就是读书。学校教育要叫学生读书，便是这个意思。但是要注意，读书是要学生知道“已往”，为“未来”作准备。那些没有切合人生的人生观的教师不很领会读书的作用，只知道自己是读过书的，别人也是读过书的，以为读书是人生一件特别的事情，于是也叫学生读书；至于怎样才能使读书跟人生发生关系，要怎样读法才能引导学生为未来作准备，他们就不去问询了。他们最勤恳的功夫便是参考古典，罗列考据，做教科书的注释家。至于教科书里的材料是不是切合人生的？是不是为未来作准备所必要的？离开了教科书，是不是别无教授的材料？这等问题，他们是决不敢想的。我想学生受这样的教授，若是不很用心，倒是他们的造化；如果全部容受，无不记忆，那么吃亏就不浅了。为什么这样讲呢？读书只求记忆，没有研究的方法，没有实验的机会，那究不会切合人生，丝毫没有用处。然而听讲、记忆、背诵，一件件做去，却费了许多精神，占了许多时间。一个人在幼年的精神和时间是何等可贵，无端被教师引导用在“死读书”上了，就同抛在汪洋大海里一样。这是吃亏的第一层。幼年吃了亏，走错了路，将来改换方向，弥补缺憾，即使容易，许多精神和时间已经耗费了，如果不耗费而用在正当的方面，将来的成功定能增加许多。何况习惯既成，便根性难移；幼年所做的功夫，用“盲从”二个字便可概括，那“喜明辨”“爱真理”的可能性已渐渐澌灭无余，将来处理人生事务就脱不了随波逐流，没有自己的主张，到那时受旁人批评，说什么“不知道人之所以为人”，“做了他人的奴隶”，不都是现成话吗？这是吃亏的第二层。然而究竟是谁的罪过呢？

上面说的，是那些完全领受教师的教训的学生，其余的学生对于这样的教授又怎样呢？他们会想：“我睁开眼来，看见天然界的现象是最好玩不过的。我走到各处，看见种种人为的事业是最奇妙有趣的。但是教师要我们读书，这有什么趣味！拘束了我的身体，耽搁了我东寻西找的功夫；什么课什么课上个不完，不知为的什么？难道不读书就不能做人！”我想他们这样想实在也难怪，儿童的天性本是注重事实的，欢喜自己去做的，凡是合乎他们天性的，他们就愿意知道它，学会它；与他们的天性不相侔合的，他们就不想知道，不高兴学。学校教育定出各种科目叫学生学习，只为帮助他们确定切合人生的人生观，那么应当就他们耳闻目见的种种事物，把研究的方法，推理的途径，一一给以指导。为教授的便利起见，把种种事物分析开来，便有了关于身体、关于修养、关于知识的种种科目，许多科目统贯起来只是一条线索，就是帮助他们确定切合人生的人生观。学生在学习的时候，觉得样样是事实，样样有趣，样样做得到，他们便分外勤奋。这时候他们觉得很有用得着书籍的地方，他们便去读书。因此可见，教师教各种科目，教各种教科书，并不是教过就完事了，还要以教育的价值为出发点，适应着学生的天性，拣那学生需要的给他们指导。教师日常教的虽是某科某书，然而心思力量必须集注在这个出发点上，那么所有的设施才有根基，没有茫无目的的弊端。又因为要使学生为“未来”作准备，当然不能只教给他们以往的成法和科学的结果。须知“成法”和“结果”是有限的，“未来”却是只顾进步没有穷尽的。所以最要紧的是引导他们练成能处置未来，进而使自己成为更高尚的人的动力。但是如今的小学教师，只顾教书的竟占了大多数，却不管学生是否需要，能否容受。其中也有很热心的，他们把以往的成法，科学的结果，凡是自己懂的，一一明明白白教给学生，很有手段，而且确无谬误；学生自己不必费什么心力，只须记住教师的教授就算受到“衣钵”了。其实这两种教法都算不得学校教育，却把学校变成了“学科杂货店”；学生到学校里来，充其量不过得到些学科的皮毛，还说不到货真价实。由于教法的不得其当，学科各各独立，没有认定教育的价值是共同的出发点，教历史的只顾教他的历史，教算术的只顾教他的算术；各种学科互相没有关联，也没有适应人生事务的应用方法。我曾听见一个商人批评学校教育说：“学校里头科目太多，徒费学生的精神，有什么用处!”他这样说固然没有明白教育的价值，然而用来批评当前大多数学校的教育现状，也不能说他不对。

小学教师对教育没有主义，对教授没有根本的出发点，那么教育事业就非常简单了，教师只须逢场作戏，做一天和尚撞一天钟，今天不登场，不做和尚，和教育便没有丝毫关系；换一句话说，他们做教育事业是适逢其会，偶一为之，至于精神的侔合，是根本就没有的。他们抱着这等态度，对事业的成功和失败便不负责任，所以对于学校里的一切设施只求省事，只求“无为而治”；什么校园、运动场、工作场、会堂、图书馆、博物室等等设备，什么集会、工作、运动、旅行、考察种种活动，他们一概看得无足轻重，可省即省。目前许多学校的设施不能周妥，经费的缺乏同然是一个大原因；但是这种种设施可以使学生接触实际事物，促进他们求知求能，发展他们的可能性，使他们认识到真实明确的人生观，因而决不能抛弃，应该从省俭方面去寻找替代。也有许多学校居然有这等设施，然而设施是死的，怎样利用它们使学生得到知识和能力，还需要活的手段。教师的手段全仗他的修养，教师若没有修养，便同没有技术的工匠一样，对着机械只好瞪着眼看，不知道如何使用。然而他们并不感到自己的缺憾，原来他们置备这等设施之初意，不过看人学样，用来做学校的装饰品，他们甚至把学生也当作学校的装饰品。所以现在一般的学校不是枯寂无味，像座古庙，便是五花八门，像个杂乱的古董铺，没有意义，没有生气，没有趣味。他们把学校弄得非常简单，仿佛是天地间的一个特别的境界；而家庭和社会，都没有这样简单。家庭是学生产生的地方，学校却和家庭不同；社会是学生将来发展的地方，学校又和社会不同。然而学生偏偏要进这样的学校，在这特别的境界里消磨上许多岁月。学生等到毕了业，出了学校，却依然故我，没有得到处理家庭事务和社会事务的较好的方法。这究竟是怎么一回事呢？就因为学生一进这样的学校就觉得没趣，就把学校里所教授的抛在一旁，心思和气力都用到学校以外的事物上去了，那么社会上的种种弱点不免乘虚而入。这不是一个弊端吗？学生到学校里来，本想为“未来”作准备，如今学校和家庭社会都格格不入，学生即使努力也是枉费心力；那些惰性较深的索性看穿了，不去枉费心力了。然而为着未来的人生，决不能没有准备；如今把作准备的时间胡乱葬送了，学生将来的一生也就可想而知了。这不是又一个弊端吗？

小学教师不明白教育的真价值，又容易流于偏重形式的弊端。他们不知道学生的情性怎样，便把学生当作一件机械。他们又不知道学生要求于学校的是什么，便叫学生迁就学校，给学校装场面，以满足他们的虚荣心。就因为把学生当作机械，不承认学生有活动的个性，所以行动作息都要求一律，整日叫学生坐在教室里或站在操场上，各占二三尺见方的地位，此外便没有活动的所在，便是这班教师的绝妙的管理法！教授学科，他们预先编定教案，自己怎样问，学生应当怎样答，逐句话逐个动作，一一配定了各占若干时间；到了上课的时候，只把自己问的和学生答的照所列的表表演完毕，没有不合预先设计的，连时间也没有差错，这便是这班教师的无上教授法！他们还以为这等机械的动作练习得多了，学生一定得益不少，所以增加授课钟点，到太阳落了山才放学，便是他们的热心教授！他们又定出种种规则，什么事得怎样，什么事不得怎样，都详载无遗，仿佛一部《违警律》；只求学生不犯规，不必叫他们来训斥，便自以为“训育有方”了。为查察学生的成绩，他们便注重考试；为严格学习的年限，他们便扣算学生的缺课；这等事一时也写不尽。我并不是说学生不应当进课堂、上操场、习答问、守规则、应考试、不缺课，但是教师对教育没有确定的主义，单单把这些事项作为题目来做，那么能不说是“徒具形式”吗？他们认为学生是为学校而来的，所以叫学生开运动会、学艺会等等，叫学生作了书画文字向各处投稿，好给学校装场面。他们还细行密字编成各种表册，管理上的训导上的教授上的都有，但是不从这些表册求个统计，找出什么改进教育的方法，只求他人看了赞一声“表册完备”，便算得到了全部的功用。我并不是说学生不应当锻炼身体，不应当学艺，也不是说学校里不应当编造表册，作为“证往知来”的依据；但是对设施的着眼点不正确，这等设施就完全失却了教育的精神和价值，那么能不说是“专务形式”吗？

我把现今小学教育的大部分情形，差不多都说到了。照我所说的情形看来，不能不想到非改弦更张不可。现在有许多人和我一样，也有同样的感触，觉得小学教育若再因循下去，必然对孩子非徒无益，而又害之。于是有许多报纸杂志在那里鼓吹“教育者须修养”“立教育基础于人生观”“人格教育”等等主张，这不是很可喜的现象吗？可惜做这些文字的不是教师，更不是小学教师。我想旁观者的言论纵然清切详明，决无强人必从的力量；或者竟有人愿意听从，但是能不能觉悟到自己的不是，把不是根本抛弃，然后努力研求，自己寻到个是的趋向，还说不定。教育事业原是教师做的，教师不能只等旁人来“觉我”，要靠自己觉悟。“自觉”和“外铄”，在旁人看来似乎没有区别，在实际上精神上却大异其趣。凡是人生的一切，从“外铄”得来的，虽言表名理，行合正谊，也不过是被动的；若是从“自觉”得来的，便灵心澈悟，即知即行。我是个小学教师，所以我要“自觉”！我希望小学教育收到真实的功效，所以要请许多小学教师一同“自觉”。

1919 年 2 月 27 日作。

刊《新潮》第 1 卷第 4 号，署名叶绍钧。

《中国体育史》序

学术之进步，恒由于批评之目光。罗举众异，彼此互衡，或此是而彼非焉，或此是什四而彼是什六焉。及一一如量显露，罔或隐匿，于是取此之是而舍彼之非，或合此之什四是与彼之什六是而汰其余。于是此种学术从而增一进程。批评为进步之先导，固信而有征矣。而罗举众异，衡其得失者，学术史之事也。

吾人读学术史，厥益二端，可得而言。一、凡事实之存在，必有空间时间之关系，欲知流衍递演之因，不可不察肇端致变之迹；否则源之未溯，遑云浚流？而学术史固源流详备之流系图也。二、吾人生也有涯，而知也无涯。庄生所叹，固属不可免之缺憾；而未尝不期望于此有涯之生，较近于知之涯岸。果得一旦舍舟，则欣慰自是无量。即涯岸在望，不可遽登，亦差足自慰。然则精力之用，可不节乎？占人夙曾致力而已遭失败者，吾人则视为前车，不复假途；古人成功，已臻某点，吾人则自此发足，奋勉前驶，以期达夫涯岸，此善节精力之道也。学术史之为助于吾人，正在此矣。

吾国体育，尚未达于合理及普遍之时期。然简册所载，有关体育之事实至夥，绍虞且汇而录之，撰为《中国体育史》矣。吾人读此书，可以觇吾国古昔之体育含有若何意义；古今递遭，其间若何因缘；至今生民孱弱，于体育若何关系。此数问既获答案，则于吾国民族性亦思过半矣。更由此而究何者宜存，何者当废，何者需修正，何者俟补缀，一准科学之理，罔存拘墟之见，则散漫无归之体育事实，宁不可为系统完具之实用科学乎？踵此而顺民族之性，施练身之教，以无逆本性，斯习为故常。然则体育普遍之效，未始不可以此书植其础焉。

1919年4月24日作，署名叶绍钧。

收入郭希汾（绍虞）编著之《中国体育史》，

商务印书馆1919年11月初版。

吾人近今的觉悟

现在世界各国的政府还是“强权称雄”的遗型，率了一种“强权欲”的冲动而前进，和“庶民主义”“社会主义”根本矛盾。中国政府毫没学识，所以做出罪恶来格外难看。他国政府将学识自文，所以坏得较为冠冕，其实是一个样子。

我们欲改造世界，第一步先要铲除强权欲的冲动。我们恃自觉的奋斗精神，凡是和“庶民主义”“社会主义”相背的，都要去反对他。我们不要怕强权，只要真能自觉，真能奋斗，最后胜利终属我们。我们如今应当认定，改造世界是我们的责任。无论什么难题，只有我们去解决——我们真欲解决，终能解决。

若是自居第三者地位，单说几句漂亮话，或是单能说不能行，或是深抱悲观，只会叹“国亡无日”，这都是懦夫的行径，我们绝对不应有这等态度。

我们要改造世界，只重在一个“我”——只重在我的“努力奋斗”——这是我们近今的觉悟。

刊 1919 年 5 月 15 日《时事新报•时评》，

署名圣陶。

甪直高小国民学校宣言

溯自政象混沌，外交屈辱，爰有“五四运动”。政府横肆摧残，务拂民情，吾三校感此潮流，五中愤结。初以群众既为正当之表示，当局或有悔祸之良心，果肯改图，宁非国利？顾倒行逆施，曾不少悛。吾三校忍无可忍，于六月十一日一致罢课，非特为对付日本之表示，作释放学生之要求，根本解决乃在满足民众之希望。标的既悬，誓必践之！

刊1919年6月16日《时事新报·来件》专栏，

署吴县县立第五高等小学校、

第三学区甪直第一第二国民学校全体同启。

敬告创办义务学校诸君

今天读了顾学君《对于工商界义务学校之意见》一文，他那真切的见解，感人极深。他的主要的意义，是说“义务教育重在演讲的教育，不重在书本的教育；重在知识的教育，不重在技能的教育”。这话精当扼要，我绝对赞同。我对于这个问题，也有些意见，写在下面，做顾学君这篇文字的“申义”吧。

今请问，办义务学校为的什么？回答这一问题，尽可不假思索地说道：“使一辈失学的人受教育。”那么请再问，他们没有受而必须受的教育是什么？这一问题可难回答了。他们能说话，能吃穿，能谋生，能游戏，若说长此以往，毫无变更，也可以消遣一世，不感到缺少些什么。如今开了义务学校，请他们入学，倘若还是枝枝节节，从他们说话、吃穿、谋生、游戏等等上不相侔合的进行授受，纵有成效，也不过增加他们几许零星的能力。这些零星的能力，不经过整统的训练，那就不一定有益；有时反竟有害。俗语所说“聪明反被聪明误”，便是个适当的例。所以他们所必须的虽是生活的种种知识，但必经过整统的训练。换一句话说，他们所必须的是以种种知识为基础，立于真实的人生观上的教育；便是“怎样做人”的教育。

我们的伴侣们最缺乏的是什么？我以为无过真实的人生观了。他们随时消遣，忘其所以，自然毫无感觉。有时处身清寂之境，扪心自省，便有一缕疑虑来袭脑蒂："做人究竟是为什么?"对于这等疑问，他们平时没有体验过，哪里答得上来?因为得不到解答，烦闷便由此而起。于此烦闷之中，而求聊以自慰的方法，便有"得过且过"，"做一天和尚撞一天钟"，"不了了之"，……种种谬妄的人生观，一时也写不尽许多。这是何等危险的现象！既已做人，却不晓得怎样做人，那么种种行为便是盲目的，没方向的。大众如此，还说什么社会的进化?

义务学校应当帮助来学的人的，便是使他们认识到真实的人生观。有人说："这个题目太高深了，如今还谈不到，还得逐步逐步的引导他们，如今且引他们走第一步。"我却不大相信这样的话。思想尽管高深，只要是切合人生的，虽属下愚，总有感受和印合的可能，不该说"谈不到此"。人生观可以比作走路的目的地，不该将它比作步子。没有目的地尽管走去，走了十步、百步、千步，还是个无意识的行动。说什么先走第一步?

况且我们做事总要求彻底，不彻底的，似是而非的，还是不做的好。如今我们要帮助我们失学的伴侣，使他们得到真实的利益，唯有照我上面所说的做去，使他们认识到真实的人生观。譬如我们寻到一块地方，生满乱草。乱草是没有用的，刺人的，我们便把它一齐刈去，种些有用的植物。我们希望极丰满的收获，所以要选择最优良的种子；倘若种了些中等下等的种子就算了事，这不是辜负了地力吗?

办义务学校既认定了主旨，施行教育就有了个总的出发点。教他们算术，目的不单在算术；教他们国语，目的不单在国语；……要使他们觉得算术、国语等等知识是切合人生的，是认识真实的人生观的材料；便是说话、吃穿、谋生、游戏，也使他们有人生评价的觉悟。这样的教育才有真切的效益。以前的或者现在的教育没有实效，就为了没有这个总的出发点。

用书教育，早有人怀疑了。在我们的学校里，有几种科目，像历史、地理、理科等，想废去教科书，也不用讲义，只用演讲和直观的方法来授受。我们还要把这样做的理由和实施情况，逐一宣布出来，酿成一种学校革新运动哩。如今先把理由略述一些，贡献于办义务学校诸君。我国学校有一种弊病，便是学生只知读书。他们对于读书的观念，仿佛说“读书者，读书也”。他们不晓得读书是供给我们酿成经验的材料，不去根据书里的内容，体验四周的事物，再创造自己的新经验。这样读书，丝毫没有触着做人，怎样能够根据已往，应付未来呢？扼要说来，便是“但知读书，忘却人生”。如今把教科书废了，讲义也不用了，只把种种事物讲给他们听，引起他们的推理力；指给他们看，引起他们的观察力。倘若对于国文、算术种种科目的名称，他们不大理会，或竟忘了，也不打紧；但使他们感觉到这些都是人生必要研究的事物，都是认识真实的人生观的材料。

教室教授的方法决不是最妥善的，只为了求人工、场所、时间的经济，才采用这个办法。这个办法所以不妥善，就因为使学生感觉到教室是处于家庭社会以外的一种特殊的境地。有许多学校为了弥补这个缺陷，所以有表演、谈话、校外教授、修学旅行种种方法，使学生觉得他们所做的只是切合人生的事实，忘了自己是在学校这个特殊境地里。换一句说，便是“受教育，求知识，并不是特殊的事情，只不过是努力做人罢了”。

照上两段所说，义务学校不必用什么教科书，也不必拘什么上课形式，只消施教的和求学的真诚相投，团结一致，形式上是知识的授受，精神上却是认识到真实的人生观的结合。吾知办义务学校诸君，一定不以此为奢望，一定愿达到这个地步。

倘若全国都兴办义务学校，而且有同一的精神，那么所收真实的效益，将超越“强国”这一标的，乃在我们的伴侣，都进而为更高尚更合理的人。这是何等的功利！

刊1919年8月6日《时事新报·学灯》，署名叶圣陶。

王钟麒《拟编高等小学史地教材大纲》跋

这是王钟麒君编辑教材的大纲。他的教授细目，正在那里详细订定哩。下半年我们校里的史地科，就把王君所编的来教授。试验出来成绩如何，我不能预言。然而我敢说，比采用坊间的教科书，一定能较有成绩。因为替书坊编教科书的，并不是教师。学生所要的是什么？教师所能帮助学生的是什么？他们都不知道。他们乘高兴的时候，磨的墨浓，蘸的笔饱，便是一段骈文。也有不高兴的时候，便把前朝后代，原因结果，括成十来个大字！我常想我们做教师的，从良心的觉悟，也想叫学生做个正正当当的人。然而叫学生认识人生真价的工具——教科用物——的制造，都是凭几位编辑先生高兴或不高兴的时候随意杂凑的。这究竟是适用的工具吗？譬如我们想劈木头，拿的却是一支绣花针。木头劈得成吗？编辑先生编出来的教科书，不是绣花针吗？倘若我们拿着的确是绣花针，那么，因为它不能劈木头，就当丢掉了它，别去铸一柄合用的斧头。

书籍这东西，除了行远和贻后，免除遗忘，更没别的用处。学生要读书，就因为要晓得已往的种种事物，来做自己经验的材料。现在学校里，——较好的，——有一种弊病，就是学生在校里，只知道读书，仿佛说“读书者，读书也”。他们只知道读书，忘却把读书得来的经验，去体验四围的事物，来创造自己的新经验。换一句说，便是偏重读书，忘了人生。这是何等的恶结果。所以王君主张，既不用编辑先生编的教科书，也不将自己编的教材印成书本，发给学生。单单把许多事物讲给他们听，引起他们的推理力，指给他们看，引起他们的观察力。使他们连历史地理的科目都忘掉，只觉得这是人生必要研究的事实。

我们校里，对于别的科目也有改革的地方，将来也要发表出来。我们发表的意思，并不是说这一定是真理，不过想引起我们同业的教师的注意，请大家一同来讨论这个大问题。倘若不吝赐教，便是无上的荣幸。

1919 年 8 月 1 日作，原无题（这里的题名是《叶圣陶甪直文集》编者拟的）。
刊《新潮》第 2 卷第 1 号，署名叶绍钧。

小学教育的改造

以前的小学教育的任务是什么？我们不希望得到一个像“教育儿童”这样的笼统的回答。于是我们留心观察以前的担任小学教育事业的人，看他们持的什么见解。我这里所说的“以前”，指的是中国自办学校起直到今日。我不能知道中国教育界的整个情况，我常接触到的只不过是百数十位小学教师和数十个小学校，然而我从所谓的“视察报告”“参观笔记”中留心观察，也可以说知道个十之五六了。就从这十之五六来看（虽不能说是全部，然而是多数的），中国的小学教育事业立足在哪一种任务观念上，或是或非，或当或不当，就有可以注意和评论的价值。

一般担任小学教育事业的人，以为儿童所需求于学校的，是取得前人的知识和克制自己的德行。他们又以为知识是可以授予的，德行是可以勉强修炼的。所以小学教育的任务就是把知识授予儿童，勉强儿童修炼德行。授予知识的方法，便是诵习古人思想行为的记录。诵习纯熟，疏解明白，便算是得到了知识的本体了。修炼德行的方法，是使儿童将平时的习惯嗜好一概摒弃，另外过一种一言一行都须顾虑的符合玄虚抽象的概念的生活；能够耐得下过得惯这种生活的，便算是有德行了。对于古人的记录能悉数容受，对于这种特殊生活能身体力行，便是成绩最好操行最好的学生。那么，传授记录最明白，督促诵习最勤恳，责备儿童过这特殊生活最谨严的，当然就是最尽职的老师了。他们以为这个观念一定是不错的，这等方法又是万世不变、放之四海而皆准的。除了这个任务，小学教育就没有别的责任了。有时儿童对于知识竟不能容受，对于特殊的生活竟不能成为习惯，他们便非常恼怒，以为自己对于学生可谓倾诚竭力，无以复加了，而学生竟不体谅他们的苦衷，承教之后丝毫不产生影响，这不是学生的罪过吗？于是加以训斥和种种惩罚，幽闭，留级，甚至开除。惩罚之后，这些儿童如果仍旧在学校里受教育，教师还是照样只管授予知识，只管勉强儿童修炼德行。好像学校是一个模型，儿童是一种物质。玻璃厂里的做瓶子的模型，一定要把玻璃装进去才能成器，把泥土装进去是成不了玻璃瓶的，所以玻璃厂不要泥土。学校对于儿童也是如此。你若是个不中式的儿童，学校就认为是不能成器的，不合制造之用，定必将你剔出。

小学教育立足在前面所述的任务观念上，出现了什么结果呢？我见到许多进过小学的儿童，觉得他们并没有从受教育上得到什么幸福。其中也有学行真不差的，然而这样的儿童并不普遍，这就不能说是小学教育的效果。从社会的整体来观察，也看不出从小学教育上得到了什么进步。倘若一般儿童都不进学校，从儿童个人来看，从整个社会来看，也不过如此。这并非过激之词，试把许多受过教育的和没受教育的人混杂在一起，若从某些零碎的知识看，或许可以分别出谁受过教育，谁不曾受过教育；若从真的知识作为观察的着眼点，恐怕就很难加以区分了。

以前的小学教育没有效果，一定是任务观念有不惬当之处。为什么会有不惬当之处？因为担任小学教育事业的人把人生看得太简单太机械了。他们以为人生的种种行为，只不过是各不相关的表现，把这些各不相关的种种逐一学会，便是人生的真义。他们根据这个观念去教学生，列举出德目和科目来，向学生讲明这是什么意义，那该怎样修炼，有时还真个引导学生去学习。讲到老师的职务，便分出训导、教授、管理三大项，哪一事属于哪一项，划分得非常清楚，似乎彼此之间全不相关。这种设想是否谬误，只消看看我们的生活实际是否和它相应，就可以得到答案了。我们无论做什么事，未做之先总有一种需求，这就是目的；以为目的达不到，便是非常的缺憾；唯有朝着目的做去，觉得越来越接近目的了，兴趣也就自然来了；这样越做越有兴趣，结果便是成功。在这个过程中，几曾想到这样做才符合德目所称的“勤”和“毅”？几曾想到为了要有“勤”和“毅”的德，我们才这样做？

德目对于儿童来说，是绝对不会发生兴趣的。成人有着牢固的成见，不能自己破除思想里笃古尊贤的偶像，才会对德目产生病态的兴趣，并且成为种种德目的牺牲。教师把儿童当作固守成见的成人一样看待，真可谓“拟不于伦”了。把教师的职务划分为训导、教授、管理，从儿童的发展来看也不切合自然。教师预存着划分的观念，于是在教授的时候，只想着我此刻的职务全在于知识的传授，此外如养成良习、陶冶性情，都非所问。在训导的时候，只想着我此刻的职务全在于诏告善言，免去恶德，此外如事务的经验与技术的修炼，悉非所及。这样做去，前者何异于贩卖的商贾？后者何异于传教的牧师？至于管理，计划事务的设置，稽核学生的功过，倘若离开了教育的本旨，便像商家的会计和社会上的警察了。教师既然如此，儿童的感觉会怎样呢？他们觉得一件一件零碎的知识，硬要他们理解、记忆、练习；然而这些知识并不是他们感到需要的，因而不发生兴趣；只为了教师谆谆督责，从旁逼迫，他们才不得不去理解它，记忆它，练习它。临了去考查他们，他们还并未真个理解，对他们的生活，影响非常之少。因为这样的授受，最好的结果也不过使儿童理解了老师的教授罢了。教师所教授的并不是切合人生的事事物物，儿童并不感到缺少这些知识的困苦，对这些知识自然无所需求，怎么会发生兴趣呢？教授怎么会得到成功呢？他们聆受教师训诲之时，只听得教师说：“你们应当这样!”“遇到什么时候，你们应当怎样做去!”他们可能会想：“我们觉得什么事有兴趣，高兴做就做了，你们所说的遇到什么的时候，我们什么时候才会遇到呢？即使遇到了，要先从脑子里去寻找教师说过的应当怎样做去才去做，岂不麻烦累事吗?”如果儿童提出这样的疑问，我们不能认为毫无理由。也许他们并不提出这样的疑问，只觉得教师的训诲是枯寂的，虚玄的，拘束的，因而不加理会。也许由于特种的原因，他们早已养成了信仰教师的习惯，因而恪守教师的训诲，把教师的训诲作为立身之本，那么最吃亏的就是儿童本身了。

以前担任小学教育事业的人，又把儿童的心理看得太简单太机械了，认为认识、联想、练习、应用等等都是各自独立的事，相互没有联络，没有整统的关系。他们无论教什么东西总是段落分明，按步循序，以为认识的时候只是认识，和联想等等无关；在联想的时候只是联想，也和其他无关。其实无论儿童和成人，他的一思一动，总是心灵和机体的复杂活动。研究心理的时候固然不可不细细分析，按诸实际，哪有一件事像教师教儿童专练什么这样单纯？认识的时候，就是应用旧有的经验的时候；练习的时候，就是得到新的认识的时候；这其间参互错综，果就是后者的因，因还是前者的果，不必分开，也无法分开。如果要勉强划分阶段，以为按步循序，儿童便可以得到真的知识，其弊病就在于不顾整体的统一，忽略了根本。我不得不说这是个劳而无功的方法。

前面的两节说的是教师对于人生没有真实明确的观念：自己不明白人生的究竟，也就不明白儿童的究竟。换一句话说，便是不明白使儿童怎样才算真好。又因为不明白儿童的心理，所设计的德目和科目，以及教育步序方法，往往成为徒劳。而要明白儿童的究竟和儿童的心理，教师非先自觉不可。

教师在没有自觉之前，他羡慕往古，务求侔合，他的人生观只不过是一种虚玄的抽象的观念。这样的观念只能供空幻的默想，影响到行为，便成为笼统、散漫、迷信种种现象，都成事不足，败事有余。有许多人以为人生的究竟只是要生活，这固然不错，然而怎样改善生活，使生活永远继续下去，他们就不去研究了。还有一些人什么都不想，对于人生的究竟从未形成观念，那就更没有可说的了。但是人生终究是实际的，不是虚玄的；生活终究是希望改善和永远继续下去的，不是随时敷衍而是需要有意识的。如果“胡天胡帝”，人生还有什么价值。儿童受了教师的影响，他们的人生也就没有什么意思了。又，教师的训导、教授、管理，既不能引起儿童的兴趣，然而他们那欢喜观察、玩弄、仿效等本能，却仍然要随处发泄的，不在这里就在那里，如果不从合理而系统的路走去，就跑到了散漫无归的荒野。也有一些儿童，他们的本能薄弱，仿佛孱弱的种子，发出的芽细弱可怜，若不加培壅，等不到开花结果先就枯萎了，滋长发荣的本能就此永远埋没了。本能薄弱的儿童接受那不明白儿童心理的教育，就和这细弱的幼芽一样。——可知以前的小学教育，对于儿童没有积极的效果，消极的影响却随处皆是。

以前的教师有时也考察儿童受教育之后，有没有得到实际的效益；谁知一经考察就得了五个字："他们不好学。"因而想，儿童不好学，或者由于他们不懂得功课的效益的缘故，于是细细地给他们讲这科有什么效益，那科有什么用处。又怕他们虽然很愿意得到这等效益，而没有途径，目的难以达到，于是学这科学那科的方法一一给他们讲个明白。这样试验了一番，哪里知道并没有好结果，他们的不好学依然如故。其实，这样的推想本身有两层谬误。第一，以为我们对于一件事物所以能达到"好之"的地步，一定因为羡慕它的效益，贪图它的用处；却不曾想到其中还有解决疑难和应付环境等种种兴趣。第二，以为儿童的心理和习性，和深谋远虑的成人是没有区别的；成人对于事物力求精研，往往有为着未来的功利目的，便以为儿童的心理和习性大约也是如此。实则儿童的各种举措哪里为了什么未来的效益和功利？他们头脑里无所凭借，几曾忽然定出个预计表，而后才有举措？逢到疑难当前，他们只想去弄明白，去应付，所以他们只管自己玩弄，抚摩，观察，试验，在成人看来也许觉得可笑，而他们却有无上的乐趣。他们从解决疑难得到了快感，就欢呼跳跃，继续练习。因为对任何事物都有兴趣，他们就肯练习，新的经验就逐渐增多了。这是真的效益和功利，但是他们何尝先定下个预计表？可知儿童的不好学，一定是学校里的设施不能引起他们玩弄、抚摩、观察、试验的动机，因此不能使他们产生快感，结果就是使他们不高兴去练习。

我们且去考查一下小学校里的设施。我先说人们有一种弊病，凡是一种制度，大家受到了利益，就觉得这是最好的了，必须永远保存下去，不再想还有没有更好的，能使大家受到更大的利益。这种弊病，是从"凡是成立的制度都含着真理"这个概念来的。不知任何制度所以建立，只因为当时可以使大家得到更多的利益，自然就认为是真理。时代向前推移，世事发生了变易，先前的制度就不能满足人们的欲望了，当然应弃去旧的，别寻新的制度。然而一般人却普遍地保守着先前的制度，不肯有所更改，以为仍旧可以满足现在的欲望，这是何等的顽固！以前的小学制度是当年比较有益的，也并非最好的，然而后人仍保守着，当作千古不变的定则。其中最显著的便是教室制度和用书制度。

许多事理往往非常浅显，而且眼前即是；人们看它过分平常，因而不加注意，于是总绕着纡远的道路，行那不切实际的方法。拿知识的获得来说，只不过是欲望、兴趣和努力相连续的结果。孩子看见人步行，非常艳羡，于是本着他的足的本能，努力学步，后来竟自己能走了。只有自己能走了，才可以算知道了走的意义，具备了走的知识。其实任何知识的获得，都与孩子学走一样。以前的教师以为这是孩子的状态，不适用于引导他们成为成人；学走路的过程，不适用于求知识：于是认为过去传下来的制度才是切当的授予知识的方法，哪里知道成人正是孩子的发展，求知识和学步的情形原来是一样的。

教室制度的好处，就在于节省教育的人力和时间，论它的起源，还由于宗教的遗制。于是历世相传，凡是学校都有教室，仿佛是天经地义。大家不想一想：这是最妥当的办法吗？除此之外，有没有更妥当的办法不使儿童受到牺牲，而能收到节省人力和时间的效果呢？我们试想，使欢喜活动的儿童离开了他们玩弄、抚摩、观察、试验的环境，坐在教室里，所占的地位不过一桌一椅，所见到的东西不出于一室之外，所接触的事物就是某某科目，这不是一种特异的拘束的境界吗？在教室里进行教授，教师即使能注意启发，引起旧观念，授予新事物，然而为什么一定要在规定的时间内，提出儿童没有预想到的事物来讨论呢？对于没有预料到的事物即使认真去讨论，哪里及事物当前，自己用思想去应付它那样亲切有味呢？即使有实观教育，得以验证，哪里及在实际生活中遇到事物，自己设法去试验它证实它那样有兴趣呢？在教室里是学习的时候，仿佛出了教室就不是学习的时候了。在教室里须要应用学习得来的知识，仿佛出了教室就不必应用学习得来的知识了。为什么会造成这样的印象呢？就因为教室是一种特异的拘束的境界。虽然并没有向儿童明说，然而事实如此，早已在暗地里默默诏示他们了。

书籍的效用在于传授以往的成绩，流布个人的思想。用书制度的好处，就在于使学生知道这些成绩和思想，并备遗忘。世间倘若没有什么新的发现和发明，把人类的思想行为一一保留在书籍中，那么读书当然是重要的事。但是知识的获得并不专靠读书，读书不过是种种学习方法中的一种罢了。我们为了研究事物，应付事物，为了备自己参考，省却妄费心思，于是去读书。可见读书是一种手段，并不是最后的目的。以前的人对于书籍的概念非常模糊，以为书籍便是知识，所以要得到知识只消读书，于是学校里就有了用书的制度。儿童进了学校，就觉得唯一的重务便是读书，但是不知道读书为的什么。久而久之，自己的生活，实际的事物，他们都淡忘了，心里就只有书籍了。儿童受到这样的陶冶，怎么能不走到知行不能合一的道路上去呢？也有能够知行合一的人，他们多是出了学校之后，从实际生活的经验中自己觉悟过来的。他们的心力全用在书籍上，或者注释，或者讲解，或者记忆，或者议论，自己只处于客的地位；有时也关合到自身，影响到生活，然而不过是摹拟书上所说的罢了。为什么会这样？因为这些知识并不是从实际的经验中得来的。真要收到知行合一的好结果，必须使儿童从实际中获得知识。书籍是非用不可的，是必需的，但是只宜于用来帮助思考，而不应该当作绝对的不可争议的结论。书籍中的种种结论，不是不可以用来做学习的材料，而且正是要使儿童获得的材料，但是怎样获得这些材料，必须让他们自己去经验；倘若经验之后，结论和书籍不同，其中的是非曲直还当诉诸事实，不当盲从书籍。总而言之，学校宜使儿童多多接触实际事物，使他们随处觉得有兴趣，随处可以研究，他们就随处可以获得切己的利益。学校里多备书籍固然是很好的事，但应当摆在图书室里，而不把书籍特定为儿童每天必须接触的东西，这样才能使书籍的权威不超出于实际事物之上。儿童要解决疑难，满足欲望，自己去观察试验，这和查考书籍一样重要。有人以为诵习了书籍，再用事物来做实证，也未尝不是什么办法。不知道我们是为了解决实际的事物才去运用书籍的，不是为了书籍上怎样说，才去找相巧的事物来做证明。所以实际事物是主，书籍是宾。如果照那些人的说法，就是主和宾换了位置，根本的观念先已谬误，还会有什么好结果呢？

儿童在进学校之前，自有他们的生活；进了学校，自然是继续他们的生活。所以两者必须顺着一个方向，不过在质的方面有所不同，便是学校生活比以前的生活合理而有系统。他们将来出了学校，终其一生，把学校生活所得的经验作为基础去应付事物，这才收到了学校教育的效果。倘使儿童一进学校，就把他们关闭在教室里，只让他们诵习书籍，他们的生活境遇可以说骤然改变了。生物的境遇改变了，能渐渐变化以求适应；儿童的境遇骤然改变，他们也会渐渐改变生活，适应那新的境遇。但是这种适应和深谷里的鱼变为盲鱼一样，是一种消极的倾向。学生出了学校，人家以为他们有知识了，他们也以为自己有知识了，实则上真实的知识，不知道究竟得到了百分之几。他们把活动的心性和丰富的兴趣，白白的埋葬在教室和书籍里头了。

有了用书的制度和教室的制度，就不得不分科目来教儿童。与实际生活相比较，就觉得科目的划分有简单和支离的缺憾。学校里选定了若干科目来教授儿童，教者以为儿童一定要学习了这许多东西，方算是一个有知识的人。所以只要进了学校，不管你需要不需要，有兴趣没有兴趣，这些科目是非学习不可的。科目之外，关系人生的事物还有许多，这许多事物因为和日常的事物混在一起而无法区分，就没有列为专门的科目，就够不上教授的价值。儿童倘若在科目之外另有需要的事和感兴趣的活动，因为没有定在科目之中，在学校里只得舍弃而不去弄它。学校里只顾选定现成的科目，叫儿童来凑合，来购买，只为了教者的方便，哪里肯顺着儿童的需求来规定种种设施呢？不妨请教师自己来省察省察，这几个科目能把实际生活中的事物包括得尽吗？这几个科目都是合理而且有系统的吗？只要学习了这几个科目，就能应付人生的种种事物了吗？这种划定科目的教授方法，主客易位，不切实际，能不使知识和实际背道而驰吗？对这几个问题如果不能回答个“不”字，那么可以概括断定：划分科目的方法将使儿童误会科目就是他们的目的。这个误会深入于儿童的心中，科目的价值也就极其微薄了，因为既然把各种科目看作独立的目的，科目的价值自然只限于科目的自身了。若问学生为什么要学习这一科目，他就回答，因为这是一种科目：学历史的原因就因为有历史这一科目，学算术的原因就因为有算术这一科目。科目各个独立，没有共同的出发点，支离破碎，没有相互联络之处，不切合人生的应用，并无实用的价值，儿童何苦耗费心力去学习这等没用的玩意儿呢？

话已经说了很多，现在把上面的意思扼要提纲，再叙述一遍：担任小学教育事业的人，他们的任务观念只在将知识授给儿童，还勉强儿童修炼德行。教育立在这个观念上，得不到良好的效果。这个观念的由来，是没有了解人生的真义，又没有明白儿童的心理。这样的教育“非徒无益，而又害之”，会使儿童受到许多恶影响，其中最显著的就是不好学习，无从得到真知识，不能理会人生的价值。造成这个结果的原因，从方法上讲便是教育的设施不得当，如教室制度、用书制度和分科制度。

我们要使小学教育得到真实的效果，必须先弄清楚以前的种种谬误，把以前的见解和态度尽行抛弃，求个彻底的改造。要知道以前的见解和态度，并不是一定不可以变更的，只要真诚地观察批评，种种谬误自然会显露出来，于是我们就有一种新的要求；有了要求，运用我们的思想可以得到新的经验和知识。这新的经验和知识，其价值就在于支配我们的行动，帮助我们作出计划，使小学教育得到真实的效果。

第一，我们要明白新的人生观应当是怎样一种观念。我们的生活离不开社会，没有社会，我们个人就非常痛苦。这个社会，由于许多人欲求相同，利害相同，感情相同，才组合起来，做一致的有秩序的向前推进的行动。社会和个人的关系密切，不可分割：个人的功利便是社会的福祉，社会的进步就是个人的快乐。既然如此，我们就应该根据自己的才知和能力，做那直接有益于社会的事。然而这也不单为社会，同时为了自己；因为社会进步了，自己便能成为更高尚、更合理、更幸福的人。又因为我和他人的欲求、利害、感情都相同，彼此相助，力量就愈大，收益就愈宏，所以我们尊重我们的伴侣，赞助我们的伴侣。彼此永永相助，社会永永进步，人类方始可以得到圆满的、普遍的、永久的快乐。

担任小学教育事业，便是一种帮助儿童、尽力社会，并有益于自己的活动。然而要使给予儿童的帮助确属有用，要使社会的幸福确有增进，要使自己对于本分确无遗憾，不是担任了就行，还得认清教育事业的意义。小学教育的意义，概括的说来，便是使儿童在行为上得到新的人生观。要达到这个目的，须承认人生必须是自觉的，自动的，发展的，创造的，社会的，而以教育做手段，使学生养成这种种品德和习惯，以至于达到最高的高度。那玄虚的、抽象、仿效、克制、被动的人生观，当然不是现代人所应当具有的，当然不能拘守着作为教育的出发点。

小学教育的意义既然认识清楚了，第二，我们就要想一想：知识究竟是什么？求知识的动机由于需求，没有需求，便得不到知识。所谓需求，就是满足现在的欲望，达到愉快的境地，所以知识是帮助我们计划、支配我们行动的。我们的行动要有意义，计划要收到效果，非有知识不可。我们不是先有了知识，才有计划有行动的。知识的价值全在于即知即行，当时应用。以前的教育叫儿童学习知识技能，预备着他们将来应用，所以儿童在学习的时候就很不高兴。为什么会这样呢？就因为不是他们当前所必需的。教师说："你们有了知识，可供将来应用；你们修炼品德，预备将来进入世间生活。"儿童就会想："我们现在难道不生活在世间吗？现在和将来的分界线在哪里呢？现在的所作所为原来只是预备，那么都可以不算数吗？到了将来，就可以什么都不用预备了吗？"这等怀疑影响到实际，便是没有学习的诚意。如果改变以前的见解，认定儿童的现在就是他们整个人生的一部分；他们现在的所作所为，就需要他们自己去应用知识方能完成；那么他们在当前的环境中有所需求，自然会自己去研究，寻求出道理和办法来，还会自己去试验这些道理和办法是否切合实用，来证实它们的价值。经过这样的研究和试验，他们得到的便是真的知识。试问真的知识有不能支配行动，不和行为合一的吗？

教师有什么可以授予儿童的呢？除却物质的东西可以授受，属于精神方面的知识是谁也不能授予谁的。因为知识是求知者主观的欲望和兴趣的结晶体，离开了求知者的主观便无所谓知识，所以知识只有自己去求，别人的知识只能由别人去应用，我不能沾他的一些光。教师的真知识终究是教师的，与儿童没有关系；教师用语言和文字将古人的和自己的经验一一传授给儿童，即使这些经验千真万确，毫无疑义的，也不一定能使儿童得到真知识。因为这许多经验在教师固然已心领神会、亦知亦行了，在儿童也许不觉得需要，不发生兴趣。如果这样，这许多经验就不会加入儿童的知识的总和。儿童总要在他们的实际生活中有所需求，自己去研究解决的办法，还要自己证实过，经验过，才会得到真的知识。有时他们听讲看书，却不立即信从别人的经验；而运用自己的推想力去寻求实证和实验，最后得到了和听到的看到的相同的结果，这也是他们的真知识。但是这等情形不一定常常遇到，总要自己实际经验实际证实，才能得到真个理解。

我们既然认定知识不是可以传授的，那么对于儿童，我们决不能将现成的知识装进去，而要使儿童自己做将出来；不是使儿童学习了现成的知识，预备应付将来的事物，也不是使他们只为了有知识而去求知识，而是使儿童从事物中寻求真知识，并用真知识来支配他们的行动。儿童遇到事物，发生了求知识的动机，于是亲自去观察，去试验，结果，他们对于这事物得到了一宗新知识，他们在生活中就有了一个新趋向。这种活动创造的能力，什么时候什么地方都用得着，这才是怎样做人的根本方法。学校教育能注重这一点，学生就能不断创造，以谋社会的进步。他们何尝有为了有知识而求知识的观念呢？何尝觉得自己做了求知识这样一件特别的事呢？

知识的由来既如上面所述，那么第三，我们就要想一想：怎样可以让儿童经常有求知识的动机？要讨论这个问题，先要说明一下本能、欲望和兴趣。儿童都有他们的本能，在粗心的老师看来，这没有什么意义，有时还加上一个“无意识”的评语，表示厌恶和不屑道。其实本能正是教育的原料，如果不加以陶铸，对于人生不产生价值，所以无所谓善恶。如果能引导，没有一种本能，没有积极的倾向，不过有的比较容易陶铸成良好的品德，有的比较难一些罢了。教师如果能留心儿童的本能，便可以在教育上找到扼要的手段，随时获得新的经验和知识。儿童的某一本能倘若有善的倾向，便应该设法使他们尽量发展，渐渐成为有意识的习惯；倘若有恶的倾向，便应该设法引导他们转向积极，不使造成恶的结果。阻遏决不是正当的方法，如果将儿童的各种本能阻遏净尽，教育就失去了原料，那还有什么教育？

欲望是人生活动的原动力。欲望的起源由于感到缺陷。渡水不得，便想造船；致远累事，便想造车；推而广之，便是哲学科学，哪一件不是从弥补缺陷起源的。儿童的活动逾越常规，就因为他们对环境感到新奇，非常羡慕，于是引起了求知求行求享受的欲望。顺着他的欲望的趋向，作为教育的入手方法，使他们如愿以偿，才是教育者最应当尽力的事务。顺着他们的欲望，并不是使他们纵欲肆志，而是不加摧残，不与违拗，引导他们满足欲望，归结到合理而有系统的道路上去。他们的欲望有时是不应达到的，或者是扰乱秩序的，这也不可以遏止（无论何人，欲望受到遏止将会何等懊丧!），最好用替代的方法以求补救。他们有了替代的欲望，不蹈空虚，不生恶果，终于得到了满足，那是何等的安慰，何等的快活！倘若为了维持秩序，不想个替代的方法，只一味遏止，秩序固然维持了，却断丧了他们活动的原动力，实在得不偿失。

兴趣是我们生命所寄托着的。一个人的世界，不能大于他兴趣所及的范围，唯有这个范围方是他内在的真实的世界。在他所感兴趣的范围以外，固然有许多事物围绕着他，但是他视若无睹，听若不闻，对他来说，可以说实际上并不存在。平常大家以为，我们的环境便是围绕我们的一切事物的总和，其实我们所寄托的只有我们经验过的一部分事物罢了。所以人的生活，以他的兴趣所及的事物来划定广狭远近的范围。一个人兴趣所及的事物很少，那么他的生活就非常狭小浅近。以前的小学教育，较好的也不过求教授有趣味，至于儿童是否真有兴趣，他们就不管了。他们这样做，怎么能不收到儿童的人生非常狭小浅近的结果呢？今后的教育要着力于扩充儿童兴趣所及的范围，并使他们养成终身的习惯。一个人影响他人的能力的大小强弱，多半靠他自己的兴趣的多少和深浅。无论何人，如果要影响他人，必须同情和了解他人的兴趣所在。所谓同情和了解，就是从他人的观点去看当前的事物。所以教育者须要扩充自己的兴趣范围，更须要真切了解儿童的兴趣可能及到的范围。

要使儿童经常有求知识的动机，须要根据他们的本能、欲望和兴趣，想方法来引导他们的本能，顺应他的欲望，扩充他们的兴趣。教育者要尽这许多义务，仿佛戏台上值场面的人，把种种事物都安置妥当，但是怎样表演怎样说白，还要让演员自己去做。教育是有最终的目的和价值的准绳的，教育者的义务便是使儿童得到合理的系统的知识，确定他们的新人生观。如果能给儿童布置个极其适当的环境，自己却忘记了自己是教师，而且使儿童也忘记了我是个教师，只觉得我是他们的环境之中的一个同情的互助的伴侣，这才是今后所需要的教育者。儿童和教师生活在一个环境里，彼此是同情的互助的，那么学校便是社会，学校生活便是社会生活。

小学教育设施的要义既然如以上说的，那么第四：小学教育的设施应当怎样安排呢？以前的制度既然造成了种种恶果，必须根本铲除，才有改造的基础。今后小学必须的设备是会场，工场，农场，运动场，试验室，娱乐所，图书馆，博物馆，卫生处等等，一个学校便是一个社会；因为各种设施都是从现在创造的，可以脱去历史的拘束，进入比较圆满的境界。儿童进了学校，只是与各种事物相接触，只是觉得有许多事情要做；有必要的时候，他们自然会到会场里去讨论，会到图书馆里去看书。他们对于环境，兴趣所及有所不同；他们各从所好，随时运用心力和体力，或是工作，或是游戏，来满足各自的欲望，便随时长进经验，随时有所创作有所进步。教师对儿童自然要担负帮助和指导的责任，但是教师自身也随时长进经验，随时有所创作有所进步。教学事业就是教师的社会生活，帮助和指导儿童就是他的“尽其所能”。

照上面所说的，儿童在学校里便知和行合一，修养和生活合一。他们的本质是创造的，进化的，所以教育愈进步，他们便养成更健全的人。同时，这样的学校生活便是社会生活，而且更有系统，更有价值，更有改进的精神。他们并不觉得进了一个特殊的境界，游戏依旧，工作依旧，社交依旧，却不知不觉得到了做社会中的一员的经验。全社会都包含着这样的个人，社会便永永改进！

1919 年 11 月 4 日作。

刊《新潮》第 2 卷第 2 号，署名叶绍钧。

职业与生计

我做了八年的小学教师。有几位老辈的亲戚常对我说："你做教员，总不是个事。些些收入，到手便尽，哪里积蓄得起来？还是及早别想法子吧！"我听了这些话，面子上虽则说一声"多承关心"，心里却十二分的气忿；想道："难道小学教师不是职业么？"这样的感触，受得多了。

前天遇见一位朋友，谈话中间提起了别一位朋友。这位朋友说："他现在担任中学的历史地理教员，月薪八十块钱，又不是国文教员有改卷子的辛苦，真写意哩！"我心中便又起了一种很深的感想：历史地理教员和八十元的月薪，是一因一果吗？是相辅相行的吗？史地教员没有改卷子的辛苦，是占了便宜吗？国文教员担负了这项辛苦，是吃了亏吗？再一想，这样的谈话实在时常听到，也不足为奇。

这样的事一时说不完。我做了小学教师，别界的事不大理会，别界中进取奋斗的情形，晓得的还少，只觉得耳朵里常听得什么"运动"咧，"逐鹿"咧，"捷足先得"咧，眼睛里常看到什么"如荷玉成敢忘大德"咧，"倘蒙照拂感同身受"咧，……永远不断。起初我真不懂所谓"世故"，只觉得大家肯做事，肯负责任，却没有事给他们做，未免辜负了他们急功的勇气。后来看到他们把事弄到手了，责任有得负了，却大家极力寻便宜的道路走；薪金可以多得一些，便大家钻上去；事可以少办一些，便大家退下来：我渐渐觉得自己的判断不对，终于证明我是个不谙世故的人。

从上面所说的看来，可以知道一般人对于职业的观念。他们以为职业是维持生计的，单单是维持生计的；职业是手段，生计是目的。这一项职业所得的酬报——维持生计的程度较高，便是较好的职业；大家都羡慕着它，想取得它。更从反面推想，有私产可以维持生计的人就不必有职业；便是现在有职业的人，只消把所得的酬报储蓄起来，到了够维持将来的生计的时候，也就可以不务职业。总而言之，为有生计问题，才有职业问题，倘无生计问题，便没有职业问题。

观察现在社会的实况，一切的官僚、政客、军人，哪一个不为自己的生计？不过他们所谓生计，范围较广，于衣食之外，还有声色货权种种，也包括在内。他们几曾想到自己的职业是不是有效益，是不是无愧于良心，是不是社会所必需的。此外务农的、做工的、经商的，任各种职业的，辛苦经年，劳劳终身，哪一个不说："我们不为别的，只是要吃饭。"他们几曾想到事业的进取和兴趣？所以他们从事职业，是被动的，强制的，不得已的，并不是自发的，愿意的，负责任的。他们肯做，肯劳动，有一条唯一的索子系着他们，便是生计。倘有别的法子，可以不务职业而维持生计，职业便抛向九霄云外去了。社会内求神祈福的迷信，看风水问星相的习俗，至今还存，买彩票义赈券和赌博的风气，至今更甚，便是我这话极强的证据。

我们要研究把维持生计作为从事职业的目的，于个人于社会有什么影响。有许多事务是很不人道的，然而它可以维持一般人的生计，就也叫做职业。像耕种田地和工厂里做工，所受的精神上物质上的待遇，自然是极难忍受，然而为着少量的佣资，只得忍着苦，耐着辱，不顾自己的人格，放弃天赋的权利，忍受下去。有时也许忘了痛苦，也无所谓耻辱，什么人格和天赋的权利，自然不成话说，只因这个职业可以维持我的生计，便非常感激它。康白情君的《女工之歌》，便是这一等人的心声：

一

我没穿的，

　工资可以买穿。

我没吃的，

　工资可以买饭。

我没住的，

　工资便是房钱。

我再没气力，

　他们也给我两角一天。

他们惠我，惠我！

二

我有儿女，

　他们替我教育。

我有疾病，

　他们给我医药。

我有家务，

　他们只要求我十点钟的工作。

我有孕娠，

　他们把我几块钱让我休息。

他们惠我，惠我！

这一等人不晓得自己过的是奴隶的生活，也不晓得自己的勤务究竟有什么价值；不识不知，只是要活命。将他们的弱点的总和取个名称，便是“不自觉”。社会中从事生产、维持社会安全的，却都是这等不自觉的人。他们一方面既不自觉勤务的真价值，所以种种业务，但承着前人的遗法和成例，只消一无缺漏，便算充其能量，决没有改善和创新的希望；一方面又不自觉所处的地位，所以不想改革制度，趋向新的合理的生活。这不是阻碍社会进化的两大原因吗?

有许多职业虽是很重要很有意思的，但是从事的人并没有这许多职业的经验和知识，便连这许多职业的自身，也退入无用之列。像医生和教师，一担当养生却病的重责，一担当启导未来的大任，是何等重要！然而考查社会实况，悬壶问世的到处都有，而疾废病死的总数不见减少；兴学施教的遍于乡僻，而衡量真实的效益竟无可指：怎不令人不疑惑这两种职业为终竟没有价值呢？果真就事论事，不杂别情，什么事都简单得很，容易解答，对于一种职业没有充分的经验和知识，那么不干就是了。明知道不能干，却偏要勉强干，这是为何？原来有个生计问题在背后鞭策着他们，不容他们审慎和思量，总得先把这个问题安顿下来才行。什么事务谋干得到，什么事务适逢其会，便算是他的职业，更何暇计度胜任不胜任，能干不能干。他们把职业认作“传舍”，由彼易此，由此易彼，都无不可，只待生计问题指挥着他们走。所以他们永远只有偶然的职业，没有正确的职业。这一等人自然也说不到能够自觉，在社会中很占多数，不是直接生产的职业，差不多都是这等人担负着。从外表看来，他们似乎事事能干，其实事事能干等于一事也不能干。他们和职业既然是偶然会合，不将经验和知识做业务的资本，哪得使他们的职业产生有价值的结果？又因人人要舍去现任的职业，趋向其他的职业，所以便是业务上循例的进行，也时常有所妨碍。一方面他们在那里患得患失，此沉彼浮；一方面业务时虞停顿，社会便陷入于不安全的状态。今日的中国正所谓“非其时矣”！

更有许多事务，从它的本质说还够不上叫什么职业，却有一班人依靠着它维持自己的生活。像贩卖伪品的商人和荷枪背弹的兵士，社会中也就不少。为什么不贩卖真货而贩卖伪品，把伪品卖给他人时心里是怎样想的？持枪威胁别人是何等样的事？白吃白穿究竟亏损了谁？这些都是他们不懂得管也不愿意管的。他们只知道这样做了可以维持他们的生计，就认作自己的职业。在他们看来，什么事情都没有生计重要，只有生计是唯一的重要；能够维持生计的便是正当的，应该做的。其实这等事务，社会上并不真需要它，原没有存在的理由；它所以有存在的立足地，就因为这一等人据它为自己的职业。既然如此，它自然无成绩可言，然而影响却非常之大，社会上直接或间接受他的损害一定不可数计。因为从事这等事务的人固然维持了自己的生计，但同时破坏了别人的生计。从事这等事务的人愈多，生计被破坏的人也愈多，这就是社会大乱的原因。

从以上三段意思，可知在现在的社会中，种种事务只有停顿和弄得一团糟，即使好一些，也不过保持已往罢了，决没有革新和改进的希望。在社会中最占势力的只有几种不正当和没实际的事务，正当的事业反而退居势力极狭小的地位。并且后者被前者破坏，还岌岌可危，几乎不能存立。因此社会只有不安全，只有捣乱，决不能创造出一种新的局面，大家过新的生活。这里头的根本原因，就在一般人的没有自觉。他们吃了苦，不想怎样可以免除不平等的待遇，不想怎样可以解放；任了职务，不想怎样可以对职务尽力；做了恶事，不想怎样累了他人，却只顾奉着唯一的金训——“维持生计”，自然要捣乱秩序，阻碍进化，徒使社会上留着许多耻辱的标志了！要望社会有真实的改造，还得将一般人对于职业的谬妄观念打破，别立一个新的观念才行。

正当的观念，自然要从谬妄观念的反面去求：一边把从事职业看作是报恩，是偿债，一边就应当不承认人间有施恩者和债权者，却另有必须从事的理由。我们试想，我们不能离开社会而生活，说到人生，便含有社会的意味，无论物质的一衣一食，精神的一思一虑，都取资于社会，附丽于社会。社会的存在和进化，全赖我们各各从事职业，努力工作。可知从事职业是自主的，创造的，目的在于谋共同生活，不是报谁的恩，偿谁的债。现在社会中一般的人，明明做的极有价值的事业，却以为唯此所以报人家全我生计的恩，固然愚昧可怜；那一辈滥竽业务，实不胜任的，以为挂着名儿便可交换生计的要件，也是一样的不明白；至于务作不正当的业务，以全一己之生计，这非特报恩，实是作恶，非特偿债，实是赖债了。我要请你们注意：共同生活是最幸福的生活。你们尽力于职业，便是共同生活的下手方法。果能各各尽力，所收效果远在仅仅维持生计之上。你们想望这个乐境么？如果想望，请先确立了对于职业的新观念！根本既立，就有下列的见解：

有益 有益的职业包含必需普遍的意义，凡可以使人类在物质上精神上得到满足的快慰的，都叫做有益的职业。若是非人类所必需的，或反而有害于人类的，或一部分人受益而余人不得享受的，就不能叫做有益的职业。凡属有益的，必需的程度同，效益的普遍同，所以没有尊卑高下，所以平等。灌园种菜和攻学著书，一样的重要，一样的有价值。

胜任 人的知能，万有不齐，倘若自知明确，择定一种最适于己的职业，自能收十分的效果。原来事务没有胜任的人去干，人没有选宜于己的事务干，勉强牵合，把事务弄糟了，人也气短了，这是个最不经济的办法。我们从事职业，不但当问有益无益，更要紧的是问哪一件有益的事我能不能干。必须自信不疑，知道自己的知能确能担负，然后运用心力去干。这个心力绝无虚耗，无不与社会以良善的效果，无不使施者在物质上精神上得到满足的快慰。

兴趣 一种业务既是我所胜任的，往往锲而不舍，终身以之。因为无论何事，习久则精熟，到了精熟的时候，所谓不期然而然，只觉得干这一件事是一种嗜好，一种浓厚的兴趣，并不受他力的逼迫，自然努力起来。兴趣和努力循环不息，社会的进化也永永无已。

理想的实现 超世间的生活是超人的事。我们所想望的乃是理想和实际一致的生活。我们认为哪一种生活好，总想一蹴而至，竟实现了它，这是我说的理想和实际一致的要求。我们高谈人生究竟和人生真谛，若永远只是抽象的说话，没有具体的事实，于人生实际上丝毫没有益处。从事职业便是人生的究竟的具体的行为，也是理想和实际一致的一个接榫，因为它是一种发展，一种活动。我们的精神生活要直觉它的本体，显出它的作用，总非依托一种业务不可。各个人的精神生活，在各个人的职业上得到着落，否则便是虚玄的想法，无当于实际。

将以上四项贯穿起来，就可以给职业下一个定义：职业是有益于人类的，自己所能胜任的，全体为兴趣所涵濡的，实现我们的理想的一种活动。

然而生计问题是实际问题，当社会中的群众没有全体觉醒的时候，便是对于职业持新观念的人，多少仍旧要受到这个问题的支配；那么理想和行为终不能全然一致，这是何等的烦闷！所以我们对于生活问题必须得个解决。但是持着报恩和偿债的态度去从事职业，决不是个解决；所必需的乃是根本的彻底的解决。这生计问题所以成为唯一重要的问题，就因为有那历史的谬误的结晶体——资本制度。这个制度不打破，各个人从事职业的目的就不得不趋向着它；便是观念改变，实际上还只得趋向着它。我们果真要为共同生活而从事职业，同时就有打破和这个目的为敌的资本制度的必要。要知在资本制度之下，决不容有真的谋共同生活的职业。唯有将它打破，人类方才有合理的生活，社会方才有真实的进化。同时“生计”两字也就不成问题，凡是人类，都有享受满足精神上物质上的欲望的材料的权利。这才是根本的彻底的解决。从此便知生计问题是暂时的，旁支的，独有职业问题是本体的，是永久性的。所以职业的目的决不是生计；决不是为有生计问题，才有职业问题。

据罗骚的意思，人类的冲动大概可分占有的和创造的两种。占有冲动，易于引起种种恶德，自己占有，往往妨害了他人。创造的冲动却不然，我之所得，并非人之所失。我们从事职业，推研原始也是一种冲动，在两方面都可以立足。若是认它的目的为维持生计，便立足于占有的一方面，致使业务没有进化，社会失却辅协的作用，而呈病态现象。对于职业的新观念，却纯粹立足于创造的一方面，所以得增人类的幸福，促社会的进化，后者要说它属于占有一方面，也无不可。不过合全人类为一大我，而求占有，和前者有所不同罢了。社会需求于我们的，便是根据着这个，从事我们的事业。

刊《新潮》第2卷第3号（1920年4月1日），署名叶绍钧。

评女子参政运动

“参政”这两个字，在一般人的眼光里含有一种不好的意思。他们的观察点集注于以前和现在的状况，只见治者阶级夺人权利，侵人自由，便深恶痛绝的叹一声：“政治乃万恶之源！”这也不能怪他们，凡有人心的人当然有这等的悲悯。但是试想：“万恶之源”是不是政治的自身？我们痛恨政治，不去管它，这样消极抵制，究竟是不是自己多吃些儿亏？我们何不将以前和现在的状况改换过来，再往前做去，使“万恶之源”化为“至善之府”？从这样想，参政并没有不好的意思。那些自居于治者阶级，弄权侮人的，固然是人格堕落的恶德，我们不愿去学他；至于参与人群的组织，去谋全体——自己也在内——的福利，正是我们的天职，志愿，唯一的业务。

上面说参政是我们的天职，志愿，唯一的业务，这“我们”两个字，自然合男女而言。因为男女都是“人”，都是人类的一分子。有许多人从知识上和经验上判别，说女子不宜于参政；还有人和我上面所说的一般人一样观念，说女子是高贵俊秀的人，犯不着跟着男子一起堕落，卷入政治的旋涡。后面这般见解，我已经说出了它的不彻底。至于智识和经验的问题，都是从环境和历史上来的，环境可以改造，历史可以不遵，如若不能证明女子在本质上不配参政，那么女子就能够参政。更进一步说，即使女子的本质真不配参政，然而为人类的总福利，为女子自身的权利和义务起见，也应当渐渐变易本质，以期能够参政。

现在的社会还建筑在男子的精神能力的上面，女子不全都属于独立的地位，就不能说是完美的社会。理想中的将来的完美的社会，一定由全体男女各出智慧，各奋能力，而组织起来的。那时候“男”呀“女”呀，不成为习用的类名来表示两种势力不同的人类，“女子参政”更属不成问题了。

近来万国女子参政同盟会致电我国女子团体，邀请加入，我国就也有了女子参政同盟会。我不明白外国情状，不知这个万国女子参政同盟会期求的范围是怎样，但是这段新闻引起了我的一些思念。我以为我国的女子参政运动，应当从政治的广义方面着手，不当单单去要求取得选举权。换一句话说，就是女子应当鼓起一种运动，使自己能加入社会上不论什么组织。若论现状，我国社会上各种组织里，女子能够加入的——如学生男女共事，还是少数。有女工人，而工人的组合里没有她们；有各种公务局所，而没有女子在内任职；有青年会，而另设女青年会……列举不尽。这不是摈女子于方外，看她们做特种的人么？女子要取得自己的权利，克尽自己的义务，并且要使社会进于更完美的地步，非先将这等状态打破不可。既打破了，社会上各种组织里便都有了女子。到那时投票和被选，当然也有女子的份；女子参政就此“水到渠成”了。况且参加社会上的各种组织，比较单单取得选举权来得更切实，更重要。至于怎么能够参这个广义的政，那就要靠女子自己的努力和奋斗了。

1920 年 5 月 13 日作。

刊《妇女评论》第 1 卷第 3 期，署名圣陶。

记徐玉诺

假设我没有记忆，
现在我已是自由的了。
人类用记忆把自己缠在笨重的木桩上。

这是玉诺许多杂诗中的一首。他对记忆最感愤慨，他辨出了记忆的味道。在又一首小诗里，他说：

当我走入了生活的黑洞
足足的吃饱了又苦又酸的味道的时候，
我急吞吞的咽了咽；
我就又向前进了。
历史在后边用锥子刺我的脊梁筋；
我不爱苦酸，我却希望更苦更酸的味道。

他的记忆确是非常酸苦的。只就他的境遇来说：他的家乡在河南鲁山县，是兵和匪的出产地。他眼见掮着枪炮杀人的人扬长走过；他眼见被杀的尸骸躺在山野间；他眼见辛苦的农人白天给田主修堡垒，夜间又给田主守堡垒，因为要防抢劫；他在因运兵而断绝交通的车站旁边，眼见在尘土里挣扎的醉汉，只求赏一个钱的娼妓，衙门里的老官僚，沿路赌博的赌棍，东倒西歪的烟鬼和玩弄手枪的土匪，而且与他们作伴。当初与他一起的，后来他觉得他们变了，虽然模样依旧，还能认识；这更使他伤心得几乎发狂，尝到了记忆的最酸苦的味道。他曾经对我说："在我居住的境界里，似乎很复杂，却也十分简单，只有阴险和防备而已！"我虽然不知道他所有的记忆，只就"阴险和防备"来想，倘若拿来搁在舌尖上，就足以使我们哭笑不得了。

他咒诅"阴险和防备"的境况和人物的诗很多。在这样的境况和人物之中，当然只有咒诅，只有悲痛，而无所期求。但是在咒诅倦了，悲痛像波浪一样暂时平息了的时候，他羡慕"没有一点特殊的记忆"的海鸥。当然，他要像海鸥似的，漂浮在"不能记忆的海上"生活，是做不到的。所以他赞美颠倒记忆的梦幻，羡慕泯没记忆的死灰，以为在这两种境界里，尝到的总不是现在尝到的酸苦的味道了。但是，梦幻不会破空飞来，死灭又不可骤得，这又引起他深沉的悲叹。试读以下两首诗：

现实是人类的牢笼，
幻想是人类的两翼。

一只小鸟——失望的小东西——
他的两翼破碎而且潮湿；
他挣扎着起飞，
但他终归落下。
呵，可怜的脱不出牢笼的人呀！

——《现实与幻想》

自杀还算得有意义的：
没意义的人生，

他觉得自杀也是没趣味。

——《小诗》

不过他在一首《春天》里，起先叙了小鸟、小草、小孩对于春天的赞颂，以下说：

失望的哲学家走过，
逗留着无目的的寻求；
搂一搂乱发，
慈祥的端详着小鸟，小草，小孩……
仿佛这……告诉他说虚幻的平安。
倦怠的诗人走过，
擦一擦他的眼泪，微笑荡漾在枯皱的额上，
仿佛这……点缀了他梦境的美丽。

在现实的境界里，足以使他暂时满足的只有“虚幻的平安”和“梦境的美丽”的自然景物了。他最喜爱和自然景物相亲；不仅相亲，他能融化陶醉在自然景物之中，至于忘了自己。去年的初夏，他到杭州去，中途在我的乡间住了三天，那正是新苗透出不容易描绘的绿，云物清丽，溪水涨满的时候。我因为工作忙，不能每天陪着他玩。他看惯了中原的旷野，骤然见到江南的田畴，格外觉得新鲜有趣。他独自赤着脚，跨进水齐到膝盖的稻田，抚摩溪上的竹树，采访农家的小女孩，憩坐在临门的小石桥阑干上，偃卧在开着野花的坟墓上，回来告诉我说：“我已经领略了所见的一切的意思。”后来他回鲁山去了，还在信里问起他抚摩过的竹树和踏过的稻田。他描写景物的诗，与其说是描写，不如说是他自己与自然融化的诗，都有奇妙的表现力，“这一片树叶拍着那一片”，“一片片小叶都张开它的面孔来，一个个小虫都睁开它的眼睛来。”他常常有奇妙的句子花一般怒放在他的诗篇里，不在于别的，在于他有特别灵敏的感觉。他并不是故意做作，感觉到这样，就这样写下来了。不仅是写景物的诗，他所有的诗都如此。他并不把写诗当一回事，像猎人搜寻野兽那样。在感觉强烈，情绪兴奋的时候，他不期然而然地写了；写出来的，我们叫它做诗。他的稿子往往有许多别字和脱漏的地方。我曾经问他为什么不仔细一点儿写？他说："我这样写，还恨我的手指不中用。仔细一点儿写，那些东西就逃掉了。"这就可知他的诗有时不免结构松散，修辞草率的缘故。但是也可知他的诗所以那么自然，没有一点儿雕凿的痕迹，那么真实，没有一点儿无谓的呻吟。

他虽然有时陶醉在自然里，但是"记忆"像锥子似的在背后刺他，他不能不醒来，醒来的时候当然还是愤慨；他在福州，大半是为了吃饭，所以他觉得"勉强"。他曾经对我说："我一切都有些勉强。"既然"勉强"，热带的密林和微风的海边，于他都漠然了，他只是恋念遥远的故乡。故乡虽然是兵和匪的巢穴，然而有他的母亲父亲在那里。他还没到福州，在途中就有一首题为《给母亲的信》的诗：

当我迷迷糊糊的思念她的时候，
　　就心不自主的写了一封信给她。
——料她一字不识——
待我用平常的眼光，
　　一行一行看了这不甚清晰的字迹时，
我的眼泪就像火豆一般，
　　经过两颊，滴在灰色的信纸上了。

他写了许多恋念故乡的诗。在那些诗里，爱慕母亲之外，还记挂鲁山的山谷，草原，田园，家里的小弟弟，两头母牛，三头牛犊，以及父亲的耕耘，小弟弟的玩弄小石子与他自己的割草。他的心时时飞过林原和海天，翱翔在所爱的故乡。他的爱实在很热烈而广大。他所以有咒诅的声音，就像鲁迅先生说爱罗先珂那样，叫做无所不爱而不得所爱的悲哀。所以他一方面咒诅，一方面又宽恕被咒诅的，同时还加上十分的怜悯。这种情形在他的诗里时常可见。从这里就可以推知他对于和他心灵相通的几个人是怎样的热诚而天真地相爱了。

他脸色苍黄，眼睛放射出神秘的光，“乱发乘风飘拂”，不常剃的短髭围着唇边。绍虞兄看了他的相片，说他是个神秘家。我说有些儿意思，但是你如果与他见面，即使不开口谈话，就能感到他真朴的心神。在他乘着小汽轮来我的乡间那时候，我在埠头听见报到的汽笛，期待的心紧张到十二分了。汽轮泊定，乘客逐一登岸，我逐一打量。在许多客人的后面，一个人穿黑布衣服，泥污沾了很多，面貌像前面说的那样，一手拿一个轻巧的铺盖，一手提一只新的竹丝篮，中间满盛着枇杷香蕉等果品。我仿佛受着神秘的主宰命令似的，抢先紧握着他的胳膊，“你——玉诺?”他的目光注定在我的脸上，几乎使我想要避开，端详了一会儿，才把铺盖也提在提篮子的手里，随即紧握着我的手说，“你——圣陶!”这当儿有一种说不出来的感觉，只感到满足，至今也忘不了。

刊《文学旬刊》第39期（1922年6月1日）。

原题《玉诺的诗》，署名圣陶。

教师问题——希望于师范学校和师范生

要一个政府的政治修明，似乎算不得很难的事，凡是当政的人都请优秀的人充任，便能达到这个目的。要一条街上的各个人见解明白一点，知能提高一点，至少升到跟水平线相齐，那就非常困难了。因为人的数量这么多，种种关系这么复杂，像一团乱丝，岂是随便就能理清楚的？要达到这个目的，大家知道而且惯说的，只有依靠教育，依靠普及教育。这是谁也不能否认的，我当然十分信服。

普及教育的办法有多端，我想，我现在要说的教师问题应该是其中的重要一项。没有教师，教育无从实施；没有教师，受教育者无从向人去受教育。人们说："这是谁都知道的。而且现在的小学校里，哪一个学校缺少了教师？何必再要你说！"我以为不应该这么说。教师问题，不单讲有没有，还该讲好不好，能不能胜任。教师是好的，胜任的，我们才可以说有了教师。否则，即每城每乡每村都有学校，学校里都不缺少教师，我们只能说没有教师，普及教育的目的仍然很渺茫。

我看见美国门罗先生调查中国教育状况后谈话的记录，他说：中国的小学教育很不坏，最不行的是中等教育。但是根据我亲自的见闻，我不很相信他的谈话。他所到的只是几处都市；在这几处都市里，他所到的又只是几个有声誉的学校。就在同一的都市里，他不曾到的学校有多少？这几处都市之外，他不曾到的地方又有多少？这样想来，可以知道我们决不能因为他这一句话，而欣幸小学教育有了什么成绩。至于我的亲自的见闻是什么？就是小学教师的不好和不能胜任。

除了相信教育，以教育为一种趣味的少数教师以外，一般教师的情形是怎样？我不必特地描摹，请有心人自己去找几个小学教师，或是亲戚，或是朋友，看看他们的思想行为和他们对于职务的观念。如其没有相识的，在茶馆里、酒肆里、公园里、赌场里、彩票店里，你可以遇见他们，也可以满足你考察的愿望。若在乡村间，研究三元地理的先生改充教师了，富翁的儿子因避免游荡之名而任教师了，鼓吹的乐工因识几个字而兼任教师了。我永远不肯相信，教师的职务只在教几个一点一画的字；我更不肯相信，思想行为和职务观念对于任教师这件事是没有关系的。而现实的情形，偏是我所不肯相信的！

不顾实情，闭着眼睛处理，这也是极容易解决的事。教师不好，不能胜任，换掉就是了。但是谁去接替？这个问题又是不必想就可以回答的，有师范生在那里。固然，现在的教师之中也有一部分是师范生。但是试问现在的师范学校是什么情形？它和普通的中学校有精神上的区别么？它曾经留意过特地造就良好的小学教师么？如其不能回答一个“有”字和一个“曾经”，那末它的成绩就很难说了，即使学生的成绩并不很坏。又试问没有出校的师范生是什么情形？他们虽然在师范学校里，却很鄙夷小学教师这桩事业；越是优秀的，鄙夷的强度也越利害，若不是真个无路可走，毕业后决不肯自愿投入小学教师的网里。所以时间一年年过去，师范生一班班毕业，小学教师中却仍旧有三元地理先生等等。

这也不能怪三元地理先生等等，好的教师譬如是太阳，他们就仿佛爝火。在太阳不曾出来以前，爝火虽微，总有一点用处。三元地理先生等等不是确曾教孩子们识了几个一点一画的字么？倘若不是他们支撑场面，孩子们要识字也没有机会了。至于他们所以居之不疑，我想有两种原由：一、这究竟是一个饭碗，虽不丰满，却是比较高雅而写意的饭碗；二、明知自己是爝火，待太阳出来也情愿交卸，但是太阳总不出来。就是我，虽然任了多年小学教师，始终自知是一点爝火，同三元地理先生等等一样。等待了好久，只不见太阳出来，而自己的不胜任为教师却越来越明白，终于不敢当教师了。到了最近，更发见不胜任教育自己的孩子，对于一个五岁的孩子时时发愁。若是什么地方有太阳，我愿意将他送给那太阳。但是，太阳在哪里呢！

我写这篇文字，意思在希望小学校里出现太阳。所以我不再写丧气的话，而想对于师范学校贡献一点愚见。第一，我希望师范学校的章程中多加一条，说明凡来入学的，毕业后必须当小学教师。有了这一条，视师范为普通中学的学生就不会来了，章程中的半途退学罚费的规定就有用了，知照县官任用师范毕业生的办法也有效了。否则，一个毕业生可以不当教师，就可能全班大家都不愿当教师。果真如此，师范学校有什么用处？第二，我希望师范学校要认清楚它是师范学校，它的任务在造就良好的小学教师。具体的办法，恕我说不出，但是我知道一定与普通中学不同。这两层做到之后，在学者因趋向已定，事业已决，得以安心学习；施教者因标的既具，成绩立见，得以尽力设施。结果一定能使现在的小学教育真个改变一些面目。

师范生不愿任教师的原因当然有许多。我想物质的原因或者是重要的一项。我不信一辈人唱的高调，以为教育是神圣的事业，不是为糊口计的。事业尽管神圣，只要我们能尽职，正不妨借此糊口，而且唯有这样地糊口才是正当。所以看教师事业为一个饭碗，若不加上消极的意思，决不能算是卑鄙可耻。现在这个饭碗却难说了，除开城市，单说大多数乡村，教师月薪在十元以下六元以上的已算优越。这就只能由三元地理先生等等去兼任了。更有所谓学务委员，对于教师们有非常的权力，对于金钱有特异的爱好。他们要从中侵蚀，他们要保持权力，亦唯有录用三元地理先生等等，而优秀的师范生决不愿意受这等苛刻的待遇。

我们不自认为弱者，谁愿意受人家的苛刻待遇？但是因为不愿受而退却不前，仍旧落于弱者一面。既为师范生，教师就是终身的事业；前途的发展是应负的责任，障碍的破除也是应负的责任；各县财政的支配，教育经费的支配，不应为公众、为自己而过问么？若自问真能尽职，老实不客气，很可以明白地提出要求，要一个丰满的饭碗。对于监督者的溺职和舞弊，不应为公众、为自己而反抗么？唯其没有人反抗，才有人越出了范围，公然地无所顾忌地为所欲为。教师发出了反抗之声，才能够在自己的范围内作好应作的事。

我希望师范生都为教师，为学校里的太阳，代替以前昏暗不明的爝火。这使我们有一种骄傲，得以向人家说，"我们不但有教师，而且有好的胜任的教师了!"于是乎这件烦难的工作，就是要一条街上的各个人见解明白一点，知能提高一点，至少升到跟水平线相齐，有成功的希望了。

我这一点浅薄的意思，是在对着五岁的孩子发愁时想起的。

1922年6月9日作。

刊《教育杂志》第14卷第7号，署名叶圣陶。

第四编　诗歌

春　　雨

霏霏的几天春雨，
　登楼远望，烟树迷离。
那洋泾港畔的平田，
　早披上绿绒衣。

还记去年初夏，
　看农夫插秧在那里，
还记稻穗经风，
　宛如大海碧浪无边际，
还记农夫割了串串黄金穗，
　舂成粒粒珍珠米。
　　——都像是眼前的事体。

霏霏的几天春雨，
　平田又披上绿绒衣。
转眼间如箭光阴，
　又到麦秋天气。

稻哩，麦哩，轮流更替，
　同在一块田里。
是不绝的生机！
是无穷的地利！

刊《新潮》第1卷第2号（1919年2月1日），署名叶绍钧。

我的伴侣

我的伴侣呵！——政客，官僚，军人。
你也有微妙和爱的心灵，
　但轻轻的遮着一层薄云。
你也有承前启后影响社会的责任，
　但淡淡的忘了“哪里是前程”。
你躺在泥潭里，不自知觉，
　反道“现世便是黄金”。
你笑着说，得意着说，
　我只听得一片可怜的声音！
你笑着做，得意着做，
　我只看见一派可怜的行径！

我的伴侣呵！你以为
　你现在的行为可以淑世？
我把“君子之心”度人，
　也承认你的志愿，热心，勇气。

但请看你那行为的结果，是什么样子？
　为何有衣食不足的哀鸣？
　为何有精神烦闷的悲吟？
　为何单用“物质”两字，形容“文明”？
　为何令一般“忧世者”，理性不能调和感情？
恐怕你那志愿，热心，勇气，
　是白用了吧？没意思吧？
走错了路，就该转身，
　你也转身吧！

我的伴侣呵！你以为
　你现在的行为是维持生命必需的？
维持生命，原是天赋的权利，人人应得，
　不能维持时，便当彻底讨究，根本解决。
倘若委屈求全，谋衣谋食，
　生命果维持了，精神上怎不加上几重郁结？
再请你想，有别的方法维持生命吗？
　这是人生最要紧的事吗？
维持生命的材料，像春郊的草，
　俯拾即是。
你却走了迂远的路，埋没了精神去取它，
　值得吗？

我的伴侣呵！我祝祷你从泥潭里跳将起来！
　一点心灵，把薄云冲碎，
　认对前程，把南针准对，
抛却你的政策，威权，兵器，

运用你的智慧，可以谋利世的计划，撰利世的文字，
运用你的体力，可以制造器具，种植禾黍。
到这时，你是学问家，也是工人。
再请看世界，是不是更为光明?
　你的生活，是不是更为幸运?

1919 年 8 月 23 日作。
刊《新潮》第 2 卷第 1 号，署名叶绍钧。

地　　主

无休无歇，连朝还暮，
　梅子黄时雨，
早恼了地主的心绪。
“他们——佃户，
　不知好歹，只想便宜。
有了这场雨，怎不借端生事！”
　他自言自语。

雨只是不停，
　佃户来报荒：
“田里早已一片汪洋！
透土四五寸的新苗
　像水草般在水底荡漾。
眼见今年是全白了，怎样？”

“你们晓得官府的告示煌煌：

‘粮从租出，租由田完’，谁能更张！
你们敢抗租么？
　那可不敢抗粮！”
这几句话，
　他真想了半晌。

秋季的一天，
　他去察看田亩。
是他第一回认阡陌、
　辨禾黍的时候。
归来高谈阔论道：
　“一切都已看透。
吾走遍田野，十足收成的尽有。
　那全荒了的，实因佃户懒惰的狗！
倘若剔荒征熟，未免便宜了他们；
只有通盘筹算，打个九五折头。”

刊 1920 年 3 月 1 日《民国日报·觉悟》，
署名圣陶。

人力车夫

他并没预知将要向这条路奔去；
他不见得喜欢向这条路奔去；
　——他奔的路，由命运指挥着。
我袋里有铜子，数目足以付他的索价；
　坐上他的车子，
他就努力的，盲目的，
　向我所要走的这条路奔去。

这不比种田，
　有那“生生不息”的“生命之流”，
　感动、安慰耕者的灵魂！
这不比制器，
　有那“精妙纯美”的“心力之具体表现”，
　涵濡、留存作者的精神！
这不比文学、音乐、绘画，
　和“大自然”同其呼吸，

　合“真”“美”“心血”为结晶！
只有努力的，盲目的，
　向命运指挥的路奔去，
便历尽永劫，
　怎么会“艺术化”呢？

他拖着我走，
　我只看见他深赤如酱的背。
他的右肩耸起，成个锐角，
他的脊柱，弯曲了。
他跑过了十几家门面，换着缓步；
　挺一挺胸，吐一口气，
　——他屡屡如此。
他的躯干，还不及我壮健，
他的年龄，许比我加上一倍。
他虽受了我的铜子，
　送我到我的目的地。
我的良心上，总印着
　不可名言、不可磨灭的不安。

刊1920年8月19日《晨报副刊》，
署名圣陶。

两行深深的树

两行深深的树——
　榆树，榉树，银杏树。
这是三月的天气，
　树枝纷披下垂，
　树叶刚透着嫩绿。
但是映着无力的斜阳，
　便呈现了惨淡的金黄色。
许多小鸟，不知它们在哪里，
　只听见它们不绝的鸣声，
　——更没别的声响。

从两行深深的树里，
　露出一所建筑的门，
　只见一半——寂寂的开着。
这是什么境界？
　清冷！幽峭！沉寂！

仿佛有几位教士，
　熬着枯寂的生活，
　板着冷峻的面孔，
　在里边讲什么经。
还有许多小信徒，
　天天挟着什么经来这里边听讲。
但是信的什么，求的什么，听的什么，
　他们自己也不晓得。

这样一天一天的下去，
　怎不到了叶残树枯的时候！

刊《妇女评论》第2卷第2期（1920年10月1日），
署名圣陶。

夜

你将世界包裹！
虽然有煤灯电火，
　但是一切都生了阴影，
显见你是幽晦的，严密的，
　最高威权的包裹！

在你的王国里，
恒河沙数弱小的心
　各各在那里跳动：
茫昧的恐惧，
生命的厌恶，
失望的叹息，
如愿的满足，
别离的啼泣，
狂欢的搂抱，
恶意的陷害，

标榜的赞扬，
沉湎的痛饮，
蜜恋的低唱，
——是跳动的符号。

冲决你的包裹！
毁灭你的王国！
光明的曙色与世界接吻，
弱小的心才得救啊！

1920 年 10 月 12 日作。
收入“文学研究会丛书”新诗合集《雪朝》，
商务印书馆 1922 年 6 月初版。

儿和影子

儿见学生体操，
　回来教他的影子。
他两臂屈伸，上举垂下，
　更迭不已。
“一，二，三，四，
　五，六，七，八，
　九，十，十一，十二，
　十三，十四，十七，十二……
你可懂了？
你可懂了？”

影子真懒嘴，
　再也不回答，
只两臂屈伸，上举垂下，
　更迭不已。

儿总不厌烦，
　也不灰心，
更一遍一遍地教，
　一遍一遍地问。

1920 年 11 月 7 日作。

刊《文学旬刊》第 9 期，署名叶圣陶。

拜 菩 萨

儿学拜菩萨，
拉爹上坐作菩萨。
他自己作种种姿势，
点了烛，
插了香，
合十深深膜拜。

菩萨拜过了，
他站起来，
拔去了香，
吹灭了烛，
更举起小手掌说，
“推倒你这个菩萨！”

1920 年 11 月 9 日作。
刊《文学旬刊》第 9 期，署名叶圣陶。

成功的喜悦

儿欲爬上凳子，
玩弄桌上摆着的
积木，摇鼓，小锡船，耍孩儿。
他右膝支着凳面，耸身屡屡，
可是力量不济，
不能成就他的尝试。

老太太看见了，
把他抱起来，让他坐上凳子。
她的动作十分轻易。
但是，这使他十分失意，
啼声乍发，身子一溜，
两脚又站在地。

为什么啼泣？
要发展你独创的天才？

要锻炼你奋发的潜力?
要期求你意志的自由?
要享受你成功的喜悦?
他不作什么说明,
只是继续他的尝试。
忽然身子一耸,两脚离地,
他又坐上了凳子。
玩具在他的手里,
笑容浮上他的两颐。

1921年1月作。

刊《小说月报》第12卷第3号,署名叶圣陶。

锁闭的生活

乱草里开着蔷薇，
　伊有不遇的幽怨。

红襟鸟在空际歌唱，
　也许是赞美伊的姿色；
但伊认为轻薄的嘲笑，
　猜疑的心使伊涨红了脸。

小孩子嘻笑着赛跑，
　无心地，衣角在伊旁边拂过；
但伊认为故意的侮辱，
　愤怒的心便充满伊每一个刺。

“你有这般好颜色，好姿态，
　谁不许你做个芳春之女王？”
伊不回答，只将无限的幽怨自咽，

不多时，就寂寂地谢了，萎了。

1921年1月17日作。

刊《小说月报》第12卷第3号，署名叶圣陶。

小　虎　刺

我若是一株小虎刺，
被着油绿的新衣，
静默地立在
墙阴下红泥盆里，
当也有难说的趣味。

1921 年 8 月 10 日作。

刊 1921 年 8 月 22 日《时事新报·学灯》，署名叶绍钧。

扁　豆

偶然种了几粒扁豆，
便觉颇系我思。
三支的绿叶披了半墙，
嫩枝儿齐欲爬上檐去，
举头看时总可喜。

1921年8月10日作。

刊1921年8月22日《时事新报·学灯》，署名叶绍钧。

小　　鱼

小鱼的嘴浮出河面
不住地开合，
一个个波圈越来越大。
钓竿举了，
小鱼去了，
但正在扩散的圈儿
也许波及无穷的远。

1921年8月31日作。

收入“文学研究会丛书”新诗合集《雪朝》，

商务印书馆1922年6月初版。

江　　滨

晚来散步江滨，
一天的云彩
不是图画所能描的。
暝色下了，
云彩没了，
但鲜明愉快的情趣
已印入我心的深处。

1921 年 8 月 31 日作。
收入“文学研究会丛书”新诗合集《雪朝》，
商务印书馆 1922 年 6 月初版。

两个孩子

航船没有来，
雇船雇不到，
对着河水惆怅——
　我如飘泊在孤岛上。
一个孩子对我说：
“我替你拿了东西
　涉水而过吧，
或者租一条小船
　送你回去吧，
总有办法，
　你且站一会。”
我就觉得我不孤寂，
我有人间一切的骄傲。

一个鲜红耀眼的苹果
　在我的手里，

船家的幼孩斜睨着，
也许他的舌根
　正起甘甜的感觉。
我取一个同样的给他，
他默默地接受了，
　就捧在嘴边咬。
我看着觉得有
　不可言说的欢喜。

1921年9月7日作。

刊1921年9月19日《时事新报·学灯》，署名叶绍钧。

损　　害

几个学生
　笑着说，
　跳着走，
　远远地来，
看见我们在
　一行冬青树下的
　凉椅上坐着，
笑声息了，
步调齐了，
一会儿
　他们去得远了。
忽然起异样的感觉，
　非常难受：
不思不虑，
不言不动，

但是给人以损害了！

1921年9月8日作。

刊1921年9月11日《时事新报·学灯》，署名斯提。

路

一条长路
细屑灰污的沙铺着。
摩托车过时
印出两条直长的
阴纹的图案，
行人过时
又印成许多同样的
简单的履迹。
一阵风起，
车痕履迹都模糊了。

1921年9月25日作。
刊1922年1月15日《时事新报·学灯》，
署名叶绍钧。

不　眠

沉沉的黑夜，
我希望睡眠立刻
轻轻地，稳稳地，覆盖我，
因为径直接着醒之晨了。

1922年2月1日作。

刊《诗》月刊第1卷第2号，署名叶绍钧。

黑　　夜

便是太阳光，也自有他
烛照所及的极限吧？
惟有黑暗是广大而无边。
我竭力睁开了眼睛，
但是，看见些什么呢？

1922 年 2 月 1 日作。

刊《诗》月刊第 1 卷第 2 号，署名叶绍钧。

第五编　戏剧和文艺理论

恳 亲 会

登场人物：

黄隶青　小学校长。

邵柳村　园艺家，穿西服。

毕　宜　女教师。

秦佩瑜　教师。

朱信卿　老商人。

布景：

小学校的休息室。后方的门通到会堂，左面全是玻璃窗。窗外有浓绿的树木，初夏的阳光，繁喧的鸟声。右面有门通向新开辟的农场。室中陈设简单而雅致，足以娱心。正是开儿童家属恳亲会的时候，毕宜和秦佩瑜靠着室中的一张长方桌坐着。

秦：（放下手中的报纸，取出怀表来看）时候到了，还不见一个人来。

毕：前天我到各家去邀请，他们都答应来的。

秦：他们不好意思当面回绝你。

毕：（不信）停一会儿都会来的。守时刻的习惯大家还没有养成，这不能怪他们。

秦：我想，今天来的家属一定不会多。他们和我们已经成了仇敌，只差不曾打架。

毕：这是彼此之间有了隔膜的缘故。在今天这个会上，我们希望能打破这一层隔膜。

秦：（摇头）难！难！

毕：为什么？

秦：他们不赞成我们迁移人家的坟墓，更不赞成我们教儿童在农场里工作。这隔膜恐怕只会愈结愈厚。

毕：但是他们没有正当的理由，缺乏深远的眼光。

秦：他们自有他们的理由。他们有的是祖先崇拜，把坟墓里面埋藏着的骸骨看得比什么都郑重。如今我们开辟农场，要迁去那些坟墓，他们以为惊扰坟墓里的骸骨是最难忍受的事。所以不单是那些骸骨的子孙，几乎是全乡的人都来反对我们。

毕：他们怎么不想一想，这片空地本来是我们学校的，他们在这里营造坟墓是一种侵占行为。

秦：他们以为我们的行为才蛮横无理到极点。他们不说我们“迁移”，而是说“发掘”；相形之下，他们的侵占行为就轻微到极点，几乎不成为问题。

毕：这个不成问题的问题，我们终究战胜了他们。

秦：然而外间的话很不好听啊！他们说：“黄隶青贪图自己舒服，发掘了人家的祖坟，在学校里造起花园来，专供教员们享乐，我们也得去发掘他的祖坟！”这不是……

毕：（感慨）像黄先生这样的人竟被全乡的人民看做公敌！他和人家从来不曾有过什么纠葛，对人总是很真诚的，很和善的，得到的酬报却是怨毒和讥嘲。

秦：我喜欢直爽地说，黄先生自有取得怨毒和讥嘲的原因。

毕：（惊异）他不见得有什么隐秘的坏处吧？

秦：（急于辩白）不！决不！他不到茶馆，不到酒馆，不常同外边的一般人接触。他到人家去应酬，从不肯因主人的劝请碰四圈马将，打一局“扑克”。人家就认为他太骄傲，鄙夷一切。渐渐地同他疏远，直到明显地反对他。其实处世本来不应该这样的。像我踱在街上，不论谁喊住我，（效市井声气）“秦先生，喝一碗去!”我就买些熏田鸡酱莴苣，同他在酱园里的缸盖上一起喝黄汤。有时坐在茶馆里，人家对我说，（发声略低）“我们三缺一，你也入局吧。”我就答应了他们，偶尔消遣一下有什么不可以呢？所以我就很少人反对。总之，一个人的行为过于清高，是决不会得到快乐的。

毕：（沉思有顷）黄先生陪那位邵先生去看农场，怎么还不回来。

秦：（很感兴味）我们这个农场若照我的想法办，一定可以弄得非常之好。

毕：你倒说说看。

秦：我先说照我们现在的计划，十分之六七是办不好的。儿童的能力何等微小，我们大家又缺乏种植的经验，这样玩儿不当正经，哪里会有好结果!

毕：照你的计划怎么样？

秦：我以为可以招募一家专种菜蔬的人来这里承种。要种什么由我们支配，收成全归他们，平常只要有一亩地，一家男女老少勤勤俭俭地工作，拔了这样种那样，就可以够一家的吃用。我们这里有五亩地，我想乐于应招的一定不少，可以由我们严格地挑选。这样一来，我们的农场不是可以四季长青，很好看了么？

毕：（默然有顷）儿童没有弄过园艺，开头当然不能有很好的成绩。但是他们一定很喜欢弄，那就很容易见到成效。他们用自己的劳力，栽培出许多鲜美的花卉和甘甜的蔬果供自己享受，开辟出一个优美的境界供自己游息，（兴奋的笑）他们的心灵要飞升……飞升……超出于地球了！若是招募别人来承种，他们就退居于旁观的玩赏家的地位，同样的一朵花一棵菜，就没有他们自己种出来的那么香美甘甜了。所以我的意思，我们创办这个农场，还是着眼在教育上的价值。

秦：（起立，靠窗外望）那自然不错。倘若单为我们那片地着想，我的办法倒是可行的。（躁急）外面还静悄悄地，没有人到来。我猜今天的来客至多不过一二十人，虽然有二百多个学生，一百三十几家儿童的家长。（走入会堂）（毕取出预备着的演说稿，审慎地一边看一边轻轻诵读。约半分钟后，黄隶青和邵柳村从农场回来）

邵：（非常得意）这个地方好极了，出于我的意料。

黄：（兴奋而热忱的笑）请你给我画出来，我急于要看你胸中的图样。（和邵一同坐下，随手取一张报纸授给邵）就画在这空白的地方吧。（向毕）他说照我们的规划是非常可惜的，他胸中已经有了更好的艺术的图样了。我们看他画吧。

毕：（将演说稿藏好，起立，表显热望的神情）更好的，艺术的，这是我们的希望呵！

邵：好极了，好极了。（从衣袋里取出一支铅笔）先不忙画，让我说明一下为什么照你们的规划有点儿可惜。

黄：当然要请你说明。

（毕重又坐下）

邵：你们开辟这个农场，不是一方面教儿童学习农作，一方面要他们享受美感么？照场地上所画的石灰线看，知道你们的规划是以农田的式样为依据的。要知道现在的农田不是艺术化的东西。（用铅笔在报纸上随意地画）一方一方的田畦，呆板得好像作文本上的格子，纵横交叉的田岸，只容得下一个人行走，这不过是都市的集中和扩大的标志罢了。农人们在物质上受尽了压迫，还要受精神上的损害，连享受美的权利也被剥夺了，这未免太不公平。所以我们若是从事农业，不单要改良种植的方法，还要改良规划的图案。尤其是学校里的农场，必定要双方都注意到才好。我们要着眼于将来啊！所以我不赞成你们的农场采取现在的农田的式样。

黄：我们应当改良，确然应当改良！

邵：你们这片平地有天然的美景，三面都是水。西北一角河面最宽阔，河水活活地流着，我们应该把这一好处完全表显出来。但是对岸的那些坟墓怎么办呢？这样错杂而密集，充满着死灭和散乱的气象，破坏了农场的整体精神。

黄：那是乡人公认的丛葬的地方。贫苦人家都到那里造坟，弄得没有一点儿空隙，甚至扩充到我们的空地上来了。

邵：（忽有所悟，在纸上画）这是对岸的坟墓。（毕立起俯视，黄亦注视）我们替他们沿河种这么几行树，总不至于招到反对吧？

黄：不但不反对，而且一定乐意，虽然嘴上不说。

邵：那就好了。树长成之后，从这一岸望过去，就只见深深的树林，不见累累的坟墓了。（随画随说）这是一条河。（修改）这里没有这么阔。我们农场的大门在这里，不是么？

毕：似乎还要偏左些。

邵：应当是这里了。从大门起，可以铺一条宽阔的沙子路，沿着北面的河滨，折转来，沿着西面的，南面的，这个农场享有的天然的帮助就是水，我们须得会利用水。现在沿河筑路，就可以总揽三面是水的情趣，路的两旁都种法国梧桐。三年之后，（神情洒然）在绿荫中散步，多么有趣。

黄：（笑）有趣！

邵：沿着沙子路，（画好后更画平行线）可以做花坛或是菜圃。这里安置凉椅，坐在花丛中眺望远景和夕阳，真是最适宜不过了。两棵大银杏树不是在全场的中心么？树下留一亩作草地，要修理得整齐而洁净。南面的河水比较狭，对岸又是些参差错乱的民房，更远便是那狭小可憎的市集，实在是农场的一个缺点。但是不妨，我们可以在那里栽种果树作修补。（又画平行线，画罢，将铅笔击桌）这就行了，非常简单，却非常优美。

黄：这个图样比我们的好得多了。我早知道我们的规划难以通过你的眼光。但是我们乐于接受你的批驳和修正。现在我们的农场是更进一步了。（取图稿欲细看）

邵：（按住图稿将铅笔指点）现在河岸一带犬牙错落，是天然激荡的痕迹，要一律做成斜滩，和垂直线成四十五度角，上面也要铺盖草皮，才整齐而不恶俗。

毕：照邵先生的规划，并不要多费钱，只须加以人力。我们有足够的力

量，就可以创造一个更好的艺术的农场。（坐下悠然遐想）

黄：力量，我们有的是。——我们原是准备花力气的。（取图稿细看）我们生活在这个世界里，看着河水不息地流动，草木生生不已，没有一刻没有新机；小鸟会唱出微妙的曲调，轻云会构成美丽的画图，就可以知道环绕我们的事事物物无不活动，无不快乐，无不优美。

邵：这是你的哲学。

黄：独有环绕我们的人却绝然相反，从他们的身体，他们的心灵，只看到忧郁，怨恨，讪笑，诽谤，疑猜，怠惰，丑恶，衰弱，腐朽，死灭，……说也说不尽。他们固然自认为人，我只认为他们是那些表象的集合体。我非常可怜他们，当然也可怜我自己，——我和他们，他们和我，终究是互相依傍的伴侣啊！他们沉沉酣睡，我怕他们起晚了耽误了工作，就有唤醒他们的责任；但是要尽这个责任是很困难的，我耽心会处处受到阻碍。这样说来，人生真是乏味极了，不但可怜，而且值得咒诅了。然而我不愿意咒诅，我还要努力。我们的力量能为我们祝福。我们一天一天地生活，别的且不说，总希望享受一些快乐。我们的努力，无非想用自己的力量尝一尝快乐的滋味。我只是奇怪，他们竟不想享受这样的快乐。

毕：这是你主观的见解。在他们，也乐其所乐。

黄：确然如此。

邵：（激励）隶青，你既有这样的决心，你就照着你的意愿做去。我相信凡是你做的一切，都会为你祝福。

黄：我打定主意这样干。今天开这个恳亲会，就因为学童的家长不赞成我们教他们的儿女去农作。他们说："我们只要子女读书，并不要他们种田。"有几家竟不让子女到这里来，改入别的学校去了。他们不理解我，硬要反对我，所以我把他们请来，指点给他们看，真诚地告诉他们农作是什么意思。我相信人和人之间大体是相同的，只要打破了隔膜，就可以互相融合成为一体的。我相信等到大家觉醒了，一齐来努力，前途是没有限量的。先觉醒的只有拖着未觉醒的向前面跑，哪怕他们不愿意，一路乱骂。蜗牛生来爬得慢，叫他一点钟跑一百里，无论如何办不到。只有把他捉上火车，一点钟之后，他虽然没有动，但终究前进了一百里。

(邵和毕都笑)

邵：蜗牛乘火车，奇想！诗人听见了，也许可以写成一首好诗。

黄：(忽有所思，取出怀表来看，作静听状)三点三十五分，开会的时刻已经过了半点多钟了，外面还是寂静的！

毕：(走到会堂门首，开门向外望)只来了一位老先生。(走出门去)

黄：(感触)今天的来客不会多了。一样的一腔真诚，一样的一番说话，我们总希望多来一个人，增多一分效力。

邵：他们怎么能这样对待你校长的邀请呢？

黄：他们有一种特性，把教育子女的事看得最无关紧要，从来不问一问儿女的身心是不是逐渐发育，问一问子女的行动习惯是不是趋于良善。年岁到了，就把子女送进学校——什么学校都一样——便是他们唯一的经心。至于这个学校的教师怎么样，功课怎么样，设备怎么样，他们认为都用不着过问——从来不曾在他们的脑子里涌现过。

邵：可是你们开辟农场，教儿童农作，他们却又起劲地反对了？

黄：他们有的是列代传下来的老例，有的是阅历得来的成见！凡是老例和成见以为不必过问的，他们再也不去多事。倘若有一件事与老例和成见相反，他们就要拼命地力争，比什么都起劲。

邵：他们当然要反对你了。

黄：但是我这样想：处在今日的社会，今日中国的社会，本当准备接受加倍的困难，——也许只能得到极其微小的成功。虽然微小，逐渐积累起来，可以成为巨大。他们今天反对我，十年之后，二十年之后，乃至百年之后，终究会成为我的知心的伴侣。但是我要把年限缩短，从一百年减到九十年，八十年，乃至二十年，最好是两年，一年。如果办不到，这才是我真正的忧虑。

邵：尽你的力量去做吧，用不着忧虑。

(秦自会堂上场)

黄：（示秦以图稿）我们的农场有了个新的规划了，是邵先生的作品。你看，多有趣。

秦：刚才看见今天的《乡报》，又是一支暗地里伤人的冷箭。

黄：（惊讶）什么？

秦：他们讥诮我们今天的恳亲会，说了许多不相干的话。我们一定要写信去纠正他们的误会。我去拿来给你看。（走出去）

黄：（怜悯和不快的神情）又是有所为而为的！

邵："天下老鸦一般黑"，也许是一句极其通达世情的比喻。我看各处城镇的小报，他们的规模越小，态度越是不光明！

黄：（感叹）"俟河之清，人寿几何！"

秦：（持着《乡报》，朗诵着上场）"教师的俱乐部……昔日的墓场，今日的花园，……小农奴受役的恳亲会！"这样的小标题，真是岂有此理！（置报桌上，坐下）

（黄和邵看报纸）

黄：这是他们的机会。然而也仅止于此了，不能加甚了。

秦：我们写信去纠正。（忿激）太岂有此理了！

黄：（非快乐的笑）这明明是乘机报复。我们何必同他们理论，再给他们造成机会呢？

秦：（领悟）那个当编辑的屡次跑来告诉我们，说接到了谁谁谁的反对我们的稿件，怎样地中伤，怎样地不堪，他都留置不登。原来就是他的一种暗示。

邵：那自然。

黄：后来他要我们帮助他的经费，分明是"敲竹杠"。我们回绝了他，他就乘今天的机会报复。黑暗，满天的黑暗！揭不完的黑暗！

邵：堕落极了！堕落极了！

秦：但是他的报复非常有效。你们看，开会时间已过了半点多钟，还只来了一位家长，开布店的朱老先生。别的家长看来不会来了。他们本来就不高兴来，又受了《乡报》的蛊惑。李先生张先生也是这么说。他们在招待室里陪着那位老先生，还不见第二个人来。

黄：（忧愁）太可怕了，或者不至于吧。

邵：（慰黄）或者不至于。

秦：也说不定。

黄：（毅然）我们请他们来，就如恳求他们，我们只有耐心等候。（望窗外，两手上伸以振精神）今天的阳光这么可爱，树叶深处的小鸟在那里鼓励我们，我们为什么不谈谈快乐的事？（将《乡报》推远些）我们也真可怜，谈到话总是感喟和指斥。还是谈谈我们的农场吧。佩瑜，你看这个新规划如何？

秦：好极了。只怕费用太大，不容易办到。

邵：其实用不着增加费用，只要你们教师和学生一同工作。

黄：工作，我们必须工作，必须赶快工作。这是我们新鲜而快乐的生命的泉源，唯一的泉源。我们以前是不幸的，生活在暗昧之中，几乎近于死灭。只有努力工作，我们才可以得到新生。即使环境依旧是先前的模样，我们也无所恐惧，因为我们的“新生”已在慢慢地萌芽了。我们那些小朋友，虽然被他们的父母拖住了，不让他们奔向光明。但是我们总要尽一切可能，使他们沐浴在这新生命的泉源里。他们是我们最深情最有希望的伴侣啊！

邵：（感动）我祝福你，但愿你和你的伴侣，你们新生命的芽，都蓬蓬勃勃地长成起来。这里是一个乡镇，不比都会那样复杂散漫，二十年，至多二十年，决不会落空，必然应了我的祝福。

黄：（诚恳）但愿如此！

（毕自会堂入）

毕：依旧只是一位家长。（坐）竟没有一个女的到来。

黄：毕先生，等一会儿开会，你一定要演说。你的话比较容易被家属接受。

毕：演说稿准备好了，只怕意思还不周密，不能使他们明白过来，不能打破彼此之间的隔膜。

黄：主要不在意思，而在于真诚；有了十分的真诚，就能使人感动到十分。我知道，你是非常真诚的。（向邵）你也得演说，我们的农场有什么价值，农作有什么兴趣，就把你自己的经验告诉他们，要用艺术化的言语，描绘我们的农场将会怎样优美。为着我的小朋友们的幸福，我恳求你。

邵：（承应）我愿意尽力。

黄：我们还要请家长们参观我们农场，给他们看看你作的规划。先前的划的石灰线必须抹去，我们去画新的。（起立）

邵：（起劲的样子，轻捷地站起来）我们就去。

（黄和邵一同从右边下场）

秦：黄先生的精神真教我佩服。但是破坏的神偏偏老跟在他的后面，实现他理想的一天还远得很呢。若是我，全乡的人都这么毫无理由地反对我，我可要下马了，抱消极态度了。

毕：为什么？

秦：（略低声）昨天我在外间还听见说，有些人在那里运动儿童的家长，叫他们不要把子女送到这里来。有几家已经这么做了。据说有十多家也答应了，但还没实行。我猜今年暑假之后，来校的儿童一定非常之少。

毕：（皱眉）这确是一件可忧的事。

秦：（笑，起立，背靠窗栏，伸臂以舒体倦）依他们的心理，可知他们喜欢怎样的一个学校！我是颇知道他们的心理的。他们只须注重国文、英文、珠算三科：国文预备写信记账，英文预备发洋财，珠算预备习商，总之将来可靠此吃饭，所以看得非常重要。你能从早到晚，直到天黑才放学，专教这三科，你便是顶好的学校。什么体操，什么唱歌，什么手工图画，他们不但不要，并且厌恨。我们在这里教，他们在那里骂，当了学童的面骂；若是学童喜欢修习那几种功课，他们就骂得更凶，要有好成绩，更难乎其难了。我们却在那几科之外，还加上演戏，奏乐，农作等等，尤其是农作，他们更深恶痛绝。——他们里面固然也有农人，但是总希望儿子能做个商人，以为做商人比做农人有出息得多。结果怎么样？他们自然把子女送进别的学校去了。在他们看来，子女一辈子不读书也不要紧，只是不愿意让子女学那些事务。

毕：确是如此。距离实在太远了，真是教育前途的忧虑。总得想办法慢慢地接近起来才好。

秦：我们说，那是“训练”，那是“陶冶”，再要紧不过的了。由他们看来全是废话，连听都不要听。

毕：如果经常举行恳亲会，总可以略微接近些，可是他们又不肯来。前几回开恳亲会还来了十分之二三，今天只来了一个，这怎么办？

秦：刚在迁坟风潮之后，今天来的当然更要少些。我猜得很准：我们几个人分别到各家去邀请他们，才返身走出来，他们讥笑我们毁谤我们的谈论就开场了。那种谈论，他们本来说得有点厌烦了，或者将要归于沉寂。我们这一去，等于特地给他们送去一些新的资料，他们又感到了兴趣，讥诮和毁谤又像潮水一般地涌过来了。现在我们在这里恭候他们，他们正安坐在家里拿我们做谈资，消遣他们的无聊的光阴呢。

黄：（上场，神情不安）又来了几位家长没有？（走入会堂去，一会儿就回来，非常焦虑）还只有那位朱先生。我们真对不起他。他来了多时，开会的时间早过了，还不能开会！（在室中踱来踱去）

秦：我刚才说过，他们不是没有空闲，只是没有赴会的念头。如果愿意来，像朱老先生一个样，早就来了。

毕：（起立，至窗前）我们总得想想办法。

黄：我们不能就此作罢。

毕：那几个被父母硬拖出去的儿童，我真有点儿想念他们。

秦：我也舍不得他们呢。这里是他们的快乐所在。

黄：（站定）我们要帮助还没被拖出去的，使他们不至于走上不幸的道路，而能享受到真正的乐趣。除了这个，还有什么是我们的责任，我们的趣味？前几天我在农场里相度地形，儿童们跟着我，供给我他们自己的意见：那里可以凿池塘，那里可以种竹子，那里可以搭瓜棚，那里可以造房子。虽然不见什么匠心，然而可喜，因为是他们心灵的波动。最可爱的是周诗那个女孩子，她牵住我的衣服向我说，“大豆发芽的时候是怎么样子的，我们从来没有留心过。让我在农场里种一畦大豆吧。”听了她的话，我感受到一种不可言状的激动，是她可爱还是农夫可爱，我竟分别不出来。当时我说不出话来，只有握住了她的手，笑着答应了她。我想，这一握手，这一笑，应该是我们独享的趣味和骄傲。（精神焕发，才一会儿又露出愁态）可怜这些儿童们，偏偏有名为宝爱他们而实际却阻遏他们的父母。他们喜欢农作，父母不许他们做；他们舍不得这里，父母不放他们来。不相识的路人尚且要互相帮助，抵御危难，何况我们和他们心心相通，纠结在一起难解难分呢。唉！我的心，我的脑筋，都乱极了！

秦：（安慰他）你且不要懊恼。家长们今天不来，我们还会有别的机会。

毕：（理智地）我们还没有到无所作为的地步，我们还掌握着权柄。已经出去的儿童不过八九个，不曾出去的还在我们的手里。有他们在，我们总有办法。（热情）此后我们加倍奋发为他们尽力。他们的父母曾经反对过我们，拒绝过我们，我们一概不记在心上。我们要成为一块大磁石，让那些儿童都感受到极强的磁性，他们的父母自然也会间接感受磁性。不成问题，最后的胜利终究属于我们。

黄：（怅惘）我们还掌握着权柄？还有？

毕：“大权在握”。

黄：我疑惑。

毕：毫无疑惑。等到这里的儿童都像周诗一个样，我们的胜利就来临了。而周诗也是一个平平常常的儿童。

邵：（自右边上场，双手插在衣袋中）隶青，我都指点给工人了，教他们照样画线。

黄：（憬悟）我们还有新生命的泉源，——也是我们的权柄，——也是……

邵：会开了么？

秦：只有一位来宾。

（朱信卿自会堂门口向内窥探）

黄：（延朱入。感受深烈的感动，语音转沉着）我感激您老先生……

朱：（自然的笑）黄先生。

黄：我对不起您老先生，等了这么久……

朱：我反正没有事儿，譬如到这里来看看。

黄：您笑得这样自然，这样和蔼而可亲。你必定识察我们的心，了解我们的心，（热泪涌出，语音愈真挚）你有你的三位令孙，我们有我们的子女，他们也有他们的子女。你的，我们的，他们的，都是未来的开创者，未来的主宰。他们有独享的骄傲，使人家为他们服役，而我们正是为他们服役的——只为他们……（泪滴不止）

（朱注视黄，点头，很深地感动。毕凝视而立，若有深思。秦露出怅惘而怜悯的神色。邵环视诸人状态，同情的情绪形于颜面，非常强烈。如是约半分钟，幕始徐徐而下）

刊《小说月报》第12卷第7号（1921年7月10日），署名叶绍钧。

艺术的生活

第　一　幕

一九二〇年七月间的午后，阵雨刚过，虽然晴朗，但很凉爽，在中国南方某个城里一个人家的休息室里。休息室的陈设都用西式的器具，门窗墙壁也参些西式。

靠右一扇门，门外是通到外边的长廊。

两个人对坐在靠左摆着的椅子上。——一个约有三十多岁，面貌自然，显出对人很热心的神态，是任君，这一家的主人。——一个是康君，年纪在四十以上，额发秃了，可以见他是很操心思的。

任：（取一支烟授康）吸支烟吧。（康受烟，燃着徐吸，任取表看）三点三十分了，我约她四点钟来。

康：她对于幼稚教育，想来能胜任愉快。

任：这个我倒深知的。她出了师范学校，还专门研究过四年幼稚教育。

康：我办了幼稚园多年，遇见几位女教师，她们并不真有献身教育的志愿，是由命运支配着，学了保姆，自然只好做保姆。到后来有的出嫁了，有的对于她的事业觉得烦闷了，就毫不留恋的辞职去了！（很惋惜的样子）

任：（弹去烟灰）她决不是那样人！（康表示兴奋）她去学师范，研究幼稚教育，有个坚强的意志做原动力，就是希望她自己有一种终身的职业，做个真正独立不倚的人。（康微微颠头）所以她做的工夫非常切实，不像那些专讲求形式和名词的人。

康：形式和名词实在是女子的毒菌，然而她们偏偏爱那些，把那些当作糖一般甜！她们自以为是新女子，其实何尝脱出了女子的旧方式？像刘女士这样，才算得是个新女子哩。

任：这是的确的。她在《时事评论》当编辑，我们常常看见她的文字，很鼓吹艺术的思想：以为人生种种，须要艺术化了，方才有活力，有真味。这岂是寻常的见解？（凝思）不知道她为什么总不愿意做这新闻事业；写信给我，总说她的生活乏味，所以，辞了职回来了。

康：（有些疑惑，少停）既然她先前立志要做教育事业，今朝请她到我那里任事，她一定很欢迎了。

任：我也是这个意思，所以约了她来，介绍给你。（两个人都弃烟头于唾盂。任起立，两腕叉于胸，踱步室中）

仆：（从长廊走至门口）刘女士请见。

任：请她到这里来。（仆退）

刘：（走进室内。她是一个二十四五岁的女子，姿态灵活，可见富于感情，但是也表现出意志坚强。她的衣着朴质而淡雅，手执一柄白羽扇）任先生，我这时候来，还好没有失约。

任：刚四点哩。（指康示刘）这位是康先生。（指刘示康）这位是刘女士。

刘：康先生。

康：（起立）刘女士。

（刘便坐在靠窗一只椅子上，任康二人，坐在原位上）

任：（向刘）你从上海回来的那天，天气热的厉害，你不觉得劳顿么？

刘：倒还好。我做的那件事实在乏味，教人耽不下去，所以就赶了回来。

康：《时事评论》销行很广，女士的文章又着实受人欢迎，正好施展抱负，女士为什么说乏味呢？

任：我也这样想。你前两次信来都这么说，我总是想不明白。

刘：从外表看，这个报纸固然不恶，但是揭他的内幕，就丑恶不堪了。那些股东和编辑都是拜金主义者。什么文化运动，什么见解理想，他们休说没想起过，简直做梦也没有梦见过。

任：他们也随着别人唱些时髦的论调，讲些新鲜的主义，不必说，为着生意，他们不得不借那些做幌子。

刘：不错。然而还不止此。果真有论调，有主义，好好儿主张，虽然追随别人，也可以有相当的几分效率。可恨他们一边主张，一边又在那里批驳，正负相消，就什么都等于零了！试看他们的文章，都隐隐约约有这样一种倾向。

康：（微叹）这就是所谓作者态度了。作者没有诚意，便多方掩饰，终于露了真面目。我平日还不觉得，经女士一说破，对于《时事评论》的信用就减去了一大半了。

刘：我初到他们社里，也一点儿不觉得。每月受他们四十块钱，约定每天供给他们一千字光景的稿子。我想好在不限制文字的范围，就每天写些关于艺术的稿子付印。我觉得在现在这个时候，这个问题比什么都紧要。

任：（兴奋）你那篇《生活的艺术化》写得真好，把哲学的最精思想，艺术的最高手段，熔于一炉了。

刘：不见得吧。我总觉意识是个球体，而文字只是一条直线，用直线描绘球体，哪里能谈得真切。（少停）过了几个月，渐渐发觉了他们的弱点。我为了尊重言论的神圣，向他们进了好几次言，哪知他们除了拜金，没有主义！（愤激）我很明白的知道，这个报纸是弄不好的，是个庸愚的集合体，而我却依附在他们的集合体里，傻子似的努力做真诚的文章，希望可以安慰读者，这是何等难堪的事！（更愤激）我和他们的关系没有别的，只不过他们给我四十块钱，我每天供给文字罢了！我拿了这四十块钱，就同负了债似的，不得不给他们一些货！原来文字是最自由的人生表现，是无价的，现在却等于货物，可以用钱买，我的生活就像机械一个样，岂不是大大的懊丧！想到这里，我烦闷极了，我的思想无从开展，情绪没有着落，意志不得自由，再不辞了职回来，真个无法忍受了。自从那一天到了家里，我才回复了自由，环绕我的一切，依旧亲切有味了。（回复安闲的态度，轻轻摇着白羽扇。任康听得出神，静默半分钟）

任：你这样的态度真是令人敬服。

康：精神快乐确是最紧要，然而一般人偏偏叫精神去迁就物质！像女士这样，真可谓是精神的葆爱者了。

任：我约你今天到这里来，就为了想介绍你担任教育的事务。

刘：（喜悦）这是我十年前就立下的志愿。果是我能够做的，我没有不应允你的。（刘催促）快告诉我，是哪一等的学校？

任：（指康）康先生，他是经营商业的，但是他识见高超，热心公益，远远超过他的商业经验。他在家乡独力办了一个很完备的幼稚园，已经八年了，现在缺一位保姆。我想你对幼稚教育很有研究，所以今天把你介绍给他。

刘：（极乐）康先生，你真有见识。现在大家只知道普及小学教育，把幼稚教育似乎看得无关紧要。哪知没有幼稚教育，小学教育就少了最吃重的基础。（康颠头，赞同刘的话）先生，乡下一共有多少人家？

康：五百来家吧。来园的幼孩经常在一百内外，由六位保姆陪伴他们。现在缺着一位，任君介绍女士担任这一席。（诚恳）我刚才领略了女士的言论，从而窥见了女士的心神，敬代园里的幼孩们为女士劝驾！

刘：（诚恳沉着的）我答应任这一席了！（微笑，露出希望的神态）先生，那里是乡下，乡下……乡下的风景如何？

康：我乡有座朝霞山，拦住西边的天际。山色刻刻变幻，早上和晚上，春朝和秋夕，都显出美丽出尘的姿态。南面有个月湖，周围足有二十里。我们都有水的划子船，到湖里荡桨去。东北两面都是田野和林木。（得意）我乡有这些自然景物，倒是个很好的去处呢。

刘：（乐不可支）这真“得其所哉！得其所哉！”。我最爱自然的景物，它们的外形，组织，意义，都能叫人引起精妙的美感，浪漫的诗思。（向任）住在上海那种地方，也局促沉闷的够了。两边都是高大的阴沉沉的房子，中间一条街道仿佛是阴沟。看那些匆匆往来的人，面目之间竟没有丝毫活气，真同无数机械在那里搬动。我的寓所对面是一家工厂，机器的转动发出单调可厌的声音，会使人脑筋发木。我没法耽在这样的地方作文，所以常常走到西郊的田野里，遇见一个可爱的池塘，几棵有意思的小树，就立定了想我的文字的结构，想妥当了才慢慢地回去，不拘何时，写了出来就是了。（娇笑）我还在这些地方对景写生，作了许多小画幅，隔一天我给你们看。

康：女士还能作画哩。

任：康先生的乡下，我曾去过，真是个好去处。（向刘）到了那里，你一定能使你的艺术益发长进。一座朝霞山，就可以供给你无穷的画稿了。

刘：这当然是快活不过的，但是最快活的还不在此。我今后的生活，真个全部艺术化了。（精神焕发）

任：怎么讲？

刘：做儿童的伴侣，和他们游戏，工作，谈话，启发他们的心灵睿智，这就是一种最高的艺术。我是喜欢这样做而做的，是无所为而为的。看他们一天比一天的聪慧，壮实，就可以使我的灵魂得十二分的安慰，因为他们都是我的艺术品。（少停）又有优美的山，湖，田野，林木，使我默契自然的呼吸，开浚我艺术思想的泉源。我真愿意答应这一席！我真“得其所哉”！（起立，倚窗，徐掠额发）

康：（满意的笑容）女士应允了，我真代园里的幼孩们欢喜到十二分。到我那里，有十二里的水程，隔几天我放船来迎接女士。

刘：可以。

康：我今天还要回去，船此刻就要开了。（起立）任君，你有空同刘女士一起来么？隔几天湖上有了新月，我们可以荡桨乘凉，继续听女士的艺术谈哩。（走出去）

任：（跟着走出门）这几天我没有什么事，很愿意同刘女士一同到你那边去。

刘：任先生肯一同去更好。但是我的艺术谈，须得预备一下才行呢。（微笑，跟着任也送康出门）

第　二　幕

六月间一个闷热的下午，在康先生办的幼稚园里一休息室里。刘女士正在理书桌的抽屉，桌上堆些旧报纸，预备包东西的。她理了一回，将无用的字纸弃在字纸簏里。要的东西包了起来。门开在书桌的对面。墙壁上挂着刘女士自己的作品，并不整整齐齐地排列着，却布置得非常得宜。她自己的一幅小像，挂在靠右的墙角里。

（走进来一个六七岁的女孩子。她叫明华，面貌清秀而丰满，梳着两股发辫。她的眼睛很流利有神，可以知她是很聪颖的，有一种怅然若失的神情，但不失其天真烂漫）

明：先生，你今天要走了么？（走近刘身边，牵住她的衣裳）（刘放下手中的东西，抚她的肩）你不要走吧！

刘：我不走，我只是收拾一下东西罢了。

明：（希望）你永久不走了么。

刘：我明天走。（理明的额发）明天……

明：（恳求）明天也不要走！永久不要……

刘：（执明的手）明天不能不走了，船也叫好了。（很不高兴）

明：（皱着眉，很可怜的样子）那么几时来呢？你昨天说，这里的幼稚园不开了，那么几时再开呢？

刘：永不开了。

明：（忽有所悟）不开也不要紧，你可以住到我们家里去。（牵衣欲走）今天就去。

（刘坐着不动，说不出什么）

明：我要和你在一起！不愿意和你分开！你到我们家去吧。

刘：我明天要到自己的家里去呢。（勉强）隔几天，我就来和你在一起。

明：（端相着刘）隔几天？

刘：十天光景。

明：三天吧。

刘：这说不定。（放了明的手）你今天在这里畅畅快快的玩半天吧。

明：（仍牵着衣）答应我，三天吧。

刘：（无可奈何）三天——就依你。

明：要来得早点儿，我在楼上靠窗望你的船来。

刘：晓得了。（继续整理东西）

明：（拍拍小手，露出很喜欢的样子，靠着桌子看刘整理东西）你真欢喜我。

刘：（在抽屉里检出一幅画稿，看了一看，授给明）这一张送给你吧，是我画的。

明：（接在手里）画的一只小船，和我们家的一个样，就是我们家的那一只么？

刘：是的。

明：（嘻笑）我带回去给爸爸妈妈看。过三天你来了，再给我画一棵门前的大柳树，好么？

刘：（东西都整理好包好了，关上抽屉，用手巾擦了擦手，然后取白羽扇扇着）我可以给你画。

明：我也送你一幅画，好么？

刘：一幅什么画？

明：你猜我画的什么？（活泼地）

刘：湖里的船么？湖对岸的树么？朝霞山么？……

明：告诉你吧。前天我家里供了几朵红荷花，我看着很好玩，就用蜡笔画了一朵。藏在抽屉里，没给人看呢。

刘：你肯送给我，我很感谢。

明：（转身欲走）我就去拿来。

刘：何必就去？在这里畅畅快快的玩半天再说。

明：你明天要走了。我去拿了就来，快得很。（赶紧奔出了门）

刘：（站起来望着她）慢慢儿走，不要汗湿了衣服。

康：（从门外进来，精神不很好，但不失他的风度）刘女士，你闲着没事吧？

刘：刚才收拾了些东西，预备明天回去。明华这孩子真可爱，她特地来望我，还留住我不让我走。（非常激动）

康：她才走？

刘：她去拿自己的画送给我呢。（少停）康先生请坐吧。（康坐在靠窗的藤椅上，刘坐在原处）

康：真教人伤心！（微叹）这里的孩子，哪一个不像明华一般可爱！如今骤然使他们失去了他们的乐园，离开他们最亲爱的伴侣。都是我一个人对不起他们，也是我这一回失败里边最痛心的！

刘：（安慰他）这一回失败，完全在意料之外，全不是先生的过错。他们银行家不重信用，只图非分，一朝倒闭，却连累了先生。这是他们的罪恶！这是他们的罪恶！

康：我也这样想，所以虽然贫穷了，虽然失掉了商业上的地位，我一点儿不心疼。（恬然微笑）况且我要顾全我自己的生活，实在是很容易的事，值不得放在心上。（少停）刘女士，从这一回失败里，我却得到一个经验，请你听着，究竟对不对。

刘：什么？

康：我从前的计划实在错了！我把我的资本和劳力都放在商业上，以为就可以确立我的事业的根基。哪知商业究竟是虚空的，有个不可知的命运在那里操纵着，我们只有听它的命令，没有自主的权力。我用同样的资本和劳力，倘若弄了农业，谁还能牵累我。

刘：确实这样。

康：所以我这两天定下了以后的计划。我用低廉价钱买几亩沿湖的田，合着一家的人力，在那里种些园蔬，就足够一家人的吃用了。（坚决）我决计这样做，不再作别的盘算了！（怨愤）只是幼稚园不能继续办下去，使已经开了的花半途枯萎，真教我梦魂难安！

刘：先生的愁虑也是我的愁虑，但不是先生和我的过错！（激动）这个过错另有应该承当的人去承当。

康：（沉思）唔。

刘：我来这里一年了，真快乐到十二分，我的灵魂都陶醉了。田野的生活，儿童的天真，都使我忘了现在是什么世界。我只游心于艺术，艺术也渗透了我的肌体。山巅湖里，阴晴霁雨，就是我的诗情画稿；孩子们的一歌一笑，就是我的安慰愉悦。我已经得到了我的最高的生活境界。我怎么愿意这个境界会突然失去呢？（激动）然而幼稚园从今停办了！

（康被她感动，说不出什么）

刘：刚才明华牵住我的衣服，留住我不让我走，她的神态使我受深切的感动，内心格外悲痛。他们的亲爱的伴侣并不愿意抛弃他们，偏偏骤然要离开他们！我最愿意做的事业，情愿终身以之的，偏偏骤然使我不能继续下去！这是他们的不幸！但是这个过错，总有应该承当的人去承当。

康：女士这句话确实是个问题。有许多人明明有深造的天才，却做了人家的书记，就这样度过一生；心心想望做某种事业，以为是最合宜于自己的，却抱了缺憾到坟墓里去。为什么大家都不能如愿以偿呢？果能大家都能做自己愿意做的事业，世界一定会换一个面目。岂不是好？

刘：这竟成了个公式，也由命运执掌，谁都只好顺从它。我偶然违背了这个公式，命运知道了，就肆着它的威权，把我拨了回去。它全不思虑，全不费力，不当作一回事，我却受到了剧烈的悲痛！

康：（安慰她）你喜欢做教育事业，我想这个还容易，可以尽力，有趣味的地方，究竟还多。也许过了暑天，你仍旧可以违背了公式，和命运做第二次抗争。

（刘沉思不语。明拿着自己的画从门外走进来）

明：先生，我把画拿来了。（见康，很亲切的叫康先生）（康很和善的答应了）

刘：（接过画审视，把画授给康）你看她这朵红荷花，画得很像，亏她有这本领。

（明靠着书桌旁，侧着头）

康：（接过画细看，向明）你画的真好。（把画给刘）

刘：（拍明的肩）你这幅画我将永远保存着，因为它是你和我要好的标识。（郑重放在一个包里）

明：（很急促，起劲的样子）我在路上遇见了邻家的几个哥哥弟弟姊姊妹妹。我说我要把这幅画送给你。我说你明天要回去了。我说你三天后就来。他们都说也要送些东西让你带回去。他们都拿了他们的东西和我一起来了。……

刘：他们为什么不进来？

明：他们在游戏室里呢。他们叫我来请你，要每人唱一个歌，才送给你一件东西。大家要和你痛痛快快玩半天，做最有趣的游戏。（拖着刘的手要走）我们还要你唱几个好听的歌。

康：（默默地）只有孩子！

刘：（露出绝无忧虑的神情）我的艺术生活还可以延续半天，我为什么不去！正好让命运知道我有违抗的意志！康先生，你也去看看。幼孩们究竟不比花草，他们是有心灵的，多少可以使你得到几分安慰。

康：（也露出绝无忧虑的神情）我相信你这一句话。我们去看他们吧。（起立，出门）

刘：（起立，向门走，自语）我为什么不去！

明：先生来了，我们多快活！（跳跃着，随刘康出门）

第　三　幕

十月里一个阴晦的下午，在刘的画室里。靠右放着一口橱，里面陈列些颜料；橱的式样很旧了。橱左是个门。橱的前面是画桌，桌上堆着许多画具。画片。刘正伏在桌上作画。她的面容略瘦损，眼睛也不似先前有神了。左角的短窗开着，窗外愁惨的天容，衬出三株衰柳。更远便是一望无际的荒野。靠窗摆着一几两椅。任坐在上首的椅子上，撑着头，很不乐意。墙上错落地张挂着刘自己的作品和照片。

任：你这样的生活……

刘：我的生活又走上了先前的轨道，依旧是最乏味的生活！我的思想又无从开展，情绪又没有着落，意志又不得自由；当初的我，不知哪里去了。

任：我想比以前在《时事评论》的时候，你总较为自由些，宁静些。你和他们的宗旨不同，是精神上最大的痛苦，住的地方不好，不是烦闷的原因。如今你只顾作画就是了，况且不在家里。

刘：你还不清楚我现在的生活。等我讲给你听了，你就不这样说了。（停止工作）现在这个公司就仿佛以前那个报馆，虽然营业不同，所抱的主义却如出一辙。出品好不好，不是他们的着眼点，他们只打算怎样可以得到更多的金钱。我真不幸，脱离了那个，又逢着这个，两个竟完全一样。

任：总有不同的地方吧。从前你的论文刊登在无聊的报纸上，固然贬损了价值，减弱了功效。如今你的画，一幅一幅都是独立的。你发挥你的技术，精妙到极点，就一幅有一幅的价值。虽然由没有艺术眼光的公司出版，又何伤于你呢？

刘：（摇首）她们何尝要你精心作画！又何尝许你精心作画！他们别的都不论，只和你谈每月出几张画——必定要出几张画。作画的事可以这样限时急就的么？然而已经和他们约定了，材料没有也只得画，心绪不好也只得画，结构未就也只得画，哪里能画出好画来呢？

任：你的画，总有你的好处潜藏在里面，虽然成于草草。

刘：是这样吗？我把画看作是自由的创作，心灵的表现；如今却天天拘囚在青黄红白之间，做了他们公司的雇佣，一天到晚，没有一刻余暇；画出来的作品大半是勉强结构，不惬我的心意。你想这不是最无趣味的生活么？

任：（沉思）我想有不知多少画家，正和你过着同样的生活呢。咳！艺术……

刘：对一般的画家来说，我可以断言，他们决不会感到生活的乏味，只要看他们作画的技术和踌躇满志的态度就可以想见了。他们平日里留心搜集货物的广告，市售的明信片，陈旧的月份牌，破外国书的一页一角，凡是上面有画的，他们都当作宝贝。等到作画了，他们全不讲意义，结构，调子，光线，……在这一张上搬一棵树，偷一块石头，那一张上临一所房屋，描一个人，就完成了他们的新品了。他们的作品也有两个特色：一是满，花草树木人物种种东西，一件一件的堆砌在上面，以满纸为度。一是艳，红的，绿的，青的，黄的，一大片一大片的涂在上面，刺激目光的力量愈强愈妙……

任：（点头）真有这样的情形。

刘：我却始终相信作画须有哲理诗情做他的基本，而表现出来，又必须先有艺术的修养，宁静的神思。由我来看，作画虽不是难事，却也不容易，可以随随便便敷衍了事的。规定每月要画出多少张画来，我以为是侮辱艺术、侮辱画家的规约！至于我所说的那些画家，他们何尝有这样的想法！他们正在急急忙忙的抄袭拼凑，只求出品多多益善哩。

任：（冷笑）实在可笑。

刘：（厌倦）我看自己近来的作品，只觉得可厌，只觉得惭愧。（指桌上画稿）便是这一幅，也不过是增人烦闷的东西罢了。我空的时候常常独自默想：便是绘画，充分发挥我的能量，可以贡献于人们的应当比现在多上三四倍。为什么竟打了这样大的折扣？为什么只有现在只能……

任：就因为有公司的规约在，受着酬金的压力。换句话说，就是为着你的生活。

刘：我得到的也是这个结论。生活呀！你不应当逼迫我，使我的艺术得不到发展。你这样对待我，真值得诅咒！（窗外作大风声，柳枝摇曳不止）

任：值得诅咒！诅咒的声音现在就像这风一般，到处都能听见了。

刘：我小时候就立志要做一个独立不倚的人，不愿意和旁的女子走同一条路，所以刻苦学习技能，得了一些经验。到如今世味也尝够了，生活的面目也认识了，才知道世间没有一个真正的独立不倚的人。我还是和旁的女子在同一条路上，和所有的人们在同一条路上！

任：既然这样诅咒，还是和大伙儿一起，只顾走下去么？

刘：（毅然）不！决不！我有我的新目标，人们里也必然有同我一样的，已经有了新的目标的人。这个目标就在前面，已经望见了，而且很真切了，只剩下一重障碍，——一重障碍——所以还不能大踏步前进。

任：（兴奋）我真愿意听到这句话。

刘：我知道即将来临的，是个空前的大爆炸。（起立）爆炸过后，什么障碍都成了灰烬，人们能望见的就只有那个新的目标。大家放开步子，大胆地向前走去，没有一些儿惊扰，差不多在乐园里嬉游一个样，每前进一步，便是一个新的愉快。（她举起两手，头仰起，表示希望的神情）空前的大爆炸！我愿你赶快来吧！艺术的生活！我要和你拥抱！

（两臂紧紧抱住，露出坚信的表情）

（任瞪视着她。窗外大风又作，柳枝如狂的舞动。全剧完）

刊《戏剧》第1卷第5号（1921年9月30日），署名叶绍钧。

文　艺　谈

一

文艺上有什么“派”，什么“主义”，这都是批评家的话。批评家将许多文艺作品做综合的系统的研究，自然只得就大体的区别上和趋势上下功夫。这等区别和趋势，说出来时，大家都惬然于心，可见确然如此，绝非强设。然而所以致此，纵的有历史关系，横的有时代背景，文艺家适处于这个交点，便有种种不同的作品。这是自然的产生。文艺家除了创作的冲动而外，更没有其他容心。什么“派”或“主义”，全不是文艺家计虑的事。

请设一个不一定得当的譬喻：山中的云徐徐上升，有时卷舒而类鬟鬓，有时平衍而如波澜。在云何尝有摹拟的意思，更何尝知有鬟鬓和波澜？这原是看云的人在那里指点比拟的。文艺家应是云，像什么像什么，让看云的人去计较就是了。

这个创作的冲动真是文艺上最可宝贵的生命。人们的思想情绪本没有不可作文艺的材料的，正同没有一个景物不可作为画的材料一样。但单有材料，没有文艺家深深的感受，更摄取其要点，加上思想，便没有文艺作品。文艺家自内自外感受思想情绪之精微的方面，觉得这是必须把捉住的一段材料，否则有无限的痛惜，这时候创作的冲动兴奋到极点了，赶紧写录出来，定是绝妙的作品。有人说诗不应是做出来的而应是写出来的，便是这个意思。当这赶紧写录出来时，决不会再有其他的计虑：我现在应学某派，应取某种主义。

反转来说，文艺家而拘执于某派某主义的，他的创作的冲动一定很薄弱，或者竟没有。怎么讲呢？他既有所拘执，便视为一种形式，不能不有强合迁就之处。有一分牵强，当初所感受的思想情绪之精微的方面便改换一分，牵强顾虑越多，改换的也越多。到末了，那深深地感受于最初的，全然换了面目，所余的只是形式的复制品了。这时候所谓的创作冲动是没有了，然而还是很起劲地写录出来，就因为有“合于形式”的一种自满心在那里鼓励着。我们有许多传习的话，像“为圣人立言”，“文以载道”，“语必有本”……不是使历代无数的文艺家受它们的暗示，埋没了自己创作的冲动，专在摹拟形式上用功夫，上了一辈子的当么？

所以创作的冲动是文艺的生命，有了它文艺便会发展、进化。“主义”和“派”，在研究文艺的人固是必要，在文艺家却是不需要的，因为一受它们的拘束，一切都堕入形式，文艺的生命就断绝了。

二

文艺作品无论如何总含有主观的性质，所以同一个境地，同一件事物，因各个文艺家的观察不同，所得印象不同，思想情绪之精微的方面也不同，就可以写成不同的几种作品，一样可以动人，一样确有价值。因此，文艺的世界最是自由，变动，新鲜，无穷。我们的祖先已生息于陶醉于这个世界，我们的子孙且将永永生息于陶醉于这个世界。我欲作赞颂文艺之歌！

近时我国人的文艺创作的冲动渐渐有得表显了。报纸和杂志上总有几篇小说、诗和剧本供我们领略。但是从这里有一种现象觉得是不大好的：近人作品取材的范围很狭，差不多世间只有一部分的事物情感可以做文艺的材料。就我所见，似乎表现劳工和妇女的痛苦的为最多。这等固然是文艺的很好的材料，但是群趋于此，意境又大略相似，就可知其中不尽含有深切的印象和精微的灵感，而半由于趋时了。唯其如此，所以下笔很容易，凡是这个题材里应有的描写和意思都如量纳入。篇幅固然完成了，然而这等作品没有生命了。多了这一篇不能使文艺的世界扩大而更新，文艺的世界里哪有它的位置？

一个题材里应有的描写和意思都如量纳入，似已合乎有价值的作品的条件。其实不然。这个并没有别的原因，单在“不真”。譬诸作画：名家从真实的景物获得印象，感受于心的很深，才成他的创作。劣手却不然，他专将名家的画作范本，他的作品虽有一样的此景此物，然而因无所感受于真实，没有精妙动人的风采。文艺方面也是这等情形。

所以，别人所感受的只能成别人的作品，我对于它只许欣赏，不容借用。借用只能算复制别人的作品，不能算我的创作。

我想有志于文艺的人应当赶紧从走错的路上回转来，卓然独立，一空依傍，凡是有形式性质的东西一概不与接近。文艺的本质是思想情绪，我们就当修养我们的思想情绪。一切事物是我们情思所托的材料，我们就当真切地观察一切事物。有什么感受就写录出什么来，没有就十年不写录也不妨，一任我们创作的冲动指挥着。

三

我常常听见人说：“这件事情真有趣，奇怪，可为小说材料。”说这句话的人看得小说太容易太浅薄了。小说的材料固然取之于人世间的事情，但人世间的事情不一定就可以为小说。

有许多文艺家也本着这句话的意思，专事探取人海里种种事情，如实记录，成就他的著作。当意的事情没有这么多，就逞其幻想，凭空结构，接济他材料的缺乏。

这一类文艺作品可以供人消遣，资为谈助，满足好奇心。但效果仅此而止，不能更有所增益。所以可以叫做玩物的作品。

现在的人差不多都承认“文学是人生的表现和批评”这句话。人生的表现和批评，文艺家视为生命一般地努力从事的，岂仅仅供人消遣，资为谈助，满足好奇心？乃所谓玩物的作品，其效果只有这少许，不能算为真的文艺品是一定无疑了。

所以真有志于文艺的人不应当把小说看得太容易太浅薄，专事探取人间庶事，辄为记录。我们当知玩物的作品是人间不必需的东西，即多所撰作也不足为奇，因为不能算为文艺海里的一滴水，不能增加文艺海的容量。我们所应当努力的乃在真的文艺品。

真的文艺品有一种特质，就是“浓厚的感情”。我们若说这是文艺之魂，似乎也无不可。这个感情蓄于事事物物和人们心中，文艺家深深地感受了，他内心的感情共鸣似的兴起，不可遏止，就如实写录出来。无论是一件每天可以遇到的事，一个平凡的人，一秒钟的沉思，永劫的遐想，只需含有这浓厚的感情，都可以为小说的材料。这个并不取其有趣和奇怪，乃因其能够表现人生。我所以说，人世间的事情，文艺家若能感受它的感情的质素的方面，就无不可为小说。

同情于弱者有人道主义倾向的固是一种浓厚的感情，表现黑暗方面的又何尝不是？因为有强烈的希求光明的感情潜伏着。甚至厌弃现世，流入颓丧一派，那种悒郁凄恻，也正是一种浓厚的感情。所以无论哪一派里，都有很好的真的文艺品。文艺家不必管什么家派，仿效什么家派，只需能够特别过人地感受和兴起浓厚的感情，就可以有很好的真的文艺品创作出来。

真的文艺品不是供人消遣的，然而人对于它的爱好和陶醉一定远胜于玩物的作品，因为它不仅是告诉人一个有趣的故事，不是要满足人的好奇心，而在唤起人的同情；它不仅是给人看一篇文字，这篇文字里含有活力，能够吸引读者于不自觉。人只觉一种浓厚的感情渗透自己的心灵，从这里可以增进自己的了解、安慰或悦怿。这才是人间所必需和期求的东西，也就是文艺家应当从事的东西。

四

我常觉得“诚”这个字是无论什么事业的必具条件。我们心情倾注于某事某物，便将我们的全生命浸渍在里面，视为我们的信仰和宗教，这就能“诚”了。

文艺作品所表现的总不外人生的事物情思，然而论其品类却万有不齐。这就因为作者态度不同的缘故。作者态度自然也各殊其致，但大略可以一线界为两部：线以上为“诚的”，以下为“不诚的”。

作者持真诚的态度的，他必深信文艺的效用在唤起人们的同情，增进人们的了解、安慰和喜悦；又必对于他的时代、他的境地有种种很浓厚的感情，他下笔撰作，初无或恐违此、勉为留意的必要，而自然成为含有普遍性的真文艺。无论用的是写实的方法，或者带有浪漫的气息，或者从积极方面发挥，或者从消极方面描绘，一样地可以为文艺界增一新色彩。他虽只是和别人一样的一个人，然而他一本真诚，绝无故意的造作，他所表现的确是此时此境里人们的情思，怎不教人低回感动呢？

作者态度不真诚的，他对于文艺本没有什么了解，他的下笔撰作，只本着一种戏弄和滑稽的心思——或者还有别的不相干的原因。他既不真诚，情感先淡薄了。他对于人生或则所感甚浅，或竟全无所感，这已丧失了文艺的灵魂。这等无灵魂的文艺品里，无非是浮浅的外皮的情思，——或竟是堕落的兽性的表白。他虽然也可以袭取他人已成之作，改易面目，充为自己的材料，但可以袭取的是文字言说，不能袭取的是他人的心。文艺作品虽然只是文字言说，然而里面在在含有文艺家的心灵。你但取其可以袭取的形而下的文字言说，有什么用呢？此类作品，前者为“反乎人生”，后者为“没有个性”。借成语以为评，正可说“玩物丧志”。

所以我们要创作我们所希望的真文艺品，没有范本可临，没有捷径可走，唯一的方法乃在自己修养，磨炼到一个“诚”字。我们应以全生命浸渍在文艺里，我们应以浓厚的感情倾注于文艺所欲表现的人生。

但是，我们自有知觉，曾经过几回真诚的感动和浓情的温存？两个人见了面，一颔首，目光都不肯互注，各自东西，此后便永不相见也无所谓忆念。一封信送来，居然有两张八行笺，但写在上面的都是尺牍上的话。一个老妇足力不济跌了一交，接着便是一阵拍手和哄笑。间壁人家遭了盗劫，还伤了人，我就私幸我家没有轮到。……也说不尽许多，总之，我们的一大群里充满了虚伪，诽笑，自私，冷淡，隔膜……

这个对于文艺界多少总有些妨碍。然而这个不是文艺上的问题了。我不过是喜欢文艺、希望文艺慢慢地长大的一个人。我本着这一点微诚，愿我的伴侣的人生观有所改换。

五

文艺的目的在表现人生，所以凡是对于人生有所触着而且深切地触着的，都可以为创作文艺品的材料。触着不触着不在知识的高下，而在情感的浓淡。情感则半出先天，半由熏陶。情感浓厚的人，虽然他的知识因无从传习，程度极低，他一样地能够感山水林木之美，兴与造物游的遐想，一样地能够感堕落沉沦之苦，发欲为援手的悲悯。这等心灵的颤动是绝妙的画稿，是最好的诗料，总之，是艺术的泉源。

往往有许多美妙的思想言语，出于愚夫愚妇或孺子之口。但彼辈自己不能写录，不能撰作，事过境迁，那些思想言语便化为乌有，了无留痕。（我想古今以来美妙的思想言语曾经涌现于人们脑蒂里但没有留痕的一定不知凡几，幸而留痕的一定比不曾留痕的少得多多。）正如天空的云自在飘浮，幻成极美丽的文章。后来经风力吹荡，这美丽的文章变了，散了，不复能有同样的第二回了。这岂不是大可惜么？

文艺家有一种不可推诿的责任，便是保留这等美妙的思想言语。发出这等思想言语的人初无著为文艺品的欲求。然而文艺家听见了，以为这是人心的花，精神界的开拓，倘若不将它保留下来，便是精神界的损失，心灵的浪费。正如云幻成美丽的文章，在云何尝有什么意思，然而我们人看见了，赞美欣赏而外，还要用速写法描一个影像下来，否则是永远的可惜。

但是所谓保留，不是照样记录，像照相法保留物像的意思。我们但想所以保留之故，怎样保留就容易明白了。那些美妙的思想言语，因为它是人生的表现，可以增进人们的同情和慰悦，所以文艺家要保留它。这当然要取一个完善的方式保留下来，才可以一毫不减损它的效力。而所谓愚夫愚妇，他们所感的是情，是浑然不可分析的。情动于中，自然倾吐。他们对于如何为最完善的达情方式，是没有研究的（他们随意应用的也许便是最完善的方式，但决不尽然）。所以照样保留，未必便能有充分的效力。这里文艺家可以显出他的功能了。他应将所得的材料加以剪裁、增损、修饰种种功夫，所谓艺术的制炼，使那些里面含有自己的灵魂，一面却仍不失原来的精神。那些材料经这么一来，已固定在一个最完善的方式里，加入了普遍和永久的性质，在文艺界里就有了位置了。人常说文艺品是文艺家创作出来的，就因为他那艺术的制炼是一种创作的工夫。

从这里更可见文艺家应有精细的观察。无论是什么人物，什么思想言语，他都有留心的必要，因为那些或者有助于他。很平常的劳人的叹息，小孩子不思虑的话，村妇的谈天，……或者都是可以创作文艺品的材料。文艺家如能随时观察，即不立著于篇，而蓄积既富，需用时自有俯拾即是之乐。若常是关在书室里，执笔构思欲有所作，即使精思深情可供抒写，而文艺的泉源已壅塞了一部分，终有范围较狭之嫌了。

六

文艺家从事创作，不是要供人欣赏，他是所谓“无所为而为”。若欲说他有所为，本来也可以，但他所为的是最深广的人生。所以人家对于他的作品持什么态度，赞扬或是诋毁，他是全不问的。只要他心以为然的，他就真诚地表现出来，即使读后能了解的人一个都没有，也不是他的失败。翻过来，他的创作风行一时，受着无量的赞美，也不是他最后的喜悦。无论如何，他还是守着他先前的态度，着眼于人生，托命于文艺，不知其他。这等高雅宏大的襟怀，原是文艺家应当有的。

然而一般人却不可不有领略文艺家精心结撰的作品的能力。古昔或当世有了很好的文艺作品，而大家不知领略，让它承受灰尘，饲养蠹鱼，不发一毫光芒，烛照人们的心灵，这个损失当比赔款割地还要大。文艺家创作了出来，一般人如响斯应地受他的感动，心的最深奥的地方都渗透到，这才不辜负了文艺家，而一方面也不辜负了自己。为什么呢？有好景不能玩赏，有好友不能结交，有好的文艺作品不能领略，都是人生的缺陷，对于自己莫大的辜负。

人譬诸花草，文艺就是雨露。人不仅须有物质上的欲求，尤赖有精神上的欲求，才可以向上进取。有时因有精神上的欲求，物质上的欲求随以改进。而可以激起我们的精神上的欲求的，文艺实为最重要的东西。当我们执卷欣赏之际，虽然不过是连缀着的许多文字送入眼里，而实际却在认识人生，感受作者的精神，并振起自己的精神入于向上进取之途。这是人生再重要不过的事情。有人说这是一种消遣，我以为最是谬妄的观念。世间哪有仅仅供你消遣之事？你又为什么仅仅希望消遣？你欲消遣，必然因为烦闷，你为什么不去战胜这烦闷？你但将文艺作品视为消遣的东西，纵不怕辜负作家，也不怕辜负自己么？

反观我们一部分伴侣对于文艺的态度，不由我不起无穷的忧虑。他们希望于小说的，只在一个有趣的故事而已。无论其思想如何悖谬，描写如何不自然，他们都不以为意，或者竟是看不出，以为我们和它本是悬隔的，我们只要求它有趣，有趣了，我们就满足了。所以配这部分人的胃口的只有玩物的作品。偶然遇见些真的文艺作品，他们看还没有看完便说：“这算什么！使我们如堕云雾。我们哪要上这等烦难的功课？”可怜文艺家精神贯注的作品，只博得他们的废书而叹。至于诗，他们更以为这是自古有之，认识得最清楚的了，诗是含有隐遁、愁叹等等消极性质的。其实何尝如此？他们自己不如意，怨抑，又是怯懦，无可奈何，借着合于他们眼光的诗吟咏一回，便算借酒浇愁的妙计。偶然遇见真有价值的诗，不是他们所认为的诗，他们便奇怪起来，说道：“这不是诗，诗哪有这样的？”

我想现在即有真的文艺品，一定不能使这一部分伴侣领略。什么事都要练习，都要修养的。

我为他们切身的利益，——当然也是我们全体的利益，祝祷他们慢慢地练习起来，修养起来。

七

我是个小学教师，我的学生都是十一二岁的少年。我选国文给他们读，各种性质和形式的文字都要选，而他们最欢喜富于感情的。

一篇《项羽本纪》，他们于项羽兵败人散、慷慨悲歌之处，读得最有兴味，最为纯熟。他们在运动场上玩耍，有时也抑扬歌唱，声音里含有无限悲壮的热情。莫泊桑的《两个朋友》，都德的《最后一课》和《柏林之围》，曾将译本给他们读，他们也感动得不得了。那篇《两个朋友》，他们还改编为剧本，开同乐会时在学校里的剧台上开演。两个学生饰两个钓徒，一种颓丧的神气、愤懑的语调和苦中求乐的自然心情，居然给他们都描摹出来了。后来两人被德兵捕获，逼迫他们将法兵的暗号换性命，他们不肯，便将他们做枪靶。当一排德兵举起枪来的时候，他们俩齐发出颤动而心碎的声音，互相诀别道："再会了！"这三个字竟使我堕下泪来，许多学生和别位先生也有掩面的。他们能够表现书中人的性格，可知他们的心真已深入书中。而这一篇原是小说，富有浓厚的感情的文字。

他们更欢喜诗。杜甫的《兵车行》，白居易的《折臂翁》，都是他们百读不厌的。他们往往作期望的语气问我道："下星期选诗吧，好几星期没教诗了。"

以上所述虽不过是我个人经历中的一滴，而可以看出儿童心里无不有一种浓厚的感情燃烧似地倾露。他们对于文艺、文艺的灵魂——感情——极热望地要求，情愿相与融和混合为一体。从这一点，教育者可以得一个扼要的宗旨以为后来者造福，就是"应当顺他们自然的要求，多多给他们以文艺品，做他们精神上的食料"。这食料如果确是富于营养质的，而饲之又面面俱妥，无有分量过与不及、人物不相宜等弊病，则受之者必能富有高尚纯美的感情和好为创作的冲动。

但是我于这个经历中，又引起了无限的不如意和忧虑。以上所举诸篇都是关于战争的文艺，而且都含有非战的意思。非战固然很好，合于人心，但是以文艺饷人，尤其是以文艺饷儿童，眼光总当放远一程，不应该只取回顾的态度。战争不好，差不多大家可以明白，而且我们决不愿此后再有战争，则战争可以不提，可以永远遗忘。有可贵的工夫，当然是读别种文艺品来得经济而有益。并且在儿童心里，本没知战争是怎么一回事，当然没有深切的感情。教师要引起他们的感情，讲解中不得不描绘战争的情况，更竭力表现作者的感情。儿童经这等暗示，自然对于文艺品里所表现的表无限的同情，而视为无上的嗜好。但这里有个应当注意之点，就是儿童感情的倾注是被动的，不是自内发生的。

既然如此，以上所举诸篇就不宜选。然而这几篇又确是学生所欣赏的。我欲选没有缺憾而也可以使他们欣赏的文艺品，竟不可得。这或者由于我不会抉择，但是宝石总有光彩，我纵不明，决不至一块宝石也拣选不出。我所见的，充满于我眼前的，只是些古典主义的，传道统的，或是山林隐逸、叹老嗟贫的文艺品。我才无可奈何，强抑我的不满意的心思，做那屠门大嚼、聊以快意的行径，选了以上所举的几篇。

为最可宝爱的后来者着想，为将来的世界着想，赶紧创作适于儿童的文艺品，总该列为重要事件之一。我以为创作这等文艺品，一、应当将眼光放远一程；二、对准儿童内发的感情而为之响应，使益丰富而纯美。请略为申说：感情的熏染，其活力雄于智慧的辩解。所以谆谆诏告不如使其自化。儿童所酷嗜的文艺品中苟含有更进步的思想，更妙美的情绪，他们于不知不觉之间受其熏染，已植立了超过他们父母的根基。这不是文艺家所乐闻而又当引以为己任的么？儿童既富感情，必有其特质。文艺家感受其特质，加以艺术的制炼，所成作品必且深入儿童之心。他们如得伴侣，如对心灵，不特固有的情绪不致阻遏，且将因而更益发展。此何以故？就因为文艺品里所表现的就是他们自己的。文艺家于此可以知道不是儿童的心情不足以为适于儿童的文艺品的材料了。

儿童对于文艺的创作非常喜欢。我曾叫他们到野地里去席地坐着，作描写景物的文字，又曾叫他们随意为小说。他们大半以乞丐为材料，此外则记传闻的神怪之说，也有表现得精细的。一天我说，你们可高兴作诗？他们都呈好奇的笑容，表示愿意。我就教他们各随己意，无论心之所感，耳目之所闻见，只须自以为是诗的材料，就可以写出来。句子的字数和押韵的问题，且不管它。

下抄一诗，是一个姓陈的学生做的。这一首字句改得不多，又很有天趣，所以请读者观览。

夜　景

吾家小庭里，夜景最美丽，到了有月时，清光无边际。

偶然仰头看，明星满天际，好像无数萤，靠着天上飞。

我家大门前，树高三四丈。吾庭亦能见，枝随风飘荡。影子亦随动，搅碎明月光。

立在小庭中，四周寂无哗。俄闻狗吠声，呜呜渐高起，行人加呵斥，连路吠过去。

我想，儿童若是有适宜的营养品——文艺品，一定可以有更高的创作力，成就很好的儿童作品。因此，文艺家对于儿童文艺更不可不努力。

八

晚饭过后，一家人围坐在屋子里，柔和的灯光照到各人脸上，一齐显出沉静温和的神气。老太太或是老佣妇发出轻婉的声音，给小孩讲故事。小孩抿着嘴，斜睨着眼睛，听到出神的时候，竟伏在母亲的膝盖上不动，渐渐地沉入了睡乡。这是各家普遍的情形。我们回忆起来，就像自己回到了儿时，觉得那种清醇的情味乐意而醉心。

老太太和老佣妇讲的，要是记录下来，不就是儿童文艺么？据我现在的见解来看，那些故事实在不配称为儿童文艺，因为那些故事都含有神怪和教训的素质。她们讲故事的目的本来要驯服听讲的小孩，所以常常有“一个魔鬼，如何如何可怕，他的面貌怎样，他的爪牙怎样”之类的话。小孩因为它怪异，不肯不听，同时却产生了恐惧懦怯的心理。讲的人不肯就此为止，还要继续说下去，“他爱吃小孩，小孩要是哭，他听见了就会到来。所以你们不要哭，不要招他跑来把你们吃了！”这是借神怪作教训了。教训在教育上是个愚蠢寡效的办法，在文艺上也是个不甚高明的手段。

小孩有勇往无畏的气概，对于一切无所惧怯，这应该善为爱惜，善为发展，才可以使他们成为超过父母的人。要是屡次使他们恐怖，给他们恐怖的暗示，岂不是引导他们趋向怯弱么？果真要养成他们良好的习惯，最重要的是顺应他们的心情，在起居饮食嬉游说笑各方面造成良好的环境，使他们潜移默化。即使发见有什么不良的萌芽，也该用替代的方法使它转变为良好的萌芽。最不该的是采取消极的办法加以阻止。如果只是说“你不该这样，否则将会怎样”，那么良好的萌芽无从产生，而他们的活动力已经受到一次打击，决不是有效的办法。

文艺家的创作似乎是无所为而为，其实是大有所为。创作儿童文艺的文艺家当然着眼于儿童，必须给他们以精美的养料。就上一段里说的简单的意思看，可知真的儿童文艺决不该含有神怪和教训的质素。

儿童文艺要有一种质素，浅见的人或者会以为无妨用神怪，神怪也类乎想象。我想我们不能深入儿童的心，又不能记忆自己童年的心，真是莫大憾事。儿童刚刚跨进世界，一切对于他们都新鲜而奇异。他们必然有种种想象，与成人绝对不同的想象。我的儿子三岁的时候看见火焰腾跃，不断伸缩，他喊道：“这许多手呀！”他看了学生们体操，回家来在灯下模仿，见到墙上的影子也在那里举手伸足，把影子当成与他自己一样，就起劲地教它。这些真是成人想不到的想象。文艺家如果能在这等地方深深体会，写进篇章里去，将是何等美妙。

星儿凝眸，可以做母亲的项饰；月儿微笑，可以做玩耍的圆球；清风歌唱，娱人心魂；好花轻舞，招人作伴：这些都是想象，儿童所乐闻的。世界之广大，人类之渺小，赖有想象得以勇往而无惧怯。儿童在幼年就陶醉于想象的世界，一事一物，都认为有内在的生命，与自己有紧密的关联，这就是一种宇宙观，对他们的将来大有益处。

儿童文艺里还要有一种质素，其作用和教训相反，就是感情。这本是一切文艺所必具的。教训对于儿童，冷酷而疏远；感情对于儿童，却有共鸣似的作用。所以谆谆告语不如使之自化。儿童既富于感情，必有其特质。文艺家体察其特质，加以艺术的制炼，所成的作品必然深入儿童的心。他们如得伴侣，如对心灵，不特固有的情绪不致阻遏，且将因而更益发展。

总之，儿童文艺里要含有儿童的想象和感情。含有神怪和教训的质素的，决不是真的儿童文艺。

九

文艺家在世界，虽然和别的人一样，无异沧海之一粟，然而他观察所及的范围却是无穷大，凡是环绕他的一切，无不是他观察的材料。文艺家的眼光，心灵的眼光，常是光芒四射，烛照万有。这个不但和望远镜一样地辽远，和显微镜一样地精微，他还要深入一切的内心——内在的生命。这是没有器械可以比拟的。我想将来物质文明更进步，也不见得会发明一种器械可以观察一切的内在的生命。

文艺家没有观察的功夫，固然不能有好的作品，这个缘故很简单，就因为难期真切，或者远违人生。能够观察了，而且观察得精密了，作品也不一定就好。我们若欲表现一个人一天之中的经历，于是为精密的观察，于其状貌的变化，动作的步骤，言语的音调，一一如实记录，毫无遗漏，而不复加入别的质素。试想他人对于此种作品将作何种感想？他们将见许多冷酷的分离的事实凑合在一起，所得的也仅此而止，更不会领悟所描写的是怎样一个有活力的人。譬诸作图，一粒种子可以画成种种图样，或是纵剖，或是横断，观察不可谓不精密了，然而这种子所含有发荣滋长的活力，还是描绘不出。所以外面的观察虽精密也是无甚益处。文艺家不得不于外面的观察之外，从事于深入一切的内在的生命的观察。

去年西风起时，银杏树上的叶绝无留恋地辞了母枝。叶柄脱处，却有很微小的一粒透了出来。今年春暖不到十天，那微小的一粒长了，状如乳头。我知再隔一个月，这就是一条新枝，上面有许多嫩绿的新叶呢。

树上的山茶花现在正含苞未放。此后它们将慢慢地开出来，开得满树煊红，更后将尽归于枯萎。

家里养了两只鸡，我撮了一把谷饲它们。那雄的不就啄食，先呼了雌的来，待伊啄食了，才轮到自己。

小孩子看着玩具，呆了，一会儿竟同入了催眠状态一样。

一个乡下老头儿，衔着黄烟杆不声不响地坐在场上。

上面所举，都是外面的浮浅的观察。我们若能深入他们的内心，表现出叶芽发育、花儿开放的内在的情状，表现出鸡、小孩子、乡下老头儿心灵的变化，一定是世界最美妙的文章，文艺界必将为之放一异彩，人们的思想情感必将为之更高超更深厚。可惜不能够，或者永远不能够。所以我对着环绕于我的一切常常怅然沉思，为文艺界抱无限的惋惜。

但是，我们不可不努力，希望达到能够的地位。我上面所说内在的生命的观察，就是一种努力。这当然异于外面的分析的冷酷的观察，这个须以心、以灵感来观察。无论什么，我都视为一个有活力的生命，在永远发展的路上的。我要观察他们的生命，生命的发展。皮相是没用的，分析会越弄越支离。只有我潜入他们的内心，体会他们的经历，默契他们的呼吸，我和他们是一是二几无分别，我就是叶，是花，是鸡，是小孩子，是乡下老头儿，才可以对于他们知道一些。借柏格森语名之，便是“直觉”。柏格森以为唯直觉可以认识生命之真际，我以为唯直觉方是文艺家观察一切的法子。

所以真的文艺家一定抱与造物同游的襟怀，他的心就是宇宙的心。宇宙不自为宣言，而文艺家为之抒泄，为之表显。这一类文艺品必定是极合自然，含有活力，而且可以感动人的心情的。因为虽然一样是连缀着的许多文字，而实则是整个的热烈的活动的生命。

人们需求于文艺家的，也以这等作品为最。在人们自然是前瞻比后顾重要，求慰悦比求饱暖重要。唯有这等作品能够引导人们走向发展的途径，超过眼前一切，永远前进。

十

儿童的心里似乎无不是纯任直觉的，他们视一切都含有生命，所以常常与椅子谈话，与草木微笑。这就是文艺家的宇宙观。儿童若能将他们自己的直觉抒写出来，一定是无上的美。曾听有人说过，文艺家有个未开拓的世界而又是最灵妙的世界，就是童心。儿童不能自为抒写，文艺家观察其内在的生命而表现之；或者文艺家自己永葆其赤子之心，都可以开拓这个最灵妙的世界。

人由幼小而长大，对于事物知识渐广。所谓知识之事，止取便利于生事，适切于应用，其他便不是普通人所欲深求了。所以这等知识只是外面的，分析的，一切事物都陷于冷静和破碎。这最为文艺能力的障碍。幼时看鸡雏随母鸡徐步，母鸡育护周至，往往起无穷的遐想。长大了，杀鸡十头取快大嚼，毫没有顾惜或同情。幼时看玫瑰满枝，想象以为花儿盛装，满身洒着香水去看春台戏，不知伊肯带我同去否。长大了捣花为酱，以涂面包，但尝其甘味，不再想别的了。类此之事，触想皆是。总之，人们因为实际生活上的便利，很容易看宇宙一切仅为机械的，物质的，不复能透入它们的内心，与之同化而认识它们真实的生命。这个情形，正如小孩子当两岁光景，凡人类能发的声音他都能发；后来因为顺应环境，务求切用，就汰去一切不用的音，只有适用于环境里的语音才剩留下来。但人因实际生活而汰去幼时所固有的文艺家的宇宙观，比这个有万倍的可惜。举世的人不但不能人人为文艺家，而且不能人人有欣赏文艺的能力，或者就因为这个缘故。

世间又有种种职业、风俗、习惯、礼教，将人牢牢围住，非但使你看一切仅为物质和机械，且将使你自己成为物质和机械。它们当然没有明白诏示的禁令使你服从，但你不服从它们，便有生活上的危险或困难，你就不知不觉地投入它们的彀中。实际生活算是安全了，然而你的宇宙观已堕落成为狭小的、冰冷的、物质的了，你固有的文艺家的资格已丧失了。我不曾见以职业为仅以维持实际生活的，和拘执于风俗、习惯、礼教而不敢略有违异的人而成为真的文艺家。

本来人人有文艺家的资格，终乃不能人人为文艺家，我想也可算人类的大缺陷。于是有志于文艺的人须自有修养的工夫。所谓天才，初无故为修养的成心，实则他自己的全生命正趋走于修养之途而不自知。从上两段意思反观，就可以知怎样才是文艺家自己修养的方法了。文艺家当扩大已之心灵，与万有同体；他与一切生命同其呼吸，合其脉搏；他心的耳目比肉体的耳目聪明；他永葆赤子之心，而更为发展，至于无穷；他不为物质所限制，不为机械所牵掣，常常超然遨游于自由之天。质言之，他以直觉、情感、想象为其生命的泉源。

文艺家固然要修养，而一般人也不仅以生息于物质的世界为已足，一样的更欲陶醉于广大纯美的艺术之海。即现在尚不能达到这境界，总希望有达到的一天。文艺是艺术的一部分，本着以上的希望，一个人即不为文艺家，也须具有欣赏文艺的能力。这也必须修养。于是有两事有注意的必要：

一、教育方面，宜将儿童所固有文艺家的宇宙观善为保留，一方固须使其获得实际生活所需的知识，一方更须以艺术的陶冶培养其直觉、感情和想象，实际生活能和艺术生活合而为一，自然是最合理想的事。即不能，也当不至于顾此失彼。

二、生产和消费的组织须有所变更。实际生活固然是不可避免的事，人人必须经营；但决不可一生专尽力于此，只可视为消耗心力最少的一件事。这样，其余的心力情思才可以倾注于艺术方面。

理想所至，固然是惬心快意。反顾人世实况乃殊相悬隔，至不可以数量计。我因此推想文艺普遍于人们的日子当在至远之将来。

十一

艺术究竟是为人生的抑为艺术的，治艺术者各有所持，几成两大流。以我浅见，必具二者方得为艺术。唯其如此，此等讨论无须深究。艺术苟有反人生的倾向，无论何人不能对之起慰悦陶醉的感觉，复何得为艺术？复次，艺术的内容固切合人生，（此言人生乃属广义，盖兼包过去与未来、现实与理想、物质与精神而言。世固有认切合人生，唯表现过去的、现实的、物质的足以当之，此视人生无异陈物，非艺术家的态度。）则其自身已含有艺术的性质，虽欲强避亦不可得。

即以文艺论，许多创作家明明有各持一义，以为创作的主义的。然而看他们的作品，何尝能仅仅表现他们所取而排斥所不取，常常二者相兼，莫能判离。我们想起王尔德与托尔斯泰，就想起他们对于艺术上主义的不同，而且可谓相反。然而王尔德的作品何尝反于人生？托尔斯泰的作品何尝不有浓厚的艺术意味？于此可见真的文艺必兼包人生的与艺术的。如或偏废，非玩物的作品，即干枯无味的记录，不可谓之真文艺。

从文艺家创作方面言，对于这等讨究唯当持无所容心的态度。因为创作的时候，那唯一的动机便是一种浓厚的情感。文艺家从事观察，入于事事物物的内心，体认它们生命的力，不知不觉间自有不得不表现而出之之势。由于何种欲望，何种原因，是自己所不知道的，也是无暇推求的。这所谓冲动是单纯的，一瞬间的。这时候最要紧的就是顺着心情之自然，叫那支笔将他的张弛强弱很迅速地写出来。写出来的虽然是墨的痕迹，是很物质很机械的，然而因为这样排列着，唯有这样排列着，所以是这种浓厚的情感的全体表现，而不是连缀文辞的微末技巧。若其时兼有一点顾虑，“我这所作必须是人生的”，或“我这所作必须是艺术的”，则这单纯的一瞬间的情感必且由强烈而转为薄弱，由浑凝而化为碎屑。便是更为反省，欲重现先此所感已不可得，强为抒写，必不能成很好的作品。以其出于重构，违于心情之自然，所以不能探究人生；又以其不能将情感全体表现，即无所谓艺术，纵有之，亦至低。此何以故？因其有所顾虑，有所容心于人生的与艺术的之间故。顾虑把创作的唯一的动机赶走了，还能创作些什么？所以文艺家应当无所容心，什么主义，什么派别，对之都一无所知。唯其如此，所成作品却常兼人生的与艺术的二者。

一首诗，一篇小说，一本戏曲，所表现的或是一个境地，或是一桩事实，或是一秒间的感想，或是很普通的经历，文艺家对之决不认为片断的凑合，而必视为有机的全体，所以能起极深浓的情感。譬诸画家睹山水林木之美而欣赏，他决不会说美在此树此木，而必以浑然的全景为感情所属寄。这等材料所以能引起文艺家的情感，实因通过了文艺家的心情，已是人生化的了。否则物自物，我自我，物我之间隔膜一层，物既不能引起我的情感，我又何必从事于表现？可见文艺品的内容，无论如何必然是人生的。文艺家既将所感完全表现出来，绝不是复制和模仿，而恰是情感的本体，这是何等伟大高超的艺术。所以我们诵读很好的文艺，于述说痛苦流离的，不仅哀其困顿，起满腔的悲悯，于描写佳山佳水的，不仅叹其绝胜，作往游的想望，和听讲故事一样的心情，我们常常超于悲悯与想望以上，起一种不可描写的美感。这是隔离一切，无关利害，而其美即在痛苦流离和佳山佳水的本身。倘若文艺不是一种艺术品，何以能有此奇异的伟力呢？更从旁面说，诗和小说于描写景物表现性格之处，便是绘画；于顺着心情之自然，依着它的张弛强弱写出来时，那种自然的谐律，便是音乐。至于戏剧，则以有动作的表现，更兼造型艺术的意味了。此可证文艺又必当是艺术的了。

十二

文艺作品，无论是小诗、长诗、短篇小说、长篇小说、单幕剧、多幕剧，必须是浑然的一个有机体，而不是支离杂凑的集合体，这是文艺家所当知的。文艺家的情绪想象或触动于外境，或自生于内心，都不会是支离破碎的。无论其内容或丰或啬，以物体相喻，总当是一个融和致密有生机的球体。而作品连缀文字而成，可喻以直线。以直线描绘球体，既不失其原形，又无碍其生机，这就是文艺家最高的手腕。

以上所说嫌其意晦，请更申说。我们观赏好花，谓其有风姿，有天趣，决不以花为多数花瓣花蕊花萼的集合体，而唯有浑然的花的印象呈于脑蒂，而且认为这花是超于物质的，有它的生命的。我们若将它作为画题，当然以浑然的有生机的花尽我们的能力表现出来。虽不能不一花瓣一花蕊一花萼地画成，但并不为零碎的经心和努力。

文艺家以黑墨的痕迹涂于白纸，画家以彩色的痕迹涂于画幅，一样是极形而下的事；而不然者，就因为那些痕迹一经文艺家和画家的手，已蜕化而为情绪想象了。试于名家诗篇中改窜一两句，读者立辨其伪托。名画上加一墨点，虽童子亦将认为玷污。一两句和一墨点即足以破坏名作家表现浑然的有机的情绪想象的作品而有余，则在文艺家自身，既然起了创作的动机，就当用其艺术手腕不使其作品有破坏之点，是不必说了。

然而文艺家自己破坏其作品的却是常有的事。请将我国旧诗来说。我国旧诗自然有很好的。但到近几代，自名的诗翁产生得愈多，集子也刊印得愈多，好诗反而寥若晨星。他们的诗所以不能好，当然有种种原因，如实际生活和精神生活的不足以培养成伟大的诗人，而作者自己破坏其作品总该是原因之一。

诗人观物兴感，冥想有得，不假研索，诗思自然流露于心底，写出来就是诗句。这等诗句往往是很好的，但决不能在此而外更有所增益。而以前的诗人总不肯将这等自然流露的诗意极自然地没增损地写出来，他们必须掺些传统主义的思想，用些古典的借喻，更于仅得的诗意而外加上些随后凑合的意思。我从各家诗话里看出他们的作诗法确是如此。这么一来，浑然而含生机的诗意早已肢僵体解，送入坟墓了。最可惜的就是他们所谓零句。其实偶然吟得一两句，而且仅仅一两句，已足以表现当时整个的情绪和想象。然而他们说，零句不能算诗，必须足成之。于是拈着吟须，为零句而寻整篇之诗。待整篇成，很好的零句就同珠玉杂于粪土了。我以前也喜欢做旧诗，时常因零句而作整篇，但友人看了，哪句是最先有的，一猜便中。我看友人的诗也是如此，常以互猜为戏。

观以上所说，可知以前诗人不易有好诗的原因在乎种种的束缚，若传统的思想，若古典的文辞，若固定的格律，将他们的情绪想象一变再变，分离破碎，至于全易面目。这就是所谓自己破坏。

我思及此，极为以后的诗坛庆幸。现在所见的新诗虽然不见都好，但因思想的解放，体格的自由，文辞的直录所思，有一种普遍的现象，就是浑然一体，少有牵强琐屑之病。

十三

听见人家说，西洋新派画（我说不出哪一派）注意于浑然的美感，所以不为纤悉的描写。譬如画一个美人启唇微笑，其齿只作一条白痕，不复为之界画，意谓我们看到美人，于一种不可说的赏美的感情之外，不会更审视其个个之齿，所以画一白痕已足。且唯其如此，方能表现美人之美，和别人看到美人时之感情。

我联想起有些小说（我所见的小说只是我国的和外国小说的译本）的繁复的描写和琐屑的记述，觉得这些就是不能见好的原因，其故就在会使情绪思想分离破碎。我述说一种心境，或者大家曾经逢到的：读一种小说，有时冥然自忘，一切环境都无所觉，只觉得书中人物情境都活泼泼地涌现于心头。但有时不然，觉得非常烦闷，几欲废书。繁复的描写和琐碎的记述只使人物情境呆板支离，和我们疏远。于是止见文字，或者止见一桩故事，不复入于陶醉的境界。若是有忍耐心，耐过这烦闷，以下或更有佳胜的地方，便重复入于陶醉。本来文艺家撰作之时，很容易因过欲求工和反省所感，而有牵强不自然，流于技巧的弊病。凡是引起我们烦闷的，就是中着这等弊病的所在。一篇短篇而有这等弊病，则已失了真文艺的价值。若是长篇，而使我们心情的烦闷和陶醉像波浪似的起伏，则已不成其为浑然有生机的全体，徒然是同一的人物情境的事罢了。何不析为短篇，使之各个独立，成为完作呢？

本年《东方杂志》第一号介绍一位新的雕刻家，他的作品竟很奇怪，凡物的不美的质素他都抽去，只将浑然的美表现于他的作品。他雕刻的鸟没有嘴目羽翼，我们没有看见竟不能想象是怎样，然而一般批评家都称赞他创造的成功。我因此更想各种艺术本有共通的性质，雕刻之法也可以应用于文艺。短篇小说的作法本已有抽去一切不重要之点的一层。长篇小说又何尝不可？长篇短篇在批评家眼光里似乎大有不同。我谓因欲表现情绪想象，使它不犯支离破碎的毛病，而为浑然有机的，无论长篇短篇都应当取这位雕刻家的方法。况且写出来虽或多至几巨册，或少至十数行，其为热烈地涌现于文艺家心里整个的心情则一。多则篇幅自长，少则篇幅自短，更何用有别的容心于其间？所以书中人一瞬的沉思可以多至千百语，经年的事可以一语了之，只求无违心情，无损其作品为整个的有机体，就无论如何都可以。而一切不美的质素，就是不能使我深切地感受的，和因过欲求工和反省所感而获得，但不当强为加入的，自然以抽去务尽为是。

近时的创作品渐渐有这个倾向。我希望我们大家都由自觉而取此，非仅仅由仿效而取此。我想一定可以有比今天更好的创作出来。

十四

现今凡称学校的总要备一具风琴，列一科唱歌在科目里。唱歌本是儿童最欢喜的东西，从他们才会发声的时候就咿咿呀呀地歌唱，好似有醉心的滋味的样子。略为长了些，祖母或是母亲将自己幼时所习的儿歌教他们，他们学习不到三四遍就上口了。有时不知不觉地从小口里发出清婉的歌声，他们自己也莫明所以，所谓熟极而流了。

唱歌一科实兼音乐文艺二者。儿童不为环境所限，得以投入学校，亲近那些艺术，滋养正在萌芽的心灵，这是何等的幸福。但是我颇质疑于现今学校里唱歌一科的不尽善。只消看儿童对此科持何态度就可以知道了。他们听着风琴洪大而沉重的声音，有一种奇异而疏远的神情，或者还在厌恶呢。他们按谱唱歌，起先是讷讷不成句，后来上口了，便随意歌唱，决没有在家里唱儿歌那么醉心而乐意的样子。为什么他们入了学校，反与唱歌疏远了呢？这不得不说教者教授之不当了。教者既没有祖母或母亲那种亲爱浓郁的感情，曲调又是随意采取，而歌辞之不合儿童情思尤为莫大之弊病。一般歌辞之劣陋肤浅，使我几不自信其目，而且十分之七八具备浓厚的教训的色彩。教者教起来，绝不问儿童解此歌辞与否，至其有无兴趣当然更不管了，只教他们照字唱着，发出高低不同的音就是了。

我知道有几处彻底革新的学校，他们的唱歌教授很有研究，看得这一科非常之重，歌辞的撰作不肯随意。但是彻底革新的，全中国能有几处？他若小邑穷县乡村荒僻之区，一样也有学校，其总数实占极大部分，他们不犹是墨守旧法，依样画葫芦地教唱歌么？我们为幼者着想，即至庸极惰，不能与他们以助力，也当让他们好好地迈步前进，不给他们设障碍物。他们感美的天性，艺术的本能，原是萌生不已的。教他们一科唱歌，致使他们不感美而感淡漠，不好艺术而无所好，这不是给他们设障碍物么？

音乐和曲谱方面且不说，单说歌辞。我以为儿童的歌辞浅明固然是必要，但绝不就是随便说几句话，一样要具备文艺家创作的情思和诗的精神。诗是何等可贵的东西，它能使我们每一个细胞活动而有兴趣。小孩是将来的人，他们尤其需要诗。若他们在学校里唱的全是妙美的诗篇，经这等浸渍似的涵养，一定有几许未来的伟大的艺术家在里面。这不是我们所企望而应当尽力的么？

愿当世的文艺家尽他们的心思能力，多多为学校里撰点适于儿童的歌辞。又愿当世的教育家不要给儿童设障碍物，愿你们为他们的引导者，于教授方面选材方面力求改革，导他们向艺术之路。

十五

绍虞说孙福熙君的《赴法途中漫画》可称为“散文画”，是一种综合的艺术的作品。孙君那篇文章随意摄取所见，用画家的手段表现出来，而又不单是写实，处处流露作者情思。我想古人游记好的固然也有，其大部分给笼统的描写和传习的情思占满了篇幅，所以虽游胜地，不成佳作。这二者不去，即每日执笔，徒污纸张，更何综合的艺术的作品可言？

颉刚游长城后寄我一信，其记游的几段也有“散文画”的价值。现在录于下面以饷读者，即以充我《文艺谈》：

> 孔诞日我同仲川到八达岭，乘京绥车到青龙桥站。这路自南口而北，重山叠岭中行，越走越高。车行极慢，机车装在车后倒推上去。车路像S形，盘旋而上。此四十里路走了一点钟。一路山色泉声非常的好。在青龙桥下车后，车子进入八达岭山洞里去。我们便由童子领

导到八达岭长城上去。这岭既在众山中为最高，长城又拣准山顶上壁立起来。北方本寒本多风的，到了这里，自当寒风来得更利害了。长城势既削，又是年久残缺了，狂风扑人几乎要跌倒。脚下又不容易走，一不小心，跌下去万万没有生理。仲川扳去一块长城的砖，丢下城去，只见碎块像活的一般，极快的奔下去；没有到山脚势急极了，一跳便跳到对面的山上。想来一个人跌下去，也是如此了。小说上形容战阵，每说“木石俱下”，想来也是这样的光景。

到了顶高的堡上，向四围望去，真觉千峰万壑，拱立屏卫。远远的云罩住了山脚。耳朵里装满了北风的声音，对面说话也听不见了。这样的景致是何等的雄伟高壮！

下望居庸关——去年我们去过的，也是很高的山。介泉要走到城上，风势急，城势削，竟上不去。——真像三层楼上看平屋了。从前人说，在八达岭看居庸如窥井，那未免形容太过。

上去还好，下来真不易了。城势既峭，在在有滑跌之虞。向来城墙的朝外一边，筑雉堞的，朝里一边，筑砖阑的。中途的雉堞已经坏去了几十丈，北风的来更无遮蔽，吹人到南面去，幸亏南面还有砖阑，不致吹下山去。然而靠到南面的砖阑，竟又被风吹住，不得动弹。下去又难又险，不下去尽让风吹，又觉得抵挡不住。这时禁不住涕泗交流（并不是哭，是冷风吹出来的），暗暗的叫苦了。用力！冒险！才到了城脚。

奇怪！霏霏的下雪了。北京这几天很温和，哪知隔了一百二十里的八达岭便冷得如此。这雪落到我们归去还没有停，想来要落一夜了。李太白诗“五月天山雪”，如今我们虽没到天山. 却在八月中受到了八达岭的雪，总是一纪念了。

到了这个地方，才见得从前战伐徭戍之苦。想着前代燕赵筑城，秦魏唐明修城，是何等样的艰难。东胡鲜卑契丹金元乜先等之与汉族交战，是何等样的辛苦。不要说战的时候的“肝脑涂地”“血流漂杵”

的惨目伤心，便是不战时候的守兵戍卒长年的吸风吃雪，又是怎样的可悲。况且我们所到的还是长城的内城，不是长城的极边。若到张家口等处一看，说不定更要起怎样的感慨呢。

十六

一样的自然界，一样的人的社会，既都是可以供给文艺家做创作的材料的，就应该不论何时，不论何地，都有极好的文艺品产出。何以丰富于这一代的，又俭啬于那一代；丰富于这一地的，又俭啬于那一地呢？

我想文艺家的能事，如果只在记录围绕他的一切而止，则不论何时，不论何地，都可以有价值等齐的文艺品产出。其记录得最详细最确实的，自然算是最好。但这也是大家可以做到的。无论如何，文艺家的能事决不在此。

文艺家决不是一切的忠仆和书记官，他也不是冷淡的傀儡似的一个能作文的人，只随意记些所见所闻以为消遣。总之，他不是役于一切的。文艺家有他的修养，所以有他的世界观和人生观，有他的“自我”。他本着这个接触一切，自然有他独特的情绪，独特的理想。于是他将这些用艺术的手段写出来。所写的自然也不过是人生之断片，永劫之流的一滴，然而化了，化而为文艺家精神所渗透的文艺品了。

在派别上面，其实不生什么关系。所谓写实派和自然派，曾自称为“忠实描写，不参主观的意见”，总可谓作者和作品分离的了。然而何尝真能分离呢？试读无论哪一家写实的作品，于其描写“被侵害与侮辱者”之处，彼虽不痛声疾呼若辈如何如何痛苦，如何如何可怜，而字里行间总隐隐流露同情和怜悯的热诚。这犹是笼统言之。而究其所以然，则以此等同情于弱者之心，实为一般文艺家所具有之最普遍的情感，蓄于中者深，自然流露于不自觉了。即在下愚，犹有恻隐之心，而况文艺家有特别富厚的情感。

同此一例，故作者之精神如何，即从其作品中映射而出。此无待故欲表显，亦莫能故为隐匿。所以文艺家之能事在以“自我”为中心而役使一切。一切供我以材料，引我之感兴。彼辈固有其精神，但至少亦须与我之精神相融和，而后表现于作品之中。更设一喻：艺术家以自然为最美，艺术之能事即在表现自然。此似乎不容有艺术家之精神参与其间，只有退居自然之幕外而为之忠实模写。然而不然。觉知何者为最美，以及表现自然之内在的生命而不徒模其外象，若不以艺术家之精神为中心，哪里做得到？所以可以说：没有艺术家之精神，自然虽至美，决不会有艺术。

文艺家的自己修养愈益精进，则其“自我”愈益完成，其作品中所映射而出的精神也愈益显明，大凡名作家的作品，我们即不看署名，往往可以断言其为谁作而无误。此不独文艺为然，艺术之事莫不皆然。赏鉴家所以能辨别书画之真赝者亦在此。

同样的抱人道主义的两个文艺家，他们即以同样的事实为材料而著为篇章，依旧各有各的特色，不会浑然无别，如出一手。此何以故？因为事实固然只是这一件，而文艺家精神所注却可以有多方面。我于此事之这一点寄其悲悯，彼于此事之那一点抒其感慨，或为慰藉之语，或为呼吁之声，彼此就不同起来了。就形式方面讲，各人又有各人的格调，也是不会混同的。从事文艺的人常常有一句话：“这个题材已经给人家发挥净尽，更没可供写作的余地了。”我说，凡是真有“自我”的作家，即发挥得烂熟的题材也可以产出鲜花似的作品来，因为精神所寄不同强为，一定是新鲜，一定是创作，决不是烂熟的陈套。于此可见文艺的生路到处皆是，你有精神役使一切，则可以创作无穷。不论何时，不论何地，你都可以将你的精神融化在里面。你就是一切的中心，一切的先导，这是何等地可以自傲！

除去从前玩物的一类作品不算，现在很有几许心欲趋向真的文艺的作品可以看见。但也有不能动人的在里面，或者是表现不充实，或者是意境太平易。这个缘故很简单，只在作者没有独特的精神，换言之，就是作者的世界观和人生观还没有立定根基。但这个殊不足以使有志的人气馁，因为心欲趋向真的文艺，已是认定了个最正确的鹄的，所缺者磨练的功夫和修养的功夫罢了。从此努力加工，哪有不能达到鹄的之理？

愿我们于读书观世之外，更加意于自己磨练，自己修养。既有独特的精神，不患无独特的作品。

十七

提起小说，大家就会想到这是一桩故事，里面包含着许多曲折，或是悲欢离合的情节，或是出奇异常的行径。吾国所谓小说，除了几部特别出色的，差不多都是这一类。它们都是笔记式的体裁，起讫分明，贯穿一气，便称佳作。他若外国的侦探小说历史小说言情小说等（我只读了些译本），其大部分亦仿佛类此。读完了一书，所得的仅仅是一桩故事。他人要我们讲些故事消闲，这些小说就是我们的材料取给所；而他人听了，所得的也仅仅是一桩故事。

这些小说，以我笼统的见解而为论断，其作者与作品常常分离，不相应合。故其所表现每为事事物物之表面，而不能抉其内心。以画幅为喻，则犹如照相片，仅留物之死板的外像，而不能表现其活动的内蕴的精神。更以作者与作品分离，作者之精神不能从作品中映射而出；且以为撰作之事初无关于作者之精神，但求能执笔缀文已为满足。我们可以从一个人的多篇作品中发见其矛盾之点，或者一篇之中也能寻到。在吾国旧时小说中，圣功王道和男盗女娼有时同居于一篇之中，而且双方均不出于至诚，而有一种“姑作如是说”之态度流露于不自觉。

我不知外国小说的源流，就所见译本中观察，似乎在多种倾向里有一种倾向，就是越到近时，大家越认定作者和作品是一体而不是分离的。因此，作者和读者，一方把以前视作小说为暇豫遣兴之事的观念，一方把以前视小说为消遣品的观念，都改过来，大家有个新的观念，视小说为精神生活上一种重要必需的事物。换一句话说，就是小说和人生抱合了，融合了，不可分离了。唯其如此，小说的内容不能不有异于前。仅仅一桩故事未必可以为小说，而极平凡极细微为大家所不注意之事，一经文艺家精神贯注，融化而出之，或者反成名作。而且不一定有事实有曲折，即作者一己之感想，脑海波澜瞬息起伏，亦无妨抒写。

读了外国小说然后创作，固然是很不妥当的办法。而上面所说外国小说的一种倾向，却是创作的一个前提，已经给我们以重大的指导。作者若有独特的精神，浓厚的感情，则不论若何平凡细微的事，乃至全无事实而唯有感想，都可以为真实的动人的小说。

有一种小说杂志，于其数篇之下标曰“新体小说”，因而推知其余为旧体。观其如此标示，意若谓两者不妨并存，初无批判于其间。而一种报纸上又大登其点名续作之“集锦小说”。这些虽是平常而经见的事，但总是文艺界的忧虑。

十八

我常说，文艺家创作，应当绝无顾虑，绝无容心，凡派别与主义之何属，批评家对之作何评论，概不措意。苟注意于这等旁的种种，则其引起创作动机之浑然的情感已化而为破碎支离，或且以多所迁就而失其最初之本真，其作品必不能成最好的了。

文艺家固亦有需于批评家。一篇文字已成之后，文艺家自视之觉得已完全表现我当初之情思而深惬于心，倘若仅取自娱而不欲示人，或者不希望此篇为更好的文字，固然无所需于批评家。倘若欲以示人，或者我以为此已最好而实有视此更好的可能，则文艺家就有待于批评家的帮助了。

无论什么事，决不是粗疏的功夫可以做得来的，文艺品更是如此。我们撰作，虽说这个功夫等于写录，并非故意的做作；然而此写录云云，并非漫不经心任笔所之的意思。我们应有画家描绘景物那么精细，音乐家排次音律那么和谐，雕刻家刻凿模像那么致密。这等都是写录的功夫。然而又不仅仅是没有灵魂的机械的写录，文艺家所谓写录应是如此。

文艺家既然有了以上所称的功夫，其作品还未必一定能好，此其故亦复多端，或由于实质之本不完美，或由于情感之未臻深浓，或由于表现之不能活跃，或由于风格之没有殊致。这等在作者自己往往一再审察而不能发见，所谓当局者迷，确是有的。批评家于此就可以给文艺家许多帮助。批评家用分析的方法衡量其各部之是否完美，更以整个的印象而批判其是否浑凝，据其所得撰为评论。这就是文艺家一面光明澄澈的镜子。（文艺家也可以析自己为二，一方为作者，一方为批评者，只须视自己的作品与人家的一样，就也可以从自己的镜子里照出自己来。）文艺家恍然有悟，即据此而修正自己的作品，凡诸缺点，去之务尽。于是以示人则更能动人，论其价值则视前更好了。

由前所说可得一义：文艺家于创作之时，固当只知创作不知其他，以保持其独创之情性，而成篇之后，则当极虚心地容受批评家的意见，修正自己的作法和作品，以期达于更好更动人之境。

现在时代，文艺界似乎不似从前这般寂寞，但严格说来，真的文艺家实在不多。我尝和友人说：在现在这等社会里，大家看什么事都没有诚意，感情又非常薄弱，文字供消遣的观念还深中于一部分人的心里，很不容易产出真的文艺家。这个当然不是一朝一夕变革得来的，要这些都改了过来，才容易产出真的文艺家。所以至早的说法，真的文艺家现在当还在幼稚园里。

批评家与文艺家是相辅而行的，现在的批评家又在哪里呢？

我欲文艺的曙光烛照我们的土地，不禁触处有感而起无穷之忧心。

十九

听人说，俄国人酷嗜文艺，他们视文艺为生活上的必需品。许多文艺家乘此机会，便借文艺以启导民众。至今俄人竟先成为觉醒的民族。我于此说殊觉其有味，但也使我反顾境内，不怡于心。一样是人类，何以他们遭了困苦的境遇，演了灰色的悲剧，终乃产出伟大的文艺家和爱好文艺的民众，使这等背境逐渐改变，而在我土却大不相同呢？

一部文艺作品的产出，无论是创作或译述，我想一定比某督军到哪里，某阁员没有出席，更重要而有意义。但是人家往往注意于后者，而于前者则漠不关心。便是偶然和文艺品遇见，他们很不经意地看了一过就算了，更不会深切地感动于心，萦想竟日。有的更因情思和己不同，仿佛食品不配口味似的，还要信口发出些无谓的批评和诅咒。报纸杂志所载的文艺品更和河里的泥沙一样，再也不会引起人家的注意。出版的日子去得远了，这等作品也就埋藏得更深了，谁还去发掘出来一尝其滋味？这是现在一般人对于文艺作品的情状，在例外的只有很少的人。

有人说，中国的文艺作品太少了，在这很少的范围中不一定有可以动人的，所以大家不加注意。但是现在通外国文的人也不少了，何以对于外国的文艺作品也不感兴味，只将所通的外国文为维持生计的工具呢？其间对于文艺有兴味而肯负介绍和批评的责任的，又只有很少的人。

更从他方面讲，我国人又未尝不欢喜亲近文字的作品。我坐在航船里，遇到顺风，舟子就拿着一本石印细字的小本子在那里阅。火车里面的乘客也时常有同样的情形。店家的伙计也有这等嗜好，柜台就是他们的书桌。便是一班乐生享福的先生们，也要买些杂乱无章、名副其实的杂志，看看里面所载的小说戏剧或诗歌。有些学生们也是这样。

这等人所求于所读的东西的只在消遣。他们一切都看得不过如此，自己落在不幸的陷阱中，已是很少感受而不觉得什么，便看周围的人们也和自己差不多，便信自己之所处并不是不幸。于是对于一切没有问题，只任物质的自己一天一天地活下去。

既没有问题，当然没有什么欲求解答，因而真的文艺送到他们面前，他们反而要疑忌而却步。这于我们何所用呢？谁要去研究探索这等不关于己的问题？谁耐去上这等沉闷的功课？我们闲暇无聊时，取些可供玩娱的书消遣就够了。

需求和供给原是彼此呼应的。一般人有这样嗜好，所以有在报纸上大书特书而不可以言文艺的小说，所以有多方杂凑不具宗旨的杂志。

这里批评家又应负有一种责任了。他应以清明的目光，诚恳的意思，介绍真的文艺品于群众，逐渐导他们于嗜好文艺，视文艺为生活上必需品之途径。一方竭力抨击供应人以消遣的作品，使之渐就减少而终达于零。如是，文艺才能和群众接近起来。

二十

读别国的文艺品，最重要的在领略他们的思想和感染他们的情绪。但是获得了这等思想情绪，不就是情绪终止点，也不是从事创作的发轫点。什么事情固然贵乎自觉，其与外铄，有深浅精粗的不同。但严闭的心幕往往因无所触发，竟没有觉悟的机会。而一语之启示，却能引起深切的醒悟。启示之来袭我心，如响斯应，深深印合，虽云外来，实亦内感。此与纯由自觉者似异而实同。外国文艺品之可以帮助我们者就在这一点。我们固然有自己独特的思想和情绪，但一与别国的融合，或将更为高超而深挚。文艺的发展本是多方的，而其总共的归途则一。我们读了别国的文艺品，或且更易接近于总共的归途。

这说的是读别国文艺品的要旨。其实读别人的作品统是这样。除此而外，我们再也不能从他人的作品里取得什么。如当创作之时，于他人作品的实质方面或形式方面一有取携，便同写字的临摹，图书的翻版，只是徒劳精力，不能为文艺界增益些什么。

宇宙之大，事物之众，哪一件不是文艺的实质，哪一种结构不是文艺的方式？许多爱好艺术的人说，宇宙就是一首伟大的诗篇，岂是虚语？所以有独创的精神的人，其创作决不会与人从同，他也不肯与人从同。假设两个有独创的精神的人就同一事物而各以文艺表现出来，他们还是各有各的精神，各有各的形式。本来文艺之事不同机械，是穷极变化而各臻其妙的，哪有从同之理呢？

许多文艺品到我们的眼里，哪一篇是作者感受极深，不能自已而后创作的，哪一篇是作者好为弄笔，模楷他人而强作的，往往很容易辨出，仿佛他们自己标注在篇末似的。这个办法也极简易。凡是取材不拘于一隅，形式又极其变化的，大都属于前者。其属于后者的，往往可以归纳为一个公式，那些作品只是从一个公式里编列出来而数目不同的几个算式罢了。不但我国笔记式的小说有公式，便是近今所见的言爱情、言侦探、言妇女和劳动界的痛苦的小说，其大部分不也可约之以一个公式么？

凡是配合公式的作品，作者不一定有精密的观察，不一定有浓深的感兴，只须随意找些人物和境地就可以成篇。这个法子固然很容易，要每天有作品产出都可以。但是有独特的精神而于文艺抱真诚的人必不肯如此做法。何以故？就因为辱没了自己。

大家摆脱这等公式，注意于自己的修养和宇宙的观察，自然可以成很好的作品。愿从事文艺的同志们都走这一条路。

二十一

前天同几位朋友闲谈。一位朋友说："有一个外国小说家，他不论到哪里总带着一本小册子。遇到使己感动的景物，或是表现出种种不同的性格的人物，或是富有意义的一段事情，虽然一鳞一爪不成浑然的全体，总要竭力记录下来。——材料丰富时也许很占篇幅，否则即一句两句也就完事了。待到他创作一部小说时，大部分材料早已在他的小册子里，随事随情，取给无穷。"又一位朋友说："这个作法我不很赞同。"他没有说出不赞同的意思。以我猜想，大约以为许多人物情景既然从异时异地采集得来，现在拼合一起，必然有种种不调和的地方。不调和便是破碎支离而没有活气，这是文艺品之大忌。所以这个作法是要不得的。

我想这位小说家的作法和我的又一位朋友的不赞同他的作法，竟未可遽尔断言孰是孰非，因为这个还须看作者之精神和艺术如何。作者之精神和艺术很高，用了这位小说家的办法可以使他的作品更益完美，如果差一些的，用了这个办法就可以使他失败。以下请申言此义。

所谓作者之精神高的，他的思想必然独立而不事依傍，他的情感必然深厚而观物入里。他做出许多的作品，总是极强烈地显出他的个性。设个不一定确当的譬喻，他仿佛是一根索子，无论什么东西穿上，都是很配合似的成一贯的次序。他随时随处加意观察，就随时随处得到经历，这些事物固然是各个离立，不相凝合，但一入他的经历，给他的精神的力灌溉一过，就融和为一，凝成浑体了。他从事创作，必然觉得有一个浑然的有机的意思必须倾吐出来，虽然所写的是今日此地的事，也许写入往日别地的经历。他并不拘于时和地，他只知表现他这个意思。许多成功的小说家差不多走这同一的路，虽然不一定用小册子，而深入自然精密观察，却是一例的。他们平时的经历越多，他们的作品也越丰富，越活跃。一篇作品之中往往不是作者一时的经历。作者创作动机的引起确是一瞬间的事，这一瞬间，既往和当前的经历凝集于心，不生分别，抒写出来，不伤其为浑整，那就是佳作了。

至于艺术，这是无论哪一派的作家都要具备的。一事一人的背景，一言一动的情态，虽然不可故求雕琢，落到虚伪非真的程度，而欲其越调和越生动，当然于真实经历之外需加以艺术的修炼。浅略地说：于小说中描写一个地方一个时候的景象，以为书中人物事情的背景，自然要以最与那些人物事情调和的写入。但真实经历所得却并不十分调和。艺术极高的作家就能于他的经历中取一个最适合的来换上。小册子里的记录和记忆里的内容，到此一样地具有大作用了。而小册子里的，因为实录当时的见闻情感，或者更为真切而活跃呢。

至于精神和艺术俱尚待修炼的作家，如用此法，自精神上讲，则于一篇中或者要显出矛盾的地方，因而无以见其个性；自艺术上讲，则或者要露出琐碎拼凑的痕迹。我们读小说不是有时要觉得莫解其意旨所在，或觉得有些材料是强为加入，可以不用的么？从稳妥的办法，还不如就一瞬间一经历所得，尽可能的力量表现出来，不当此为玩耍而出之以诚意，反可以成浑整完善的作品。

伟大的小说家自然属于前一类人。我们有志于文艺的不妨先居于后一类的地位，慢慢修养，当然也可以成为第一类。

二十二

大凡一国的文艺自有其独特的性质。试取若干篇章使紊然杂厕，也容易辨认孰为某国之文艺。这一种独特的性质便是一国人的真优点，其文艺在世界上有位置即由于此。而野心家所鼓吹所教训，笃旧者所保守所争持，虽一时也或震耀世人的心目，实则决不是其国人普遍的特性，入于文艺就不能增其光彩。

文艺上所谓各国民众之特性，并非如政治家等所云，有此可以与他国相抗衡。此种特性源于自然，内基于各民族之天禀，外化于天时地势人事之种种环境，遂融结为种种性质。人之境遇受支配于经济和政治者至大，而经济又与政治实为合体。所以在同一政治范围内的人们其境遇大略仿佛，其特性之外显也就大略相似了。

拟古主义的文艺里难见各国人的特性，因为那些文艺之前，还有个型式在那里，作家着眼于型式，向之而趋，越努力越无以显此日此地之真人生。必待文艺已含了写实的精神，对于一切真实不虚，而后所表现的为真的人生，里面自然含有民众之特性。

近代的文艺里，俄国的最显出他们民众的特性。他们困苦于暴虐的政治，艰难的生活，阴寒的天气……却转为艰苦卓绝希求光明，对于他人的同情更深，对于自己的克厉更严，这就是以“爱”为精魂的人道主义。俄国的文艺里几乎无一篇不吐露这一种福音（就我所见译本而言），不单是对于受痛苦者悲悯，尤能于堕落者之心灵中抉出其未尝堕落的真性，以为若辈更生之勖励。可见俄人对于他人无所不爱，敌人击我骂我，我正怜他而欲为劝勉，或者是他们的常事呢。俄国的文艺里有最丰富诚挚率真的情意，几乎没有玩笑的语句，卑陋的意思。这也是当然之事。视人生为醉梦的人们对于一切才诽笑，轻薄，虚假，冷淡。俄人视人生至真诚，爱人又超越寻常，形诸文艺，自然使读者如遇恳切诚挚的好友了。

日本的近代文艺，以前不大有人翻译。以我臆断，或者因为他们有些人不很使人满意，就此连他们的文艺也看不起。改一句成语来说，是“恶屋及乌”。这种成见不是治文艺的人应该有的。他们新文学运动已有数十年的历史，今且入于已有成功的时期，定有许多很好的作品，以成见而不为介绍，终究是爱好文艺者精神上的损失。曾以此意告绍虞，请他翻译几篇。近来读到几篇译作，觉得他们的文艺也有一种特色，差不多可以一望而知。他们的文艺里含着深浓的爱和清丽的美。他们也爱好和平，憎恶争斗，和一切人们相爱，但并不与俄国文艺同其面目。一件细小的事故，一句平常的话，通过他们文艺家的情思就化为爱和美的融合体了。我想农业国里的人因为亲近自然，事必互助，所以爱它的观念很发达，而且喜欢和平。一班侵略派是私欲迷了心的，是以和他们的伴侣刚是相反，我们且除开他们算。俄国农民最多，日本也是农业国，所以国民性俱有人道主义的倾向。而日本景物清丽，胜游无算，更养成了尚美的特性。二者合并以入文艺，就成了日本文艺的特色。

文艺可以养成美好的国民性，美好的国民性可以产出有世界的价值的文艺。我国近来新创的文艺里似乎还不见什么特质。这是文艺家应当注意而努力的。

二十三

文艺批评是文学上极重要的一种业务。文学进步的民族对于这一事剖析精微，综观指归，和治科学的抱一样的精神。这固然是非常之好。但在新创文学才有萌芽的民族里似乎不十分适切。且无论批评家与创作家往往是同时诞生，没有伟大的创作家的时候，未必会有伟大的批评家，即有之，也与当时的一般人不相呼应。他的批评虽好，而社会既不解容受，作家也无从得益，这也是徒劳的事。所以在今日之中国而为批评家，眼光断然不可降低，然而不妨只讲大体，但就作品之精神方面衡量，而置精微于不论，列艺术手腕于次要。如此，才可慢慢导引，慢慢修炼，以期作家和读者同时长进，而共进于文艺复兴之光明时期。

我尝告友人说，我们评论作品，最重要的是那位作者的人生观须是在水平线以上，作品差些还是其次。友人很以我言为然。我们认定真实的作品里必须含有作者之精神，作品与作者决不是彼此分离的，我们就应先评论作者。作者不可尽识，更不可尽审其人生观之如何，然而有他的作品在，那就什么都不能遮掩。每一篇作品无不呈露作者之态度，或是真诚，或是玩戏，或是恳挚，或是冷薄，一一自己显明，望而可知。态度何以各个殊致呢？就因为各有各的人生观。我说只须求其在水平线以上，则以我们有许多伴侣玩世不恭，物质迷心，不流于空虚便堕于禽兽。以言人生，实属不甚确当。以此入于文艺，文艺岂不遭其玷污？倘若其人已有人生的觉悟，衡其程度已超出于水平线之上。其人苟有所作，对于黑暗方面必然有所深恶，对于光明方面必然有所希求。虽或艺术手腕不很高，表现和描写不十分充足和真切，而必有供人一读之价值。且其根本既然树立坚牢，则从此而渐趋发育，正大有希望。譬如黑色的质料，要做白色的衣服，那是万万做不到的。既然是白色的质料，则任凭什么式样的素洁的美丽的衣服都可以做成，只须你有剪裁缝缀的技术。所以现在的批评家当赞许作者持真诚的态度，人生观在水平线以上的作品；同时那些反乎人生的作品，应当给予严正的攻击。凡是作者抱着一种观念，我写这些是供人家消遣的，那就该受攻击。文艺决不是供人家消遣的东西。你要供人消遣，便是你对于文艺态度不真诚的表示，便是你的人生观尚未能与水平线相齐，你的作品就要不得。一般的群众是盲目的冲动的，没有批评家冷静的审察，明亮的提告，也许要认粪土为珠玉。批评家的责任不重大么？

二十四

我常常觉得我每篇小说的作成是受了事实的启示，没有事实，我就不想作小说。那些可以归纳为公式的小说固然可以赶快制造，限时交货，可是我不愿意那样干。我想事实即使浅易平凡，我们如能精密地透入地观察，就可以发见它的深刻和非常。这深刻和非常，论其质必然含至高之美，论其用必然深切动人。倘若离开事实，能从哪里去寻找供我们作成文艺品的材料呢？

我们遇见的事实多极了，不尽能作为小说。必须自己对于这一事感兴非常浓厚，然后可取为材料。这个理由很简单：万物万事本来都可以写小说，而各人对它们的感兴却不尽同。倘若我对这一事异常淡漠，那就只见其为一事一物而已，据以抒写，使之再现，怎么能引起他人的感兴呢？自己的感兴非常浓厚，那么此事就活跃于心，既为整个，且含生气。当尚未写出来时，还没有此篇的无数词汇和种种语句，但是此篇的思想情绪萦绕于脑海，其味醇美，作者已经比读者先自享受无上的慰悦了。

复次，我们要写出这些事实，并不是为它作记录，是因为从这种劳力的经营里，可以寄托自己独到的思想感情，换一句说，就是表现自己，这是人生第一等感到满足的事；在人呢，也可以从而增进无量的了解、安慰和喜悦。知乎此，则无论写的是极黑暗极卑贱的事实，总有强烈的反抗的呼声和希求光明的祝祷潜藏在里头。即使写的是一件光明欢愉的事，也决不仅仅歌颂这光明欢愉而止，必然足以引起人高尚美妙的同情心，而作更进一步之想。这才是具有伟大的能力和价值的文艺作品。

材料既已选定，不宜随意写出，最重要的是剪裁修理的功夫。这个功夫的目标，在乎求全篇之更益完整周密，并非追求虚伪文饰的技巧。一切无谓的枝叶必须去得干净，足以破坏全体精神之完整的一句言语，一个动作，都必须删去。其他如不调和不匀称的人物或景色，也必须加以适宜的艺术制炼，务使合于美的条件。无论何派作家，写实总是承认的，这好像是个基本。以人类表现人生，当然写实。但所谓写实，乃就人间世所实有的一切而表现之。所以因不调和不匀称而有所更换，只须无妨于本体，也是可以容许的，而且因此可以收到更美满的效果。

于是开始动笔了。虽然我们用的是人家用惯了的许多词汇，人家已经写过的许多语句，但我们要悉数忘却，一概不管这些。我们只就心灵所感觉的，以独创的语句表现之，以自己的智慧运用每一个切当的词。越欲其真实，越须独创。最后就是完篇之后的诵读了。诵读能告知我们哪句话没有神韵，哪个词不够活跃。我常常因诵读而修改原稿好多次。

二十五

我们从事创作，须牢记着这“创作”二字。天地间本来没有这一篇东西，由我们的劳力创造出这一篇东西来，要不愧为“创”才行。单单连缀无数单字，运用许多现成的语句，凑合成篇，固然不可谓“创”；即人家已经说了的话，我用文字把它再现出来，也不可谓“创”。必须是人家不曾有过而为我所独具的想象情思，我以真诚的态度用最适切的文字语句表现出来，这个独特的想象情思经这么一番功夫，就凝定起来，可以永久存留，文艺界里就多了一件新品。这才不愧为“创”呢。

如此说来，创作不是很难了么？人们的想象情思往往相去不远，哪能有这许多人家不曾有过而为我所独具的呢？我以为这一层忧虑殊可不必。同是人类，心情一切固然相去不远，但相去不远的是粗浅的浮面，决不相同的是精微的内心。文艺之事本来导源于心灵，果真我们的心灵明澈而机警，则不求其与人立异，而自然不与人同。譬如我们见一个十五六岁的女子抱养婴儿在那里哺乳，若徒观外面不为深察，则止见一个幼稚的母亲哺伊的婴儿罢了。感念一动，涉想便人各不同：我同情于母亲，怜其无知而已负重任；或注意于婴儿，悯其天禀之必殊脆弱；或味深意于天真之爱；或致惋叹于民识之稚。大略言之已如是。更加以时空之背景，互异之观点，其精微不同之处或竟达于千万。不比几十个小学生同算一个加减法的算题，得数会完全相同。还忧虑什么呢？

所以我们欲有创作，决不要逞空想而从事猜度，也不要抄捷径而思得倚傍。文艺以情感为要素，情感不是可以悬拟或假借的。猜度即病不真，倚傍即病无我，都不会成就很好的创作。我们要以心接物，极真诚地和一切抱合，极亲爱地和一切流连，细至一花一草，大至社会群众，我们都要认识他们的本真。因为这等本真通过了我们的情思，而我们与这等本真所附丽的一切又是混凝为一的，所以也可以说是我们的本真。将这些写出来，是世界一切的真相，同时是作者所独具的想象情思的自己表现，是作者的生命的痕迹，里面含有个性。好的文艺无不是这样，而以心接物的作者又极容易做到这样，并不是很难的事。我们尽可奋勇努力，舍去曲径纡道，无所恋恋。我们的前面全是康庄。

写出来须以最适切的文字语句，其实也非很难的事。言语的根本是情意。情意是独具的，所以语文也有特别的风格，彼此各殊，不会混同。我们尽可大胆地率真地写我们的文字。传习的语法，典故的借用，都足以使文字与情意远离。我们一概不去理会它们，自由挥写，方可以完成很好的创作。

二十六

好的文艺往往使人起一种无可名言的感觉，往往使人感泣。不但写出了人间深潜的悲哀至于使人感泣，就是描写人间的至爱，人间的至乐，也使人像喝了醇酒，入于陶醉的境界，无可奈何，唯有对它感泣。在这样深深感动至于感泣的时候，世界尽归遗忘，自己与世界为一体；唯有这超越的心灵和文艺中的精神胶黏融合，凝而为一；一切欲求没有了，一切界限没有了，小我不存，唯见大我：这是我们可以从文艺中得到的享受。

久安于迷梦的群众茫然无觉，只是徒生徒死，相继不绝。一部很好的文艺作品出来，可以使群众从迷梦中跳将起来，急于想探索人之所以为人。一个民族具有极好的特性，但是隐而不显，偏而不普，就无从见特性的伟力。一部很好的文艺作品把它表现得切实而且明显，立刻可以使这种特性普遍于全体，特著于世界，在文艺发达的民族里，这样的例子实在不少。

我觉得人与人之间若是平常地相处，无不是异常隔膜。自己一个牙作痛，心焦气闷，日夜不休，过后还要絮絮叨叨地向人诉说怎么痛楚。要是人家跌破了头，呻吟几声，就要不耐烦，厌恶他，晚上还要恨他扰了我的清梦。这虽然是极其平常不值一说的事，其间却隐隐显露出人间的寂寞和枯燥来。再看看我们每天经历的种种，哪几件是超出范围之外不是这么样的？恐怕很少吧！

要使我们的生活丰富多彩，一定要先去掉这寂寞和枯燥，那就必须打破人与人之间的隔膜。隔膜既破，彼此的心都是赤裸裸的，一层薄雾似的障翳都没有，而后可以互相了解，互相安慰，互相亲爱，团结众心而为大心，一次呼吸与全世界的呼吸相通，一个感觉与全世界的感觉相通，一己的狭小扩张而为无穷的广大，这是何等新鲜有味美妙可爱的生活啊！果真达到这样的境界，则一切消极的问题全可消除；人们努力的只有求生活的更加向上，更加前进。

我们希望这种生活的实现，当然要找到一条正当的途径，取得一种适用的工具。制度的改革固然可以收到一部分效验，但是内心的事恐怕不是仅仅改革制度就能奏效的。能够担此重任的只有艺术，因为艺术的职责就在于表现一切的内心。尤其是文艺最为适切，因为文艺像流水，最容易普及，人们与文艺最便于接触的缘故，有了真切动人的文艺，那么作者与读者的心，读者与读者的心，都彼此融合，或在天之涯，或在地之角，形迹虽然隔离，精神的交流却并无阻障。前面所说一篇文艺作品可以使群众兴起，民性发扬，就足以表明这是可能的了。

我这些意思是说明文艺有一种极大的力量，就是打破人与人的隔膜，团结众心而为大心。所以我歌颂文艺，歌颂伟大的文艺家。

二十七

近时之新文学运动自然是受了西洋文学潮流的鼓荡而兴起的，但决不是抄袭和贩运。介绍外国的文学作品、文学理论、文学源流和文学批评等等所以重要，所以有价值，乃在唤起我们的感受性，养成我们的创作力，也就是促醒我们对于文学的觉悟。本来觉悟这件事非常奇怪：不得其机，往往累千百年而群沉酣梦；一人高呼，立时万众跃起。其在个人，往往师友劝勉、典籍熏陶而一无所成；常人之一语，偶然之一会，灵心顿会，反而大得解悟。国人对于文学素抱一种谬误的见解：一方视为玩弄之具，一方视为卫道之器。本此见解而从事撰作，当然长居于黑暗时期，没有永久辉耀的作品出现了。这是个深沉的酣梦，是必须促使觉悟的。而介绍外国文学便是一种最重要的方法。

和外国文学接触，当有几种想念：他们的文学是什么东西？什么作用？他们的撰作持什么态度？什么方法？要都能解答。不是说一切顺从仿效，而是可以和素来所持的见解两两比较。经过一番诚实精确的比较，能够辨出个优劣是非来。至此，我们对于文学的见解更新，从酣梦里觉悟了。这个绝对不是摹仿，因为感而有悟，悟发于内，是自己的创新和进步，是真实的获得。但是这里头有一层重要的意思，就是从接触而想念，而解答，而比较，而觉悟，先必须能够深切地感受，才能有最后的真实的获得。否则只见外国文学的形貌，一切想念且无从生，更何能有获得呢？

感受性和成见及玩戏态度是相拒的。本来文学上的趋向也同别的事一样，只求个更优善更完美，没有己国和别国的界限可言。不幸我们的文学沉埋于黑暗时期，根据我们的向上心，当然要择善而改趋。但是许多有成见的，以地域言，则己国的无一不粹，决无可以易换；以时代言，则古昔的必胜于今，因而不胜仰慕。存心若此，则接触之先，对非出我土不属古昔的，已预有排斥之心，及其接触，自然轻蔑湮没了审察了。至于以撰作为玩戏，又是国人的习惯。诗钟谜语，群视为文人雅士的逸致。即自以为有为而作的大文章，也多含有傀儡登场的性质。他们既视文学为一种玩具，则与外国文学接触，自喜得到一种新的玩具，也会以此供他们无聊之消遣。其较好的，无所知于根本，只为盲目的服从，摹仿形式借取材料以为创作，究其实也是玩戏之伦。这两等人实际是一条路上的，因而不能觉悟是当然的。

因为有成见和玩戏态度，对于文学的见解不能觉悟，于是介绍外国文学以图促醒。觉悟虽不仅由于外国文学的感受，而感受确是促使觉悟的一个有力的要因。然而那种根性还在，那就无论迎拒，都不能深切地感受。见解既无改于旧，哪里会有新创的文学？而且这样的如环无端，也许没有一天会跳出旧轨来。新文学的基础现在还是非常薄弱，这个当是多种原因之一。

对于外国文学，摹仿或袭取是自堕魔道。但感受而消化之，却是极关重要。我不是说这个是最终点，感受而消化便是满足，我的意思是必如此才有对于文学的觉悟。这仿佛一条水平线，由此上升，乃有无穷的汹涌灿烂之观。

二十八

前面说文艺有一种伟大的力，可以团众心而为大心，此就其积极方面言。其实于消极方面此说亦合。我们无所痛苦于现在，即无所希求于将来；不感一切的不满足，即不复求有所满足。必须感到不满足，感到身心的痛苦，便努力趋向光明，务欲得到一个胜于现在的境界。可见这个“感到如何”的感觉，实为向上进取之源。要引起这种感觉，文艺就可以显出它伟大的力量。有许多人久处陷阱之中，因为无所刺激，也就安之若素，毫不起反省或疑问之心。有许多人天天号苦，刻刻烦闷，只是凄惶悲叹，而不知此世此地，真堪谓痛苦者不在此而在彼，已却止见其小，罔识其大。有许多人盲求冥索，志愿不遂，毕生碌碌，竟无成功，而不知人生所趋原非此途，认的既误，更何成功可言？这一班人是何等地不幸！然而遇到伟大的文艺，他们就会忽然跃起，觉旧境之不可再居。或者认识到真实的痛苦，而奋力求所以解免之方，期达于心安愿遂之路；或者改正人生观念之鹄的，从此而得到新的生命。伟大的文艺何以能收这样的效力呢？因为伟大的文艺必能汇集一时代的精神现象而活跃地表现出来。那些作者观察时世，有感于心，本其一己之精神，传状一切之微奥。他不仅以如实写记，单单给人家看一个实况为满足，而于示人实况之外，还要指出一条路径，那是超于实况的，引人家去访问，然而又不是教训。一般人感受了他的思想情感，不知不觉地如火炉添了煤，自然会烘烘地发出高热来。如此，不是文艺于消极方面也能团众心为大心，使群众齐趋于向上进取之途么？至此境界已不复为消极。伟大的文艺对于群众只在激起，只在提高，原是绝对积极的东西啊。无论属于什么派什么主义的，究其极，察其精，差不多都是这样。

在一个广大的人群里，骤然问：我们现在的精神现象是怎样？我们的悲苦是什么？我们的希求是什么？我们的优点和特性是什么？恐怕一时要答不出来。便是答得出来也不见得确属真际，绝无误会。有人说，要求这等的解答也非难事，详细的调查，精密的统计，都能满足要求。我以为不然。这事是属于精神的，不同于物质数量之学可以统计，即统计而成，也是一种死板的记录，可以入人之目，难能感人之心。唯有经过文艺家精审深入的观察，体会其真际，而又伴之以深浓的情感，艺术的描绘，故能遗其粗浮，显其精髓，写成一种创作。读者对之，至于忘其为文艺家之作品，只觉即此篇幅便是自己生活的总和，己之忧喜悲欢即书中之忧喜悲欢，己之思想行径即书中之思想行径。又因书中实寓有作者之最高精神，所以于深切感受之际，即不自知觉地被引入于向上之路。除了文艺之外，若调查、统计、报告等，可以做得到这样么？一种作品表现时代的精神现象愈真实，愈活跃，则感受的人愈众，团结群众精神的效力也愈大。这就是更为伟大的作品。

二十九

现在从事文艺创作的人，从发表的作品来看，似乎大部分是住在都会里的。这是必然的现象：都会是潮流激荡的大海，住在里面的人自然受到它的沾润；学校里的教学，报纸的鼓吹，师友的讲习，都足以引起对文艺的兴趣，进一步就努力于文艺的创作；社会现象的黑暗，传布消息的便捷，又极易刺激富于创作力的人的心灵，引起他的种种情绪，不能自已，必欲表现于文字而后快。我想这些就是创作产生于都会的原因了。

但是作家集中于都会，也不是文艺界的好事。我们既然有这么些同地同时同趋向同期求的一大群伴侣，彼此有什么忧思、疾苦、快乐、希求、特性、专长等等就一概不容埋没，应该全都表达出来，使彼此大家知道，也使其外的人大家知道。这所谓忧思、疾苦、快乐、希求、特性、专长等等，要是全群的、普遍的，不是部分的、偏举的，须得从全群人们心的深处去听，单用举一反三的简单方法是不甚可靠的。居住在都会的作家即使能听到都会里的人的心的最深处，也只是考察了全群的小部分，都会以外的人不知要多上若干倍，他们的心声可没有听到。因此他所写的作品感人的力量就不能普遍。入于人心的文艺原是从人心里提取出来的，写成了文艺，还是贡献给大群，这才是具有普遍性的文艺。这种文艺的产生，我以为先要做到作家不一定住在都会里而后有望。

一位友人曾对我说："现在有许多治文学的。治文学而喜爱创作的，很想作欧美之游，以为这对自己必然有很大的进益。其实文学不比别的，就自己修养说，无待于所居必为欧美；就吸收原料说，凡所接触都足以供我抒写；况且要想建立我国的新兴文学，尤须从我国全群人的心中去吸取材料，从我国全群人的前途着想而点起引路的灯来，那么侨居欧美，与中国大众隔膜，岂不是正好相反的打算？所以今天的作家应当多多旅行国内各处，无论穷乡僻壤，山村水集，都须印有作家的足迹；各种社会，各种生活，都该汇入作家的脑海。作家如果真有这样的热诚和兴致，我想我国有世界价值的文艺的产生决非渺茫的事。"这位朋友的话正合我的心意，我愿同时代的作家经常作国内各地的旅行。

不仅是旅行，文艺家还应当居住在乡僻之区，贫民之窟。愚昧和贫苦同样是不幸的事，我国全群人的绝大部分陷入其中，当然最先要帮助他们一跃而起，脱离这不幸的魔窟。试到小村落里或是都会的贫民区里去，你就可以听到一些鄙俗、惨苦，简直同于叫喊哭泣的歌声。他们虽然不幸，但是也有人类爱美赏美的根基——喜爱唱歌。这就是他们的一种表示：他们非常需要文艺家。文艺家领受了他们的期求，与他们一起居住，自己的心和他们的心同其呼吸。顺应他们的需求，指引他们的路径，创作很好的歌给他们唱，使他们的叫喊化为乐曲，哭泣转成笑声。这是何等有意义的事业啊！

作家们，你们不一定要住在都会里。

三十

现在的创作以描写黑暗方面的为多。固然，今时而为社会的观察，几乎无一处不是黑暗。但是单单描写黑暗，而不究其最初最真的原因，不指示一条理想的光明的途径，就不能很使人满意。文艺创作原没有一定的方式，有了方式便不成其为创作。然而描写一件事实，总是含有究原指归的意思，或为明言，或为暗示，那就随着创作家的精神和艺术而各异。倘若不含这等意思，直可说这一篇创作没有精神，仅仅连缀了十百千万个文字罢了。凡是真的文艺家决不会做出这等没有精神的创作来。他对于一件黑暗的事实必起种种的感想，深切而精当。及他作为文章，虽或取写实之法，不参己见，实则于无形之中，己的精神已与人以多量暗示了。

单单描写黑暗方面，文艺的范围未免太狭窄了。况且放宽眼光以观，中国亦不见得全被黑暗笼罩住。譬如中国的农人，倘若我们凭着纯粹主观的见解以为观察，则见他们肩上压的力所不胜的重担，勉强地痛苦地敷衍着。他们又是愚昧，因此断定他们是非常之苦，我们唯有怜悯。或者说他们的劳动不是自己所乐为，他们只为命运而劳动，所以不是正常的生活，艺术的生活。实则我们倘为深入的观察，就见许多与此不同的地方。我们可以看出他们也有无上乐趣。当他们插秧的时候，淡蓝的天覆盖着，清婉的鸟声歌唱着，汪洋的水田没了他们的小腿，嫩绿的秧在他们的手里，他们两脚只顾后退，右手只顾插，男的女的各呈一种优美的姿势。这个当儿，他们决不想什么生活的劳苦，租税的催迫，他们又并不以为这是快乐，像平常人满足了物欲的快乐，他们一切都忘，只知劳动，只知己的力有惠于手里的秧。其实唯有这等超于苦乐之境的感觉才是真的快乐。而他们是时常享受到这等快乐的。又看当太阳已斜，绿草的斜坡上铺好了天然的锦褥，他们农作倦了，枕着锄头沉沉地睡觉，一会儿醒来，精神又振，立起来四面一看，又表出他们独有的骄傲。类此之处，不一而足。文艺家固然要描写出人间的至乐；物质方面的困苦固然要表现出来，以期其革除，精神方面的快乐尤当表现出来，以期其扩大和普遍。

文艺家果能投入各种社会里，领会各种生活的真昧，我想决不至仅仅看出里面的黑暗方面和痛苦方面来，应当有潜隐的人类的最高精神发见出来。这等最高精神自然是非常可贵的东西，可以贡献于当时和未来的人们。无尽的宝藏只等人去开采，文艺家应当努力。

三十一

近来上海出版界新出有几种杂志，很足使有志于文学革新者起深长的忧虑。类似这等性质的杂志，前七八年本来是极多，后来渐渐消灭了。它们勃然繁兴的缘故，当然因为有许多人爱看那一类书，所以投机家乘此机会做一番投机事业。更因为那一类书的感染力造成了许多新染嗜好的人，于是他们的营业愈益发展。不坚定，好浮动，差不多成为我国都市中人的普遍心理。无论何事，踊跃从事于先，终至颓然废弃于后。投机性质的杂志的发行既然也是社会事业之一，那就未能外此，不过两三年而营业不振了。于是他们改换方针，竞趋奇鄙，至于编纂《黑幕》，果然群堕术中，利市三倍。然而不多几时，群众又弃而不睬。从此报纸上此类书报之大字广告渐渐缩小，终至于不见。我方私幸，人们的自己觉悟究竟是可以希望的，时代到了，谁都愿意趋向光明，此类书报的广告不复大书于报纸就是一个确实的证据。谁知不然，大不然，到今年而它们如春草再生了。因而知道这等杂志以前的消灭不是他们悔悟，别求新的生命，而是相度机会，待时再动。他们唯一的态度——营业则决不肯改换。现在他们认为时机已到，大家读书的欲望比从前略为增进，而出版界又颇有百花怒发之观。他们以为略加伪饰混杂其中，便可以遂他们的愿望，于是报纸上又大书他们的广告了。

他们依然说什么“醒世”，什么“改良社会”。我说这等话且慢说，且将“世”和“社会”摆在一旁，先问一问自己。我们没有什么可以授与他人，只有他人表同情于我们而因之感动。这个“感动他人”不应自己悬为行动的鹄的。我们有高超的思想，恳挚的情感，对于自己真实，对于一切都真实，他人自然因我们而感动。但我们自己也许没有觉察，或者觉察而并不在意。这是说无论哪一个，既然自认为积极地欲求完成人生的人，都是如此，而文艺家更是如此。文艺家不应有旁的顾虑和鹄的，只有磨练自己的思想，涵养自己的情感。总之，自己修养是唯一的分内的事。文艺家从事创作，不是以文字供他人作玩赏，而是将自己表现出来以示他人。所以真的文艺家的作品里都含有他的生命。而他人读了也必定非常感动。这所谓感动，或则激起群众的觉醒，或则慰藉群众的郁苦。并不悬“醒世”“改良社会”等语于口于笔，而其效自至。

我说这些浅显的意思，希望一般旧面目复活的作家采纳了，诚实地自问一番，省察一番，再从事撰作。我们做无论何种业务，总要对它有真兴趣，并且深切明透地了解它。我所欲劝告的作家们决不是“嗜好与人异酸咸”的人，他们所以有不很正当的作为，是给别的嗜欲诱惑，所以我尤愿他们改换以文艺营业的态度。

三十二

一种美丽可爱的花，人人都希望亲手去种植它，看它发芽，抽条，含苞，放花。我们以前的文艺界非常黯淡和寂寞，比拟起来，差不多是一个乱草芜杂的花园。直到近时才有新文学运动一丝儿芽似的透出来。这是所有人们的欢喜。而我们居此土，居此群，更加有特别的欣慰和希望。芜杂的花园里有了好花的芽了。此后只须努力保护它，培养它，芟除杂草，不使它受到损害，我们就可以有一个绚丽美好的花园，那种花就可以给我们以醉心的慰悦，酬答我们对它的经心。这是何等地重要而有趣味的事，谁不欲尽一分力？即因才和境的关系不能于此尽力，也必然有希望它生机顺遂、发荣滋长的诚心。至若非唯不加助力，且别栽一种恶臭的野草来分享那土地的养料和天上的雨露，这似乎是损害他人，抑且损害自己的事。花园是我们的花园，整治好了大家可以有个安顿身心之所，究竟彼此都便宜。若因一时的无谓的恶戏阻遏了新芽的生机，到后来总要引起心底的懊悔。待懊悔时，芳春已过，要享受快乐只有希望明春，这岂不减损了自己的幸福？

文学之事本不宜规为方式，谓必须如何如何才是好的，如何如何便是不好。但作者对于文学的观念和态度，其中最根本的却不可不具备。若并此而不具，则立根已不坚牢，更无其他可言了。文学是作者感情和思想的，也就是人格的表现，又具有美的质素，所以能感动他人。这其间有很重要的一个意思，就是必先有作者的人格而后有文学，不是抛弃作者自己在一旁，而伪造出情思话语来填充篇幅。所以文学只可任其自然产出，决不可勉强制造。文学不是商品，性质绝对不相似。决不可以文学为投机事业，迎合社会心理，不顾一切，加工制造，以图利市三倍。我们至少要存着这个观念而后从事文学，方不至走入歧路，白费心力。我们应当爱惜可贵的心力啊！

我们治一切事，都应当将全心融入它的内面，万不可以之为无聊消遣。否则是否定一切，其实等于一切不做。我们从事文学，就因为它可以寄托我们的全生命。倘若出之以游戏的态度，在己以为无聊消遣，于人复徒供玩弄，这等人自以为心在文学，实则一无依归，茫然无主，可说是天下最枯寂最浮荡的人了。论其流品，或在沿门卖艺的歌者之下，因为他们的作品止使人领受如何如何一段情思话语，决不会因此作品而将作者和读者的精神连结起来。我们总要以自己的精神扩散开来，与一切人连结，才见得生活的真实和丰富。至少要持这等态度，才可以有所撰作。

我希望我的伴侣大家努力于美好的花园的新兴，所以对于走入歧路的有所规劝。没有精至的意思，缺乏浓厚的真诚，是我们的惭愧。

三十三

我欲以诚敬的心，劝告一般以文学为玩具为商品的作家。若是喜欢营业，则现时取得赢利的事业正多，只须是正当的光明的，就可以任选一种，竭尽心力，终身以之。从你们乐于为此的性情看来，知道能够为成功的实业家，满足希求富裕的欲望。至于从事文学，却绝对不是一桩营业。你们错认了，将它和布帛菽粟一例看待，这实是于人于己两不利的事。在你们自己只图个仅足温饱，在他人则领略你们的商品之后，只感得淡而无味，或者还引起了憎厌。而最受损害的还要轮到文学。文学是何等高洁神圣的东西！它是宇宙间的大心，它含有一切的悲哀、痛苦、呼吁、希望等等。不仅如此，它还要表示出消灭悲哀和痛苦，实现呼吁和希望的唯一的伟大的力。一切人将于它的王国里得到安息的愉悦，进取的勇气，人己两忘的陶醉的妙境。现在商品化了，于是所谓文学，不仅披上了垢腻的外衣，连它的肌肉筋骨乃至每个细胞都渗透了污浊卑鄙的质素。它是人间最弱小的心。它的唯一的低微的呼声便是“钱来!”，它只含着玩笑、滑稽、奇怪等等。它除了供人一笑之外，更没有一丝一毫的力量。它的园土非常狭小，或竟至于无，并不足以容纳人的一足一趾，也决没有人愿意归往。我的可怜而希望其改辙的朋友们！你们何苦做这等于人于己两不利的事呢？还不如正当地经营别种事业去。

你们如不愿弃去文学，我则又有一个意思要请你们采纳。我记得一位政治家有言：“凡为政治家的，必须别有一种维持生计的职业，一面将衣食问题解决了，一面才得保持政治上的人格。”他的意思以为政治是不涉于私的事务，而即以政治为职业，决不能保持公正廉洁的态度，所以要使它和生计问题判离。文学也不是私器，它的不能和生计问题混合，正和政治一个样子。所以我就这么说：凡为文学家，必须别有一种维持生计的职业，与文学相近的固然最好，即绝不相近的也是必须，如此才得保持文学的独立性，不致因生计的逼迫而把它商品化了。我的朋友们！现在经济组织尚未变更的时代，为一己的口粮而努力实是谁都不能避免的事。照你我的理想，最好那不良的组织立刻变更，将口粮问题统统先行解决，此后不必再事顾及。于是各人做各人爱做的事，喜欢文学的便专治文学。但这个时代不能一步就跨到，你我又偏偏爱好了文学。若就将文学去换口粮吧，因为结果有许多损害，所以觉得不妥；若是弃去文学吧，心里又有所不愿。烦闷悲伤是没用的，徒然使志气委顿。唯有上面所说两面兼顾的方法，似乎还是过渡时期所适用的。你我可以去做农，去做工，那些也是真实的有味的生活，而且又是有裨于文学的啊。

更退一步说，从事文学而竟受纳物质的酬报，此事在现社会中极通行。那时你我必须有一种观念，就是那些酬报不是以文学换到的，文学不是因，酬报不是果。那些物质的酬报是我们生存权内所应得的。而我们的致力于文学，则纯由爱好，别无他因。这一点认清了，就不再有别的动机，专由我们的思想情感到必欲倾吐时方才有所撰作，此等作品自然有作者的人格和动人的力量潜藏在里面。我们希望我们的作品更高深纯美，尤当绝对地尊重我们创作的动机，它必须居于完全主动的地位。我们更当明白的便是这个观念在不良社会里才见其价值。论理是当然如此，无待推想的。我们固当一方面努力求进于生计不成问题的境界，一方面从了解文学真际的立场以从事文学。

三十四

我们从事创作，所写的必然要是从真际去体会得来的，必然要是从自己心里流露出来的。若是依傍人家的先例，仿制人家的产品，便是无谓的行为，毫无文学的价值。这个固然。但我想无论何事，实质和形式常常是互相关系的，而文学尤其如此。文学的精神即寓于其本身全形式之中，一样的实质，若是形式改换了，精神也就随之而异。所以文学的实质须出于独创，这是当然。而其形式之不宜依傍门户，必求新创自铸，也是非常重要的。

我们新创的作品中，往往发见有不注意于这一点的地方。描写一条河，一枝花，一个动作，一种状态，往往用极流行极普通的方式，形容词语都是习见的那些。若加注意，大家一定可以觉察出来。完美的作品必定是浑凝的整体，不是无数个体凑聚而成的集合体。它需要那些字那些句，唯有那些字那些句才能容纳全体的精神，而且每一字句都要如此排次，唯有如此排次才是最好。一个字一句话的不真切，不自然，不活跃，不新鲜，就会使全体的精神委顿无力，使具有生命的文学变成陈腐的滞拙的文字组合。粗略地看来，这似乎是一件微小的事，远不如实质的重要。谁知有许多失败的，原因就在乎此。我们切不可随意，切不可贪懒（我想大约因为如此），将现成习见的字句来表现我们新鲜独特的思想情绪。要非常地精细，使一字一句都出于真际，经过审择而后写定下来。

有人说，创作既然要纯任创作冲动的自由，现在因为用字造句的关系而有旁的经心，不将使作品成为支离破碎的么？我说，我们只要真诚地观察事物，真诚地尊重自己的情思，则应当用怎样最适切的字句，应当取怎样最完好的排次，都是自然可能的事，随附于创作冲动里面的。试看许多伟大的文学家的作品，不是因为他们对于一切非常真诚，所以极天然地写出真切、自然、活跃、新鲜的字句，表出他们自己的风格，使他们所写的精神完满，具有永久和普遍的价值么？

三十五

我相信我的可怜而愿其改辙的朋友们以前和现在的做法是受别种努力的驱策，而不是本质恶劣。所以我不愿诅咒，而屡屡为之祝福。今请更进一言，就是：希望你们站立于时代之前。

你们不是曾经迎合世人的嗜好习惯么？不是曾经造成世人的堕落心理么？你们费了劳力，积极的力量一毫也不曾见到，而一部分人本来没有堕落的嗜好习惯的，你们却授与他们了。他们自有新的嗜好习惯，自然求索适于他们的消遣品。你们更多方迎合，尽量供给。这是匿居于众人的背后，伺候颜色，仰承鼻息呀。

你们倘若摆脱了别种势力的羁绊，就得光复你们清明澄澈的良心。那时你们一定要悔：悔自己做的事毫无意义，悔自己给人家以心灵的损害，悔自己沦于乞人怜笑的地位，辱没了自己。这一悔，仅须这一悔，就有无上的价值。你们决不愿再做已经悔了的事，这正如无论什么人一样。到那时，别种努力的强大和专横，你们一无所觉，你们就可以上新的道路，做有意义的事业，这事业是人己两利的，而且是增高你们的人格的。你们是解放了，新生了。

你们曾经从事文学。文学是个大海，巨川细流无不容纳。容纳的量越广大，越显出它的伟大和美丽。你们果真是川流，它正含笑作歌欢迎你们的归往呢。你们要做有意义的事业，精神一换便异从前。你们可以高唱新生之歌。

于是你们非特不愿意迎合嗜好习惯，不愿意养成堕落心理，连平平常常地描写一种社会的实况，记载一个人物的经历，也觉得没甚意思，徒然耗自己写作和他人诵读的精力。你们必须有最高的思想，如何如何的世界愿意它实现，如何如何的精神愿意它普及，而且不但能想，更以异常的热情全心倾注其中，融和无别，那时才成就你们的创作。而那些所谓如何如何，因着你们深厚的感染力，深入于一切人之心，终至理想的转而为现实的。你们不就是站立于时代之前的英雄么？

世上已经这样做的人不是没有，但是还不多，所以效力还单薄。你们果真悔悟，必定愿意加入已经这样做的人的队里。一切人正盼望你们呢。

三十六

我最近曾叫学生随意作文，不出题目，但示范围，不论诗歌、小说、故事、剧本，任作一种就行。他们非常欢喜。做成的几乎全体是小说。里面所含的思想不是童话里的陈套，便是在家里听来的无聊故事。实际他们并没做什么出来，不过翻译了所知的为文字，或再略为更易些罢了。这是我的一个失败。

我本欲看他们的心，辨认他们的想象和情绪，从此而扩充我的了解，所以叫他们这样作文。我虽不能实证，然而我能猜想他们一定有想象和情绪等等，和成人一样，乃至和大文艺家一样。这是大家都这么想的。现在叫他们将自己的写出来，他们偏偏将自己的隐藏，却将别人的显示出来。这是什么缘故？我想，他们读童话听故事，一方面增进无穷的兴味，一方面也容受一种方式——想象和情绪等等，乃至童话故事的方式。增进兴味固然是很好的事，而容受现成的方式往往致引起一种成见，以为童话故事必须怎样怎样才像，必须怎样怎样的事实情思才配做童话故事。若是这么想，他们就有几多不需要的审虑，因而妨碍他们的创作。他们也许灵机忽来，妙绪纷至，自己有一种新鲜丰富的想象，深挚真切的情绪，确是可以成很好的文艺的。但他们不敢依着自己的意思抒写出来，他们先须与素稔的方式衡量一下。衡量之后，觉着两者很不相类，便以为这是没用的，不是可以撰成文艺的。于是那些很好的质料捐弃了。终至于他们要么不作，作起来必须依据传习的方式。

我曾想，若是不给学生读什么东西，单教他们运用文字的法子，也许有真的儿童的情绪和想象的文艺产生出来。但这是决不可能的事：即不给他们读什么东西，而他们有听闻，有视见，从这两个源泉里，他们依旧会容受许多别人的东西进来，哪里可以防遏得尽？并且由容受而消化，正是一种引起或扩大，绝不是什么伤害。可虑的实在是所容受的退转而为方式。所以一方面由他们容受，一方面要防止他们视所容受的为方式而弃自己的于不顾，这是我们对于幼者文艺能力的修炼上最当与以助力的事。

同样的情形也落于一般创作家的身上。创作家由古来的、近时的、本土的、异域的文艺作品里，容受到无限的思想情绪等等，就极容易因有此等容受而限制自己的创作能力，或者竟将自己的隐藏，很勤劳地创作，只是复制了现成的货品。

我们固然应当多量地容受，但要慎防其无意中成为我们的前定的方式。我们凡有所创作，不论质料还是方式，总须是我们自己的。

三十七

最近，上海的报纸上刊载一个使我痛心的广告，我想一定有许多人和我同感。这个广告几乎使我不相信自己的眼睛，然而确确实实是印得很大很清楚的字。语句是“宁可不娶小老嬷，不可不看《礼拜六》”，以下就是《礼拜六》周刊的目录了。该刊每期的广告总有几句叫人难受的开场白，这一回是更为突出的罢了——不知道以后还有什么更为突出的话想出来。

这实在是侮辱，普遍的侮辱：侮辱文学，侮辱他们自己，侮辱所有的读者。我从来不肯诅咒人家，现在，我非诅咒他们不可了。无论什么游戏的事总不至于卑鄙到这样地步，游戏也得讲究高尚和真诚。现在既然有写这两句话的人，社会上又很有能够容忍这两句话的人。类似的语句几乎常见于报纸，这不仅是文学前途的渺茫和可虑，而且是整个中华民族奋发前进的渺茫和可虑了。

然而我们有这样的信念：人们最高精神的连锁是文学，使无数弱小的心团结而为大心，是文学独具的力量。文学能揭穿黑暗，迎接光明，使人们抛弃卑鄙和浅薄，趋向高尚和精深。既然如此，我们怎么能任文学的前途真个渺茫和可虑呢？

我国与文艺接触的人实在太少了，我们的希望当然要求逐渐增多。就是少数接触文艺的人，又缺乏辨别能力，不明白他们爱好的东西究竟是什么性质；我们的希望当然要求他们具有辨别能力，明白了解文艺的性质。但是现在的新文学运动能不能影响本来不曾接触过文艺的人呢？能不能使迷途的人辨明正确的趋向呢？实在不能不假思索地回答个“能”字。且不说从来不曾接触过文艺的人；一部分入了迷途的，他们既已接触而且成了爱好，当然要继续接触下去。可是好的正当的非常稀少，力量非常薄弱；坏的荒谬的当然要乘机而起，供应他们的需求了。确实的，好的正当的文艺除了少数几种杂志和丛书以外，还有什么呢？

看了前面所说的那个广告，我们不要徒然伤感，应当格外努力。当然，我们先得着眼于曾经与文艺接触过的人；他们爱好失当，不自觉地认非为是，已成习惯，与我们所谓真正的文艺往往不愿意亲近，这一层障碍首先要打破。我们应当摸清可以打动他们的方法，设想怎样写作他们就愿意亲近了，然后从事写作。这并非迎合迁就，而是“因势利导”，实为是给他们以强烈的讽刺和正确的纠正。他们接触了新的，既然不觉得不习惯，就会屡屡接触，因而潜移默化，进入新的途径，这一层是我们现在极须注意的。同时，从事文艺的人要尽量增多，才能扩大文艺界的范围，供一般人广泛汲取。

我相信前面所说的那种广告总会有绝迹的一天，时间的早晚，全看我们努力的程度如何。

三十八

照现在的情形，新文学运动止限于一部分杂志和报纸。以中国人民之众，而和那些杂志报纸接触的人止是个很小的数目，此外能读书报而不愿和那些接触的一定远过于接触的。而不能读书报，天然不会接触的，更是个最大的数目，只差不到全数。若长此以往，则创作译述的人无论如何努力，产出的文学无论如何高尚完美，结果还是一小部分人的事，就全体言，终不得成为爱好文学的民族。全民族的人生活动要进化，丰富，高尚，愉快……文学就是重要原力之一。沉浸于它的怀抱里，我们就有热烈的希求的情绪，强固的迈往的意志，我们就可以发挥我们的伟大。倘若文学（其果有价值与否还是说不定）的影响止及于极小一部分，而大部分绝不相关，我们的希望岂不终成渺茫？

在前面一则里我说了如何使不愿接触的人逐渐地接触起来。现在我要为大部分的天然不会接触的设法。我想要使他们尝文学的蜜，须要创作家多多为他们创作些食料。他们不能识文字，但他们有口有耳，就不妨与文学接触了。各地都有一种演唱故事的人，如京津的大鼓、苏州的弹词评话之类，喜欢听的实在不少。乡村的茶馆里，劳工的工作场里，或者乘凉的场上，消寒的炉旁，差不多都以讲“山海经”为唯一乐趣。又随口发声，唱吟歌词，也是一般人的普遍习惯。我以为从这几条路径，创作家就得了下手处。能于此多多努力，就可使一般与文学无缘的不幸的人也认识真的文学的面目。简单地说，就是创作家要做出作品来，代替那些大鼓、弹词、评话，更做出故事歌词来供给人家谈讲歌唱。

外国有名的创作家往往将古来的传说重为写定，我想我们最适宜采这个方法。凡是古来的传说，它的传布一定很普遍而深固，这已得了吸引人心的便利。重为写定，则于旧形骸中渗入新灵魂，以旧分子凝为新组织。虽然外貌仍是以前的那件东西，其实已化而为真的文学了。无论读的听的，将不自知觉地受它的感化，使其生活日趋长进。

叫不识文字的人享受这等新作品，自然重在请他们听。于是演讲歌唱的人就成问题。现在那些唱大鼓说评话的与文学是完全隔膜，但创作家何妨与他们接近，让他们练习，使为自己的喉舌？现在各处多有通俗演讲的团体，这真是创作家最有效的喉舌了。

写这等作品，须要以最浅明的文字。这个若是伟大的创作家写出来，也决无损其为最好的文学作品。能叫人自己去读自然最好，所以补习学校里最好以此为读物。现在有些专教年长失学者的补习学校里也用“大地日月……”小孩子也觉沉闷的教科书，实在不是妥当的办法。

至于歌词，各地原有的很有些是很好的文学作品。我们止须选择，或是修改。创作当然是很好，而重要在将好的上口唱出来。这样，或者可以慢慢地养成民众好文学的习性。

三十九

我们最当注意的还要数到儿童。现在的成人与文学疏远，实在是一种莫大的损失。倘若叫儿童依着老路，只是追踪前人，那就是全民族的永远的损失了。所以他们须得改换新路，立定在新的基础上。

新路新基础怎样呢？看了旧的就可以从反面推求出新的了。自我们的祖先以至我们，才一入世，便堕落在陈腐束缚的境遇里。我们原有可以发出深浓的情绪的本能，而外境拘牵，或竟阻遏，使我们不得发抒。我们原有可以磨练强固的意志的本能，而外境制止，或且戕害，使我们因循颓废。我想自我们而前的人都应抱有一种冤抑：试想孩提之时受父母的养护，虽然父母是非常爱我们的，而因不明白什么原理，一定也与我们以许多不自认知的损害。长而涉世，则社会的黑暗，生计的压迫等等，又使我们生活简单，情思干燥。因此种种，我们爱好文学的泉源怎得不枯涸呢？民族的不爱好文学是境遇造成的。休说伟大的创作家须有先天的禀受和后天的素养才能产出，便是酷嗜文学的人也要自幼成习，才能终身以之。先天既无所禀受，后天又多方摧抑，务使与文学立于两岸，创作家和酷嗜文学的哪得不少？若说我国的集部书实在不少，读书吟诗的也是很多，则我要问：他们做的是不是真的文学？其中很好的是不是止有数得清的几部？而读书吟诗的又都因为真诚的非盲目的爱好而读和吟么？

我们为着以后的儿童的福利，须要给他们以与我们当初所遇的不同的境遇。这并不是文学上的问题，而是要他们爱好文学非这么从根本入手不可。我先要请求为父母的，儿童的一切本能都让他们自由发展，更帮助他们发展。那些是文学的泉源啊。我不曾见备受遏抑的人而为伟大的创作家，或者为真能爱好文学者。我相信中国伟大的创作家还在摇篮里，所以我这么请求。我又要请求为教师的，不要将学校成为枯庙，将课本像和尚念梵咒那样给儿童死读。你们可以化学校为花园，为农圃，为剧院，为工场，……他们在里面有丰富有趣的生活，一面用你们的眼光选择很好的文学给他们读，不仅是读，且使他们于此感动，于此陶醉。我们固然不希望个个儿童为创作家，这是不可能的事，但不可不希望个个儿童能欣赏文学，接近文学。

希望今后的创作家多多为儿童创作些新的适合于儿童的文学。现在提起儿童用书问题便觉得非常恐慌。学校为儿童布置一个图书馆，把不很惬意的书统收了进去，依旧有书籍寥寥之感。至于儿童读的杂志竟是没有。无论是天才或常资，要有所成就有所酷嗜，总得先有所感染。有没有文学熏陶的儿童，当然有不爱好文学的民族了。我们幼小的时候，往往背着师长看些《水浒》《三国演义》《红楼梦》以及诗词传奇，引起了文学的兴趣。我想以后的儿童决不可待他们偷看，偷看则已有许多好机会错过了。当初我们看的固然是很好的东西，但里面的思想情调不合于现代的一定很多，倘若叫他们也看那些，难免与他们以潜隐的损害，或者我们已深深地感受了。那些东西不妨待他们到研究文学史的时候再看，而现在最急需的却是新鲜的滋养的食料。创作家怎得不多量地供给，安慰他们的渴望呢？这也是伟大的事业啊。

四十

现时创作家的作品差不多有个同一的倾向，就是对于黑暗势力的反抗，反面就是希求光明。最多见的是写家庭的惨史，社会的污浊，兵乱的苦难，而表示深恶痛恨的意思，愿其尽归泯灭。这决然是未来的光明的第一闪，创作家的趋向真不错。

但是有些情形似乎还要注意。

有些作品取材很随便，没有经济的手段。试想天下的事物和人类的情思是何等地繁多，即在黑暗方面的也是不可数计。在这不可数计之中取出一件事物一个情思来，著成一篇文字，要使人人都能感动，随文字里的笑啼歌哭而笑啼歌哭，必须采取其中最扼要最精警的一件一个，更从其中采取最扼要最精警的一段或数段，方能达到这个目的。如其不然，你越是连篇累牍地写个不休，人家看了越觉得厌倦，引不起什么同感，于是你的精神是白费了。所以取材务必精当，必须取最足以表现这么一个意思的事物情思来完成你的篇幅。

有些作品单描写事情的外部，而不能表现出内在的真际。试看能够表现性格的画像，它将最能传神的部分充分描写，其外不重要的部分竟可弃去不写，这不是疏略，正以显出创造的艺术手腕，所以得成其为具有生命的画幅。至若照相，则外面的形象一些也不漏，都为留下个死板板的痕迹，而最能传神的地方也平平而过，不为特别表出内面的精神。说它肖似，果然，但止肖似了个浮影，内在的性格何尝肖似呢？文学作品单写事情的外相，与此正是同样的情形。更有一种，细屑不重要的地方，其实不需写入的，也支离破碎地描写。这不但不能增益全篇的完美，反而破坏了全体的浑凝。多幅树的剖面图，断面图，不能合成一幅很好的树的画幅，与此是同一个意思。文学的所以感人全在能攫住一切的里面，而极精神地自成为一个机体。我们必须于此点注意，才能成功。

要表显出一个情意，必须有适度的材料。要使这个材料具有生命，入人之心，须要用最适切于表现这个材料的方式。有些创作里，往往有材料不足之嫌，譬如果实，还没充实，已遭采撷，使吃的人不满所欲，非常可惜。有些纳种种事物情思于同一方式之中，或者袭用古来的、近时的、本土的、异域的方式，范围自己的材料，间接以限制自己的情意。譬如行路，舍弃广道，偏入狭巷。这难免受有形或无形的损害。我们要有成功的作品，须要使质和形都是饱满的，和谐的，自由的。这样才能满足我们的欲望。

刊1921年3月5日、6日、10日、11日、15日、16日、20日、21日、22日、25日、26日、30日、31日，4月3日、4日、5日、6日、16日、17日、18日、19日，5月7日、8日、9日、10日、11日、12日、13日、14日、15日、16日、25日、29日，6月3日、4日、7日、9日、12日、22日、23日、24日、25日《晨报副刊》，署名圣陶。

诗的泉源

当“诗人”这两个音给我听到、“诗人”这两个字给我看见的时候，我总感觉不大自然，或者说于耳于目不大顺适。这或者是由于我的偏见。我以为“诗人”指的是一种特异的人，并且有把这种特异的人与一般大众区别开来的意思。人家或者说，“我们发出这两个音，写出这两个字，本意就是这样。”但是我感到不自然，不顺适。

人家又常说“作诗”或是“写诗”，一样地足以立刻引起我的那种感觉。有些人刻刻在那里搜寻和期待，他们的经心比猎人猎取野兽的还要加胜，这也使我代他们感到彷徨不安。他们看这个“作”或“写”好像也是生活中不可或缺的一件事，正如吃饭和做工。在一定的时间内没有新的诗篇产出，就觉得异样地不安宁，正如饥饿和闲散无聊的时候所感受的。

我的意思浅薄而固执，我认为“诗人”这个名字和“农人”“工人”不一样，不配成立而用来指一种特异的人。世间没有除了“作诗”“写诗”以外就无所事事的，仅仅名为一个“诗人”的人。“作诗”或“写诗”也和“吃饭”“做工”不同，不是生活中不可或缺的事，不做就有感到缺少了什么的想念。换一句说，这算不得一回事。

我并非看轻“诗人”，鄙薄到不愿意用这个名字来称呼谁；也不是厌恶

“作诗”或“写诗”，说无论如何我们不该这么做。我只不愿意我们做一个被特异称呼的“诗人”，不愿意我们比猎人猎取野兽更经心地“作诗”或“写诗”。

诗是什么的问题，很惭愧不能明确地解答出来。但是也可作护短的说辞：即解答出来了，于诗的世界又有什么益处？

还是回过来探索诗的泉源吧。假若没有所谓人类，没有人类这么生活着，就没有诗这种东西。这是一句幼稚可笑的话，聪明的人或者要冷笑着说：“何止是诗？哪一件人事不是这个样子？”固然，一切人事都是这个样子，都因为人类这么生活着所以才有。生活是一切的泉源，也就是诗的泉源。所以说到诗就要说到生活——并不为要达到作诗的目的才说到生活。我们生而为人，怎能不说到生活呢？

两个不同的形容词加到生活上去，表示出生活的相反的两端的，通用的是“空虚”和“充实”。判定生活的属于哪一端，由于各人的内观，而旁人为客观的观察，往往难得其真。我们常常欢喜代人家设想，说这个人的生活何等空虚，那个人的生活何等不充实。其实所谓这个人和那个人未必感到这等的缺憾，所以不一定同我们一样设想。现在欲避免这一层错误，只得就我们内观所得的来说。

听说佛宗有所谓“禅定”的一个法门，不声不见，不虑不思，用来注释空虚的生活或者是最适切的了。我们虽不讲什么定，却有时也入于相类的境界。不事工作，也不涉烦闷，不欣外物，也不动内情，一切止是淡漠和疏远，统可加上一个消极的“不”字。好的生活和坏的生活都是积极的，唯有这“一切不”的生活是异样地空虚。但是我们确有时过这一种生活，或者延绵下去，至于终身。

反过来说，另一种生活就是“不一切不”的。有工作则不绝地工作，倦于工作则深切地烦闷，强烈地颓废；对美善则热跃地欣赏赞美，对丑恶则悲悯地咒诅怜念；情感有所倾注，思虑有所系属；总之，一切都深浓和亲密。无论这是好的生活，足以欣喜恋慕的，或是坏的生活，足以悲伤厌弃的，但本身内观的当儿总觉得这生活的丰富和繁茂。明白地说，就是觉得里面包含着许多东西，好像一个饱满的袋子。这就是所谓充实的生活。

现在说到诗。空虚的生活是个干涸的泉源，也可说不成泉源，哪里会流出诗的泉来？因为它虽名为生活，而顺着它的消极的倾向，几乎退入于不生活了。唯有充实的生活是汩汩无尽的泉源。有了源，就有泉水了。所以充实的生活就是诗。这不只是写在纸面上的有字迹可见的诗啊。当然，写在纸面就是有字迹可见的诗。写出与不写出原没有什么紧要的关系，总之生活充实就是诗了。我尝这么妄想：一个耕田的农妇或是一个悲苦的矿工的生活，比一个绅士先生的或者充实得多，因而诗的泉源也比较的丰富。我又想，这或者不是妄想吧。

我们将以"诗人"两字加到哪一类人的身上去呢？若说凡是生活充实的人便是诗人，似乎有点奇怪；或者专以称呼曾经写出些诗来的人，又觉得不妥。固然，有些人从充实的生活的泉源里疏引些泉水，写出些诗篇来。这不过是他们高兴这样做，有写作的冲动，别的人只是没有这种冲动罢了。只将"诗人"称呼他们，对于同他们一样地具有充实的生活的人又将怎样呢？

由高兴和冲动所引出的事，似乎与生活中不可或缺的事有点区别。我们由于高兴而去游山，或者由于冲动而长啸一声，不能说游山和长啸就是不可或缺的事。我们若是具有充实的生活，可以不用经心，问什么要不要从哪里疏引些泉水出来。忽然高兴，忽然冲动，就写出些字迹，成为纸面的诗篇。一辈子不高兴，不冲动，就一辈子不写，但我们的诗篇依然存在。特地当它一回事，像猎人那样搜寻和期待，这算什么呢？

这是从高兴写、有写的冲动的一方面说。因为生活充实，除非不写，写出来没有不真实不恳切的，决没有虚伪浮浅的弊病。丰盈澄澈的泉源自然流出清泉。所以描写工作，就表出厚实的力量；发抒烦闷，就成为切至的悲声；赞美则满含春意；咒诅则力显深痛；情感是深浓热烈的；思虑是周博正确的。这等的总称，便是"好诗"。好诗的成立不在乎写出的人被称为"诗人"，也不在乎写出的人有了这写出的努力，而在乎他有充实的生活的泉源啊。

生活空虚的人也可以写诗，但只是诗的形罢了。写了出来的好诗既然视而可见，诵而可听，自然凝固为一个形。形往往成为被摹拟的。西子含颦，尚且有人仿效呢。所以到我们眼睛里的诗有满篇感慨，实际却浑无属寄的，有连呼爱美，实际却未尝直觉的；情感呢，没有，思虑呢，没有，仅仅具有诗的形而已。汲无源的泉水，未免徒劳；效西子的含颦，益显丑陋。人若不是愚笨，总不愿意这样做吧。

1922 年 5 月 17 日作。

刊《诗》第 1 卷第 4 号，署名叶绍钧。

第六编　附录

没有秋虫的地方

阶前看不见一茎绿草，窗外望不见一只蝴蝶，谁说是鹁鸽箱里的生活，鹁鸽未必这样枯燥无味呢。

秋天来了，记忆就轻轻提示道：“凄凄切切的秋虫又要响起来了。”可是一点影响也没有，邻舍儿啼人闹弦歌杂作的深夜，街上轮震石响邪许并起的清晨，无论你靠着枕头听，凭着窗沿听，甚至贴着墙角听，总听不到一丝秋虫的声息。并不是被那些欢乐的劳困的宏大的清亮的声音淹没了，以致听不出来，乃是这里根本没有秋虫。啊，不容留秋虫的地方！秋虫所不屑居留的地方！

若是在鄙野的乡间，这时候满耳朵是虫声了。白天与夜间一样地安闲；一切人物或动或静，都有自得之趣；嫩暖的阳光和轻淡的云影覆盖在场上，到夜呢，明耀的星月和轻微的凉风看守着整夜，在这境界这时间里唯一足以感动心情的就是秋虫的合奏。它们高低宏细疾徐作歇，仿佛经过乐师的精心训练，所以这样地无可批评，踌躇满志。其实它们每一个都是神妙的乐师；众妙毕集，各抒灵趣，哪有不成人间绝响的呢。

虽然这些虫声会引起劳人的感叹，秋士的伤怀，独客的微喟，思妇的低泣；但是这正是无上的美的境界，绝好的自然诗篇，不独是旁人最喜欢吟味的，就是当境者也感受一种酸酸的麻麻的味道，这种味道在另一方面是非常隽永的。

大概我们所祈求的不在于某种味道，只要时时有点儿味道尝尝，就自诩为生活不空虚了。假若这味道是甜美的，我们固然含着笑来体味它；若是酸苦的，我们也要皱着眉头来辨尝它：这总比淡漠无味胜过百倍。我们以为最难堪而亟欲逃避的，唯有这个淡漠无味！

所以心如槁木不如工愁多感，迷蒙的醒不如热烈的梦，一口苦水胜于一盏白汤，一场痛哭胜于哀乐两忘。这里并不是说愉快乐观是要不得的，清健的醒是不必求的，甜汤是罪恶的，狂笑是魔道的；这里只是说有味远胜于淡漠罢了。

所以虫声终于是足系恋念的东西。何况劳人秋士独客思妇以外还有无量数的人。他们当然也是酷嗜趣味的，当这凉意微逗的时候，谁能不忆起那美妙的秋之音乐？

可是没有，绝对没有！井底似的庭院，铅色的水门汀地，秋虫早已避去唯恐不速了。而我们没有它们的翅膀与大腿，不能飞又不能跳，还是死守在这里。想到“井底”与“铅色”，觉得象征的意味丰富极了。

1923年8月31日作。

刊《文学周刊》第86期，署名圣陶。

藕与莼菜

同朋友喝酒，嚼着薄片的雪藕，忽然怀念起故乡来了。若在故乡，每当新秋的早晨，门前经过许多乡人：男的紫赤的胳膊和小腿肌肉突起，躯干高大且挺直，使人起健康的感觉；女的往往裹着白地青花的头巾，虽然赤脚，却穿短短的夏布裙，躯干固然不及男的那样高，但是别有一种健康的美的风致；他们各挑着一副担子，盛着鲜嫩的玉色的长节的藕。在产藕的池塘里，在城外曲曲弯弯的小河边，他们把这些藕一再洗濯，所以这样洁白。仿佛他们以为这是供人品味的珍品，这是清晨的画境里的重要题材，倘若涂满污泥，就把人家欣赏的浑凝之感打破了；这是一件罪过的事，他们不愿意担在身上，故而先把它们洗濯得这样洁白，才挑进城里来。他们要稍稍休息的时候，就把竹扁担横在地上，自己坐在上面，随便拣择担里过嫩的“藕枪”或是较老的“藕朴”，大口地嚼着解渴。过路的人就站住了，红衣衫的小姑娘拣一节，白头发的老公公买两支。清淡的甘美的滋味于是普遍于家家户户了。这样情形差不多是平常的日课，直到叶落秋深的时候。

在这里上海，藕这东西几乎是珍品了。大概也是从我们故乡运来的。但是数量不多，自有那些伺候豪华公子硕腹巨贾的帮闲茶房们把大部分抢去了；其余的就要供在较大的水果铺里，位置在金山苹果吕宋香芒之间，专待善价而沽。至于挑着担子在街上叫卖的，也并不是没有，但不是瘦得像乞丐的臂和腿，就是涩得像未熟的柿子，实在无从欣羡。因此，除了仅有的一回，我们今年竟不曾吃过藕。

这仅有的一回不是买来吃的，是邻舍送给我们吃的。他们也不是自己买的，是从故乡来的亲戚带来的。这藕离开它的家乡大约有好些时候了，所以不复呈玉样的颜色，却满被着许多锈斑。削去皮的时候，刀锋过处，很不爽利。切成片送进嘴里嚼着，有些儿甘味，但是没有那种鲜嫩的感觉，而且似乎含了满口的渣，第二片就不想吃了。只有孩子很高兴，他把这许多片嚼完，居然有半点钟工夫不再作别的要求。

想起了藕就联想到莼菜。在故乡的春天，几乎天天吃莼菜。莼菜本身没有味道，味道全在于好的汤。但是嫩绿的颜色与丰富的诗意，无味之味真足令人心醉。在每条街旁的小河里，石埠头总歇着一两条没篷的船，满舱盛着莼菜，是从太湖里捞来的。取得这样方便，当然能日餐一碗了。

而在这里上海又不然，非上馆子就难以吃到这东西。我们当然不上馆子，偶然有一两回去叨扰朋友的酒席，恰又不是莼菜上市的时候，所以今年竟不曾吃过。直到最近，伯祥的杭州亲戚来了，送他瓶装的西湖莼菜，他送给我一瓶，我才算也尝了新。

向来不恋故乡的我，想到这里，觉得故乡可爱极了。我自己也不明白，为什么会起这么深浓的情绪？再一思索，实在很浅显：因为在故乡有所恋，而所恋又只在故乡有，就萦系着不能割舍了。譬如亲密的家人在那里，知心的朋友在那里，怎得不恋恋？怎得不怀念？但是仅仅为了爱故乡么？不是的，不过在故乡的几个人把我们牵系着罢了。若无所牵系，更何所恋念？像我现在，偶然被藕与莼菜所牵系，所以就怀念起故乡来了。

所恋在哪里，那里就是我们的故乡了。

1923 年 9 月 7 日作。

刊《文学周刊》第 87 期，署名圣陶。

心是分不开的

前晚，善儿将睡，倦意已笼住他的眉目，忽然懊丧地说，“听济昌说，明天他要跟着祖父母母亲回苏州去了。”

济昌跟善儿同班，是善儿最好的朋友。当善儿说起学校里的玩戏时，我们往往不待思索地问：“是不是跟济昌？”或者陈说功课的成绩时，我们也常常会问：“那么济昌的成绩怎样？”

听善儿这么说，知道离别之感侵入他的心了。而在我，更触动了似已淡忘而实在是有意避开的生死之感，于是颇觉凄然。

济昌的父亲宾若君，我永远纪念的好友，是给火车轮辗伤而惨死的。在我粘贴照片的簿子里，有他一帧半身的遗像，我在上边题着“是具真诚能实行的教育家”十一个字。

宾若君在角直当高小学校校长，先后邀伯祥与我去当教员。本来是同学，犹如亲兄弟一样，复为同事，真个手足似的无分彼此，只觉各是全体的一部分。我因年轻不谙世故，当了几年教师，只感到这一途的滋味是淡的，有时甚且是苦的；但自从到角直以后，乃恍然有悟，原来这里头也颇有甜津津的味道。

宾若君不好空议论，当然也不作现在所谓宣传性质的文字，他对于教育只是“认真”，当一件事去干。在到甪直之前，他在诗人所萦系的虎丘下的七里山塘当小学校长。山塘的店家每看宾若君的往还作他们的时计；而学生家属有难决的事，如关于疾病资产营业等的，宾若君往往是他们的重要顾问：这就见得他不单是个教读书写字的教师。

我与他同事以后，只觉得他的诚恳远过于我，竟略带压迫的力量。学生偶犯过失，他招犯过失的学生到他的办事室里详细地开导，严正而慈祥，往往是一点钟两点钟。末了，那学生擦着悔悟的眼泪退出来，宾若君自己的眼眶也好像湿润了。他热心于卫生常识的传授，以为这是一切的基本，所以讲刷牙齿洗澡等每至两三星期，讲了之后，见学生一一照着做了，他才放心。

他并不主张什么教育什么教育，像其他的教育工作者。

他的唱歌是学生时代早著名的，曼声徐引，有女性的美而无其靡。课毕，学生回去了，我们有时沽酒小酌，酒既半醺，他按拍而歌，双颜红润，殊觉可爱。数阕以后，歌者听者皆觉无上快适，已消散了积日的辛劳。

我对他也有不满意之点，就在他略带粘滞的性质。他总是“三思而后行”，而我以为未免多了一思或两思。但是轻忽偾事的先例正多呢，像他这样审虑再四，欲行又止，即从最平常的方面说，也未必不因而少偾了几件事。所以我的不满意只因彼此的气质有不同罢了。

那年暑假已过，我因父亲去世，移家住甪直。宾若君家里有事，来了又回去，说两三天就来。但是第三天没有来。他是不肯失约的，这不来颇使我们疑怪，揣度的结论是他害病了。次日傍晚，两条航船都已泊在埠头，连船夫也散得渺无踪影，而他仍杳然。我与伯祥回家，正在谈论不知他的病重不重，那每晚来一趟的瘦脸邮差送信来了。伯祥接信，看了看，似乎放心又略带惊讶地说：

“果然，他病了，这是他的老太爷写的。”

“啊！”伯祥抽出信笺看，突然叫起来。我赶忙凑近去看，八九行的话，似乎个个字是生疏的，重看一遍方才明白。信里说宾若君在昆山下车，车尚未停稳，失足陷入月台与车身之间，致下身被轧受伤甚重；现由路局送回苏州，入福音医院医治；医生说暂时没有把握，要看一两天内经过情形再说。

这消息于我们真是一声霹雳似的震撼；也不是悲伤，也不是惊惶，实在无以名心头一时的情状。想到这个具有真诚的心的可贵的躯体正淌着红血，想到老年的父母亲爱的哥哥正在伤心这猝然降临的不幸，我们的心都麻木了……

次日，这消息震荡了全校的心，有如突然来了狂飙。

又次日，我们买舟到苏探视。原是怀着寒怯的心情的，到望见福音医院低低的围墙时，全身仿佛被束缚了，不相信等会儿会有登岸跨进门去的勇气。“但愿是梦里吧！”这样无聊地想。

真同梦里一样，恍惚地登岸，恍惚地进医院的门。繁密的绿叶遮蔽了下射的阳光，细沙路阴森森的，树以外飘来礼拜堂里唱颂祷诗的沉静而稍带悲哀的声音，一缕哀酸直透心胸，我流泪了。

前边来了宾若君的大哥勖初君，我们迎上去问，差不多都噤口了，只简短地低低说：“怎样？”

勖初君的眼睛网着红丝，惘然的，想来已经过度失眠而且流了好些眼泪吧。他摇头默叹，说宾若君失血太多了，至于十之六七，大半身无处不烂，肠也有被轧出来的，简直无望了。

立刻要去看见的是个未死而被判定必死的好友，还能有余裕想什么！无形的大石块早已紧紧压住我们了。我们承着这无形的大石块踅进病房，一切所见全是浮泛的，也不曾嗅到病房里特有的药气或者其他气味。

宾若君盖在红色的被单之下，这个想是医院里特别预备来混淆可怕的血迹，以减轻视疾者的忧惧的吧。但是我们明知这里掩盖着半截糜烂了的身体，虽用红色，又有什么用呢？他的脸色纯乎灰白，眼睛时时张开，头发乱结像衰草。他神志还清，抬起眼来望着我们，说：“你们来看我了，谢谢。我的毛病……学校……唷……唷……”一阵剧痛打断了他的话。

除了“你放心养病，一切都有我们在”这样虚空的安慰语，还有什么可说的？不知怎样的，两条腿就把我们载出这间病室，与直躺着的宾若君分别了。伤心呵，这就是永远永远的分别，我竟不曾仔细地多看他一眼。

记得床头站着个悲伤的影子，默默的，低头，是宾若君的夫人。

受伤后的七天，宾若君才离开了人世。我因牵于校课，不曾去送殓。后来知道，宾若君在最后的两三天里是吃尽了剧烈的痛楚的。血流得越多，残破的肌肉和内脏越发不可收拾，痛觉也越见厉害。不知几千百回的沉吟哀号，不知几千百回的辗转反侧，使在旁侍奉的人想不出一点儿办法。医生给他打吗啡针，麻醉他的痛觉，但是不见有效，还是一阵阵的痛。后来他实在担当不住了，对自己的命运也已明白，含着眼泪哀恳他的二哥致觉君说："二哥，你是我的亲哥哥，疼我的，请设法让我早点儿死吧！"

致觉君是个诚笃的人，虽然万分伤心，却同意宾若的要求，就去与医生商量。

把病人看做死物一般的医生只是摇头；他们对于病人亲属的眼泪和哀泣，视同行云流水，无所动心。

"他不是绝对没有希望了么？"

"是的，绝对没有希望。"

"他当不起强烈的痛楚呢！"

"我们能够做的，就是给他打针。"

"打了针还是痛。"

"这就没有办法了。"

"与其听他多延时刻，多吃痛苦，还不如让他早点儿解脱，这是我们对于他的唯一帮助。我们是人，人有同情心，不这样做是我们的罪过！"

"向来没有这个办法。"

"哥罗仿（三氯甲烷）之类，你们不是惯用的么？只要分量适合，给他一嗅，就完事了。"

"我不能依你，因为我是医生。"

"病人自己愿意。"

"不相干。"

“我用病人的亲哥哥的名义给你写笔据，并且签字在上面!”致觉君郁悒久了的心情一不自禁，泪珠与哭声迸裂而出，鹘落地跪在医生面前。“医生，我求你，求你的仁慈，请你依我的话！该是犯罪，是杀人，都由我承当!”

“但是医生的宣誓是决不弄死一个还有一线生机的生命。”

“不管病人比死还难堪的痛苦么?”

“虽然痛苦，生机未尽的决不能绝灭他的生机。”

“这是人情么!”致觉君转为愤愤了。

“不问人情不人情，当医生就得如此。”医生还是那样冷静。

于是致觉君只得怀着自己害了弟弟似的歉意再去坐在宾若的榻前，直看他的生命一丝一丝地自己断绝。

宾若君受伤的消息才传出的时候，好些人就开始“逐鹿”，希望继任校长；他们用了各色各样的方法，有巧捷的，也有拙劣的，这且不说。到他的死信传来，学校里立刻笼罩着一重惨雾，却是千真万确的事实。特地为他唱追念的歌，特地为他刻碑砌入教务室的墙壁，都是凭神灵如在的信念来作的。

开追悼会的一天，致觉君出席致感谢。还没有开口，出于天性的友爱的眼泪先已流满两颊，开口时是凄苦的声音，我忍不住，低下头来哭了。

各有各的伤心，可以达到同样的深度而各异其趣，所以说谁最伤心其实是不合的。但是据传闻的消息，宾若君的母亲太伤心了。她因宾若君死于火车，视火车如残暴的恶魔。可是住家贴近西城，每天城外来往的火车不知经过多少回，就得听不知多少回凄厉的汽笛。她听着，心就震荡了，仿佛还将夺去她的别的宝贝！有时惘然失神了，有时泫然掉泪了。忧伤痛苦笼罩她的一切，差不多没法继续她的生活。

关于招魂之类的方术经人推荐，就时时一试。这当然是迷信：但是只要想起母性的生死不渝的爱，你就不会有那种心存鄙弃的轻薄想头了。

其中一个术者声誉最高，也说得最动听。她说宾若君已在某某菩萨座旁为童子，光明而快乐；如果生者多多给他念些经卷，升天成佛是十分稳当的。

这是一条新的道路！她开始念经，凭着坚强的信念，以为果得升天成佛，也就差足安慰。直到现在，念经是她的日课——将永远是她的日课了。

然则念经完全替代了忧伤痛苦么？此殊未必，有一事可以证明。前年江浙战争，他们全家搬来上海，住在致觉君那里。每天下午没到四点半，她就倚着楼廊的栏杆，望致觉君归来。望到了，这才安心，知道放出去的宝贝重复回到掌中。致觉君偶或因事迟归，虽经先期禀明，她必对灯等候，直到看见儿子的笑容确已呈现于面前，然后去睡。使她致此的根源，不就是永远不能磨灭的忧伤痛苦么？

有时经过致觉君家，望见宾若夫人寂寞的侧影，或在灌花，或在闲立，心头就不禁暗淡了。抱着终生的悲哀，为恐伤翁姑的老怀，想来时时要自为敛抑吧；而为孩子的前途起见，想也不愿意多给他伤感的印象：于是只有闷闷地暗自咀嚼那悲哀的滋味，这比起哀号长叹，尽情倾吐来，其难堪岂止十倍。

看见济昌，我同样地黯然，虽然他是个苹果红的面颊乌亮亮的眼睛的可爱的孩子。宾若夫人对于济昌，听说是竭尽了所有的心力的，差不多自己生存的意义就是为着孩子。

济昌与善儿成为很好的朋友，我觉得安慰，父亲与父亲突然中断的缘分，让他们好好接下去，直到永远吧！有一次，善儿来说济昌小病新愈，在家寂寞，济昌的母亲的意思要他去陪着济昌玩儿。我听说，催善儿立刻去；能够使人慰悦的事总是我们应该做的，何况需要慰悦的是济昌母子俩！

现在，两个孩子暂时分别了。我愿他们永远是很好的朋友。这不单是济昌的母亲祖父母伯父等以及我的欢喜，也该是永生在我意念中的宾若君的极大安慰。

1926 年 11 月 7 日作。

刊《文学周报》第 251 期，署名圣陶。

多收了三五斗

万盛米行的河埠头，横七竖八停泊着乡村里出来的敞口船。船里装载的是新米，把船身压得很低。齐船舷的菜叶和垃圾给白腻的泡沫包围着，一漾一漾地，填没了这船和那船之间的空隙。

河埠上去是仅容两三个人并排走的街道。万盛米行就在街道的那一边。朝晨的太阳光从破了的明瓦天棚斜射下来，光柱子落在柜台外面晃动着的几顶旧毡帽上。

那些戴旧毡帽的大清早摇船出来，到了埠头，气也不透一口，便来到柜台前面占卜他们的命运。

“糙米五块，谷三块，”米行里的先生有气没力地回答他们。

“什么！”旧毡帽朋友几乎不相信自己的耳朵。美满的希望突然一沉，一会儿大家都呆了。

“在六月里，你们不是卖十三块么？”

“十五块也卖过，不要说十三块。”

“哪里有跌得这样利害的！”

“现在是什么时候，你们不知道么？各处的米像潮水一般涌来，过几天还要跌呢！”

刚才出力摇船犹如赛龙船似的一股劲儿，现在在每个人的身体里松懈下来了。今年天照应，雨水调匀，小虫子也不来作梗，一亩田多收这么三五斗，谁都以为该得透一透气了。哪里知道临到最后的占卜，却得到比往年更坏的课兆！

“还是不要粜的好，我们摇回去放在家里吧！”从简单的心里喷出了这样的愤激的话。

“嗤，”先生冷笑着，“你们不粜，人家就饿死了么？各处地方多的是洋米，洋面，头几批还没吃完，外洋大轮船又有几批运来了。”

洋米，洋面，外洋大轮船，那是遥远的事情，仿佛可以不管。而不粜那已经送到河埠头来的米，却只能作为一句愤激的话说说罢了。怎么能够不粜呢？田主方面的租是要缴的，为了雇帮工，买肥料，吃饱肚皮，借下的债是要还的。

“我们摇到范墓去粜吧。”在范墓，或许有比较好的命运等候着他们，有人这么想。

但是，先生又来了一个“嗤”，捻着稀微的短髭说道：“不要说范墓，就是摇到城里去也一样。我们同行公议，这两天的价钱是糙米五块，谷三块。”

“到范墓去粜没有好处，”同伴间也提出了驳议，“这里到范墓要过两个局子，知道他们捐我们多少钱！就说依他们捐，哪里来的现洋钱？”

“先生，能不能抬高一点儿？”差不多是哀求的声气。

“抬高一点儿，说说倒是很容易的一句话。我们这米行是拿本钱来开的，你们要知道，抬高一点儿，就是说替你们白当差，这样的傻事谁肯干？”

“这个价钱实在太低了，我们做梦也没想到。去年的粜价是七块半，今年的米价又卖到十三块，不，你先生说的，十五块也卖过；我们想，今年总该比七块半多一点儿吧。哪里知道只有五块！”

“先生，就是去年的老价钱，七块半吧。”

“先生，种田人可怜，你们行行好心，少赚一点儿吧。”

另一位先生听得厌烦，把嘴里的香烟屁股扔到街心，睁大了眼睛说：“你们嫌价钱低，不要粜好了。是你们自己来的，并没有请你们来。只管多罗嗦做什么！我们有的是洋钱，不买你们的，有别人的好买。你们看，船埠头又有两只船停在那里了。”

三四顶旧毡帽从石级下升上来，旧毡帽下面是表现着希望的酱赤的脸。他们随即加入先到的一群。斜伸下来的光柱子落在他们的破布袄的肩背上。

“听听看，今年什么价钱。”

“比去年都不如，只有五块钱!”伴着一副懊丧到无可奈何的神色。

“什么!”希望犹如肥皂泡，一会儿又迸裂了三四个。

希望的肥皂泡虽然迸裂了，载在敞口船里的米可总得粜出；而且命里注定，只有卖给这一家万盛米行。米行里有的是洋钱，而破布袄的空口袋里正需要洋钱。

在米质好和坏的辩论之中，在斛子浅和满的争持之下，结果船埠头的敞口船真个敞口朝天了；船身浮起了好些，填没了这船那船之间的空隙的菜叶和垃圾就看不见了。旧毡帽朋友把自己种出来的米送进了万盛米行的廒间，换到手的是或多或少的一叠钞票。

“先生，给现洋钱，袁世凯，不行么?”白白的米换不到白白的现洋钱，好像又被他们打了个折扣，怪不舒服。

“乡下曲辫子!”夹着一枝水笔的手按在算盘珠上，鄙夷不屑的眼光从眼镜上边射出来，“一块钱钞票就作一块钱用，谁好少作你们一个铜板。我们这里没有现洋钱，只有钞票。”

“那末，换中国银行的吧。”从花纹上辨认，知道手里的钞票不是中国银行的。

“吓!”声音很严厉，左手的食指强硬地指着，“这是中央银行的，你们不要，可是要想吃官司?”

不要这钞票就得吃官司，这个道理弄不明白。但是谁也不想弄明白；大家看了看钞票上的人像，又彼此交换了将信将疑的一眼，便把钞票塞进破布袄的空口袋或者缠着裤腰的空褡裢。

一批人咕噜着离开了万盛米行，另一批人又从船埠头跨上来。同样地，在柜台前迸裂了希望的肥皂泡，赶走了入秋以来望着沉重的稻穗所感到的快乐。同样地，把万分舍不得的白白的米送进万盛的廒间，换到了并非白白的现洋钱的钞票。

街道上见得热闹起来了。

旧毡帽朋友今天上镇来，原来有很多的计划的。洋肥皂用完了，须得买十块八块回去。洋火也要带几匣。洋油向挑着担子到村里去的小贩买，十个铜板只有这么一小瓢，太吃亏了；如果几家人家合买一听分来用，就便宜得多。陈列在橱窗里的花花绿绿的洋布听说只要八分半一尺，女人早已眼红了好久，今天粜米就嚷着要一同出来，自己几尺，阿大几尺，阿二几尺，都有了预算。有些女人的预算里还有一面蛋圆的洋镜，一方雪白的毛巾，或者一顶结得很好看的绒线的小团帽。难得今年天照应，一亩田多收这么三五斗，让一向捏得紧紧的手稍微放松一点，谁说不应该？缴租，还债，解会钱，大概能够对付过去吧；对付过去之外，大概还有多余吧。在这样的心境之下，有些人甚至想买一个热水瓶。这东西实在怪，不用生火，热水冲下去，等会儿倒出来照旧是烫的；比起稻柴做成的茶壶窠来，真是一个在天上，一个在地下。

他们咕噜着离开万盛米行的时候，犹如走出一个一向于己不利的赌场——这回又输了！输多少呢？他们不知道。总之，袋里的一叠钞票没有半张或者一角是自己的了。还要添补上不知在哪里的多少张钞票给人家，人家才会满意，这要等人家说了才知道。

输是输定了，马上开船回去未必就会好多少；镇上走一转，买点东西回去，也不过在输账上加上一笔，况且有些东西实在等着要用。于是街道上见得热闹起来了。

他们三个一群，五个一簇，拖着短短的身影，在狭窄的街道上走。嘴里还是咕噜着，复算刚才得到的代价，咒骂那黑良心的米行。女人臂弯里钩着篮子，或者一只手牵着小孩，眼光只是向两旁的店家直溜。小孩给赛璐珞的洋囡团，老虎，狗，以及红红绿绿的洋铁铜鼓，洋铁喇叭勾引住了，赖在那里不肯走开。

“小弟弟，好玩呢，洋铜鼓，洋喇叭，买一个去。”故意作一种引诱的声调。接着是——冬，冬，冬，——叭，叭，叭。

当，当，当，——“洋瓷面盆刮刮叫，四角一只真公道，乡亲，带一只去吧。”

“喂，乡亲，这里有各色花洋布，特别大减价，八分五一尺，足尺加三，要不要剪些回去?”

万源祥大利老福兴几家的店伙特别卖力，不惜工本叫着“乡亲”，同时拉拉扯扯地牵住“乡亲”的布袄；他们知道唯有今天，“乡亲”的口袋是充实的，这是不容放过的好机会。

在节约预算的踌躇之后，“乡亲”把刚到手的钞票一张两张地交到店伙手里。洋火，洋肥皂之类必需用，不能不买，只好少买一点。整听的洋油价钱太“咬手”，不买吧，还是十个铜板一小瓢向小贩零沽。衣料呢，预备剪两件的就剪了一件，预备娘儿子俩一同剪的就单剪了儿子的。蛋圆的洋镜拿到了手里又放进了橱窗。绒线的帽子套在小孩头上试戴，刚刚合式，给爷老子一句“不要买吧”，便又脱了下来。想买热水瓶的简直不敢问一声价。说不定要一块块半吧。如果不管三七二十一买回去，别的不说，几个白头发的老太公老太婆就要一阵阵地骂：“这样的年时，你们贪安逸，花了一块块半买这些东西来用，永世不得翻身是应该的！你们看，我们这么一把年纪，谁用过这些东西来!”这罗嗦也就够受了。有几个女人拗不过孩子的欲望，便给他们买了最便宜的小洋团团。小洋团团的腿臂可以转动，要他坐就坐，要他站就站，要他举手就举手；这不但使拿不到手的别的孩子眼睛里几乎冒火，就是大人看了也觉得怪有兴趣。

“乡亲”还沽了一点酒，向熟肉店里买了一点肉，回到停泊在万盛米行船埠头的自家的船上，又从船梢头拿出盛着咸菜和豆腐汤之类的碗碟来，便坐在船头开始喝酒。女人在船梢头煮饭。一会儿，这条船也冒烟，那条船也冒烟，个个人淌着眼泪。小孩在敞口朝天的空舱里跌交打滚，又捞起浮在河面的脏东西来玩，唯有他们有说不出的快乐。

酒到了肚里，话就多起来。相识的，不相识的，落在同一的命运里，又在同一的河面上喝酒，你端起酒碗来说几句，我放下筷子来接几声，中听的，喊声“对”，不中听，骂一顿：大家觉得正需要这样的发泄。

“五块钱一担，真是碰见了鬼！”

“去年是水灾，收成不好，亏本。今年算是好年时，收成好，还是亏本！”

“今年亏本比去年都厉害；去年还粜七块半呢。”

“又得把自己吃的米粜出去了。唉，种田人吃不到自己种出来的米！”

“为什么要粜出去呢，你这死鬼！我一定要留在家里，给老婆吃，给儿子吃。我不缴租，宁可跑去吃官司，让他们关起来！”

“也只好不缴租呀。缴租立刻借新债。借了四分钱五分钱的债去缴租，贪图些什么，难道贪图明年背着更重的债！”

“田真个种不得了！”

“退了租逃荒去吧。我看逃荒的倒是满写意的。”

“逃荒去，债也赖了，会钱也不用解了，好打算，我们一块儿去！”

“谁出来当头脑？他们逃荒的有几个头脑，男男女女，老老小小，都听头脑的话。”

“我看，到上海去做工也不坏。我们村里的小王，不是么？在上海什么厂里做工，听说一个月工钱有十五块。十五块，照今天的价钱，就是三担米呢！”

“你翻什么隔年旧历本！上海东洋人打仗，好多的厂关了门，小王在那里做叫化子了，你还不知道？”

路路断绝。一时大家沉默了。酱赤的脸受着太阳光又加上酒力，个个难看不过，好像就会有殷红的血从皮肤里迸出来似的。

“我们年年种田，到底替谁种的？”一个人呷了一口酒，幽幽地提出疑问。

就有另一个人指着万盛的半新不旧的金字招牌说：“近在眼前，就是替他们种的。我们吃辛吃苦，赔重利钱借债，种了出来，他们嘴唇皮一动，说‘五块钱一担！’就把我们的油水一古脑儿吞了去！”

“要是让我们自己定价钱，那就好了。凭良心说，八块钱一担，我也不想多要。”

“你这囚犯，在那里做什么梦！你不听见么？他们米行是拿本钱来开的，不肯替我们白当差。”

“那末，我们的田也是拿本钱来种的，为什么要替他们白当差！为什么要替田主白当差！”

“我刚才在廒间里这么想：现在让你们沾便宜，米放在这里；往后没得吃，就来吃你们的！”故意把声音压得很低，网着红丝的眼睛向岸上斜溜。

“真个没得吃的时候，什么地方有米，拿点儿来吃是不犯王法的！”理直气壮的声口。

“今年春天，丰桥地方不是闹过抢米么？”

“保卫团开了枪，打死两个人。”

“今天在这里的，说不定也会吃枪。谁知道！”

散乱的谈话当然没有什么议决案。酒喝干了，饭吃过了，大家开船回自己的乡村。船埠头便冷清清地荡漾着暗绿色的脏水。

第二天又有一批敞口船来到这里停泊。镇上便表演着同样的故事。这种故事也正在各处市镇上表演着，真是平常而又平常的。

“谷贱伤农”的古语成为都市间报上的时行标题。

地主感觉收租棘手，便开会，发通电，大意说：今年收成特丰，粮食过剩，粮价低落，农民不堪其苦，应请共筹救济的方案。

金融界本来在那里要做买卖，便提出了救济的方案：（一）由各大银行钱庄筹集资本，向各地收买粮米，指定适当地点屯积，到来年青黄不接的当儿陆续售出，使米价保持平衡；（二）提倡粮米抵押，使米商不至群相采购，造成无期的屯积；（三）由金融界负责募款，购屯粮米，到出售后结算，依盈亏的比例分别发还。

工业界是不声不响。米价低落，工人的“米贴”之类可以免除，在他们是有利的。

社会科学家在各种杂志上发表论文，从统计，从学理，提出粮食过剩之说简直是笑话；“谷贱伤农”也未必然，谷即使不贱，在帝国主义和封建势力双重压迫之下，农也得伤。

这些都是都市里的事情，在“乡亲”是一点也不知道。他们有的粜了自己吃的米，卖了可怜的耕牛，或者借了四分钱五分钱的债缴租；有的挺身而出，被关在拘押所里，两角三角地，忍痛缴纳自己的饭钱；有的沉溺在赌博里，希望骨牌骰子有灵，一场赢它十块八块：有的求人去说好话，向田主退租，准备做一个干干净净的穷光蛋；有的溜之大吉，悄悄地爬上开往上海的四等车。

刊《文学》创刊号（1933年7月1日），署名圣陶。

《甪直闲吟图》题记

余到甪直任教于吴县县立第五高等小学校，盖应同学兄吴宾若王伯祥之招。时余在上海商务印书馆所设之尚公学校，二兄书来，谓往时意气相投，共事教育，必所乐愿。余遂辞尚公而就五高，于一九一七年春季开学前与二兄同舟到甪直。宾若任校长，伯祥与余皆任级任教员。二兄在校已几何时，不能详忆，唯至多不逾二年。

一九〇七年春，苏州公立中学校（即以后共称为草桥中学者）创办招生，宾若伯祥与余皆考取入学。入学之后又加甄别，其学业较优者为二年级，二兄与焉。迄一九一〇年终，二兄毕五年之业，而以实际修业未足五年，不能取得“举人”资格，须留校补修一年乃可。故二兄与余同于一九一一年终毕业，其时清廷已覆，自无所谓“举人”资格矣。一九一二年，宾若任初等小学校校长，其校在阊门附近。伯祥就苏州宪兵营事，类似今之所谓秘书者。余任干将坊言子庙初等小学校级任教员。宾若改任五高校长不记在何年，唯记其到甪直即与伯祥偕。

五高在保圣寺大殿之西南侧，校门前偏左为坍废之天王殿。校之北大殿之西为鲁望祠，与校隔一墙，墙有门，启钥可入。大殿之东北为甪直初等小学校，校舍多于五高，运动场尤宽广。自天王殿南行数十步为山门，石柱尚在。

山门外则市街，又数十步而至香花桥。余记其大概，藉见往时保圣寺占地之广。

五高男子部女子部各有一楼，不相连属。楼皆上下二室，男子部楼为四班之课堂。女子部楼为三班之课堂，馀一室。男子部楼逾庭院而东为一敞厅，前不设门窗，两侧为办公室。举行全校大会皆在此敞厅，其时男女学生乃共处一堂。男子部楼与庭院之南有一屋，玻窗北向，五人居之。床皆贴南壁，自西而东，首宾若，次伯祥，次为余，次算学教员孙建平，次体操教员董志尧。书桌临窗，其序与床同。夜间点白瓷罩煤油桌灯二盏，当时已觉颇为明亮矣。

每日散学之后，家居本镇之教员各归其家。外来之五人则为共同生活，业务工作，业余闲遣，三餐一宿，皆聚处而不分。今姑回忆而杂记所谓业余闲遣者。夜谈多在室内，值月朗风清，则各携椅坐庭院中。晚餐时偶亦沽酒共酌，发起者作东，佐饮自必闲谈。宾若清谈娓娓，体贴人情入细。夙以善唱歌称，兴到则曼声低唱。伯祥最健谈，多说轶闻掌故。能以扬州方音唱郑板桥《渔樵耕读》道情，又能唱京戏若干出之片段，他人促之不休，则慷慨应承，引吭而歌。由今思之，二兄当时之声容犹宛在耳目间也。至于星期日或其他假日外出游散，则往往三人行，而孙董二君不与焉。吃茶于万象春。其肆虽简陋，而镇上所谓士绅者颇趋之，临河踞座，高谈阔论。饮酒于财源店，店在保圣寺山门外。财源为店主之名，其妻善治馔，鱼虾蔬菜皆可口，而索值不昂。有时至殷家听弹词，有时至某公所听昆曲。殷家者镇上之大族，英文教员殷康伯亦草桥同学，其族中常邀苏州说书人之来镇弹唱者每日下午到家说书一回，合族男女共听之。镇上人多嗜昆曲，其闲暇者集于某公所，延曲师教授拍曲，进而至于串演。尝见名曲师沈月泉教演《长生殿·小宴》唐明皇上场时所唱“天淡云闲”一曲，逐字逐句指点，目光宜如何俯仰顾盼，声情宜如何悠扬潇洒，可谓剖析入微。宾若之表兄沈伯安亦镇上士绅，于其老屋中筑小书斋，布置自出心裁，窗明几净，书画盆栽皆有雅致。我三人得暇辄往访，到则无所不谈，而伯安尤好谈美，“赏美”“伤美”常挂口头。镇外四五里有张陵山，名为山而无石，灌木自生，高树无多。假日晴明，我三人偶或一往，聊寄游山之意。而各村敬神演草台戏，亦尝往观数次。归来评论所见诸角色，伯祥之兴致最高。

余在中学时尝随同学刻印。以刀雕石，须留者留之，不须留者去之，是固人人所能为，无待求师。及抵角直，睹某氏所藏之《文三桥印谱》，思欲仿效之，乃于业余时间复事奏刀，凡以印章石来嘱托者无不应。其时伯祥辄在旁谛视，商量于布局之先，评议于终刀之后，且出所有印章石俾余刻之，刻何字何语，作何形何式，多所授意，故为伯祥刻者特多。惜此事历一年即止，以后未复执刀，于治印一道终为门外汉耳。

伯祥家自苏州铁瓶巷迁居角直约在一九一六或一九一七年，赁镇东陈氏大厅后之楼房上下六间。其处距五高三里许，到校有两途可循，一沿河岸而行，复折而南，一则曲折循田塍行，出眠牛泾即为保圣寺天王殿前之旷场，此较近捷。伯祥每晨到校恒当住校四人晨餐之时。傍晚放学，学生散尽，事务理毕，乃归其寓。偶然有兴，沽酒共夜饮，半酣而归。而余总觉视前岁稍稍寂寞矣。

一九一八年之秋宾若受伤逝世，实为极大悲痛事。其受伤在昆山车站。角直周围环水，必假舟楫乃达。自苏城搭航船而往，水程三十六里，需六小时，遇逆风或需八小时。乘火车抵昆山，自昆山搭船，则水程较短，时间较省。其时宾若以事返苏，事毕乘火车抵昆山，下车之时忽身陷月台与火车间，而火车犹未停住，车轮稍一转动，致腰部以下受压极重。嗣载回苏州，入齐门外西人所设医院治疗。其伤内部甚于外部，痛苦万状，其父母二兄及夫人皆至惨恻。其仲兄致觉尝与医师恳商，可否毒而死之，俾免痛楚。医师却之。终于生力消竭而亡。余辈在校中固知宾若是日当来，而未到，疑之，越日乃得消息，如闻迅雷。尝往医院探视，宾若惨白之容颜，其夫人凄然之身影，至今犹能约略忆之。

继宾若任校长者为沈伯安，一切仍旧贯。一九一九年我父见背，我妻墨林育至善已逾周岁，伯安任墨林为女子部级任教员，于是我家于是年暑中迁居角直。伯祥让出所赁屋之楼下三间俾我家居之。到校返寓，时或三人偕行焉。

厥后伯祥辞五高而就厦门集美学校教职，既而应北京大学之招赴北京，其家迁回苏城居因果巷，余今皆不能确记其年月。其家既迁，余家乃全占陈氏楼房之六间。

一九二一年暑假后，余亦辞五高而任教于吴淞中国公学中学部，初识朱佩弦兄，与共事。公学忽起风潮，余径返甪直。是冬佩弦在杭州浙江第一师范学校，其校一国文教员不知以何离去，佩弦招余补其缺。然余留杭甚暂，一九二二年二月下旬又到北京，任北京大学预科讲师。余初不欲就，适郑振铎兄送俄国盲诗人爱罗先珂到京，乃结伴同行，时则伯祥先在京中矣。寓所在大石作，同舍皆苏州人。吴缉熙兄携眷，照料诸人餐事。顾颉刚兄潘介泉兄皆独居一室。余与伯祥共一室，夜同睡于砖炕。吴潘二兄固初识，颉刚则交谊至深，余不足十岁时塾中之同窗，又小学中学之同学也。然余留京仅月余即请假南归，所任作文课伯祥慨允为代。南归之故为墨林将分娩，余须伴之到苏城就产科医生。四月下旬生至美。至是墨林不复能任教，我家不复须居甪直，遂于秋初迁回苏城，居大太平巷。

今年五月十七日余重访甪直，距一九二二年五十五年。五高男子部之房屋全毁于抗战期间，女子部之楼尚在，老银杏数株亦尚在。鲁望祠原有水阁，前临斗鸭池，池已涸，水阁略无痕迹，唯通水阁之二小石桥尚存。罗汉陈列馆之前门仿寺院山门式。庭中列花木假山石，罗汉存九尊，或全或残缺，皆朝外，不若旧时分居大殿之两侧。旧时殿两侧高且广，塑山崖洞壑为背景，罗汉高下错落处其间。今罗汉位置亦尚高下错落，且保存其贴身之背景，然背景接合处不尽连贯，统观全部，其高与广犹不逮旧时之一壁也。询余所居陈氏之楼，云今为中学之宿舍，各乡学生就学者居之。欲往一观而未果。亦思重循当年到校返寓之途径，重观伯安当年之小书斋今复何若，皆以时促而罢。唯与当年之学生，与今时之小学生，与镇上之负责同志，与同往之吴县文教局诸同志，合影若干帧。当年之学生遇见者六七人，年皆七十以上，皆已退休，唯一人尚不足七十。望而识其貌记其名者三人，曰许倬，曰宋志诚，曰殷之盘。

越数日作一诗记此行，录之于此：

五十五年复此程，淞波卅六一轮轻。
应真古塑重经眼，同学诸生尚记名。
斗鸭池看残迹在，眠牛泾忆并肩行。
再来再来沸盈耳，无限殷勤送别情。

淞波谓吴淞江，自苏城到角直经焉。吴淞江抵上海称苏州河，出外白渡桥入黄浦江。

以上略叙角直之踪迹既毕。回忆平生，友朋中过从最密，相处最久者，莫伯祥若。始则中学五年，继之则角直数年北京月余如上述。其后同在上海商务印书馆八年，此八年之大半时期，于永兴路及顺泰里则同屋而居，于仁余里则同里而居。嗣后同在开明书店数年。一九三七年日寇大举进犯，伯祥留沪，余家入川，为别者八年，然来往书札频繁，如打乒乓球，余寄伯祥书编号将达二百焉。一九四六年春余返沪，同在开明又三年。一九四九年三月余来京，既而伯祥亦到，同住东城区，虽工作不在一处，而得暇辄相访，一谈恒半日，园游酒集，往往而偕，盖二十余年皆然。一九七五年十二月十七日上午与满子访伯翁（自伯祥四十左右始，朋辈即称为伯翁），先一日汉华与满子通电话，言其父念余，故亟往。至则从容闲谈如常时，坐二小时辞归，各道“再见”。不意此乃最后一面，迄三十日之夕而伯翁逝世矣。

伯翁于余又有极关重要一事，余与墨林为婚实缘伯翁。一九一一年顷，伯翁识计硕民先生，常共茗叙，余偶亦同坐。硕民先生归，与其岳母及妻姊胡铮子夫人道及余，谓宜可与其内侄女墨林议婚。家庭间询谋佥同，铮子夫人深爱其侄女，尤表赞可，遂请伯翁来访我父，进媒妁之言，我父允之。议既定，双方交换庚帖及像片，皆由伯翁转送。一九一六年夏结婚之日，余与墨林始觌面焉。苟余不因伯翁识硕民先生，自必议婚他家，于是余之婚后生活及所生子女将全异，而余此时亦未必如此时之余，然则其关系岂非重要也欤。

陈从周君尝绘《草桥读书图》赠余。湜华见之，请从周亦为伯翁绘图以资追念，从周遂作此《角直闲吟图》。湜华广征题咏。余与伯翁交至深，义不容辞，乃回忆往事作此杂记。文殊拙率，莫能达友情之真，不胜愧恧矣。近患目疾，不能作小字，恳陈次园君代书之，附志于此。

1977 年 8 月 14 日作。

收入《叶圣陶序跋集》，三联书店 1983 年 12 月初版。

后　　记

商金林

1979 年 5 月，我第一次造访甪直。出发前我认真拜读了叶圣陶先生的《〈甪直闲吟图〉题记》。圣陶先生在《〈甪直闲吟图〉题记》中说，甪直“周围环水，必假舟楫乃达。自苏城搭航船而往，水程三十六里，……乘火车抵昆山，自昆山搭船，则水程较短，时间较省”。按照圣陶先生的指点，我从北京乘火车到上海，再从上海乘火车到昆山，从昆山改乘小火轮，经过四个多小时的航程来到了甪直。

当小轮船徐徐地停靠在甪直轮船码头上的时候，同座的一位旅客惊喜地说：“这就是电影《早春二月》里的芙蓉镇吧！”那时甪直镇的风景真不亚于电影里的芙蓉镇。镇上河港交叉，家家临河傍水，黑瓦白墙，阳台和窗沿上时见盆花小景，美极了。我在甪直镇住了三天，拜访过圣陶先生的学生许倬、宋志诚、殷之盘、钱孚恒、顾柏生和皇甫墀，参观过圣陶先生赁居过的怀仁堂走马楼，还在保圣寺文保所工作人员王新先生的陪同下走遍了甪直镇上的二十八座石桥。

这之后，又曾多次到过甪直。甪直的现代化气息越来越浓，对“古镇”的保护、对“古镇”乡贤的研究也越来越重视。在隆重纪念新文化运动诞生一百周年的今天，我们也迎来了圣陶先生到甪直执教一百周年的纪念日。

为了纪念圣陶先生在甪直的丰功伟绩，圣陶先生的娘家——人民教育出版社黄强社长和韦志榕总编辑嘱托我主编这部《叶圣陶甪直文集》，这让我感到非常荣幸。

本书的编选出版，得到了《叶圣陶甪直文集》编辑出版委员会成员叶圣陶研究会副会长、人民教育出版社党委书记兼副社长郭戈，甪直镇党委书记姚东，叶圣陶研究会副秘书长暨叶圣陶教育思想专业委员会主任、人民教育出版社文化教育编辑室主任刘立德，甪直镇人民政府镇长陈菊林，叶圣陶的孙女叶小沫，叶圣陶的孙子叶永和，甪直叶圣陶研究中心主任周民森及本书责编胡兰江的指导和帮助，书此致谢。

2017 年 3 月 9 日于北京大学畅春园寓所